또 다른 중화, 대만

또 다른 중화, 대만

1판 1쇄 발행 2015. 5. 25.
1판 2쇄 발행 2015. 8. 11.

지은이 지은주

발행인 김강유
책임 편집 임지숙
책임 디자인 길하나
마케팅 김용환, 김재연, 백선미, 김새로미, 고은미, 이헌영, 정성준
제작 김주용, 박상현
제작처 재원프린팅, 금성엘앤에스, 정문바인텍

발행처 김영사
등록 1979년 5월 17일(제406-2003-036호)
주소 경기도 파주시 문발로 197(문발동) 우편번호 10881
전화 마케팅부 031)955-3100, 편집부 031)955-3250
팩스 031)955-3111

저작권자 ⓒ 지은주, 2015
이 책은 저작권법에 의해 보호를 받는 저작물이므로
저자와 출판사의 허락 없이 내용의 일부를 인용하거나 발췌하는 것을 금합니다.

값은 뒤표지에 있습니다.
ISBN 978-89-349-7052-1 93340

독자 의견 전화 031)955-3200
홈페이지 www.gimmyoung.com 카페 cafe.naver.com/gimmyoung
페이스북 facebook.com/gybooks 이메일 bestbook@gimmyoung.com

좋은 독자가 좋은 책을 만듭니다.
김영사는 독자 여러분의 의견에 항상 귀 기울이고 있습니다.

이 도서의 국립중앙도서관 출판시도서목록(CIP)은 서지정보유통지원시스템 홈페이지(http://seoji.nl.go.kr)와
국가자료공동목록시스템(http://www.nl.go.kr/kolisnet)에서 이용하실 수 있습니다.(CIP제어번호 : CIP2015011901)

대만의 민주주의와
정당정치 연구 ____

또 다른 중화, 대만

지은주

김영사

들어가는 말 • 8

서론 • 12

제 1 장 선거전쟁

1 2012년 대만의 대선과 총선

'지구촌 대선의 해' 첫 대선과 총선 • 25

2012년 선거의 주요 과정 • 29

총선 경쟁에서의 주요 쟁점 • 31

선거 결과 • 33

2 정체성과 경제적 이익: 엘리트의 선택

경제이슈, 정당재편성을 가져올 것인가 • 36

정당재편성 이론과 정당 경쟁이슈 • 40

정당의 경쟁이슈 변화와 경제이슈 동원 • 47

정당재편성 이슈로서 경제이슈의 한계 • 58

경제이슈, 정당재편성 그리고 중국요소 • 70

3 정체성과 경제적 이익: 유권자의 선택

대만 유권자가 본 경제이슈 • 73

유권자는 무엇으로 투표하는가 • 76

민진당 집권기의 경제현황과 정체성, 정당경쟁 • 81

대만 유권자는 무엇으로 투표했는가 • 94

경제적 이익과 정체성의 선거 정치적 효과 • 98

경제이슈와 국가적 정체성 • 102

제 2 장　중국과의 관계: 통일 혹은 독립

1　미국의 대만 보호와 동북아 평화질서

양안교류와 안보위기 · 107

안보적 딜레마와 대만의 선택 · 110

대만의 정권별 대중국 경제 전략 · 121

안보관과 통일관의 차이와 차별적 대응 · 138

2　ECFA와 소득불평등

세계화와 대만의 경제개방 · 142

경제개방과 소득불평등 · 146

대만의 경제개방과 소득불평등 · 150

경제개방 확대에 대한 인식 · 157

소득불평등 개선을 위한 정부의 역할 · 164

정부의 대응과 소득불평등의 개선 · 170

3　경제성장인가 민족주권인가

군사력 사용의 한계와 소프트 파워 · 173

소프트 파워로서 중국의 대만에 대한 경제정책 · 175

양안 경제교류와 대만인들의 중국에 대한 인식 변화 · 179

소프트 파워로서 중국의 경제정책 효과 · 185

중국의 경제적 접근의 효과성 분석 · 189

소프트 파워의 한계와 국가적 정체성 · 195

제 3 장　새로운 일당독재의 출현인가

1 선거제도, 누구를 위한 개혁인가

2005년 선거제도의 개혁 • 199

선거제도 개혁의 정치 • 201

대만의 선거제도 개혁 과정 • 205

새로운 선거제도와 2008년, 2012년의 입법원 선거 • 218

민진당의 잘못된 계산과 국민당의 승리 • 222

2 생존을 위한 국민당의 변화

변화된 유권자와 국민당의 변화 • 225

정당진화 과정에서 정당지도자의 역할 • 229

민주화 이후의 사회적 변화와 국민당의 적응 전략 • 237

정치지형과 정당리더십의 변화 • 246

정당이데올로기와 정당리더십 • 256

3 인터넷과 정당정치, 그리고 사회적 자본

인터넷의 보급과 정당정치의 변화 • 259

기술과 정당정치, 그리고 정치적 참여 • 262

인터넷을 이용한 정당과 시민의 정치적 활동 • 267

대만의 사회적 자본의 측정과 분석 • 276

정당의 역할과 시민참여의 한계 • 282

제 4 장　닮은 듯 다른 한국과 대만의 정치

1　신생 민주주의의 과거청산: 5·18과 2·28의 성공과 실패

국가폭력과 민주주의의 과거청산 • 287

신생 민주주의 과거청산의 정치적 동학 • 289

국가폭력과 집단 정체성 • 300

5·18항쟁과 2·28사건의 과거청산 • 303

미완의 과제 2·28사건의 과거청산 • 318

2　대만 노동정당의 좌절

민주화와 노동정당의 제도권 진입 • 322

정당경쟁과 틈새정당의 생존 • 326

노동세력의 성장과 주류정당의 대응 전략 • 331

노동계급 정당의 성공과 실패 • 348

참고 문헌 • 352

참고 사이트 • 378

찾아보기 • 380

한국에서 대만에 대한 이해는 상당히 다양하게 나타난다. 혹자는 대만을 동남아시아 국가 중 하나로 알고 있고, 혹자는 홍콩과 같은 상황에 있는 체제로 중국의 일부분으로 알고 있다. 전자는 대만을 하나의 독립된 국가로 오해하고 있는 경우이며, 후자는 홍콩과 대만을 유사한 체제로 오해하고 있는 경우이다. 더욱이 각종 국제 스포츠 대회에서 대만이 들고 나오는 깃발과 국호는 사람들을 혼란스럽게 한다. 국기는 우리가 익히 알고 있던 국민당 기가 아니라 흰 바탕에 파란색으로 대만 지도가 그려져 있고, 국호는 '중화민국'도 아니고 '대만'도 아닌 '중화대북Chinese Taipei'이다. 우리가 알고 있던 대만은 어디에 있는가?

대만의 이러한 모습에 근본적인 질문을 던지는 사람은 많지 않다. 또한 중국과 일본 간에 댜오위다오釣魚島(센카쿠열도) 분쟁이 있을 때 대만 역시 이 작은 섬에 대한 소유권을 주장했다는 것을 아는 사람은 거의 없다. 2014년 홍콩에서 민주적 선거를 요구하며 중국에 대한 시위가 발발했을 때도 대만의 많은 사람들이 홍콩 시위를 지지하며 "홍콩은 대만의 미래가 될 수도 있다"고 우려했고, 홍콩에서는 "대만이 홍콩의 미래가 될 수 있을 것"이라고 말했다는 점을 눈여겨보는 사람도 없었다. 모든 국가가 대만과 단교하고 중국과 수교하는 가운데에서도 바티칸이 여전히 수교를 맺고 있지만 바티칸 역시 중국과의 수교를 고민하고 있다는 사실을 알고 있는 사람은 많지 않다.

2014년 세계 경제규모로 27위인 대만의 목소리가 국제사회에서 잘 들리지 않는 이유는 경쟁상대인 중국의 성장 때문이다. 중국은 외화보유고 1위 국가로 이미 G2 강국으로 부상했고, 미국을 넘어 새로운 초강대국으로 성장할 가능성을 보여주고 있다. 물론 대만은 이러한 중국의 경제적 부상을 보고만 있지 않았다. 중국의 부상을 자신의 경제성장을 위한 기회로 활용했다. 중국은 대만이 독립을 주장하지 않는다면 대만의 경제성장을 위해 그 어떤 양보도 다하겠다는 입장이다. 중국에서 사업하는 대만인에 대한 특혜와 수출입 품목에서 대폭적인 양보는 대만 경제의 활력을 불어넣었다. 대만은 내부적 갈등이 있긴 했지만 굳이 독립을 주장하여 중국을 자극하지 않고 경제적 실리를 챙기자는 계산에서 중국과의 교역을 대폭 개방했다.

대만과 중국의 활발한 경제교류는 진전 없는 남북관계를 바라보는 우리에게 부러운 모습이다. 어렵게 개설한 금강산 관광은 중단된 지 오래이며, 개성공단은 남북한의 정치적 갈등의 파고를 타고 부침을 지속하고 있다. 그러나 대만과 중국의 경제교류는 1996년, 2000년 미사일 발사 위협으로 인한 군사적 긴장에도 불구하고 지속됨은 물론 해가 다르게 성장하고 있다. 우리로서는 이해하기 어려운 이러한 현상은 중국인 특유의 사고방식인 '서로 같은 것은 추구해나가고, 다른 것은 잠시 내버려두자', 즉 '서로 타협할 수 없는 일이 있다면 이는 미래의 일로 남겨두고, 눈앞에 서로 필요한 부분부터 협력해나가자'라는 의미인 '구동존이求同存異'의 적용으로 보인다. 대만의 마잉주馬英九 총통은 중국과의 교역을 확대해가는 과정에서 이러한 구동존이를 강조했고, 과반 이상의 대만인들이 이를 지지했다.

나의 대만에 대한 관심은 민주화 과정의 대만을 접한 시기부터 시작되었다. 근대화 과정 이후 한국과 대만이 걸어온 길은 마치 쌍둥이를 보는 것 같았다. 중공업과 제조업을 바탕으로 한 수출지향 산업의 추진은 두 국가 경제성장의 기틀이 되었으며, 이를 강하게 이끌어온 국가의 지도력 또한 상당 부분 닮아 있다. 더욱이 1970년대 성공적인 산업화를 기반으로 한 1980년대의 민주화 역시 시기적·내용적으로 상당한 유사성을 지니고 있다. 당시 비교정치학을 전공한 정치학자라면 누구나 한국과 대만의 유사성을 기반으로 한 비교연구에 흥미를 가졌다. 더욱이 한국과 대만이 처한 반공의 보루라는 유사한 지정학적 위치와 미국과의 긴밀한 관계 등을 고려하면 그 유사성은 배가 된다.

그러나 현재 대만과 한국은 갈림길에 서 있다. 그 갈림길에는 중국의 부상이 중요한 역할을 하고 있다. 대만은 중국과 확장된 경제교역을 넘어 인적교류와 문화교류도 확대해왔다. 이제 대만 내에서 인민폐를 환전할 수 있음은 물론이고 중국인 유학생들이 대만의 대학에서 공부를 하고 있으며, 대만인과 결혼하여 정착한 중국인 배우자는 대만 정부에 참정권을 요구한다. 2012년 총통 선거에서 대만 내 기업인들은 중국과의 교역 확대를 선거공약으로 내세운 마잉주 후보를 공개적으로 지지했다. 이는 남북관계에서는 상상할 수 없는 모습이다. 이 책은 갈림길에서 이제는 다른 방향으로 가고 있는 대만의 정치적·사회적 변화를 담고 있다. 그리고 그 속에서 미래에 대한 대만의 고민과 이를 헤쳐나가기 위한 다양한 전략들을 엿볼 수 있다.

이 책은 2008년 이후부터 최근까지 연구해온 이러한 내용들을 바탕으로 구성했다. 곳곳에 흩어져 있는 대만 연구 논문을 모아 대만 정치, 또는 대만과 중국의 관계에 관심이 있는 독자에게 제공하기 위함이다. 이 중에서 〈미국의 대만 보호와 동북아 평화질서〉는 고려대학교 김병국 교수님과, 〈신생 민주주의의 과거청산: 5·18과 2·28의 성공과 실패〉는 국립대만사범대학 동사제董思齊 박사님과의 공저이다. 여기에 실린 대부분의 글은 저널에 게재되었던 것이다. 따라서 초기의 논문을 업그레이드해주신 익명의 심사위원들 역시 공저자라 할 수 있다. 이 책의 각 장은 비교정치학과 국제정치학의 다양한 연구방법과 이론을 적용하여 대만 정치를 분석하고 있다. 그중에서 제2장의 〈경제성장인가 민족주권인가〉와 제3장의 〈선거제도의 개혁: 누구를 위한 개혁인가〉는 영어로 발표된 논문을 한글로 번역한 것이다.

이 연구들은 한국연구재단, 고려대학교, 5·18재단, 의회발전연구소, 아세아문제연구소, 대만의 장경국재단蔣經國基金會 등의 다양한 기관의 지원을 받아서 작성되었다. 또한 현지조사와 인터뷰 과정에서 대만의 많은 지인들과 국민당, 민진당, 친민당, 신당, 대연 그리고 입법원의 도움이 있었다. 이 과정에서 도움을 주신 많은 분들께 감사를 드린다. 또한 논문이 책으로 출간되기까지 노고를 아끼지 않으신 임지숙 대리님을 비롯한 김영사의 모든 관계자 여러분께 깊은 감사를 드린다.

2015년 봄
공동 저자를 대표하여
지은주

서론

중국 대륙의 국공내전에서 실패한 장제스蔣介石가 이끄는 중국국민당中國國民黨(이하 국민당)이 대만에 정착하여 중화민국 대만을 건립한 이래, 대만과 중국은 국제사회에서의 승인과 대륙의 통치권을 놓고 경쟁해왔다. 그러나 이 경쟁에서 일찍이 중국이 승리하면서 대만은 국제사회에서 입지가 축소되었다. 이후 빠른 경제성장과 성공적인 민주화로 찬사를 받으면서 대만의 위상이 다시 높아지긴 했으나 이도 잠시였다. 경쟁상대인 중국의 경제력이 빠르게 신장하면서 국제사회는 물론이고 중국과의 관계에서 대만의 위상은 흔들리게 되었다. 민주화를 전후하여 자신감을 회복해가던 대만은 중국의 급부상으로 인해 새로운 도전에 직면하게 되었다. 무엇보다도 침체된 경제를 되살리기 위한 방법으로 택했던 중국과의 경제교류는 대만에게 과연 약인지 독인지를 현재로서는 알기 어렵다. 이 책은 이렇듯 중국의 국력과 경제력이 빠르게 성장하고 있는 시기의 대만 정치 및 사회를 조망하고 있다.

1980년대 말 대만은 성공적인 민주화를 이끌었고 이후 여야 간의 평화로운 정권교체를 통해 민주주의 공고화의 지표인 '두 번의 정권교체two turnover'를 달성했다. 민주화 과정에서 헌법의 개정과 선거제도의 개혁을 통해 민주제도를 대만의 현실에 맞게 갖추어갔고, 정당은 공정하고 정기적인 선거의 규칙을 준수하며 경쟁했다. 이 과정에서 대만 사회에서 최대 갈등으로 떠오른 것은 '중국인' 혹은 '대만인'으로 갈라지는 국가적 정체성이었다. 민주화 이후 자유로운 분위기 속에서 스스로를 '대만인'으로 규정하는 사람들이 늘어나기 시작했고, 이와 더불어 대만의 주체의식이 향상되고, 더 나아가 대만의 독립을 주장하기에 이르렀다. 그동안 대만 사회에서 독립을 주장한 세력은 소수에 머물렀으나 점차 많은 사람들의 동조를 얻게 되었고, 민주진보당民主進步黨(이하 민진당)은 이를 중요한 정치 어젠더로 삼아 선거에서 승리를 거두었다.

그러나 2000년대 중반까지 정치권의 최대 쟁점이었던 국가적 정체성의 문제는 점차 변화를 맞게 된다. 그 중요한 계기는 경제적 침체였다. 대만은 동아시아에 불어닥친 1990년대 말의 외환위기를 경험하지 않았지만 그 여파로 2001년 마이너스 성장을 기록했고, 실업률은 계속 상승했다. 1985년 세계화를 선언한 이래 지속된 경제개방으로 인해 소득불평등도 심화되고 있었다. 그러자 경제성장의 문제가 중요한 정치적·사회적 이슈로 등장했고, 성장을 위한 다양한 제안이 정치권에서 제기되었다. 대만은 경제개방 과정에서 미국이나 일본과 자유무역협정을 맺기를 원했으나 중국의 개입으로 실현되지 못하고, 결국 남아 있는 선택은 중국과의 자유무역협정을 통해 새로운 활로를 모색하는 것이었다. 이 책은 이와 같은 변화의 시기에 있는 대만의 정치 변동을 정당정치를 중심으로 조망하고 있다. 전체 4개의 장으로 구성되어 있고, 각 장은 2개 혹은 3개의 파트로 이루어져 있다.

이 책의 제1장은 '선거전쟁'으로서 세 개의 파트로 구성되어 있다. 2008년과 2012년의 총선과 대선을 중심으로 대만 정치에서 선거이슈가 어떻게 변화해왔는지를 조망한다. 즉 기존의 국가적 정체성 이슈와 경제이슈는 어떠한 관계에 있는지, 경쟁 과정에서 경제이슈가 정체성 이슈를 대체했는지를 중심으로 접근한다. 먼저 〈2012년 대만의 대선과 총선〉은 대만 경제성장과 부의 불평등 문제가 쟁점으로 떠오른 2012년 대만의 대선과 총선을 조망하고 있다. 2012년은 '지구촌 대선의 해'라고 불릴 정도로 전 세계 60여개 국가에서 대선과 총선이 치러졌던 해였다. 대만의 대선과 총선은 그중 가장 처음 치러진 선거로서 전 세계의 주목을 받았다. 이 선거는 경제성장을 강조한 국민당과 대만의 독립을 주장하는 민진당의 경쟁이었는데 그 선거 과정과 주요 쟁점, 결과를 분석함으로써 과거와 달라진 정당경쟁을 보여준다.

다음으로 〈정체성과 경제적 이익: 엘리트의 선택〉에서는 대만의 선거에서 중요해진 경제이슈를 다룬다. 2008년과 2012년 선거에서 국민당은 대만의 경제적 침체를 극복할 수 있는 방안으로 중국과의 교역 확대를 통한 성장정책을 제시함으로써 선거에서 승리했다. 그러나 국민당이 제시한 경제이슈는 정당의 교체를 가져오기는 했지만 정당체제의 패러다임을 바꾸는 대만의 정당재편성party realignment을 이끌지는 못했다. 따라서 이 장에서는 경제이슈가 어떠한 이유로 대만의 정당재편성을 이끄는 데 실패했는가를 분석한다. 기존의 연구가 선거에서 정치인들이 경제이슈를 핵심 어젠다로 활용했다는 점에 주목하거나 주로 유권자의 투표 행태를 분석하는 방식을 택했다면 이 장에서는 선거이슈의 특징과 정당의 이슈 포지션issue position에 주목하여 정치엘리트가 경제이슈를 동원하는 데 왜 한계에 부딪치는지를 보여준다.

다음은 〈정체성과 경제적 이익: 유권자의 선택〉으로 2008년 총통 선거에서 후보를 결정하는 데 있어 유권자들은 어떠한 요인을 중요시했는가를 분석한다. 민주화 이후 성장하기 시작한 대만인 정체성은 선거 경쟁에서 중요한 이슈로 부상했고, 이후 대만의 정당경쟁을 변화시키며 민진당이 집권할 수 있는 중요한 전환점을 만들어냈다. 그러나 천수이벤陳水扁 집권 8년 동안의 낮은 경제적 실적은 그동안 정체성에 의해 가려져 있던 경제이슈를 중요한 쟁점으로 만들었다. 그리고 2008년 총통선거에서 국민당 후보가 당선된 원인은 대만 경제의 어려움을 초래한 천수이벤 정권에 대한 실망과 이를 가장 잘 해결할 수 있는 후보는 마잉주라고 판단한 유권자의 선택에 의한 것이 일반적인 설명이다. 이 장은 2008년 선거 직전에 실시된 여론조사의 분석을 통해 이러한 기존의 설명이 잘못되었음을 보여준다.

한편 대만의 세계화와 경제개방 과정에서 대만의 대중국 의존도는 상당히 증가했다. 대만 소득불평등의 원인은 다양하지만 그중 실질적으로 연결된 것은 중국으로 이전하는 자본과 인력으로 인한 대만의 공동화空洞化 현상이다. 양안교역 과정에서 공동화의 문제는 초기 단계에서부터 제시된 것이었지만 2000년 이후 현실로 나타나기 시작했다. 이러한 문제는 대만의 대중국 경제의존이 중국이 원하는 방식의 통일로 이어질 수 있을지도 모른다는 대만의 불안감을 불러일으키기 시작했다.

제2장의 〈중국과의 관계: 통일 혹은 독립〉은 이러한 문제들을 둘러싼 논의들을 자세히 보여준다. 먼저 〈미국의 대만 보호와 동북아 평화질서〉는 양안교류의 발전 과정을 대만의 정권별로 구별하여 제시한다. 1980년대 말 장징궈蔣經國 정권에서 비공식적 교류로 시작된 중국과의 경제교류는 매년 급격히 증가했다. 이후 천수이벤 정권에서 공식개방이 허용

되었고, 마잉주 정권에서는 중국과 자유무역협정에 준하는 경제협력기본협정ECFA, Economic Cooperation Framework Agreement의 체결 논의로 발전했다. 이러한 양안 경제교류는 장기적인 관점에서 교류의 확대로 가고 있으나 내부적으로 들여다보면 대만의 정권별로 양안 경제교류의 수위와 정책이 상이하게 나타난다. 양안교류의 한 축인 중국은 1979년 이래로 대만과 경제교류를 적극적이고 비교적 일관적으로 추진해오고 있지만 대만은 정권에 따른 변화를 보인다. 정권의 이러한 차이는 미국이라는 안전판에 의해 안보의 보장이 확보되었다고 인식하는 가운데 중국으로의 흡수통일을 우려하는 각 정권이 지니고 있는 민족관과 통일관의 차이에서 기인한다. 이 장에서는 대만의 정권별 양안 교류정책을 개방의 수위에 따라 구별하고, 그 차이를 가져오는 각 정권의 민족관과 통일관에서 결정되는 정치적·경제적 안보인식이 어떻게 양안 교류정책을 결정하는지를 규명하고 있다.

다음은 〈ECFA와 소득불평등〉으로 세계화가 초래한 소득불평등에 대한 대만 정부의 대응을 살펴본다. 1990년대 후반 신자유주의의 확산으로 많은 국가들이 세계화의 길을 선택했고, 대만도 이와 같은 흐름에서 예외일 수 없었다. 2002년 세계무역기구WTO에 가입한 후 대만의 경제개방은 증가했고, 2010년 중국과 ECFA로 개방은 더욱 확대되었다. 대만의 경제개방은 소득불평등의 심화를 가져왔지만 정부의 사회보장을 위한 지출의 확대와 피해 집단을 보호하기 위한 적극적인 대처로 소득불평등은 상당 부분 완화될 수 있었다. 그러나 이 과정에서 중국과의 특수한 관계가 이러한 정부의 보호를 가능하게 했다. 즉 경제를 통해 대만 정치에 영향을 미치고자 하는 중국의 의도는 국민당이 요구하는 중국에 불리한 요구조건을 수용하고 대만에 대폭적인 양보를 함으로써 대만 정부가 소득불평등의 문제를 해결하는 데 기여한 것이다.

마지막으로 〈경제성장인가 민족주권인가〉에서는 소프트 파워의 관점에서 중국의 대만 정책을 분석한다. 중국이 방대한 시장과 경제적 기회를 대만 주민에게 제공함으로써 경제적 자원을 소프트 파워로 활용하고 있다는 것이다. 중국은 대만에 제공하는 경제적 기회에 매료된 대만 주민들이 궁극적으로는 중국과의 통일을 추구하게 될 것이라고 기대한다. 즉 대만 주민들이 누리는 경제적 이익이 중국에 대한 호감도를 상승시킬 것이라고 기대했다. 따라서 이 장에서는 소프트 파워의 효과를 측정하기 위해 대만에서 실시된 여론조사 자료를 활용하여 중국의 이러한 전략이 성공적이었는가를 분석하고 있다. 분석의 결과는 기대한 결과를 제공하지 않는다. 중국과의 경제교역은 중국이 기대하는 연성권력의 효과를 가져오지 못함을 물론이고, 대만 주민들의 중국에 대한 호감도는 여전히 국가적 정체성의 영향을 받고 있음을 보여준다.

제3장은 〈새로운 일당독재의 출현인가〉라는 제목으로 국민당의 재집권과 대만 민주주의의 공고화를 평가한다. 당국가체제party-state system로 불린 대만의 권위주의 정권에서 국민당은 당黨과 군軍 그리고 정政을 총괄하는 절대적인 위치에 있었다. 대만의 민주화는 이러한 국민당에 대한 도전이었고, 새롭게 결성된 민진당이 국민의 지지를 얻으면서 2000년 집권했다. 그러나 국민당은 2008년 다시 집권을 하게 되는데 그 뒤에는 새로운 환경에 적응하기 위한 국민당의 노력이 있었다. 먼저 두 파트로 나눠 국민당의 재집권에 기여한 선거제도의 개혁과 국민당의 자성과 변화를 검토한다. 마지막으로 정당에 대한 대만 유권자들의 태도

도 사회적 자본과 연관시켜 검토한다.

〈선거제도의 개혁: 누구를 위한 개혁인가〉는 2005년 선거제도의 개혁을 이끈 국민당과 민진당의 정당경쟁을 검토한다. 국민당은 현 선거제도인 단기비이양식 중선거구제가 정당이 원하는 결과를 가져오지 못하는 것에 대해 불만을 가지고 있었다. 1990년대 중반 국민당은 이러한 선거제도를 단순다수결 혼합제로 개혁할 것을 제안했지만 당시에는 야당의 반대로 무산되었다. 이후 2002년 민진당 역시 현행 선거제도에 불만을 가지고 선거제도 개혁을 제안했는데 국민당이 이에 협력함으로써 기존의 선거제도를 단순다수결 혼합제로 바꾸었다. 제도 개혁의 과정에서 반대의 목소리가 있기는 했지만 두 정당이 서로 연합하여 개혁안을 통과시켰다. 그러나 개혁의 결과는 국민당에게는 유리한 것이었으나 민진당에게는 그렇지 못했다. 새로운 선거제도에서 국민당은 2008년과 2012년 과반 이상의 의석을 획득할 수 있었다. 이 장에서는 행위자의 합리적 선택 이론을 활용하여 정당의 의회 의석극대화seat-maximization라는 목적과 정당의 전략적 선택이 어떻게 선거제도를 개혁할 수 있도록 해주었는지를 보여준다.

다음은 〈생존을 위한 국민당의 변화〉로서 민주화 이후 변화하는 유권자의 요구에 국민당이 어떻게 순응해왔는지를 보여준다. 이는 신생 민주주의 국가의 선거경쟁 체제하에서 권위주의 계승정당의 적응 과정이라고도 할 수 있다. 민주화 이후 성공적으로 안착한 권위주의 계승정당은 새로운 사회적 균열이 등장할 때 새로운 도전을 받게 된다. 이러한 상황에서 정당은 다수의 입장을 대변하는 것이 합리적이지만 이미 확고한 정당이데올로기를 지니고 있는 경우에는 정당지도자의 선택이 개입된다. 정당지도자는 새롭게 등장한 갈등이슈에 대해 정당의 본래 위치를 유지할 것인가 혹은 정당이데올로기와는 거리가 있지만 다수 유권자의 입장을 대변할 것인가에서 선택해야 한다. 이 장에서는 이와 같은 조건에 처한 국민당의 적응 과정을 대만 리덩후이李登輝 당주석 시기의 국민당을 사례로 분석하고 있다. 국민당은 중화 민족주의와 중국과의 통일을 추구하는 정당이었지만 민주화 이후 대만에서는 대만 민족주의와 대만인 주체성을 확립하고자 하는 요구가 점차 확산되고 있었다. 이에 대해 리덩후이는 국민당의 정당이데올로기와 다수 유권자의 위치 간에 적절한 조화를 이루었고, 그 결과 민주화 초기의 총통 선거와 입법원 선거를 성공적으로 이끌 수 있었다.

다음은 〈인터넷, 정당정치, 그리고 사회적 자본〉이다. 민주국가에서 인터넷의 보급은 참여의 확산을 가져오고, 그 결과는 정당정치를 쇠퇴시킬 것이라고 보기도 한다. 그러나 대만은 높은 인터넷 보급률을 갖추고 있지만 정치적 이슈에 대한 의제설정과 대중동원에서 여전히 정당의 역할이 강하게 나타나고 있는데, 이 장에서는 대만의 이러한 특수한 사례를 살펴본다. 이러한 대만의 사례는 인터넷의 보급과 확산이 시민의 참여의 확산을 가져와 민주적 거버넌스를 가능하게 할 것이라는 전망과도 상반된다. 이 장에서는 대만의 사회적 자본의 경험적 지표를 통해 대만의 사회적 자본을 분석하고 있는데, 그 결과 대만의 사회적 자본은 참여적 속성이 강하게 나타나며, 따라서 사회적 자본의 역할을 강조하는 일반적인 정치 문화적인 접근으로는 대만의 사례를 설명하기 어렵다는 것을 발견했다. 대만은 다른 민주국가에 비해 시민들의 정당과 의회에 대한 신뢰도가 높은 반면, 인터넷에서 제공되는 정보에 대한 신뢰는 상당히 낮다. 이러한 가운데 정당의 적극적인 정치적 의제설정과 대중 동원 전략은 중요한 정치적 이슈에서 정당이 시민보다 우위에 있게 했다.

마지막으로 제4장 〈닮은 듯 다른 한국과 대만의 정치〉는 한국과 대만의 비교연구로 이루어져 있다. 비교정치의 관점에서 한국과 대만의 민주화 이후 서로 다른 두 가지 문제를 분석하고 있다. 한 가지는 과거청산의 문제이고, 다른 한 가지는 노동정당의 문제이다. 민주화 이후 두 국가에서는 권위주의 통치하의 국가폭력에 대한 과거청산의 요구가 있었다. 또한 두 국가 모두 자유로운 분위기 속에서 노동정당이 제도권으로 진입하기 위한 시도가 있었는데 그 결과는 서로 다르게 나타난다. 이 장은 이러한 결과를 가져온 원인이 무엇인지를 분석하고 있다.

먼저 〈신생 민주주의 과거청산: 5·18과 2·28의 성공과 실패〉는 신생 민주주의 체제에서 진행된 과거 권위주의 정권의 국가폭력에 대한 과거청산 과정을 연구하고 있다. 과거청산은 일반시민, 시민단체, 정당, 종교단체 등 다양한 주체를 통해 제기되며, 구 정권에서 자행된 부당한 처우와 피해에 대해 보상하고 향후 잘못된 관행을 제거하기 위한 입법적·행정적·사법적 절차로 이어진다. 그러나 과거청산의 과정은 경로 의존적 성격으로 인해 결과의 차이를 가져온다. 1980년대 후반 유사한 민주적 전환을 경험한 한국과 대만은 전환의 과정에서 권위주의 정권의 국가폭력 사례 중 5·18항쟁과 2·28사건에 대한 과거청산의 문제가 제기되면서 청산이 진행되었다. 그러나 5·18항쟁이 성공적인 과거청산으로 평가되는 반면 2·28사건은 아직도 청산을 제대로 수행하지 못했다는 평가를 받는다. 이 장에서는 이 두 사례의 과거청산 과정을 비교 분석함으로써 신생 민주주의 과거청산에서 그 결과의 차이를 가져온 원인을 규명한다.

　다음으로는 〈대만 노동정당의 좌절〉로 한국과 대만에서 계급정당의 성공과 실패를 가져온 원인이 무엇인가를 규명한다. 한국과 대만에서는 권위주의 정권에서 노동계급의 조직적·정치적 활동이 불법으로 규정되기 때문에 노동계급은 정당을 조직할 수 없었고 정치적 활동이 금지되어 있었다. 그러나 민주주의로의 전환은 노동계급이 정당으로 성장할 수 있는 기회를 제공해주었다. 그 결과 한국에서는 노동운동을 이끌었던 세력이 중심이 되어 민주노동당을 창당했고, 대만에서도 노동계급의 이익을 대변하는 공당과 노동당이 출현했다. 그러나 민주노동당이 2004년 국회의원 선거에서 의석을 확보하면서 제3당으로 성공한 반면, 공당과 노동당은 소멸했다. 이러한 두 정당의 결과적 차이에 대해 기존 연구는 대부분 대만 노동세력의 자생력 부족을 실패의 원인으로 설명한다. 그러나 이러한 내생적인 요인에 의한 설명은 동어반복성이라는 한계를 갖는다. 따라서 본 장에서는 틈새정당niche parties 이론을 활용하여 동아시아 계급정당의 성공과 실패는 주류정당의 조직적이고 제도적인 전략과 틈새정당이 제시하는 이슈에 대한 주류정당의 위치 전략에 의해 결정된다는 것을 보여준다.

제 1 장

선거전쟁

1
2012년 대만의 대선과 총선[1]

'지구촌 대선의 해' 첫 대선과 총선

2012년은 미국과 프랑스, 러시아를 비롯하여 전 세계 60여개 국가들이 대선과 총선을 치른 해이다. 그중 첫 선거가 1월 14일 대만에서 실시되었다. 대만의 선거는 대만 독립을 주장하는 민진당 후보가 당선될 경우 양안 위기를 초래하여 동북아 안보질서에 변화를 가져올 수 있다는 점에서 중국과 미국이 모두 예의주시하고 있었다. 또한 대만에서는 최초로 대선과 총선이 동시에 실시되었으며, 여성 후보가 주요 정당인 민진당의 총통 후보로 출마한 것도 새로운 변화였다.

---

1   이 장은 〈2012 대만의 대선과 총선〉이라는 제목으로 《선거연구》 제3집 1호 (2012)에 게재되었다.

국민당 일당독재로부터 민주화에 성공한 대만은 1996년 이래로 총통 직접 선거를 적용해오고 있다. 총통은 4년 임기로 한 차례 연임할 수 있다. 1996년 국민당의 리덩후이 총통이 당선된 이래로, 2000년과 2004년에는 민진당의 천수이볜이 연임에 성공했고, 2008년에는 국민당의 마잉주 후보가 당선되었다. 2012년 대선은 마잉주의 연임이냐 민진당으로의 정권교체냐의 갈림길에 있었다.

대만 입법원 선거(국회의원 선거)는 4년을 주기로 2012년 선거부터 총통 선거와 동시에 실시된다. 입법위원 선출방식은 1인 2표 병립식 혼합선거제로 각 지역구에서 1인을 선발하고, 비례대표로 나머지를 선발한다. 대만 정당에는 국민당과 민진당 외에 군소정당으로 신당, 친민당親民黨, 대만단결연맹臺灣團結聯盟(이하 대연)이 있다. 1990년대 중반에 신당이 제3당으로 발전가능성을 보여주었지만 세력이 곧 약해졌고, 2000년 초부터 중반까지 친민당이 그 가능성을 보여주었으나 역시 2008년 선거 이후 쇠락의 길을 걷고 있다.

한편 대만의 정당체제는 국민당과 민진당이 중심이 되는 가운데 군소정당이 두 정당을 중심으로 이데올로기적으로 가까운 정당과 협력하는 방식으로 움직인다. 국민당을 중심으로 친민당, 신당이 협력하여 범남泛藍진영을, 민진당을 중심으로 대연과 기타 독립세력들이 범녹泛綠진영을 구성한다. 범남진영은 경제성장, 중국과의 교역 확대, 장기적인 통일의 추구를 특징으로 하고, 범녹진영은 대만 독립, 대만 내수산업 보호, 의식고취 등을 특징으로 하여 두 진영 간에 이데올로기적 차이를 보인다.

2012년 1월 14일 동시 실시된 대선과 총선의 결과는 모두 국민당의 승리였다. 전체 1,808만 6,455명 유권자 중 1,345만 2,016명이 투표했

표 1 _ 대만 입법원 선거와 정당 의석수(1992~2012)

	제2대	제3대	제4대	제5대	제6대	제7대	제8대
연도	1992	1995	1998	2001	2004	2008	2012
전체 의석수	161	166	225			113	
국민당	103	87	123	68	79	81	64
민진당	50	54	70	87	89	27	40
신당		21	11	1	1	0	0
친민당				46	34	1	3
대연				13	12	0	3
기타	8	4	21	10	10	1	3

• 출처: 중앙선거위원회(http://www.cec.gov.tw)

고, 투표율은 74.4%였다. 대선 결과는 국민당 마잉주 후보가 51.6%인 689만 1,139표를 얻어 총통에 당선되었고, 그 뒤를 이어 민진당의 차이잉원蔡英文 후보가 45.6%인 609만 3,578표를 얻었다. 쑹추위宋楚瑜 후보는 2.8%인 36만 9,588표를 얻었다. 총선은 지역 선거에서 국민당이 48석, 민진당이 27석을 얻었다. 소수정당인 친민당은 1석을 얻었으며, 무소속이 1석을 얻었다. 비례대표로는 국민당이 전체의 44%를 얻어 16석을 확보했고, 민진당이 35.2%로 13석을 확보했다. 그리고 소수정당인 대연이 3석, 친민당이 2석, 무소속이 1석을 확보했다.

1994년 개정된 헌법에서 대만은 총통 직선제를 적용했다. 1995년 '총통, 부총통 선거 및 소환에 관한 법률'이 통과되면서 1996년 선거부터 단순다수제 방식의 총통 선거가 실시되었다. 또한 2005년 공고된 선거제도 개혁안은 입법원 선거제도를 기존의 단기명 중선거구제에서 1인 2표 병립식 혼합선거제로 바꾸었다. 전체 입법원 의석은 113석이며 그중 73석을 단순다수제로 선출하고, 원주민에게 평지 3인과 산지 3인의 총 6석을 할당했다. 그리고 34석을 비례대표로 선출했는데 전국을 단위로 하여 5% 이상의 득표를 한 정당에게 의석을 배분한다.

후보 공천방식과 관련하여 국민당은 1994년 '공직인원선거공천제도'를 제정했다. 그러나 실제로 이를 적용하지 않다가 2000년 민진당에게 정권을 빼앗긴 이후에야 최초로 민주적인 공천제도를 도입했다. 이는 당원투표 50%와 여론조사 50%로 결정하는 방식이었다. 이후 개정을 통하여 2004년부터 입법원 선거에 대해서는 여론조사 70%, 당원투표 30%로 바꾸었다. 이어서 2005년 총통 선거 예비선거도 여론조사 70%, 당원투표 30%로 바꾸었다.

그러나 2012년 총통 선거 후보 선출 과정에서는 이러한 방식이 적용되지 않았다. 현직의 마잉주가 단독으로 출마했기 때문에 여론조사와 당원투표를 실시하지 않고 중앙위원회가 단독 후보로 지명했다. 입법원 후보 공천 과정에서도 여론의 추이를 고려하여 기존의 방식을 무시하고 100% 여론조사를 반영하여 후보를 결정했다.

민진당은 1989년 제1대 증액입법위원선거부터 예비선거 제도를 도입했다. 민진당의 예비선거제도는 도입된 이후 16차례 변화가 있었다. 1989년의 당내 예비선거는 당대표와 당원투표로 결정되었지만, 1994년 이를 2단계 투표로 바꾸었다. 2단계 중 첫 단계는 당원투표와 당 간부의 투표로 선거구 선출 인원의 1.5배에 달하는 예비후보자를 선출한다. 그리고 여기에서 협상이 이루어지지 않을 경우 이를 2단계 선거구 유권자 투표로 결정하는 방식이다. 1996년에는 허위당원의 영향을 줄이는 것이 중요했다. 이를 위해 첫 단계에서 당원투표로 공천후보자를 1.5배로 선

출하도록 했다. 여기에서 협상이 되지 않는 경우 제2단계의 여론조사를
실시하도록 하여 당원투표와 여론조사의 비중이 각각 50%가 되도록 했
다. 그러나 여전히 허위당원의 영향을 줄이는 것이 쟁점이었고, 이를 위
해 2000년부터 당내 예비선거를 당원투표 30%, 여론조사 70%로 바꾸
었다. 그리고 2011년 1월에는 그해 말의 총통 및 입법원 선거를 대비하
기 위해 당원투표를 폐지하고, 100% 여론조사제도를 도입했다.

  2012년 총통 후보 선출 과정은 당내 세 명의 후보자와 마잉주의 가상
대결시 득표율을 고려하여 결정되었다. 세 후보의 가상 대결에서 차이
잉원이 가장 높은 득표율을 보임으로써 후보로 확정되었다. 입법원 후
보 공천은 100% 여론조사가 적용되었다. 그러나 지난 선거에서 43%
이하의 저조한 득표율을 기록한 지역은 당에서 직접 지명했다.

2012년 선거의 주요 과정[2]

2012년 대만 선거의 중요한 의미 중 하나는 대선과 총선이 함께 치러진
것이다. 그러나 두 선거가 동시에 실시되면서 '대선만 보이고, 총선은 보
이지 않는다'는 문제가 제기되었다. 총선이 주목을 받은 경우는 공천이
진행되던 시기뿐이었다. 그중에서도 천수이벤의 아들인 천시중陳致中이
출마한 지역구만이 주목을 받았다. 총선으로 유권자들의 관심을 돌리기

---

2 2012년 선거의 주요 과정과 쟁점에 대해서는 대만 일간지 〈중국시보中國時報〉, 〈자유시보自由
   時報〉, 〈연합보聯合報〉, 그리고 국내 일간지의 선거 관련 기사를 참조했다.

위해 각 정당은 연예인, 운동선수 등을 공천하기도 했다. 또한 국민당은 비례대표 후보 명부에 기업인이나 정치인보다는 교육자를 다수 포함시킴으로써 당의 청렴한 이미지를 강조했다.

국민당의 총통 후보인 마잉주는 홍콩에서 출생했다. 그의 출생지는 공직선거 출마 때마다 항상 문제가 되었다. 그는 국립대만대학 법학과를 졸업하고 미국 하버드대학에서 법학박사 학위를 받았다. 장징궈의 통역비서로 일했으며, 1998년 타이베이 시장에 당선되면서 본격적인 정치활동을 시작했다. 2012년 대선에서 그는 '대만 화이팅! 짱台灣加油讚'이라는 구호하에 주요 정책으로 양안교역 지속과 확대를 통한 경제성장을 제시했다. 민진당 후보 차이잉원은 최초의 여성 총통 후보로 대만에서 출생했다. 국립대만대학 법학과를 졸업하고, 영국 LSE에서 법학박사 학위를 받았으며, 이후 행정원 대륙위원회주임(장관), 입법위원, 행정원 부원장(부총리) 등을 역임하며 정계에서 경력을 쌓았다. 2012년 대선에서는 'TAIWAN NEXT'와 '공평정의公平正義'를 구호로 제시하고 소득증가, 빈부격차 해소, 더 나은 임금과 일자리, 주택가격 인하, 원전에서 해방된 에너지 정책을 강조했다. 특히 대중국 관계에서 대만 독립 노선 견지, 중국에 대한 경제적 의존 심화의 탈피를 주장했다.

2011년 11월 친민당의 쑹추위가 뒤늦게 출마를 선언했다. 이는 당선 가능성과는 거리가 있었으나 친민당의 입법원 의석 확보와 대선에서 그가 캐스팅보트 역할을 할 수 있다는 점에서 관심을 모았다. 2000년 쑹추위의 탈당과 무소속 출마가 당시 패배의 원인이라고 본 국민당은 과거의 실수를 되풀이하지 않기 위해 '쑹추위를 포기하고 마잉주를 보호하자'고 강조했다. 반면 민진당은 '대연합정부'안을 발표하여 차이잉원이 당선될 경우 행정원장직에 쑹추위를 지명하겠다고 암시했다. 민진당은 범남진영의 쑹추위가 대선에 끝까지 참여할 경우 잠식되는 표는 민진당 표가 아니라 국민당 표라고 판단했기 때문이다.

총선 경쟁에서의 주요 쟁점

2012년 총선에서 최대 쟁점은 양안관계였다. 이는 '92공식九二共識'[3]을 둘러싸고 진행되었다. 마잉주는 대만이 '92공식'을 인정하지 않는다면 양안관계가 더 이상 진전될 수 없다고 보았다. 또한 '하나의 중국'에서 중국이란 중화민국을 의미하며, 따라서 차이잉원이 '92공식'을 인정하지 않는다면 중화민국을 인정하지 않는 것으로 간주할 수 있다고 언급했다. 반면 독립지향적인 차이잉원은 '92공식'을 비판하고, 그 대신 '대만공식臺灣共識'을 구성할 것을 주장했다. 차이잉원은 대만 인민은 중국 인민과는 다르며, 오랜 역사를 거치면서 새로운 대만 민족을 구성했다고 주장했다. 따라서 국민당이 중국 공산당과 합의한 '92공식'은 대만인의 합의라고 볼 수 없다고 비판했다.

그러나 선거의 막바지에 접어들면서 대만 경제인들을 중심으로 '92공식' 지지선언이 이어졌다. 장롱 그룹의 장롱파長榮發 회장은 2012년 1월 3일 '92공식'이 대만 경제에 미치는 영향과 안정을 강조하는 정견을 발

---

3   1992년 리덩후이와 장쩌민江澤民 간에 합의한 양안관계에 대한 공동의 인식을 말한다. '하나의 중국' 원칙을 인정하되 그 해석은 각자가 알아서 한다는 것이며, 상대는 서로의 해석을 존중한다는 것을 의미한다.

표했다. 치메이 그룹의 쉬원룽許文龍과 랴오진상廖錦祥도 차기 총통은 현 상태를 유지해야 한다는 입장에서 '92공식' 지지를 선언했다. 그밖에 위엔동 그룹의 쉬쉬동徐旭東, 귀찬 그룹의 린샤오신林孝信, 전국상업총회 회장 장칭자호張平沼, 소우차이 영화사의 랴오즈더廖治德 등도 '92공식'을 지지했다.

'92공식' 논쟁은 대만이 양안관계를 통하여 지속적인 경제성장을 이룰 것인가의 문제와 직결되어 있다. 마잉주는 2008년 당선 이후 양안교역을 통해 높은 경제성장을 가져왔다. 따라서 마잉주는 ECFA의 성과를 강조하고, 재선으로 이를 지속함으로써 '황금의 10년'을 만들어가자고 주장했다. 반면 차이잉원은 "대중 경제의존도는 대만의 정체성을 훼손했으며, 양안교역으로 인한 대만 경제성장의 성과는 일부 계층에게로만 돌아가 빈부격차를 초래했다"고 비판했다. 따라서 "대중 경제의존도를 낮추기 위해 미국이 주도하는 환태평양경제동반자협정TPP, Trans-Pacific Partnership에 적극 참여해야 한다"는 대안을 내놓았다.

선거운동이 진행되면서 부패 공방도 가열되었다. 마잉주 후보가 타이베이 시장 재직 당시 푸방은행 합병 과정에서 1,500만 NTD(약 6억 원)를 수수했으며, 관련 인사들과 5차례 식사한 것이 문제가 되었고 민진당은 이를 공격했다. 반면 국민당은 차이잉원 후보가 행정원부원장 재직 시 '바이오신약 산업 조례'를 제정한 뒤, 국가개발기금을 우창바이오에 투자하도록 하는 문서에 서명했다는 점 그리고 차이잉원 가족의 자금이 이 회사에 투입되었으며, 스스로 회장직을 맡았던 점을 공격했다.

그밖에 민진당은 전국의 지지자들이 모금을 담아서 보낸 18만 5,000개의 돼지저금통으로 당사 앞에 개선문을 만들었다. 이는 '아기 돼지 나와라 운동小豬站出來'으로 자금과 규모 면에서 여전히 국민당에 비해 열악한 민진당의 실태를 알리고, 아기 돼지들이 늑대를 이겼던 우화를 떠올리게 하여 민진당의 승리를 기원하는 운동이었다. 한편 중국에서 경제활동을 하고 있는 타이상들은 양안의 안정적인 교역을 보장해줄 수 있는 국민당을 지지하며 '하루 고생하고 4년 행복하자'는 구호하에 대만으로 귀국하여 투표했다. 중국의 전국대만동포투자기업연의회는 타이상들이 투표를 위해 대만으로 돌아갈 것을 독려했다.

선거 결과

선거 결과는 대선과 총선 모두 국민당의 승리였다. 승리의 주 원인은 마잉주의 성공적인 양안정책에 있었다. 마잉주는 2008년 집권 이후 안정 속의 높은 경제성장을 이루었다. 중국과 '대삼통大三通'을 적용하여, 전면적인 통우通郵, 통항通航, 통상通商을 실시했고, 이로 인해 양안 간의 직항노선이 매주 558편 운항하게 되었고, 타이상이 2011년 12월에는 약 100만 명 정도로 증가했다. 또한 '신3불정책新3不政策', 즉 중국과의 통일을 추진하지 않고(불통), 대만의 독립을 추구하지 않으며(불독), 양안관계에서 무력을 사용하지 않겠다(불무)고 선언하여 안정적인 양안관계를 유지했다. 그리고 무엇보다 중국과의 ECFA 체결은 대만 경제발전을 가져왔는데 이로 인해 대만은 2010년에 10.8%라는 높은 경제성장률을 달성할 수 있었다. 이러한 성공적인 양안정책은 선거를 앞두고 기업인들이 국민당을 공개적으로 지지하는 것으로 이어졌다. 2012년 1월 9일 에

버그린 장룽파 회장은 기존의 민진당 지지를 철회하고 마잉주의 지지를 선언했다. 11일에는 중소기업인 200여 명 역시 마잉주 지지를 선언했고, HTC의 왕쉐훙王雪紅 회장과 훙하이의 궈타이밍郭台銘 회장도 마잉주 지지를 호소했다.

중국 또한 공식적으로는 '대만 선거 불개입' 원칙을 제시했지만, 실질적으로는 친중국적인 국민당을 지원했다. 중국은 대선 전에 항상 대만의 독립세력을 견제하여 무력시위를 전개했는데 2012년 선거를 앞두고는 이러한 시위를 하지 않았다. 그 원인에 대해서는 두 가지 해석이 있다. 첫째, 과거의 무력시위가 오히려 중국이 원하는 방향과 반대 결과를 가져왔다는 점이다. 둘째, 미국의 동아시아 개입의 빌미를 주지 않기 위한 의도라는 해석이다. 어떠한 의도든 국민당 집권하에서 중국은 대만에 대해 우호적이라는 것을 보여주는 조치였다. 한편 중국 당국은 타이상들이 대만에 돌아가 국민당에 투표하도록 독려하고 이를 지원했다. 또한 선거를 앞두고 2011년 12월 ECFA에 의거하여 2012년부터 496개 항목에 대해 중국에 무관세 수출을 허용했다. 이로 인해 대만은 약 153억 NTD 정도의 혜택을 볼 것으로 예상되었는데 이는 국민당에게 유리한 조치였다.

미국은 공식적으로 대만 선거에 개입하지 않는다는 입장을 표명했다. 오바마 행정부의 빅토리아 놀랜드Victoria Nauland 국무부 대변인은 2012년 1월 5일 "우리는 대만 국민의 선택을 지지하고, 어느 쪽의 편도 들지 않는다"고 했다. 그러나 헤리티지재단은 2011년 12월 대만의 총통 선거와 입법위원 선거에서 민진당이 집권하게 된다면 과거 천수이볜이 당선되어 리덩후이가 이루어놓은 업적을 수포로 돌아가게 한 것과 같은 사태가 나타날 것이라는 전망을 내놓았다. 또한 미국재대협회AIT는 선거를 앞두고 대만을 미국 비자면제프로그램 후보에 포함시키면서 마잉주 정부에 우호적인 태도를 보였다. 전 미국재대협회 더글러스 팔Douglas Paal 회장은 1월 12일 언론과의 인터뷰에서 "차이잉원 후보의 '대만공식'은 양안관계를 위해 실용적이지 않다"는 발언을 함으로써 마잉주의 '92공식' 지지를 간접적으로 피력했다.

전 세계적으로 부의 불평등과 빈부격차가 화두가 된 가운데에서도 대만 주민들은 '공평정의'를 내세운 차이잉원보다는 양안교역 확대를 통해 경제성장을 추구하자는 마잉주를 선택했다. 마잉주 집권 1기 동안의 양안교역으로 인한 경제성장은 대만 주민들에게 중국에 흡수되지 않고 일정한 거리를 유지하는 가운데 경제성장을 추진할 수 있다는 기대를 갖도록 했고, 이러한 선호의 충족이 2012년 마잉주와 국민당의 성공에 중요한 요인이 되었다. 그러나 이러한 양안정책이 장기화되면 대만의 주권 문제가 다시 제기될 수 있다는 위험성 또한 내포하고 있는데, 실제로 2014년 10월에 실시된 지방 선거의 결과는 국민당의 완패였다. 국민당은 6대 직할시 선거에서 1곳에서만 당선되었고, 그 외의 현과 시 선거에서도 16개 선거구 중 5곳만 차지할 수 있었다. 이 선거에서 민진당은 국민당이 주도하는 양안 경제교역에 반대하고 대만의 주체성을 강조하는 선거공약으로 승리했다.

2

정체성과 경제적 이익: 엘리트의 선택[4]

경제이슈, 정당재편성을 가져올 것인가

대만의 2008년과 2012년 입법원 선거에서 국민당이 모두 승리했다. 과거 2000년과 2004년의 총통 선거에서 민진당이 승리하고, 2001년과 2004년의 입법원 선거에서도 민진당이 최다득표를 했던 것을 고려할 때 이는 대만 정당정치의 큰 변화였다. 이러한 정치변동은 권위주의 계승정당인 국민당이 민주화 이후 정권교체를 통해 재집권했다는 점에서도 의의를 갖지만, 정당정치의 관점에서도 중요한 함의를 지닌다. 2008년 선거를 기준으로 경제이슈가 부상하기 시작하면서, 국민당이

---

4   이 장은 〈경제이슈, 정당재편성, 그리고 중국요소: 대만의 사례〉의 제목으로 《국제정치논총》 제55집 1호 (2015)에 게재되었다.

의회 내 다수를 차지하게 되었기 때문이다.

대만 정당체제에서 핵심적인 이슈는 오랫동안 국가적 정체성이었다.[5] 국민당은 권위주의 통치 시기에 국가통합을 위해 중화주의中華主義를 강조했고, 1990년대 중반 이후 민진당은 대만의 자주성과 독립을 주장하면서 대만인 정체성을 강조하기 시작했다. 민진당의 이러한 동원 전략은 대만인 정체성이 증가하면서 민진당에 대한 지지율이 오르기 시작했고, 결과적으로 민진당 선거 승리의 핵심 요소로 작용했다.[6] 그러나 국민당이 승리한 2008년과 2012년의 선거에서는 국가적 정체성보다는 경제성장과 빈부격차와 같은 경제이슈가 선거에서 자주 등장하기 시작했다. 따라서 많은 학자들이 대만 선거에서 경제이슈가 중요해지기 시작했다는 점을 주목했다. 우위산은 대만 경제지표가 하락하면서 계급균열이나 분배와 같은 경제이슈가 새로운 사회적 갈등으로 부상하고 있다고 지적하고 2010년 지방 선거와 2012년 선거를 경제이슈가 핵심적이었던

---

5 국가적 정체성은 중국인 정체성, 대만인 정체성, 그리고 다중 정체성으로 구분된다. 중국인 정체성은 스스로를 중국인이라고 여기는 경우이며, 대만인 정체성은 스스로를 대만인이라고 여기는 경우이다. 그 외에 두 정체성을 동시에 지닌 다중 정체성이 존재한다. 정체성이 대만 사회에서 중요해지고, 정당이 이를 동원하기 시작하면서 대만의 주요 국가기관과 연구기관에서 정기적인 여론조사를 통하여 그 변화를 측정해오고 있다. 최근의 측정기관으로는 언론기관인 TVBS 산하 TVBS民意調查中心이 있다. http://home.tvbs.com.tw/poll_center

6 盛杏援·陳義彦, "政治分枝與政黨競爭: 2001年立法委員選舉的分析", 《選舉研究》第十卷制一期 (2003), pp.7~40.; Shelley Rigger, From Opposition to Power: Taiwan's Democratic Progressive Party (Boulder: Lynne Rienner Publishers, 2001); Tun-jen Cheng and Yung-ming Hsu, "The March 2000 Election in Historical and Comparative Perspectives: Strategic Voting, the Third Party, and the Non-Duvergerian Outcome", in Bruce Dickson and Chien-min Chao (eds.), Assessing the Lee Deng-hui Legacy in Taiwan's Politics (Armonk, New York: M. E. Sharpe, 2002), pp. 148~176.

선거로 평가했다.[7] 또한 2010년 ECFA 체결 이후 대만에서 국가적 정체성의 중요성이 감소하고 있는 반면 계급이익과 세대갈등이 중요해지고 있다고 지적했다.[8]

이러한 변화의 핵심에는 국민당의 역할이 있었다. 국민당은 주요 선거에서 경제의 회생과 발전을 선거 어젠다로 제시하기 시작했다. 2008년에는 중국과의 교역 확대를 통한 경제성장을 주장했고, 2012년에는 중국과의 ECFA의 확대를 통한 지속적인 경제성장을 약속했다. ECFA는 2008년의 선거공약을 구체화하여 2010년 중국과 체결한 자유무역협정에 준하는 협약으로서, ECFA를 체결한 이후 국민당은 중국과 교역을 본격적으로 주도해왔다. 반면 민진당은 중국과 교역의 확대가 대만의 대중국 경제의존도를 심화시키고, 일부 집단에게 부의 편중을 가져온다는 이유로 이를 규제할 것을 주장했다. 그리고 이러한 경제이슈가 2008년과 2012년 두 정당 간의 핵심 논쟁으로 부상했다.

경제이슈의 부상과 더불어 2008년과 2012년의 선거는 국민당의 승리로 이어졌다. 국민당이 경제이슈를 강조한 것이 선거에서의 승리를 가져왔다면 이를 정당재편성을 이끈 중대선거critical election[9]라고 볼 수 있

---

7   Yu-shan Wu, "From Identity to Distribution: Paradigm Shift in Taiwan Politics" Paper presented at 55th Annual Conference of the American Association for Chinese Studies, the State University of New Jersey at Rutgers, New Jersey, October (2013)

8   김민환·정현욱, 〈'양안서비스무역협정'의 쟁점과 대만 사회 갈등구조 변화〉, 《아태연구》 제21집 3호 (2014), pp.5~35.

9   키v.o.Key, Jr는 정당재편성 과정에서 중대선거의 중요성을 강조했는데, 중대선거란 새로운 사회균열이 정당경쟁에 형성되고, 이 균열선이 오랫동안 지속되는 전환점이 되는 선거를 말한다.

을까? 기존의 연구는 경제이슈가 선거에서 중요한 이슈로 부상하고, 국민당의 승리에 기여했으나 정당재편성을 이끌지는 못했다고 평가한다. 2008년 선거의 유권자 분석을 통해 여전히 국가적 정체성이 선거의 결정적 요인이고, 경제이슈가 중요하기는 하나 이는 대만인들의 중국에 대한 인식에 의해서 결정되기 때문에 결국 국가적 정체성이 중요함을 암시했다.[10] 2008년과 2012년의 유권자 분석도 경제개방에 대한 유권자들의 태도가 여전히 국가적 정체성, 정당일체감, 통일과 독립에 대한 태도의 영향을 받는 것으로 나타났다.[11] 또한 2008년의 선거에서 경제이슈가 중요한 쟁점으로 부상했으나 대만 유권자는 여전히 경제이슈보다 정체성에 기반하여 투표하고 있음을 보여주었다.[12] 결정적으로 나단 바토Nathan Batto는 2008년과 2012년의 선거는 정당재편성을 위한 중대선거는 아니며 오히려 선거에서 중국요소China factor의 영향이 유지되고 있다고 보았다.[13]

경제이슈가 두 번의 선거에서 국민당에게 승리를 가져다주었지만 정당경쟁의 지형을 본질적으로 바꾸어놓지는 못했다는 것이 선행연구

---

10 陳陸輝·耿曙·王德育, "兩岸關係與2008年台灣總統大選: 認同, 利益, 威脅與選民投票取向", 《選擧研究》第十六卷制二期 (2009), pp.1~22.

11 鳴親恩·林奕孜, "兩岸經貿開放, 認同與投票選擇: 2008年與2012年總統選擧的分析", 《選擧研究》第二十卷制二期 (2013), pp. 1~36.

12 지은주, 〈정체성과 경제적 이익의 동학: 2008년 대만 총통 선거에서 유권자의 선택〉, 《한국정치학회보》 제46집 1호 (2012), pp. 359~382.

13 Nathan Batto, "Continuity in the 2012 Presidential and Legislative Elections", in Jean-Pierre Cabestan and Jacques deLisle, Political Changes in Taiwan under Ma Ying-jeou (New York: Routledge, 2014), pp. 618~1131.

의 결론이다. 유권자의 투표행태를 분석했을 때 여전히 국가적 정체성이 중요한 투표 요인임을 발견했고, 이는 정치엘리트의 동원에도 불구하고 유권자의 재편성으로 이어지지는 못했다고 결론짓고 있다. 실례로 2014년 10월에 치러진 지방 선거에서 국가적 정체성을 주장한 민진당이 압승을 거두었다. 선거 결과는 국민당이 6대 직할시 시장 선거에서 한 곳만 승리했으며, 기타 현·시 선거에서는 16개 지역 중에서 5곳에서만 승리했다. 가장 상징적인 타이베이 시장 선거에서 당선된 민진당의 지원을 받았던 무소속의 커원저柯文哲는 국민당이 주도하는 양안경제 교역의 빠른 속도에 반대하고, 대만의 주체성을 강조하는 선거공약으로 승리했다. 이는 대만 선거에서 국가적 정체성의 문제가 다시 되살아난 것을 의미한다.

그렇다면 경제이슈는 2008년과 2012년 집권정당의 교체와 의회의 다수당을 변화시켰음에도 불구하고 왜 정당재편성을 이끄는 데 실패했는가? 이 질문에 답을 구하기 위해 경제이슈의 정당재편성을 위한 이슈로서의 조건에 주목하여 그 원인을 분석하고자 한다. 선행연구들이 유권자의 분석에 치중하여 대만 재편성의 한계를 지적했다면, 이 글에서는 이러한 유권자의 재편성에 이르지 못한 정치엘리트의 실패한 이슈동원에 주목한다.

정당재편성 이론과 정당 경쟁이슈

정당재편성이란 무엇인가? 볼디머 올랜도 키Valdimer Orlando Key, Jr가 미국 정당정치의 변화를 정당재편성이라는 용어로 설명한 이후 이에 관한 다양한 연구가 있었다. 그 개념과 관련하여서도 학자마다 중요시 여기는 부분에 차이가 있는데 키와 제임스 선키스트James Sundquist는 정당 재편성을 기존의 정당노선 위에 과거와는 새로운 이슈균열을 형성하는 것[14]이라고 했고, 도널드 스톡스Donald Stokes와 제럴드 폼퍼Gerald Pomper 는 유권자들의 유동성 증가로 인해 다수당이 바뀌는 현상이라고 했다.[15] 한편 러셀 달톤Russell Dalton 등은 정당재편성을 기존 정당체제의 지지기반에 거대한 변화가 발생하면서 대중의 지지양식이 변화하는 현상[16]이라고 했다. 이들의 정의를 정리해보면 학자들은 정당재편성을 크게 두 가지의 입장에서 보고 있다. 하나는 기존의 정당균열이 새로운 균열로 대체되는 것을 강조하고 있는 반면, 다른 하나는 유권자의 선호가 변화하면서 지지정당이 교체되는 것을 말한다. 결과는 유권자의 투표행태의 변화로 이어져 다수정당 혹은 집권당이 교체된다.

정당재편성은 유권자의 변화에서 출발한다. 유권자의 지지정당에 대

---

14 V. O. Key, Jr., "Secular Realignment and the Party System", Journal of Politics, 21-2 (1959), pp. 198~210.; James L. Sundquist, Dynamic of the Party System: Alignment and Realignment of Political Parties in the United States (Washington, D.C.: Brookings Institution, 1983).

15 Donald E. Stokes·Gudmund Iversen, "On the Existence of Force Restoring Party Competition", in Angus Campbell, Philip E. Converse, Warren E. Miller and Donald E. Stokes (eds.), Elections and the Political Order, New York: Wiley, 1966); Gerald M. Pomper, Elections in America: Control and Influence in Democratic Politics (New York: Dodd, Mead, 1968).

16 Russell J. Dalton, Scott C. Flanagan, and Paul Allen Beck (eds.), Electoral Change in Advanced Industrial Democracies: Realignment or Dealignment? (Princeton, N.J.: Princeton University Press, 1984).

한 충성심이 변하면서 정당의 재편성이 시작되는 것이다. 이러한 유권자를 변화시키는 원인은 세 가지로 살펴볼 수 있다. 첫째, 유권자의 세대교체가 이루어지면서 유권자의 선호가 장기에 걸쳐 스스로 변화하는 것이다. 로널드 잉글하트Ronald Inglehart는 서구에서 유권자의 세대교체는 새로운 정당균열 구조를 형성한다는 것을 발견했다.[17] 특히 경제적으로 풍요로운 시기에 성장한 유권자는 경제적 이익보다는 삶의 질을 추구하게 되고, 정당경쟁 역시 이를 반영하게 된다. 둘째, 급격한 사회적 변동이 새로운 정당균열을 형성하기도 한다. 특히 전쟁, 혁명, 민주화와 같은 사회의 거대한 변화는 유권자들의 선호와 의식을 단기간에 바꾼다.[18] 대만의 1990년대 민주화는 정치지형을 짧은 시간에 민주 대 반민주의 균열로 바꾼 바 있다. 마지막으로 정당재편성은 정치엘리트의 정치적 동원에 의해서 이루어지기도 한다. 사회적 갈등은 다양한 시민운동이나 사회적 저항으로 표현되기도 하지만 이것이 모두 정당재편성으로 이어지지 않는다. 즉 정치인이 적극적으로 사회적 갈등을 정당경쟁에 끌어들일 때 정당재편성으로 이어진다는 것이다. 1960년대 미국 정당정치의 중요한 균열을 형성한 인종갈등은 1940년대부터 사회의 핵심적인 갈등으로 떠올랐지만 정당경쟁의 이슈로 발전하지 못했다. 이후 민주당이 이를 선거에서 쟁점화시킨 1960년대에 이르러서야 정당체제에 반영될

---

17 Ronald Inglehart, The Silent Revolution (Princeton N. J.: Princeton University Press, 1977); Ronald Inglehart, Culture Shift in Advanced Industrial Society (Princeton, N J.: Princeton University Press, 1990)

18 Martin S. Lipset·Alfred Rokkan, Party Systems and Voter Alignments: Cross-National Perspectives (New York: Free Press, 1967)

수 있었다.[19]

　유권자가 변화된 선호에 따라 투표를 하여 정당재편성을 이끌기도 하지만 잠재되어 있는 사회적 갈등을 정당체제에 반영하는 것은 정치엘리트의 역할이다. 조반니 사르토리Giovanni Sartori는 사회적 균열을 정당경쟁의 장으로 끌어들이는 것이 정당의 역할이라 했고[20] 엘머 샤트슈나이더Elmer Schattschneider는 사회적 균열이 정치엘리트에 의해 선택적으로 동원되고 조직된다고 했다.[21] 이 과정에서 정치엘리트는 자신에게 유리한 이슈를 발굴하고 동원하여 자당에 대한 지지도를 높이고자 한다. 정치엘리트는 자신에게 불리한 이슈를 유리한 이슈로 대체하고자 한다. 에드워드 칼마인스Edward Carmines와 제임스 스팀슨James Stimson은 이러한 경쟁이슈의 변화를 '이슈의 진화issue evolution'로 표현했다. 정당재편성을 이끄는 이슈는 생성하고 발전하며 그 성장과 쇠퇴의 주기를 갖는데, 중요한 점은 이 이슈가 스스로 진화해서 나온 정치적 환경을 바꾸는 힘을 가진다는 것이다.[22] 즉 새로운 이슈는 정당재편성을 이끈다. 그러나 정

19　Edward G. Carmines·James A. Stimson, Issue Evolution: Race and the Transformation of American Politics (Princeton. J.J.: Princeton University Press, 1989), p. 11.

20　Giovanni Sartori, "The Sociology of Parties: A Critical Review", in Peter Mair (eds.), The West European Party System (Oxford: Oxford University Press, 1990), pp. 150~182.

21　Elmer E. Schattschneider, The Semi-Sovereign People: A Realist's View of Democracy in America, Cengage Learning (1975).

22　Edward G. Carmines·James A. Stimson, Issue Evolution: Race and the Transformation of American Politics (Princeton. J.J.: Princeton University Press, 1989), p. 11.

치엘리트를 동원한다고 해서 모든 이슈가 정당재편성을 가져오는 것은 아니다. 여기에는 다음과 같은 조건이 필요하다.

첫째, 이슈 자체의 특징이다. 칼마인스와 스팀슨에 의하면 선거에 쟁점으로 제시된다고 해서 모든 이슈가 정당재편성을 가져오지는 않는다. 정당재편성을 가져오는 이슈를 다음과 같이 말한다. "유권자의 반응을 불러오고, 상징적이어야 한다. 정당이 중요한 이슈라고 제시해도 유권자가 이에 반응하지 않는다면 투표로 이어질 수 없다. 또한 지나치게 구체적인 이슈는 다수의 지지를 받기 어렵다. 또한 이슈는 단기간에 출현한 것이 아닌 오래전부터 존재해오던, 즉 잠재되어 있던 이슈여야 한다."[23] 미국의 인종갈등이 정당경쟁에 반영되기까지 약 15년이라는 시간이 필요했다. 이외에도 정당재편성을 위한 이슈는 복잡하면 지나치게 어려워서 유권자의 호응을 이끌지 못하기 때문에 단순한 이슈여야 한다고 했다.[24]

둘째, 정당재편성을 가져오는 이슈에 대한 정당의 입장과 태도 또한 중요하다. 무엇보다도 정당과 후보자는 이슈에 대해 명확한 입장을 보여야 한다. 그리고 그 이슈에 대한 정당 간의 경쟁이 양극화되어야 한다. 월터 번햄Walter Burnham은 수렴하는 이슈는 정당체제에 단기적인 영향을 미칠 수는 있으나 정당의 재편성으로 이어질 수 없다고 지적했다.

23 Edward G. Carmines·James A. Stimson, "The Dynamic of Issue Evolution: The United States", in Russell Dalton, Paul Beck, and Scott Flanagan (eds.), Electoral Change in Advanced Industrial Societies (Princeton: Princeton University Press, 1984), p. 144.

24 Carmines·Stimson (1989), pp. 11~12.

즉 정당경쟁에서 양극화를 이끌 수 있는 이슈만이 정당재편성을 가져온다.[25] 따라서 이슈는 정치엘리트에 의해 어떻게 동원되는가도 중요하다. 선키스트는 정당재편성 과정에서 이슈를 양극적인 방향으로 동원하는 데에 있어 정당의 역량이 중요함을 강조하고 있다.[26]

마지막으로, 정당재편성을 위해 가장 중요한 것은 새로운 이슈가 기존의 이슈와 동일하거나 유사한 균열선을 형성해서는 안 된다.[27] 자코모 사니Giacomo Sani와 사르토리에 의하면 새로운 이슈에 대한 유권자들의 균열이 기존 균열을 가로지를 때 정당재편성이 초래되고, 기존 균열과 중첩될 때에는 정당재편성이 발생하지 않는다.[28] 새로운 이슈가 새로운 차원의 균열선을 형성할 때 유권자들의 지지를 이동시킬 수 있고, 지지의 이동이 다수정당을 교체하기 때문이다.

대만의 경제이슈는 이 조건을 충족하는가? 충족하지 못한다면 이는 어떠한 이유 때문인가? 데피드 펠Dafydd Fell은 2008년 이후 대만에서 현저한 이슈는 여전히 국가적 정체성이며, 심지어 부패가 경제이슈보다 중요했다고 보았다.[29] 그러나 단순히 국가적 정체성이 경제이슈보다 현

25　Walter Dean Burnham, Critical Elections and the Mainsprings of American Politics (New York: W. W. Norton, 1970)

26　James L. Sundquist, Dynamic of the Party System: Alignment and Realignment of Political Parties in the United States (Washington, D.C.: Brookings Institution, 1983).

27　Carmines·Stimson (1989), p. 11.

28　Giacomo Sani·Giovanni Sartori, "Polarization, Fragmentation and Competition in Western Democracies", in Hans Daalder and Peter Mair (eds), Western European Party Systems: Continuity and Change (Beverly Hills: Sage, 1983), pp. 307~340.

29　Dafydd Fell, "Taiwan's Party System in the Ma Ying-jeou Era", in Cabestan and deLisle (2014), pp. 1140~1697.

저성에서 앞섰다고 단정 짓기 이전에 선거운동 과정에서 정당이 적극적으로 제시했던 경제이슈가 왜 정당재편성을 이끄는 데 실패했는지를 검토하는 것이 우선이어야 한다. 정당재편성을 이끌기 위한 이슈가 갖추어야 하는 조건에서 대만의 경제이슈가 어떠한 문제점이 있는지를 검토해보는 것이 필요하다.

이를 위해 본 연구는 문헌을 기반으로 하고 정당 관계자의 심층 인터뷰를 활용하여 선거에서 제시되는 경제이슈가 서구의 정당재편성을 이끈 경제이슈와 어떠한 차이점이 있는지를 제시한다. 문헌연구를 통해서는 각 정당이 선거운동 과정에서 경제이슈 스펙트럼상의 이슈위치를 알 수 있으며, 인터뷰를 통해서는 선거운동 과정에서의 주장을 넘어 경제이슈에 대한 정당의 실질적인 입장을 알 수 있다. 심층 인터뷰는 두 차례에 걸쳐 진행되었는데 첫 번째는 2011년 11월에, 두 번째는 2013년 4월에 정당의 추천을 받은 국민당과 민진당의 정당 실무 관계자를 대상으로 했다. 이 시기에 주요 이슈에 대한 정당의 입장은 경제이슈가 중요해지던 시기에 선거에서 각 정당이 주장하는 경제이슈의 특징과 정당의 이슈 포지션을 이해하도록 해준다. 2011년 질문은 개방형으로서 "국민당(민진당)이 가장 중요하게 여기는 이슈는 무엇이며 이에 대한 국민당(민진당)의 입장은 무엇인가?"이다. 2013년에는 질문을 보다 구체화했다. 이는 (1) "2008년 국민당 집권 이후 국민당(민진당)이 가장 중요하게 여기는 이슈는 무엇인가?" (2) "향후 귀 국민당(민진당)이 중요하게 다루어야 할 이슈는 무엇이라고 생각하는가?" (3) "중국과의 통일에 대한 2008년 이후 국민당(민진당)의 입장은 어떠한가?" (4) "중국과의 교역에 대한 국민당(민진당)의 정당 입장은 어떠한가?"로 구성되어 있다.

정당의 경쟁이슈 변화와 경제이슈 동원

정당체제의 변화와 경제이슈의 부상

2008년 전후의 대만 정당체제와 경쟁이슈의 변화를 검토하려 한다. 대만은 2008년을 전환점으로 하여 그 이전은 다당제, 그 이후는 양당제라고 할 수 있다. 다당제하의 대만에서는 국민당과 민진당이 주류정당으로 의석의 대부분을 차지했고, 소수정당으로는 중국신당中國新黨(이하 신당), 친민당, 대연이 활동했다. 〈표 2〉에 의하면 2004년 입법원 선거에서 국민당과 민진당이 각각 32.7%와 36.1%의 득표율로 79석과 89석, 친민당과 대연은 13.8%와 7.9%로 각각 32석과 12석을 차지했다.

그러나 2008년 선거 이후 정당체제는 국민당과 민진당이 중심이 되는 양당제로 전환했다.[30] 2008년 선거에서 국민당이 71.7%로 가장 높은 득표율을 기록했고, 민진당은 23.9%를 얻었다. 반면 나머지 소수정당은 1% 미만의 득표에 그쳤다. 2012년 선거에서도 양당제는 지속되

---

30 2008년 대만의 정당체제가 다당제에서 양당제로 전환한 데는 2005년에 있었던 선거제도 개혁이 중요한 기여를 했다. 대만의 입법위원 선출을 위한 기존의 단기비이양식 중선거구제single-non-transferable-vote and multi-member district system는 극심한 경쟁을 조장하여 정치적 부패를 야기한다는 이유로 많은 비판을 받아왔다. 2005년 대만은 선거제도를 소선거구 단순다수결제로 바꾸었다. 뒤베르제의 법칙Duverger's law에 따른다면 소선거구 단순다수제는 양당제를 이끄는 데, 대만도 이 법칙을 따른다. 2005년 대만의 선거제도의 개혁과 정당체제와 관련해서는 다음 논문을 참조. John Fuh-sheng Hsieh, "The Origins and Consequences of Electoral Reforms in Taiwan", Issues & Studies 452 (2009), pp. 1~22.; Jih-wen Lin, "The Politics of Reform in Japan and Taiwan", Journal of Democracy, 17(2) (2006), pp. 118~131.

표 2 . 주요 선거에서 후보와 정당의 득표율과 의석수

	총통 선거			입법원 선거		
	2004 (제11대)	2008 (제12대)	2012 (제13대)	2004 (제6대)	2008 (제7대)	2012 (제8대)
국민당	렌잔 49.9	마잉주 58.4	마잉주 51.6	79(32.7)	81(71.7)	64(56.6)
민진당	천수이벤 50.1	셰창팅 41.6	차이잉원 45.6	89(36.1)	27(23.9)	40(35.4)
신당				1(0.13)	0	0
친민당			쑹추위 2.8	34(13.8)	1(0.9)	3(2.7)
대연				12(7.9)	0	3(2.7)
기타				10(9.3)	1(0.9)	3(2.7)

• 출처: 중앙선거위원회

었다. 국민당은 56.6%의 득표율로 113석 중 64석을 차지했고, 민진당
은 2008년보다 증가한 35.4%를 얻음으로써 의석을 40석으로 확대했다.
소수정당인 친민당과 대연이 각각 3석을 획득했으나 2008년 이전의 의
석을 회복하기는 쉽지 않을 것으로 보인다.

그렇다면 선거에서 정당의 경쟁이슈는 어떻게 변화했는가? 민주화 직
후인 1990년대 초반 대만에서는 국가적 정체성, 노동, 환경, 여성 등 다
양한 사회적 이슈가 경쟁적으로 출현했다. 그러나 국가적 정체성 외에
다른 이슈는 유권자의 큰 관심을 끌지 못했다.[31] 1991년 당 강령에 대만
독립조항臺灣獨立條項을 추가한 민진당은 독립 문제를 적극적으로 제기했
고, 이후 정당 간의 경쟁은 민진당의 독립 주장과 국민당의 반대 입장(통

---

31 游盈隆,《民意與臺灣政治變遷: 1990年代臺灣民意與選擧政治的解釋》 (臺北: 月旦, 1996);
    Tse-min Lin, Chu Yun-han and Melvin J. Hinich, "Conflict, Displacement and
    Regime Transition in Taiwan: a Spatial Analysis", World Politics 48(4) (1996).

일 혹은 현상 유지)으로 바뀌었다.[32] 소수정당은 국민당과 민진당을 중심으로 하여 이데올로기적으로 유사한 정당과 협조하며 경쟁했다. 신당은 국민당에서 탈당한 인사들이 구성한 정당으로 국민당보다 중국과의 통일을 더욱 강조했으며, 친민당 역시 국민당에서 탈당한 인사들이 구성한 정당으로 이데올로기나 이슈 포지션은 국민당과 거의 동일하다. 이 두 정당은 주요 선거에서 국민당과 협력했고 이들의 협력을 범남진영이라고 부른다. 한편 대연은 국민당의 전 총통인 리덩후이가 탈당하여 창당한 정당이지만 반反 중국과 대만 독립을 주장하여 민진당과 협력하는 범녹진영을 형성했다. 두 진영의 경쟁은 국민당과 민진당, 즉 두 정당경쟁의 확대라고 볼 수 있으며 핵심 경쟁이슈는 통일과 독립으로 표현되는 국가적 정체성이었다.[33]

〈그림 1〉에 의하면 1992년 12월 18.8%의 대만인 정체성은 2004년 12월 43.7%, 2012년에는 54%로 증가했다. 1998년과 2001년, 그리고 2004년의 민진당 득표율이 상승하고 있는 것을 볼 수 있는데 이 시기에 대만인 정체성 역시 36.7%, 41.8%, 43.7%로 상승하고 있다. 또한 2000년과 2004년의 총통 선거에서 민진당 후보인 천수이볜이 승리했다. 따라서 많은 연구가 국가적 정체성을 2000년 선거 이후 민진당 승리의 핵심 요인으로 보았다. 그러나 2004년 이후 대만인 정체성과 민진당

32 Tun-jen Cheng·Yung-ming Hsu, "Issue Structure, the DPP's Factionalism, and Party Realignment", in Tien Hung-mao (ed), Taiwan's Electoral Politics and Democratic Transition (Armonk, New York: M.E. Sharpe, 1996), pp. 137~173.; Rigger (2001); Yu-shan Wu, "Taiwanses Nationalism and Its Implications: Testing the Worst-Case Scenario", Asian Survey 44-4 (2004), pp. 614~625.
33 陳文俊 (2003), p. 42.

그림 1 . 대만인 정체성과 민진당 득표율(1992~2012)

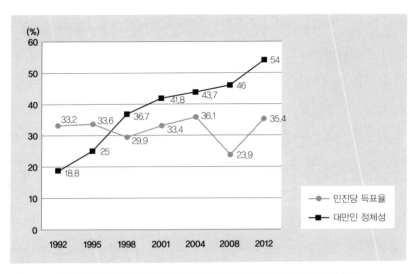

• 출처: TVBS民意調查中心(2013) 總統大選與統獨國族認同民調, 표10. 臺灣民衆國族認同趨勢表

득표율의 관계는 이전과 다른 양상을 보인다. 대만인 정체성이 이전보다 가파르게 상승하는 반면 민진당의 득표율은 2008년에 23.9%로 역대 선거에서 최하위를 기록했고, 2012년 선거에서는 35.4%를 회복했으나 대만인 정체성의 상승폭에는 조응하지 못했다. 이러한 추세는 2004년 이후에는 대만인 정체성의 상승이 민진당 정당득표율의 변화와 관련성이 없다는 것을 말해준다. 1998년부터 2004년까지의 선거에서 대만인 정체성의 증가가 민진당 동원 과정에서 중요한 역할을 했다면, 이후의 대만인 정체성의 증가는 선거의 결정 요인으로서 의미를 상실해가고 있는 것으로 보인다.

이러한 가운데 대만 정당경쟁에서 경제이슈가 중요한 이슈로 등장하

그림 2 . 대만 주요 경제지표(1990~2012)

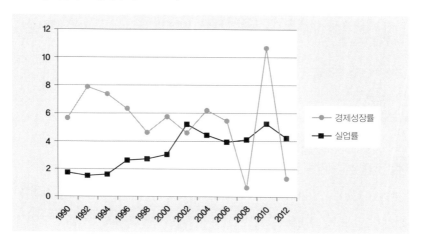

• 출처: Executive Yuan, R.O.C.(Taiwan), Council for Economic Planning and Development, Taiwan Statistical Data Book (2013)

기 시작했다. 대만의 경제성장률은 이미 1992년 이후 2010년[34]의 한 해를 제외하고 하락 추세에 있었다. 특히 1990년대 말 동아시아의 외환위기와 2008년 세계경제의 침체는 대만의 경제에 영향을 미쳐 2001년과 2009년에는 각각 −1.2와 −1.8이라는 전례 없던 마이너스 성장을 기록했다.[35] 또한 실업이 증가하면서 1990년대 2% 미만이었던 실업률은 2002년과 2010년에는 5%를 넘어섰다. 이러한 경제성장률과 실업의 증가는 1990년대 중반 이후의 현상이었다. 그러나 2004년 선거까지도 두

---

34 2010년의 성장률은 ECFA 체결 직후의 경제적 효과이므로 장기적인 추세로 보기 어렵다.
35 〈그림 2〉는 1990년부터 2년 간격으로 경제성장률과 실업률의 추이를 보여주고 있다. 따라서 2001년과 2009년의 자료는 표시되어 있지 않다.

정당의 경쟁에서 경제이슈는 중요하지 않았다. 정당이 경제이슈를 선거에 전면으로 내세우기 시작한 것은 2008년 총통 선거운동 시기부터였다.

2008년과 2012년 선거에서의 경제이슈 동원

대만 경제 vs. 국가적 정체성

2008년 1월과 3월에는 각각 입법원 선거와 총통 선거가 있었다. 입법원 선거를 앞두고 민진당은 이전 선거와 마찬가지로 대만 독립과 국가적 정체성 문제를 핵심 이슈로 제시했다. 천수이볜 집권 2기 이후 시작된 '정명운동正名運動'은 선거를 앞두고 더욱 가속화되었다. 대만 내의 기관이나 건물의 중국식 명칭을 대만의 정체성이 나타나도록 바꾸는 이러한 운동을 통해 민진당 정부는 2005년 '총통부'를 '중화민국대만총통부'로, 2006년에는 '중정中正국제공항'을 '타오위엔桃園국제공항'으로, 2007년에는 '중정기념관'을 '대만민주기념관'으로 바꾸었다.[36] 이러한 움직임은 더욱 가속화되어 선거를 앞두고 민진당은 2007년 8월 대만을 '정상국가화'하기 위한 개헌을 주장했고, 이는 선거가 가까워지면서 대만 명의로 유엔에 가입하자는 '대만명의 유엔가입入聯'의 주장으로 변화했다.

선거운동 과정에서 국민당은 천수이볜의 경제정책을 비판하고 중국과의 관계개선을 통한 경제성장 방안을 제시했다. 그러나 민진당이 국가적 정체성 이슈를 적극적으로 동원하자 국민당 역시 대만인 정체성을

---

36 박병석 (2010); 지은주 (2012b) p. 368.

강조했다. 마잉주 후보는 선거를 앞둔 2007년 10월 자신이 홍콩 출신이라는 약점을 극복하기 위해 자신의 조부와 부친의 유해가 대만에 있음을 강조했고, 중화민국 정부가 대만에서 58년을 지속한 데 반해 중국에서는 단지 38년밖에 존속하지 못했다는 점을 지적하면서 자신 또한 대만에 더욱 오랜 기간 거주했기 때문에 대만인 정체성을 가지고 있다고 강조했다. 또한 민진당의 '대만명의 유엔가입'안에 대항하여 국민당은 중화민국의 명의로 다시 유엔에 복귀하자는 '중화민국 유엔복귀返聯'안을 제시했다.

2008년 1월 입법원 선거는 민진당의 완전한 패배였다. 국민당이 지역구 61석, 전국구 20석을 합하여 총 81석을 차지한 반면, 민진당은 지역구 13석, 전국구 14석으로 총 27석밖에 차지하지 못했다.[37] 이러한 패배의 원인 분석 과정에서 언론과 학계는 대만 경제의 어려움을 지적했다. 시정평施正鋒 단장대 교수는 대만의 경제 문제가 심각해짐에 따라 민진당의 지지세력이 이탈했다고 진단했고, 우루이궈鳴瑞國 푸런대 교수는 유권자들이 생활의 질과 경제실적을 대만인 정체성보다 중요하다고 여기기 시작했다고 진단했다. 즉 민진당은 국가적 정체성을 주요 선거이슈로 동원했으나 유권자들은 경제이슈를 더욱 중요시했다는 분석이었다.[38]

이어진 2008년 총통 선거에서 국민당 후보인 마잉주는 입법원 선거

---

[37] 더욱이 민진당이 중요한 선거쟁점으로 제시했던 국민투표안은 '정상국가안'을 포함시키지 못했으며, 부당정당재산안과 반부패안의 경우는 각각 투표율 26.3%와 26.1%로 투표율 과반에도 미치지 못하여 부결되고 말았다.

[38] 2008년 선거에서는 민진당의 뇌물수수, 부패혐의 등과 같은 부패 문제가 핵심 쟁점이 되었다. 입법원 선거를 앞두고 총통 부인과 2명의 총통 측근, 3명의 장관과 4명의 차관이 부패혐의로 기소되거나 조사를 받았다. 이는 일부 유권자들의 민진당 지지 철회로 이어졌다.

결과에 힘을 얻어 경제 문제에 더욱 집중했다. 그는 천수이볜 집권 8년 동안 대만 경제가 고실업과 저성장으로 경제적 침체기였다고 비판하고, 각종 규제를 완화하고 중국과 교역을 확대함으로써 경제회생을 모색하겠다고 했다.[39] 그는 중국과 포괄적인 경제협력협정을 체결하여 양안관계를 정상화하겠다고 밝혔다. 이는 부총통 후보인 샤오완창蕭萬長의 아이디어였는데 이는 양안이 대등한 협상을 통해서 시장을 확대하는 방안으로 대중국 수출과 투자를 확대하고, 대만 농산물 수출의 활로를 찾는다는 것이다. 마잉주는 이를 통하여 경제성장 6%, 국민소득 3만 달러, 실업률 3%를 달성하겠다는 '633계획'을 제시했다. 이에 대하여 민진당의 셰창팅 후보는 경제 문제에 있어서는 국민당의 주장을 공격하는 한편 국가적 정체성을 재차 강조했다. 국민당이 주장하는 중국과의 포괄적 경제협력협정은 '하나의 중국시장一中市場'을 의미하며, 이는 궁극적으로 대만 경제를 중국으로 종속화하고, 중국에서 수입되는 농산물은 대만의 농촌을 피폐화하고, 대만인들은 결국 구직을 위해 중국으로 가야 할 것이라고 비판했다. 또한 중국이 제공하는 선의에 기반을 둔 교역은 한계를 지닐 수밖에 없다고 공격했다. 또한 국가적 정체성과 관련하여 마잉주의 영주권 문제를 공격했다. 셰창팅은 마잉주 후보와 그 가족들이 모두 미국 영주권을 보유하고 있다고 주장하고 이에 대한 명확한 입장을 표명하라고 주장했다.[40]

국민당이 경제이슈를 강조하고, 민진당이 여전히 국가적 정체성 이슈

---

39 문흥호, 〈2012 대만 대선과 마잉주정부의 대내외정책 전망〉, 《국방연구》 제55집 1호 (2012), pp. 148.

40 지은주 (2012b), pp. 370~371.

를 강조하는 가운데 선거운동은 이후 ECFA로 구체화될 양안 공동시장의 논의를 중심으로 전개되었다. 마잉주 후보가 양안 공동시장은 세계화의 맥락에서 불가피한 선택임을 강조한 반면, 세창팅은 이에 보다 신중해져야 할 뿐만 아니라 주체성을 가지고 중산층을 육성해야 하며, 중국으로의 투자가 대만으로 회귀하도록 해야 한다고 주장했다. 2008년 총통 선거의 결과는 국민당의 승리였다. 마잉주는 전체 58.5%의 득표율로 41.6%를 차지한 세창팅을 이겼다. 또한 각 정당이 발의한 '대만명의 유엔가입'과 '중화민국 유엔복귀'안의 주민투표는 투표율이 과반에 미치지 못하여 부결되었다.

즉, 2008년 입법원 선거는 물론이고 이어진 총통 선거에서 국민당이 모두 승리했다. 1월에 실시된 입법원 선거 기간에는 경제이슈보다 국가적 정체성 이슈가 정당경쟁에서 중심을 차지했으나 입법원 선거의 결정요인이 경제이슈라고 분석된 후에 실시된 총통 선거 기간에는 양안 공동시장의 확대라는 경제이슈가 쟁점이 되었다. 동시에 치러진 총통 선거에서 국민당의 마잉주는 51.6%, 민진당의 차이잉원은 45.6%를 득표했다. 입법원 선거에서 국민당은 56.6%, 민진당은 35.4%를 얻었다.

중국과의 교역 확대 vs. 교역 제한

2008년 집권 이후 마잉주 총통은 선거운동 기간에 제시했던 중국과의 교역 확대를 실시했다. 집권 국민당은 양안 직항기 개설, 중국인의 대만 관광과 투자 확대, 인민폐의 대만 내 환전 허용, 중국 교육기관의 학력 인정과 중국인 유학생 유치 등 활발한 중국과의 교역을 추진했다. 이어서 대선 기간 동안 제시했던 양안 공동시장 논의를 구체화하여, 2010년에 중국과 자유무역협정에 준하는 ECFA를 체결했다. 국민당은 ECFA를 체결하면서 양안관련 정책을 현실적으로 정비했으며, 양안 업무를 처리하는 기구인 중국의 '해협회海峽會'와 대만의 '해기회海基會'의 협상 기능을 되살려 양안교류의 제도화와 법제화를 추진했다.[41] ECFA의 효과는 즉각적이었다. 2010년 대만은 10.7%의 성장을 기록했고(〈그림 2〉 참조), 2011년에는 국민소득 2만 달러를 달성했다.

2012년 선거는 이러한 경제성과에 대한 평가와 향후 ECFA의 확대에 대한 입장의 차이가 쟁점이 되었다. 2012년 1월 14일 대만에서는 대선과 총선이 동시에 실시되었다. 총통 선거에서 국민당은 마잉주 후보가 재선에 도전하는 가운데 민진당은 차이잉원 후보가 출마했다. 선거운동 기간 동안 국민당은 2008년 집권 이후 중국과의 교역을 통해 이룩한 경제적 성과를 강조하고, 이를 지속하여 향후 '황금의 10년黃金十年'을 가져올 것을 약속했다. 그리고 이를 위해 지속적인 개방과 규제완화정책을 실시할 것을 선언했다. 마잉주는 ECFA가 단순한 경제협력을 위한 조치가 아니라 중국과의 상호 신뢰에 바탕을 둔 일종의 신뢰구축 조치임을 강조하면서 양안관계의 안정화가 대만의 정치, 경제, 안보에 절대적으로 유리하다고 강조했다.[42]

2012년 선거에서 민진당 역시 경제이슈를 강조했다. 그러나 지나치게 중국에 의존적인 국민당의 정책을 비판하면서, 중국과의 교역이 초래하는 부정적인 효과를 강조했다. 실제로 국민당이 추진하고 있는

---

41 문흥호 (2012), p. 140.
42 문흥호 (2012), p. 142; 지은주 (2012a), pp. 194~196.

ECFA는 성장률에 있어서 일시적인 효과만 있었다. 2010년의 높은 성장률은 이듬해 2011년에는 4%로 하락했고, 중국과의 교역이 중심이 된 성장정책은 수혜집단과 더불어 피해집단도 발생시켰다. 이로 인해 민진당은 '공평정의'를 제시하고 소득증가, 빈부격차 및 실업 해소 등의 문제를 제시했다. 민진당은 중국에 대한 경제의존이 대만의 정체성을 훼손함은 물론이고, 부의 불평등 또한 초래할 것이라고 지적했다. 따라서 민진당은 사회적 갈등을 유발하는 ECFA에 의존하기보다 미국이 주도하는 환태평양경제동반자협정에 적극 참여해야 한다고 주장했다.[43]

선거 캠페인 동안 국민당과 민진당은 '92공식'을 중심으로 대립했다.[44] '92공식'은 궁극적으로 중국과의 통일을 지향하는 국민당과 이에 대해 반대하는 민진당의 대립이었다. 그러나 2012년 선거에서 '92공식' 논쟁의 쟁점은 대만의 주체성 및 자주성과 관련된 문제라기보다 중국과의 교역을 확대할 것인가 혹은 규제할 것인가의 문제였다. 즉 중국과 교역의 확대를 주장하는 경우 '92공식'을 인정하여, 안정된 중국과의 관계속에서 경제교역과 확대를 지속해야 한다고 주장했다. 국민당은 '92공식'을 인정하여 양안 간의 정치적 관계에 대한 소모적 논쟁을 지양하고자 했다. 반면 민진당은 국민당이 독단적으로 공산당과 합의한 '92공식'

---

43 지은주, 〈2012년 대만의 대선과 총선〉, 《선거연구》 제3집 1호 (2012a), pp. 194~196.

44 2001년 중국 공산당과 대만 국민당은 '하나의 중국─個中國' 원칙에 합의하되 그 해석과 표현을 각자 한다는 '92공식'에 합의했고, 이후 국민당은 이를 당의 기본 통일방안으로 삼았다. 2012년 선거운동 과정에서 이러한 '92공식'이 핵심적인 선거이슈로 부상했다. 당시 '92공식'을 찬성하는 경우 마잉주 후보에 대한 지지가 높았고, 이에 반대하는 경우에는 차이잉원에 대한 지지가 높았다. 이에 대해서는 다음을 참조할 것. 명지청蒙志成 (2014).

은 대만의 정체성과 자주성을 훼손하며, 따라서 새로운 '대만공식'을 합의해야 한다고 주장했고, 중국과의 교역 확대의 위험성을 경고했다.

'92공식' 논쟁은 대만 기업인들의 국민당 지지 선언으로 이어졌다. 특히 선거 막바지로 접어들면서 이는 더욱 격화되었다. 2012년 선거에서는 장룽파 회장을 비롯한 기업인들이 '92공식'을 공개적으로 지지했는데, 이는 민간자본이 계급적인 기반으로 양안관계를 보기 시작한 것으로 진단할 수 있다.[45]

2012년 선거운동 기간 동안 정당경쟁은 중국과 교역의 확대를 통한 경제성장을 주장하는 국민당과 이를 제한하고자 한 민진당의 경쟁이었다. 2008년 선거가 국민당의 경제이슈와 민진당의 국가적 정체성의 대결이라고 한다면 2012년은 경제이슈라는 스펙트럼 위에 두 정당이 중국과의 교역 확대와 규제라는 다소 분극화된 경쟁으로 나타났다. 국민당은 경제이슈를 선거에 효과적으로 활용함으로써 집권정당이 될 수 있었다.

정당재편성 이슈로서 경제이슈의 한계

정당의 주요 이슈와 이에 대한 입장

그렇다면 무엇 때문에 경제이슈는 집권정당의 교체를 가져왔음에도 불구하고 대만의 정당재편성을 이끄는 데 실패했는가? 이를 위해 먼저

---

45   김민환·정현욱 (2014), pp. 12~16.; 지은주 (2012a), p.195.

2011년과 2013년 실시한 정당 실무자 인터뷰를 통해 주요 이슈에 대한 정당의 입장을 살펴본다. 여기에는 경제이슈와 더불어 국가적 정체성, 통일 혹은 독립, 그리고 양안관계에 대한 내용이 포함된다.

2011년 인터뷰에서는 주요 이슈에 대한 정당의 입장에 대해 개방된 질문을 제시했다. 질문은 "국민당이 가장 중요하게 여기는 이슈는 무엇이며 이에 대한 국민당의 입장은 무엇인가?"이다. 국민당[46]은 지난 2008년 선거 이후 '선경후정先經後政'을 중시하고 있으며 실업과 경제 문제에 집중했다. 양안관계와 관련하여 경제, 문화, 인적 교류가 진행되지만 이는 양안의 '현상 유지'가 이루어지는 가운데 실현되는 것이며, ECFA는 이러한 교류 중 일부분에 해당할 뿐이라는 것이다. 마잉주 정부는 양안관계를 통해 무엇보다도 대만의 평화를 추구하는 것이 목적이라는 점을 강조했다.

국민당이 중요시하는 이슈에 대해서는 환경과 민생 문제를 제시했다. 당시 대만 사회에서 중요한 이슈로 제기된 것은 원전 문제, 사형제도, 복지이슈였다. 원전 문제와 관련하여 국민당은 "안전이 보장되지 않는 한 추진하지 않는다"는 입장이며, 전문성을 고려한 선택이 이루어져야지 감정적이거나 정치적인 이유로 논쟁이 되어서는 안 된다고 주장했다. 민생 문제와 관련하여 대만의 복지국가의 현황과 국민당의 입장을 설명했는데 복지이슈는 본래 대만 정치에서 중요한 이슈가 아니었지만 국민당이 이를 주도하면서 복지이슈가 중요한 정치의제로 떠올랐다.

---

46 인터뷰는 2011년 11월 14일 국민당사에서 국민당 산하 국가정책연구기금회國家政策研究基金會의 천화성陳華昇과 이루어졌다.

국민당은 유럽식 복지국가 모델을 참고하고 있으며, 민간보다는 정부가 주도하는 방향으로 발전을 추진하고 있다고 하였다.[47] 또한 중요한 점은 복지를 위한 증세가 필요한데 이를 얼마나 실현할 수 있는가가 문제라고 지적했다. 국민당은 정치적인 판단이 개입될 수 있는 사회적인 이슈가 정당의 핵심 의제로 받아들여지지 않는다고 하였다. 당시 미국산 소고기 수입 문제 역시 대만에서 주요 이슈로 등장했는데 국민당은 이를 사회적 이슈로 간주하고 특별한 입장을 취하지 않는다고 밝혔다.

2011년 민진당과 인터뷰 또한 개방된 질문으로 진행되었다. 질문은 "민진당이 가장 중요하게 여기는 이슈는 무엇이며 이에 대한 민진당의 입장은 무엇인가?"이다. 이에 대해 민진당[48]은 우선적으로 민생 문제를 당의 핵심적인 이슈로 제시했다. 대만에서는 사형제도가 논쟁의 핵심이었는데 이를 민생 문제의 일환으로 제시했다. 또한 응답자 개인적으로는 과거청산의 문제, 2·28사건의 해결이 논의되고 진행되어야 한다는 것을 강조했다. 양안관계에 대한 추가적인 질문에 대해서는 대만은 독립된 국가라는 점을 강조했다. 당내에서는 이에 대해 다른 입장이 존재하기는 하나, 당강에 대만독립조항이 명시되어 있으므로 통일된 입장을 취하는 데는 문제가 없다고 했다. 또한 '서진西進', 즉 중국과 양안교역을 통해 가까워지는 것에 대한 위험성을 제기하면서 중국과의 관계를 어떻게 정립해야 하는가를 설명했다. 최근에는 반공反共이라는 용어가 대만

---

47 그러나 선거에서 복지이슈는 민주화 이후 민진당이 먼저 제시했다.

48 인터뷰는 2011년 11월 15일 민진당사에서 민진당 중앙당부 국제사무부 부주임인 셰화이 회謝懷慧와 진행했다.

에서 사라지고, 양안교역이 진행되고 있는데 여기에서 중요시해야 하는 점은 양안 간의 평등한 관계를 유지하는 것이라고 했다. 즉 양안은 동등한 입장에서 교역이 진행되어야 한다는 것이다. 또한 양안교역 과정에서 보다 신중해야 한다고 했다.

인터뷰가 진행되던 시기는 2010년 5월 ECFA가 체결되고 양안교역이 활발히 이루어지던 시점이었다. 우선적으로 국민당은 양안교역의 경제적인 효과를 강조한 반면, 민진당은 민생 문제를 제기하면서도 여전히 민주화 이후 완료되지 못한 과거청산의 문제를 제시했다. 이어서 국민당은 민생의 문제를 강조했고, 당시 사회적으로 쟁점이 되었던 원전건설, 사형제도, 복지이슈에 대한 입장을 강조했다. 민진당은 양안교역에 대한 원칙적인 입장을 설명했는데 2011년 두 정당과의 인터뷰는 국민당의 경우 대만 경제의 성장을 위한 방안에 치중하고 있는 반면, 민진당은 민생 혹은 여전히 민주화 이후의 문제들을 중시함을 볼 수 있다.

2013년의 인터뷰는 네 가지 질문으로 세분화되어 있다. 먼저, 국민당과의 인터뷰 중 첫 번째 질문 "2008년 집권 이후 국민당이 가장 중요하게 여기는 이슈는 무엇인가?"에 대해 국민당 실무자는 "양안관계가 가장 중요하다"고 답했다. 그는 양안관계 중에서도 경제적인 교역을 우선한다는 것을 강조했다. 즉 중국과의 교역을 통해 대만의 실업 문제와 사회 안정 문제를 해결할 수 있다고 설명했다. 국민당 실무자는 경제 문제가 먼저 해결된 이후 정치적인 문제로 이동해야 한다고 응답했다.[49]

---

49 인터뷰는 2013년 4월 23일 국민당사에서 국민당 핑동현 당부지위 주임인 장야핑張雅屛과 진행했다.

두 번째 질문인 "향후 국민당이 중요하게 다루어야 할 이슈는 무엇이라고 생각하는가?"라는 질문에 대해서는 민생이 가장 중요하며, 이를 위해서는 지속가능한 발전이 필요하다고 강조했다. 지속가능한 발전은 광범위한 의미에서 해석되는데 정권의 안정과 환경의 보존 문제 또한 포함된다고 강조했다. 집권 2기에 접어든 마잉주 정부는 지나치게 경제를 강조하기 때문에 환경이슈를 간과하는 경향이 있는데 민중이 원하는 바를 경청하여 지속가능한 발전으로 이끌어야 한다고 강조했다.

세 번째 질문인 "양안통일에 대한 2008년 이후 국민당의 입장은 어떠한가?"라는 질문에 대해서는 공식적으로는 현상 유지를 지지하며, 양안 간의 광범위한 평화협정이 체결되어야 한다고 응답했다. ECFA 역시 이러한 평화협정 중 하나라고 대답했다. 그러나 평화협정의 내용은 아직 명확하지 않으며, 중국과의 경제적 교류의 확산에는 대부분 찬성하는 반면, 대만의 주권 문제에는 여전히 민감한 사항이라고 대답했다. 마잉주 총통이 지향하는 양안관계는 적어도 향후 50년간 평화 체제를 유지하는 것이라고 강조했다. 네 번째 질문인 "중국과의 교역에 대한 국민당의 입장은 어떠한가?"에 대해서는 중국과의 교역은 지속되어야 하고, 더 많은 교류가 있어야 한다고 대답했다.

2013년 민진당과의 인터뷰 역시 동일한 질문으로 진행되었다.[50] 첫 번째 질문인 "2008년 국민당 집권 이후 민진당이 가장 중요하게 여기는 이슈는 무엇인가?"에 대해서는 특정하게 중요한 이슈를 말하기는 어렵

---

50 인터뷰는 2013년 4월 24일 민진당 국제부 부주임인 양나이팡楊迺芳, 그리고 정책회정무부 집행장인 주창롱朱昌龍과 진행했다.

다고 대답했다. 당시 사회적 이슈였던 핵발전소의 폐지, 국민연금 개혁, 행정원장 교체 등이 민진당이 해결해야 할 문제라고 대답했다.

이어서 "향후 민진당이 중요하게 다루어야 할 이슈는 무엇인가?"라는 질문에 대해서는 언론의 친중국적인 경향을 해결해야 한다고 지적했다. 또한, 아직 완수되지 않은 '2·28사건'과 '백색테러' 가해자에 대한 진상 규명과 같은 과거청산의 문제를 해결해야 한다고 대답했다.

세 번째 질문인 "양안통일에 대한 2008년 이후 민진당의 입장은 어떠한가?"에 대해서는 그 대답은 이미 당 강령에 포함되어 있다고 응답했다. 대만의 미래가 어떠해야 하는가는 민진당의 '대만독립조항'을 통해 당 강령 속에 이미 입장이 제시되어 있는데, 가장 중요한 대만의 미래를 바꾸고자 하는 결정은 반드시 2,300만 대만 주민의 동의가 우선해야 한다는 것이라고 강조했다. 현재 민진당은 지금보다 적극적이고 자신 있게 중국에 직면해야 한다고 설명했다. 또한 경제적인 필요에 의해서만 중국을 필요로 할 것이 아니라 평등하게 대화할 수 있는 중국이 되어야 한다고 대답했다.

마지막 질문인 "중국과의 교역에 대한 민진당의 입장은 어떠한가?"에 대해서는 2012년 선거 이후 민진당 내에 중국사무부中國事務部가 설립되어, 중국과의 교역에 관한 민진당의 입장을 세우기 시작했다고 대답했다. 큰 틀에서 설명하자면 양안관계에서 대만은 경제적으로는 중국과 협상할 수 있으나 정치적으로는 협상하기 어려운 현실이라고 했고, 민진당이 반공을 주장하는 것은 아니며, 중국과 호혜관계 혹은 평등한 관계를 수립해야 한다고 주장했다. 이와 관련해서 민진당 내의 공동 인식의 창출이 필요하고, 보다 투명한 중국과의 교역이 이루어져야 한다고

표 3 _ 국민당과 민진당 실무자 심층 인터뷰 (2013.4)

질문	국민당	민진당
2008년 국민당 집권 이후 귀 정당이 가장 중요하게 여기는 이슈는 무엇인가?	양안관계 (경제교역 부문)	핵발전소 폐기, 국민연금, 행정원장 교체
향후 귀 정당이 중요하게 다루어야 할 이슈는 무엇이라고 생각하는가?	지속가능한 발전	친중국적 언론의 문제, 해결되지 못한 과거청산
양안통일에 대한 2008년 이후 귀 정당의 입장은 어떠한가?	현상 유지 (향후 50년간 평화체제)	대만의 독립
중국과의 교역에 대한 귀 정당의 입장은 어떠한가?	지속 및 확대되어야 함	평등한 관계에서 중국과의 교역 지지

대답했다.

〈표 3〉은 2013년 국민당과 민진당의 인터뷰 결과를 요약한 것이다. 중국과 통일을 지향해온 국민당으로서는 중국과의 우호적인 관계를 활용하여 경제성장을 추진할 것을 주장하고 있다. 국민당 역시 중국과의 교역이 중국으로의 흡수통일이 되어서는 안 된다는 입장이다. 따라서 양안 간에는 현상 유지가 지속되어야 하며, 이는 향후 평화체제로 보장되어야 한다고 주장한다. 이러한 입장은 국민당의 기존 통일이데올로기에서 벗어난 것처럼 보일 수 있으나 이는 '92공식'의 다른 표현이라고 보는 것이 더 정확할 것이다. 2012년 선거운동 중 마잉주 후보는 '하나의 중국'에서 중국이란 '중화민국대만中華民國臺灣'을 의미하는 것이라고 설명했으며, 대만이 중심이 된 통일의 입장을 고수하고 있다.

〈표 3〉에서 정리한 민진당의 응답은 여전히 국가적 정체성을 중시하고 있다. 2012년 '92공식'과 중국과의 교류 확대가 선거 쟁점이었음에도 불구하고 민진당은 대만 독립, 중국과의 대등한 교류, 과거청산, 환경 등의 문제를 여전히 강조하고 있다. 중국과의 교역이 평등한 관계,

즉 대만을 국가로 인정하는 국가 대 국가의 관계에서 이루어져야 함을 강조함으로써 대만이 실질적인 독립국가임을 중국이 인정해야 한다는 것을 암시하고 있다. 또한 민진당은 경제이슈보다 환경, 과거청산, 국민연금개혁과 같은 문제들을 더 중요한 이슈로 제시하고 있는데 환경 이외의 문제들은 상당 부분 국가적 정체성과 관련된 문제이기도 하다.[51]

경제이슈와 중국이슈

2011년과 2013년에 실시한 두 정당의 인터뷰 결과는 거의 유사하다. 국민당은 양안관계 중 경제교역을, 민진당은 당면한 정치적 현안을 더욱 중요시했다. 이후 정당이 전념해야 할 이슈에 대해서는 국민당은 민생과 지속가능한 발전이라고 응답했고, 민진당은 두 번의 인터뷰에서 모두 과거청산의 문제를 제시했다. 또한 대만 언론에 영향을 미치는 중국자본의 문제도 새롭게 제기했다. 중국과의 관계에 대해서는 민진당이 독립을 주장하는 원칙적인 입장을 강조했고, 국민당은 양안 간의 관계 변화보다는 평화로운 현상 유지가 중요하다는 것을 강조했다. 선거에서 쟁점이 되고 있는 양안교역의 규모에 대해서는 국민당이 이를 지속적으로 확대해야 한다는 입장이라면, 민진당은 양안이 평등한 관계에서 교역을 해야 함을 강조했다.

---

51 과거청산의 경우 대만인 정체성의 집단에서는 보다 명확한 진실규명을 요구하는 한편 중국인 정체성 집단에서는 반대의 입장이다. 또한 기존의 연금제도에서는 과거 대륙에서 국민당 정부와 함께 이주해온 외성인外省人들이 여전히 수혜를 받고 있기 때문에 민진당은 이를 개혁하기를 주장한다.

이 인터뷰와 선거에서 정당이 제시한 동원 의제와의 차이점이 있다면 선거에서는 보다 구체적으로 경제이슈를 강조했지만, 인터뷰에서는 민생의 중요성을 양당이 모두 강조하고 있다는 점이다. 경제이슈와 민생을 분리해서 설명할 수는 없지만 선거 때 강조한 경제이슈는 중국과의 교역을 확대할 것인가 제한할 것인가의 선택 문제라면, 인터뷰에서는 국민당이 보다 민생에 주력하는 모습을 보여주었으며, 민진당은 독립, 과거청산 등 국가적 정체성을 핵심 의제로 다루고 있다는 것을 보여준다. 그렇다면 앞서 제시한 정당재편성을 위한 이슈의 세 가지 조건을 기준으로 했을 때 대만의 경제이슈는 어떻게 평가할 수 있는가?

먼저, 정당재편성을 위한 이슈는 오래전부터 잠재되어 있던 이슈여야 하며 유권자의 반응을 불러일으켜야 한다. 대만 유권자들의 경제적 불만은 이미 1990년대 중반 이후 누적되어 왔다. 〈그림 2〉에 의하면 1990년대 중반부터 대만의 경제성장률은 하락하고 있으며 실업률이 증가하고 있다. 이에 따라 경제적 상황에 불안감을 느낀 대만 주민들은 국민당이 추진하는 ECFA에 지지를 보내기 시작했다. "당신은 마잉주 정부와 중국이 ECFA를 체결하는 것에 찬성하십니까?"라는 질문에 대해 2009년 3월 찬성하는 입장이 조사 응답자의 29%였다면 체결을 앞둔 시점인 2010년 5월에는 41%로 증가했다.[52] 대만 주민들은 국민당이 제시하는 중국과의 경제교역이 침체에 빠진 대만 경제에 활로를 제시해줄 것이라고 보았다. 또한 2012년 선거운동 과정에서 나타난 대만 기업인들의 '92공식' 지지 선언은 일부 유권자로 제한된 현상이지만 경제교역

---

52   TBVS民意調查中心, http://home.tvbs.com.tw/poll_center.

의 확대에 대한 강한 반응을 보여준다.

한편 정당재편성을 위한 이슈는 상징적이면서도 단순해야 한다. 경제이슈가 상징적이면서도 단순한가 하는 것은 그 범위를 어떻게 설정하는가와 관련된다. 단순한 성장과 분배의 경쟁이라고 한다면 국민당을 경제성장을 추구하는 정당으로 그리고 2012년 민진당을 소득 분배를 주장하는 정당으로 나눌 수도 있다. 그러나 대만의 경제이슈는 중국과의 인적, 물적, 문화적 교류와 같은 광범위한 분야를 포함한다. 이러한 특징은 중국과의 관계 설정, 즉 국가적 정체성의 문제로도 확대된다. 이러한 차원에서의 경제이슈라고 한다면 단순한 이슈라고 보기 어렵다.

둘째, 정당이 이슈에 대해 어떠한 태도를 갖는가이다. 정당재편성을 위해서는 정당과 후보자가 이슈에 대해 명확한 입장을 보여야 하고, 정당경쟁이 양극화되어야 한다. 그렇다면 국민당과 민진당은 경제이슈에 대해 명확한 입장을 보였는가? 앞서 2008년과 2012년 선거운동 과정에서 두 정당의 경제이슈 위치를 살펴보면 국민당은 비교적 명확하다. 국민당은 중국과 경제교역 확대를 주장했고, 이를 통해서 대만의 침체된 경제성장을 회복해야 한다고 주장했다. 2011년 인터뷰에서도 국민당은 경제성장을 위해 양안관계를 최대한 활용해야 한다는 입장이다.

그러나 민진당은 양안 경제교류에 대해 '중국과 교역의 반대'로 출발하여 '소득 증가', '빈부격차 해소', '실업 해소' 등으로 그 입장이 변화하고 있다. 2008년 선거운동 과정에서 민진당은 중국과의 교역 확대가 초래할 부정적인 정치적 결과에만 집중했고 이보다는 '대만명의 유엔가입'이라는 국가적 정체성의 문제를 강조했다. 그러나 2012년 선거에서는 ECFA가 초래한 부정적인 결과를 비판하면서 빈부격차 및 실업 해소,

불평등 완화 등을 제시, 분배를 강조하면서 국민당의 성장위주 경제정책을 비판했다. 이러한 변화는 두 정당이 성장과 분배라는 양극화된 경쟁을 하는 것으로 보일 수 있으나 민진당의 주장은 중국과의 교역 반대, 그리고 이어서 그 부작용을 해소하기 위한 대안을 제시하는 것이었을 뿐 분배에 초점을 둔 것은 아니었다. 따라서 두 정당의 경제이슈 동원방식은 서구 정당체제에서 나타나는 양극화된 성장과 분배의 경쟁이라고 볼 수 없다.

이러한 정당의 태도는 정당 실무자의 심층 인터뷰에서 확연하게 나타난다. 국민당이 양안관계를 경제성장을 추진할 수 있는 기회로 본 반면, 민진당은 중국과의 관계를 대만의 독립적인 지위와 주권을 훼손할 수 있는 국가적 정체성의 문제를 기반으로 해석하고 있다. 민진당은 양안관계에서 여전히 대만 독립을 주장하고 있으며, 중국과 경제교역에 대해서는 우선순위를 두고 있지 않다. 또한 핵발전소 폐기, 국민연금, 행정원장 교체 등 실생활과 관련된 이슈에 더 중요성을 두고 있으며, 중국과 대만이 평등한 관계에서 교역이 이루어져야 한다는 주장을 함으로써 사실상 실현 불가능한 주장을 하고 있다. 따라서 경제이슈에 대해 국민당은 경제성장이라는 비교적 명확한 목적에서 양안교역의 확대를 주장하고 있는 반면, 민진당은 양안교역을 경제적 의존도 및 부의 불평등 심화, 궁극적으로는 대만의 주권을 훼손할 수 있는 요인으로 해석하고 있다. 심층 인터뷰에서 나타난 정당의 경제이슈상의 위치는 선거운동 과정에서 나타난 정당의 주장보다도 양분화되었다고 보기 어렵다.[53]

마지막으로, 정당재편성을 위해서는 새로운 이슈가 기존의 균열이슈와 동일하거나 유사한 균열선을 형성해서는 안 된다. 대만의 경제이슈는 이에 대한 두 정당의 위치에서 나타나듯이 기존의 정당 균열선인 국가적 정체성의 문제와 다른 층위의 균열이라고 보기 어렵다. 경제이슈는 각 정당의 통일관, 이데올로기, 국가적 정체성에 대한 위치에 따라 중국과의 교역에 대한 태도에 차이를 가져온다. 국민당은 중국과의 통일을 추진해왔던 정당으로서 비공식 혹은 공식적으로 중국과 대화를 주도해왔고, 중국과의 경제교역 확대를 주장했다. 그러나 강한 대만인 정체성을 기반으로 하는 민진당은 중국과의 교역 확대가 가져올 경제적인 효과보다는 이로 인한 대만의 독립적인 지위의 훼손을 우려했다.

물론 다중 정체성이 증가하고, 중국이 일관되게 대만에 우호적인 태도를 견지한다면 경제이슈는 국가적 정체성과 다른 차원의 균열을 형성할 수도 있다. 대만에서는 다중 정체성을 가진 비율이 상당히 높다. 또한 중국은 대만이 독립을 선언하지 않는 한 공동의 발전을 추구한다는 입장이며 이러한 중국의 신호를 인지하고 대만이 독립 주장으로 중국을 자극하지 않는다면 양안 간의 경제교류는 일정 기간 동안 안정적으로 지속될 수 있다.[54] 최근 대만의 젊은 세대 중 다중 정체성이 증가하고 있는 점, 중국을 안보위협이라기보다는 경제적 기회로 해석하는 인구가

---

53   두 정당 간의 경제이슈에 대한 경쟁이 분극화되지 않았다는 또 다른 근거는 2000년대 중반까지 민진당이 중국과의 교역을 원했다는 점이다. 민진당의 천수이볜 총통은 2000년에 집권한 이후 중국과의 대화를 희망하고, 경제교역에 대해 적극적인 개방을 실시했다. 그러나 중국이 이에 호응하지 않음으로써 민진당의 시도는 실패했다. Michael S. Chase, Kevin L. Pollpeter, and James C., Mulvenon, Shanghaied? The Economic and Political Implications of the Flow of Information Technology and Investment Across the Taiwan Strait (Santa Monica, CA: RAND Corporation, 2004), pp. 96~114.

54   김예경·김민지, 〈마잉주 정권 출범 이후 양안관계의 개선과 내재적 요인: 중국의 제한적 수용과 대만의 인식〉, 《중국연구》 제50집 (2011), p. 333.

증가하고 있는 점은 경제이슈가 국가적 정체성과는 다른 층위의 균열을 형성할 수 있는 가능성을 보여준다. 양안교역을 통해서 경제적 이익을 얻는 집단은 국가적 정체성과 관계없이 국민당의 정책을 추종하는 경향이 있기 때문이다.[55]

그러나 현 단계에서는 대만 정당경쟁에서 경제이슈가 국가적 정체성을 대체했다고 보기 어렵다. 두 정당의 선거의제는 물론이고, 정당과의 심층 인터뷰에서는 중국에 대한 태도, 즉 경제교역에 대한 태도는 결국 두 정당의 국가적 정체성 입장의 영향을 받고 있다. 2008년보다는 2012년의 국민당 지지율이 감소한 점, 2014년 지방 선거에서 확대된 양안교역이 대만의 독립적인 위치를 상당 부분 훼손할 것이라고 주장한 민진당이 대거 당선된 점 등은 결국 경제이슈가 국가적 정체성의 이슈를 대체하지 못했다는 것을 보여준다.

경제이슈, 정당재편성 그리고 중국요소

2008년과 2012년 선거에서 국민당은 민진당의 경제정책 실패를 비판하고, 이를 극복할 수 있는 방안으로 중국과 교역 확대를 통한 성장정책을 제시했다. 대만에서는 장기적인 경제침체와 실업의 증가로 사회적 불안이 가중되고 있었는데, 이러한 분위기 속에서 국민당의 경제이슈가 유권자의 호응을 불러일으켰다. 그 결과 선거에서 쟁점은 중국과 교역을 둘

---

55   김민환·정현욱 (2014), pp. 13~16.

러싼 문제로 이동했고, 이 과정에서 국민당이 총선과 대선에서 모두 승리할 수 있었다. 그러나 경제이슈는 집권정당의 교체를 가져오기는 했지만 대만의 정당재편성을 이끌지 못했다. 볼디머 올랜도 키는 정당재편성이 완성되기 위해서는 새롭게 등장한 균열이 오랫동안 현저성saliency을 가져야 한다고 했지만, 2014년 11월의 지방 선거에서 국민당은 국가적 정체성을 바탕으로 양안교역에 반대하는 민진당에 참패했다.

지방 선거에 앞서 대만에서는 2014년 3월부터 약 한 달간 ECFA의 양안 서비스 협정 체결에 반대하는 '해바라기 운동Sunflower revolution'이 전개되었다. 이는 양안 서비스 협정으로 대기업만 이득을 볼 것이므로 이를 반대하는 운동이었지만, 한편으로는 지나친 대중국 의존이 초래하는 부작용에 대해 경고였다. 또한 2014년 9월 홍콩에서는 행정장관의 직접 선거에 중국이 추천하는 인사만을 후보로 인정한다는 조치에 반발하는 주민들의 시위가 시작되었다. '우산혁명Umbrella revolution'으로 불린 이 저항은 중국이 주장하는 일국양제—國兩制의 허위성을 비판하는 것이었다. 중국은 대만에 대해서도 일국양제를 제시해왔는데 홍콩의 현실은 양안교역의 확대에 대한 대만 주민의 불안감을 키우는 계기가 되었다.

대만 국내정치에서 중국요소는 항상 정당의 경쟁이슈에 영향을 미쳐왔다.[56] 양안 경제교역과 관련된 경제이슈 또한 예외가 아니다. 대만의 경제성장이 중국에 의존하는 비중이 커질수록 중국의 대만에 대한 경제적·사회적, 나아가서는 정치적 영향력 또한 증가하게 된다. 이로 인해

---

56 Emerson Niou, "The China Factor in Taiwan's Electoral Politics", in Jim Meernik and Philip Paolino (eds.), Democratization in Taiwan: Challenges in Transformation (Ashgate Publishing, 2008).

경제이슈는 서구 정당체제에서 나타나는 바와 같이 성장과 분배의 경쟁으로 새로운 균열선을 형성하기보다는 기존의 국가적 정체성과 동일한 균열선으로 이동하고 있다. 따라서 이 글에서는 정당재편성 이슈로서의 대만 경제이슈의 한계를 지적하고, 대만의 정당경쟁은 일시적인 변동이 있었으나 국가적 정체성을 바탕으로 한 경쟁을 대체하지 못했다는 점을 보여주고 있다. 이러한 연구는 정당재편성 과정에서 이슈의 중첩성이 발생하는 경우 재편성이 실패하는 사례를 설명하는 데 유용할 것이다. 특히 대만의 사례는 유사한 안보이슈를 가지고 있는 한국에게 시사하는 바가 크다. 한국도 대만과 같은 분단국가로서 반공은 오랫동안 선거에서 중요한 이슈였다. 한국의 진보와 보수의 균열이 서구의 진보와 보수의 균열을 반영하기보다는 상당 부분이 정당의 대북관과 연결되어 있다는 점을 고려할 때 향후 대만의 사례 비교연구 또한 유용할 것이다.

3

정체성과 경제적 이익: 유권자의 선택[57]

대만 유권자가 본 경제이슈

대만 선거에서 정체성은 1990년대 이후 유권자가 정당과 후보를 선택하는 데 중요한 요인이었다. 그중 대만인 정체성은 1970년대 후반 성장하기 시작했는데 그 계기는 국제사회에서 중국과 경쟁에서의 실질적인 패배에서 비롯되었지만 이후 대만의 경제발전과 성공적인 민주화가 이를 더욱 가속화시켰다. 그러나 사회적으로 확산된 대만인 정체성이 선거에서 중요한 투표 요인으로 발전한 것은 정치세력이 이를 효과적으로 활용한 결과였다. 민주화 초기에 형성되어 꾸준하게 지지를 확보해오던

57　이 장은 〈정체성과 경제적 이익의 동학: 2008년 총통 선거 시 유권자의 선택〉의 제목으로
《한국정치학회보》제 46집 1호 (2012)에 게재되었다.

민진당은 당시 급증하던 대만인의 정체성을 주목했고, 이를 선거에 활용함으로써 유권자를 성공적으로 동원할 수 있었다.[58]

민진당의 성공적인 대만인 정체성의 동원은 2000년 총통 선거에서 민진당 총통 후보의 당선, 2001년 입법원 선거에서 최대 의석의 확보를 가져왔다. 중국은 대만 내에서 대만인 정체성이 확산되는 것을 경계하고, 만약 대만이 이러한 추세를 몰아 독립을 선언한다면 군사적인 대응을 하겠다는 강경한 입장을 보였다. 그러나 중국의 위협이 대만인 정체성의 확산을 막지는 못했으며 오히려 단순한 위협에 그친다는 학습효과가 축적되면서 대만인 정체성은 더욱 확산되었다. 여론조사에 의하면 1992년 약 17.3%에 불과했던 대만인 정체성은 민진당 천수이볜 후보가 당선된 2000년에는 34%, 천 총통이 재선에 성공한 2004년에는 43%로 증가했다.

그러나 2008년 3월 총통 선거에서는 대만인 정체성을 대표하지 않는 국민당의 마잉주 후보가 전체 유효득표의 58.5%인 765만 여 표를 얻어 총통에 당선되었다. 동년 1월에 있었던 입법원 선거에서도 국민당은 전체 113개 의석 중 71.6%에 달하는 81개 의석을 확보하면서 의회의 과반석을 확보했다. 이러한 국민당의 복귀에 중요한 요인으로 지목되는 것이 천수이볜 집권기의 경제실적 부진과 이를 선거에 적극적으로 활용한 국민당의 효과적인 선거쟁책이었다. 앞서 2004년 총통 선거 시기에

---

58 폴 브라스Paul Brass는 정체성의 정치적 동원과 관련하여 "에스닉 집단은 특정 엘리트에 의해서 창조되고 변형된다"고 지적했다. 그리고 이러한 과정은 "경쟁하는 엘리트, 계급, 그리고 지도집단 간의 정치권력, 경제이익 그리고 사회적 지위를 향한 경쟁과 갈등을 내포한다"고 하면서 정체성의 도구주의적 속성을 강조했다.

도 대만의 경제지표는 좋지 않았다. 그럼에도 불구하고 천수이볜은 재선에 성공했는데 당시 정체성을 동원한 선거운동이 다수의 유동표를 끌어들여 선거 직전에 천 후보에 대한 지지를 끌어올린 것이 중요한 계기가 되었다. 2008년 선거결과 발표 이후 분석가들은 국민당 후보였던 롄잔蓮戰이 정체성과 관련된 공민투표 문제에 몰두하지 않았다면 선거의 쟁점이 경제이슈로 바뀌었을 것이고, 그렇다면 선거는 국민당에게 유리했을 것이라 진단했다. 이러한 실패를 계기로 2008년 선거에서 국민당은 경제 문제에 치중했다. 마잉주 후보는 경제전문가인 샤오완창을 부총통 후보로 지명하고, 선거운동 과정에서 경제의 중요성을 강조했다. 이러한 경제 살리기 해법이 대만 유권자의 호응을 얻으면서 마잉주가 총통에 당선되었다.

2008년의 변화와 기존의 분석은 다음과 같은 질문을 하게 한다. 대만의 유권자들이 2008년 선거에서 마잉주 후보를 선택한 것은 경제적 이익을 고려한 선택이었는가? 중국과의 경제교류를 개선하여 경제를 회생하겠다는 마잉주의 성장 위주 경제정책을 선택한 것은 그동안 이슈 현저성issue saliency을 가지고 있던 정체성을 경제이슈가 대체하게 된 것인가? 그렇다면 그동안 투표의 중요한 요인이었던 대만인 정체성이 투표에서 더 이상 중요성을 갖지 않게 되었는가? 만약 그렇다면 이러한 변화를 가져온 원인은 무엇인가? 이 글에서는 이러한 질문에 대한 답을 하고자 한다. 즉 기존의 대만 선거에서 정체성이 차지하고 있던 위치를 2008년 선거에서는 경제이슈가 대체했는가를 보려 한다.

유권자는 무엇으로 투표하는가

합리적 선택 이론가들은 투표행위를 크게 합리적 투표와 비합리적인 투표로 구분한다. 데이비드 버틀러David Butler 등은 투표에서 '도구적' 동기와 '표현적' 동기를 구분했는데, 도구적 동기에 의해 이루어지는 것이 합리적 투표이며 표현적 동기에 의해서 이루어지는 것이 비합리적 투표로 보았다. 대표적인 합리적 선택 이론가인 앤서니 다운스Anthony Downs는 투표가 순수하게 도구적이라고 했는데, 심지어 투표행위가 비용을 수반한다면 투표 참여율은 제로가 될 것이라고 말했다. 반면 현실의 투표에서는 이러한 합리적인 투표행위를 설명하기 어려운 비합리적인 투표행태가 상당히 많이 존재한다. 정체성도 여기에 포함되는데 이러한 비합리적인 투표를 '시민적 의무'에 의한 투표 혹은 '정치적 정체성'에 의한 투표라고 표현한다. 비합리적인 행위자의 투표 준거는 스스로 소속해 있다고 생각하는 집단이 어떠한 방식으로 투표하는가 그리고 얼마나 많은 멤버들이 투표하는가에 달려 있다.

유권자의 투표행태를 오랫동안 연구해온 미시간학파는 유권자의 투표를 결정하는 중요한 세 가지 요인으로 이슈와 정당일체감, 그리고 정당과 후보의 이미지를 제시했다. 이 세 가지 요인 중에 이슈투표는 합리적 투표에 해당된다. 한편 세 번째 요인인 정당과 후보의 이미지도 유권자들이 정당이나 후보자가 제시하는 정책을 보고 투표하기 때문에 이슈투표로 간주된다.[59] 물론 정당이 제시하는 이데올로기를 추종하거나 후보의 특별한 매력에 따라 투표하는 경우에는 오히려 비합리적인 투표에 가깝다고 볼 수 있다. 그리고 두 번째 요인인 정당일체감은 정당과의 일체감에 의한 투표로서 비합리적 투표에 가깝다.

대만의 선거에서 중요한 요인으로는 정체성, 이슈 등이 있지만 선거 분석에 의하면 정당일체감도 계속적으로 중요한 변수로 작용해왔다. 정당일체감은 유권자가 가지는 정당에 대한 지속적인 감정적 정향affective orientation으로서 개인 투표자의 자기정체성 일부분을 형성한다. 서구에서는 정당일체감이 유권자의 선택에 미치는 영향이 새로운 사회적 갈등 균열의 등장, 정당의 다양한 캠페인 전략, 유권자의 합리적인 계산의 적용 등과 같은 다양한 이유로 감소하면서 그 자리를 이슈투표가 대체해 가고 있다. 그러나 대만의 경우는 정당일체감이 지속적으로 영향을 미치는 가운데 비합리적인 요소인 정체성이 중요한 투표 요인으로 기능하면서 2008년에는 경제이슈의 투표 가능성을 보여주고 있다.

대만에서 국가적 정체성은 스스로를 대만인으로 여기는가 혹은 중국인으로 여기는가에 의하여 대만인 정체성, 중국인 정체성 그리고 두 가지를 공유하고 있는 이중 정체성으로 구분된다. 민주화 이전의 대만에서는 이러한 정체성 간에 갈등이 존재하지 않았다. 대부분의 사람들이 스스로를 정치적·문화적으로 전 중국을 대표하는 중화민국 국민인 중국인이라고 인식하고 있었다. 그러나 중국과 외교적 경쟁에서의 패배로

---

59 후보자에 대한 투표는 유권자가 보통 후보자의 이슈 수행능력을 고려하여 투표하기 때문에 이슈투표로 보기도 한다. 대만의 1996년 총통 선거에서 후보자 요인은 중요한 변수였다. 리덩후이 총통이 재선에 도전하는 가운데 민진당에서는 독립지향적인 펑밍민彭明敏이 출마했고, 후보 선택에서 리덩후이의 개인적인 자질은 후보 선택의 중요한 요인이었다. 그러나 셰푸성John Fuh-Sheng Hsieh 등의 분석에 의하면 유권자들이 리덩후이를 선택한 데는 그가 양안 문제를 상대적으로 잘 해결할 수 있는 후보라는 믿음이 중요했다. 즉 대만의 경우에도 리덩후이의 양안위기 해결능력을 고려한 선택이라는 측면에서 이를 이슈투표로 간주할 수 있다.

인해 대만 주민들은 자신들이 더 이상 대륙을 포함한 전 중국을 대표하지 않는다는 현실을 깨닫게 되었다. 또한 대만의 높은 경제성장과 민주화로 발생한 자긍심은 스스로를 중국인과 구별되는 대만인이라는 인식을 강화시켰다. 이러한 정체성은 1990년대 꾸준히 증가하여 2004년에 이르면 인구의 약 40%가 스스로를 대만인이라고 인식하게 되었다. 그리고 야당인 민진당이 대만 독립을 주장하면서 대만인 정체성을 대표했고, 강한 대만인 정체성을 지닌 유권자가 민진당을 지지하면서 정체성은 선거의 중요한 변수로 떠올랐다.

따라서 그동안 많은 대만의 선거연구는 정체성을 투표의 가장 중요한 변수로 보았으며, 정당경쟁도 이를 기반으로 재편되었다. 그러나 2008년 선거 전후 대만의 정치적·사회적 징후는 다음과 같은 새로운 변화의 가능성을 내포하고 있다.

첫째, 이슈투표가 발전할 수 있는 가능성이다. 서구에서는 시간이 지나면서 정당일체감이 약해지고 이슈투표가 증가하고 있다. 따라서 대만도 이와 같은 변화를 따를 것이라고 볼 수 있다. 대만에서 2001년 마이너스 경제성장과 침체된 경제실적은 유권자가 경제이슈의 중요성을 인식하게 했다. 국민당 통치하에서 높은 경제성장에 익숙해 있던 대만 주민들은 천수이볜 시기의 침체된 경제로 인해 불안해지기 시작했다. 따라서 2008년에는 성장을 이끌 수 있는 경제정책을 제시하는 정당에게 유권자들이 투표할 것이라는 전망이 제기되었다.

둘째, 대만의 정체성도 변화하고 있다. 대만인 정체성이 증가하면서 이중 정체성을 지닌 집단도 증가하고 있었다. 이중 정체성은 천수이볜 집권년도인 2000년 여론조사 응답자의 약 34%가 보유하고 있으며,

2004년 이후 꾸준히 증가하여 2008년 상반기에는 약 46%가 이중 정체성을 보유하고 있다. 이와 같은 변화는 정체성에 의한 투표를 할 경우에도 대만인 정체성의 역할보다는 이중 정체성을 지닌 집단의 역할이 선거에서 중요성을 갖게 될 것임을 보여준다.

이슈투표에서 유권자는 스스로에게 더 나은 효용을 제공해주는 정당과 후보에 투표한다. 대만의 투표행태에서도 이슈투표의 중요성은 1990년대 초반에 제기되었다. 당시에는 경제, 환경, 여성, 복지 등과 관련된 정당의 입장이 구체화되고, 정당에 따른 차별성을 보이면서 이슈에 기반을 둔 투표행태의 변화 가능성을 학자들이 예견하기도 했다. 그러나 선거분석의 결과는 기대와 달리 유권자들이 이슈투표보다는 정체성에 의한 투표를 더 중요시한다는 것을 보여주었다. 1990년대 이후부터 2004년 선거까지 대만의 정당은 국가적 정체성의 문제로 경쟁해오고 있다. 2000년과 2004년 총통 선거는 국가적 정체성이 가장 이슈화되었던 선거였고, 대만인 정체성을 대표하는 민진당은 물론이고 국민당 역시 선거 전략에서 대만인 정체성을 대표한다는 것을 강조했다. 그러나 2008년 선거에서는 경제이슈의 중요성이 강조되기 시작했다. 국민당은 양안교류의 전면 개방을 통한 대만 경제성장 정책안을 제시했다. 민진당 역시 전통적으로 강조해왔던 정체성 이슈를 전면에 내세우기는 했지만 침체된 대만 경제를 고려하여 경제성장을 위한 정책을 제시했다. 그 결과는 과반 이상을 획득한 국민당 마잉주 후보의 승리였다.

이러한 변화를 볼 때 대만 유권자의 투표행태에 대해 다음과 같은 두 가지 가설을 세워볼 수 있다.

가설 1. 경제적 이익은 대만 총통 선거에서 새로운 중요한 변수가 되었다. 대만 유권자들은 경제적 이익을 고려하여 마잉주 후보를 선택했다.

대만은 대외 의존도가 높은 수출지향적 산업구조를 가지고 있다. 갈수록 약화되어가고 있는 국제사회에서 대만의 입지는 대외교역에 중국 의존도를 높여가고 있다. 따라서 대만 경제성장정책은 대중국 관계를 효과적으로 다룰 수 있는가에 달려 있다. 독립지향적인 민진당의 경우 양안교역의 확대를 통한 경제성장정책을 진행하기 어렵다. 상대적으로 통일지향적인 국민당은 중국과 구축되어 있는 양안 대화채널을 활용하여 양안교역을 실질적으로 확대시킬 수 있었다. 즉 양안교역을 통한 경제성장은 국민당이 우위에 있었고, 합리적인 유권자라면 현실적으로 불가능한 대만 독립을 주장하는 민진당보다는 실질적인 경제적 이익을 가져다줄 국민당에 투표했을 것이다.

가설 2. 정체성은 여전히 후보 선택에서 중요한 변수이다. 과거 모든 선거에서 정체성의 영향은 중요했으며, 2008년 총통 선거에서도 두 정당은 모두 정체성을 강조했다.

비합리적인 변수인 정체성은 오랫동안 대만 유권자에게 중요한 투표 요인이었다. 비록 대만의 경제가 침체상태에 있다 하더라도 대만의 경제성장이 대중국 의존도를 높이고, 더 나아가서는 대만의 독립적인 상황을 위협할 수도 있다는 점은 대만인 정체성을 지닌 집단에게는 여전히 경계 요인이 될 것이다. 따라서 대만인 정체성을 지닌 집단의 경우 경제성장보다는 독립된 대만의 구축을 원하는 민진당을 지지할 것이며, 이러한 지지에는 변함이 없을 것이다. 그러나 소폭이지만 대만인 정체성의 감소와 이중 정체성의 증가 그리고 이중 정체성 집단의 투표행태의 변화는 새로운 변화의 원인이 될 수 있다. 이러한 점에서 정체성에 의한 투표가 여전히 유효할 수 있다.

2008년 총통 선거에서 마잉주는 양안관계에서 우위에 있는 국민당의 이점을 활용하여 양안 경제교역 확대를 통한 대만 경제발전을 공약으로 내세웠고, 유권자들은 이러한 마잉주를 선택했다. 이러한 현상이 경제이슈가 정체성 요인을 대체했음을 설명해주는가? 혹은 정체성이 여전히 중요한 변수로 기능하는 가운데 정체성의 변화가 유권자의 선택 변화를 설명해줄 수 있는가? 이어지는 장에서는 이 두 쟁점을 위한 분석을 진행하고자 한다. 이를 위해 먼저 총통 선거 이전의 천수이벤 집권 8년 동안 대만의 경제현황과 정체성의 추이를 살펴본다.

민진당 집권기의 경제현황과 정체성, 정당경쟁

민진당 집권 8년간의 경제현황과 정체성의 추이

천수이벤 집권기인 2000년부터 2008년의 8년 동안 대만의 경제는 상대적인 침체기였다. 1990년대 말 동아시아의 경제위기는 대만 경제에 직접적인 영향을 미치지는 않았으나 그 영향권에서 벗어날 수 없었고, 이로 인해 2001년 최초로 마이너스 성장을 기록하면서 대만 경제의 위기

표 4 _ 천수이볜 집권기 대만 주요 경제지표

	경제성장율(%)	일인당 국민소득(US $)	실업률(%)
2000	5.8	13,090	2.99
2001	-2.2	11,692	4.57
2002	4.6	11,914	5.17
2003	3.5	12,242	4.99
2004	6.2	13,252	4.44
2005	4.2	14,075	4.13
2006	4.8	14,455	3.91
2007	5.7	15,122	3.91

● 출처: Executive Yuan, R.O.C.(Taiwan), Council for Economic Planning and Development, *Taiwan Statistical Data Book* (2009)

적 상황에 대한 우려가 높아지기 시작했다. 천수이볜이 재선에 성공한 2004년 이후 경제성장률은 4% 이상을 회복했으나 2002년에 5%까지 육박했던 실업률이 이후에도 회복세를 보이지 않자 대만 경제에 대한 우려가 높아지기 시작했다. 특히 일인당 국민소득이 2001년과 2002년에는 감소했고, 이후에도 1만 5천 달러를 달성하는 데 5년이 필요했다 (〈표 4〉 참조).

이러한 가운데 대만 경제에서 중국 의존도는 더욱 심화되고 있다. 양안교역이 시작된 이래로 대만의 대중국 수출은 수입을 두 배 이상 상회하고 있는데 이러한 교역의 불균형은 시장논리에 의한 결과라기보다는 중국의 의도에 의한 것이다. 중국은 대만 기업에 대해 자국 기업과 동일한 대우를 했으며 중국 내 투자 과정에서 대만 기업에게 특혜를 제공했다. 중국의 조치는 경제적 이익의 계산에 의한 것이 아니라 장기적으로 대만의 대중국 경제의존도를 높이려는 정치적 의도에 의한 것이었다.

이러한 중국의 의도를 알고 있음에도 불구하고 대만은 중국과 교역을 지속, 확대해왔는데 그 원인은 양안의 경제적 발전에 격차가 있음에도 불구하고 각기 비교우위를 지니고 있었고, 무엇보다 양안교역으로 인해 대만이 얻는 이익이 높았기 때문이다.

2000년 집권한 천수이볜은 대만 경제의 활성화를 위해 중국과 정치적 화해를 시도했다. 선거운동 기간 강조했던 '대만 독립'에서 방향을 선회하여 양안의 현 상태를 변화시키는 그 어떤 조치도 하지 않겠다는 '4불1무四不一沒有'를 제시하고, 2001년 8월에는 '적극 개방 유효 관리' 정책을 제시했다. 이는 중국에 대해 '적극 개방'을 허용하겠다는 것으로 과거 국민당 정권보다 더 개방적인 양안교역을 추구하는 것이었다. 이로 인해 그동안 금지되었던 직접교역을 허용했으며, 대중국 투자의 조건을 완화했다. 개인당 2천만 달러보다 적은 대중국 투자액에 대해서는 자동승인이 되도록 하였고 반도체, 민간항공기, 법률서비스, 부동산 중개업 등의 68개에 달하는 분야의 제한을 철폐했다.

그러나 2002년 8월 천수이볜의 양안정책은 전환기를 맞았다. 그가 중국과 대만은 서로 다른 국가라는 것을 의미하는 '일변일국론一邊一國論'을 제기하면서 양안관계가 급격히 냉각되기 시작했다. 양안관계가 악화되는 가운데 천수이볜은 경제정책에도 변화를 가져왔다. 재선에 성공한 이후 2006년 신년사에서 '적극 관리 유효 개방'을 발표하여, 양안교역에 규제와 제한을 강조하는 방향으로 변화했다. 천수이볜의 이러한 정책 전환은 민진당과 대화하지 않으려는 중국의 태도로 인해 민진당이 아무리 노력해도 양안관계가 진전되고 있지 않다는 현실과 의회를 장악하고 있는 국민당을 중심으로 하는 범남진영[60]이 민진당이 발의하는 양안교역 법안에 제동을 걸었기 때문이다.

2000년 집권한 이후 천수이볜은 중국에 화해의 제스처를 보냈으나 중국은 이러한 민진당의 노력을 무시하고 친국민당 노선을 견지했다. 2000년 선거 직후 국민당의 부주석인 우포슝吳伯雄은 중국의 첸지천錢 其琛과 회담했고, 집권정당이 아님에도 불구하고 양안 문제를 논의했다. 반면 민진당 정치인사의 중국 방문은 허용되지 않았다. 천수이볜 재선 이후에도 이러한 상황은 계속되었다. 국민당 총통 후보였던 렌잔은 2005년 4월 26일에서 5월 3일까지 중국을 방문하고 후진타오 주석과 회담했으며, 친민당 주석이자 부총통 후보였던 쑹추위 또한 2005년 5월 중국을 방문하고 후진타오 주석과 회담했다. 이러한 회담은 민진당에게 허용되지 않았다. 중국은 대만 과일의 수입, 여객기와 항공기 운항, 관광객 유치 등 양안교역과 교류의 업무를 민진당이 아닌 국민당과 협의했고, 민간단체와 직접적으로 접촉하는 방식을 택했다.

한편 천수이볜 집권기 동안 국민당은 친민당과의 공조를 통해 실질적으로 의회를 장악하고 있었고, 양안관계와 관련된 민진당의 입법안에 반대의 입장을 보였다. 천수이볜 정부는 양안교역 과정에서 중국으로 기술이 이전되는 것을 막기 위해 2002년 '국가과기보호법'을 입안했으나 국민당과 친민당의 반대로 통과되지 못했다. 2001년의 입법원 선거와 2004년의 입법원 선거에서 민진당은 각각 33.4%와 36.1%를 얻어 원내 1당이 되었으나 국민당과 친민당의 연합공세(합하여 각 47.4%와 46.5%)로

---

60 대만의 정당체제는 장기적으로 중국과의 통일을 지향하는 범남진영과 독립을 지향하는 범
  녹진영으로 구분된다. 전자는 국민당, 친민당, 신당이 있으며, 후자는 민진당, 대만단결연맹
  이 있다. 대만 정당의 발전 과정은 평화이언彭懷恩(2005) 참조.

표 5 _ 천수이벤 집권기 중국과의 무역현황 (US $ million)

연도	수출	수입	양안 무역총액
2000	25,009.9	6,229.3	31,239.2
2001	25,607.4	5,903.0	31,510.4
2002	31,528.8	7,968.6	39,497.4
2003	38,292.7	11,017.9	49,310.6
2004	48,930.4	16,792.3	65,722.7
2005	56,271.5	20,093.7	76,365.3
2006	63,332.4	24,783.1	88,115.5
2007	74,245.9	28,015.0	102,260.9

• 출처: http://www.mac.gov.tw/public/Attachment/9111817342527.pdf (표6 Estimated Total Trade between Taiwan and Mainland China)

인해 양안관계에 있어서 원하는 입법안을 통과시킬 수 없었다. 이는 천수이벤 집권기 동안 지속적인 현상이었다.

양안정책에서 실질적인 이니셔티브를 국민당이 쥐고 있는 가운데 중국의 경제성장은 대만의 대중국 의존도를 가속화했다. '적극 관리 유효 개방'의 원칙이 적용되고 있었으나 중국과의 교역은 지속적으로 상승하고 있었다. 〈표 5〉에 의하면 양안 무역총액은 2000년 312억 달러에서 2007년에는 1,022억 달러로 세 배 이상 증가했다. 한편 대만의 주요 투자국에 대한 투자비율에서 대만의 대중국 투자는 2001년 32.2%에서 2006년에는 64.4%로 증가했다. 홍콩에 대한 투자도 2001년의 1.1%에서 2006년에는 2.3%로 증가했다. 반면 미국에 대한 투자는 12.6%에서 4.1%로 감소했고, 아시아 국가들에 대한 투자도 21.4%에서 6.1%로 감소했다. 결국 대만 경제의 중국 의존도가 높아지는 가운데 대만의 경제성장은 중국과의 관계를 어떻게 유지하는가가 가장 핵심적인 요인이 되었다.

민주화 이후 대만 정치사회의 가장 큰 변화는 대만인 정체성의 증가
이다. 초기 대만인 정체성은 한족인 민남인閩南人과 객가인客家人을 중심
으로 확산되었다. 그들은 1948년 이전에 중국에서 이주해 정착한 사람
들이라는 공통점을 가지고 있었고, 장제스와 함께 이주해온 한족과는
다른 언어를 가지고 있었다. 민주화 이후 이들은 스스로의 언어와 문화
를 회복하면서 대만인 정체성을 만들어갔는데 두 집단을 합하면 인구의
약 85%를 차지하기 때문에 정치적으로 상당한 의미가 있었다. 이후 대
만인 정체성은 중국과 구별되는 대만섬이라는 영토에서 태어나고 성장
하며, 대만을 생활의 터전으로 생각하는 사람들을 포함하는 의미로 확
산되기 시작했다.

민진당과 천수이볜은 인구의 다수를 차지하고 있는 민남인의 강한 지
지를 받아 성장했으며, 2000년 총통 선거에서도 대만인 정체성을 강조
한 것이 핵심적인 당선의 원인이 되었다. 집권 8년 동안 천수이볜의 중
요한 정치활동 중 하나는 대만인 정체성을 지속적으로 동원하는 것이었
다. 그는 중요한 정치연설에서 대만인 정체성의 문제를 강조했고, 대만
독립을 직간접적으로 언급함으로써 대만인 정체성을 강화시키는 전략
을 채택했다. 2002년 8월 천수이볜이 제시한 '일변일국론'은 사실상 대
만의 독립을 의미하는 것으로, 이로 인해 양안관계가 급격히 냉각되기
는 했지만 대신 민진당은 대만인 정체성을 지닌 집단의 지지를 얻을 수
있었다. 2004년 총통 선거 기간 동안 이러한 주장은 더욱 강화되었다.
민진당은 대만 독립을 위한 개헌을 제안했고, 이를 주민에게 묻기 위한
공민투표안을 제출했다.

대만인 정체성을 동원하는 방식은 '정명운동'으로 이어졌다. 이는 대만의 기관이나 건물 등에 적용된 중국식의 명칭을 대만의 정체성이 드러나도록 바꾸는 운동으로 대만이 '하나의 중국'에 포함되지 않는다는 것을 보여주기 위한 것이다. 천수이볜은 2003년 타이베이를 타이베이시로 개명하여 한 나라의 수도라는 의미를 강조했으며, 여권에 영문표기인 'Taiwan'을 추가했다. 2005년에 '총통부'의 공식명칭을 '중화민국대만총통부'로 바꾸었고, 2006년 9월에는 장제스의 본명인 중정中正을 사용한 중정국제공항의 명칭을 타오위엔국제공항으로 바꾸었다. 이러한 정명운동은 선거를 1년 앞두고 더욱 활발히 전개되었다. 2007년 1월 대만 정부는 대만의 상징적 건물인 타이베이시에 있는 중정기념관을 대만민주기념관으로 바꾸었다.

　　그러나 천수이볜과 민진당의 노력에도 불구하고 대만인 정체성은 2004년 천수이볜 집권 2기에 들어서면서 조금씩 하락하기 시작했다. 〈그림 3〉에 의하면 천수이볜 집권 1기와 집권 2기 정체성의 추이에 차이가 있는 것을 볼 수 있다. 집권 1기에는 대만인 정체성이 이중 정체성보다 10% 이상 높게 나타나지만 집권 2기에는 대만인 정체성이 약 10% 하락한 가운데 두 정체성 간의 우열을 가리기 힘들다. 그리고 2005년 5월부터 2007년 6월까지는 이중 정체성이 대만인 정체성보다 높게 나타나고 있다. 이중 정체성의 비율이 높은 시기는 국민당의 쑹추위가 중국을 방문하면서 양안관계의 해결에서 민진당의 한계가 드러나고, 천수이볜 총통 일가의 비리혐의로 인해 총통 파면안이 입법원에 제출되는 등 민진당이 정치적 어려움에 처해 있던 시기였다.

　　이중 정체성은 스스로를 대만인이면서도 중국인이라고 생각하는 경

그림 3 ∎ 천수이볜 집권기 대만 주민의 정체성 변화(1999~2008)

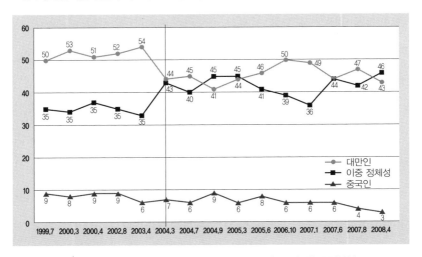

• 출처: TVBS民意調査中心(2011) 總統大選與統獨國族認同民調. 표10. 臺灣民衆國族認同趨勢表

우를 말한다. 정체성을 국가에 대한 자기규정성이라고 한다면 이러한
정의는 사실상 모순을 내포하고 있다. 따라서 대만의 이중 정체성은 '정
치적으로는 대만인이라고 규정하나, 문화적으로는 중국인이라고 규정'
하는 것으로 이해하는 것이 일반적이다. 즉 중화민국 대만의 국민이지
만 중화 문화권에 있는 중국인이라는 서로 다른 차원의 정체성을 공유
하고 있는 것이다. 물론 그 반대의 경우도 존재한다. '정치적으로 중국
인이라고 규정하고, 중국의 하위 지역인 대만 거주자로서 규정'하는 경
우에도 이중 정체성은 적용된다. 그러나 전자의 정의가 일반적이다. 이
러한 이중 정체성은 대만인 정체성이 발전하기 시작하던 시기인 1990년
대 초반의 짧은 시기에 인구의 40% 정도를 차지할 만큼 증가했고, 이후
안정적으로 유지되어오고 있다.

정당경쟁: 선거 쟁점의 변화와 정당의 선거운동

경제이슈가 중요해지는 가운데 이중 정체성의 증가는 민진당에게는 불리한 변화였다. 민진당은 대만인 정체성을 기반으로 하고 있을 뿐더러 양안 경제교역에서 주도적인 역할을 하지 못하고 있었다. 더욱이 선거를 앞두고 발생한 천수이볜 총통 일가와 측근의 부패 문제는 민진당 후보의 선거운동 과정에서 가장 어려운 부분이었다. 이러한 조건 속에서 국민당의 마잉주 후보와 민진당의 셰창팅謝長延 후보는 경제이슈와 정체성을 중심으로 선거운동에 돌입했다.

경제이슈

국민당의 마잉주 후보는 천수이볜 집권 기간 동안 대만 경제가 고실업과 저성장으로 고통받았다는 점을 지적했다. 그는 총통 임기 중에 경제성장 6%, 국민소득 3만 불, 실업률 3%를 달성하겠다는 633계획을 제시했고, 각종 규제를 완화하겠다고 밝혔다. 그밖에 마잉주는 양안 직접교류를 점진적으로 추진할 것과 직항기 개설, 중국인의 대만 관광과 투자 확대, 중국화폐의 대만 내 환전 허용, 중국 교육기관의 학력인정 등을 공약으로 내세웠다. 부총통 후보인 샤오완창은 양안 경제교역 확대를 통한 양안 공동시장을 주장했던 경제전문가였다.[61] 마잉주의 경제회생안은 중국과의 관계개선을 통하여 거대한 시장을 확보하여 대중국 수출과 투자를 확대하고, 대만의 농산품을 중국에 수출하려는 것이다.

---

61 샤오완창의 양안 공동시장 구상은 마잉주 당선 이후 양안 간의 ECFA로 구체화되었다.

한편 민진당의 셰창팅 후보는 세제개혁과 물가안정을 통한 실질소득의 증대안을 발표했다. 셰창팅은 경제정책과 관련하여 마잉주가 제시하는 경제회생 방안에 대해 비판했다. 셰창팅은 마잉주가 추진하고자 하는 양안 공동시장은 사실상 '하나의 중국시장'이며, 이 정책이 실현되면 대만의 농민과 중소기업이 타격받고, 구직을 위해 중국으로 가야 하는 결과를 낳을 것이라고 비판했다. 또한 마잉주가 추진하는 양안관계 개선을 통한 경제회생 방안은 중국에 대한 과도한 의존을 가져와 대만의 존립을 위협하게 될 것이라고 비판했다. 중국의 농산물 수입 없이 대만의 농산물을 수출만 하는 것과 중국 인력의 대만 진출을 금지한 채로 대만 인력의 중국 진출을 허용하는 것이 과연 결과적으로 대만에게 좋은 것인지를 생각해보아야 한다고 했다.

정체성

2007년 8월 민진당은 천수이볜의 주도로 대만을 정상국가화하고자 하는 개헌을 논의했다. 그러나 미국의 강력한 반대와 천수이볜의 임기가 얼마 남지 않은 이유로 이 논의는 '대만명의 유엔가입'의 주장으로 바뀌었다. 이는 대만의 주체의식을 강조함으로써 선거에 정체성을 최대한 활용하려는 전략이었다. 민진당이 '대만명의 유엔가입'으로 주민을 동원하자 국민당도 이에 대응했다. 국민당은 리덩후이 총통 시기부터 '중화민국 유엔복귀'를 주장해오고 있었는데, 이를 되살려 민진당의 '대만명의 유엔가입'에 상응하는 주장으로 내세웠다. 대만 주민은 물론이고 두 정당 모두 대만이 유엔에 가입하거나 복귀하는 것은 불가능하다는 것을 알고 있었다. 그러나 이러한 논쟁은 대만인 정체성과 관련하여 중요한 선거의 쟁점이 되었다.

한편 천수이볜은 선거를 앞두고 의도적으로 정명운동을 강화해오고 있었다. 이러한 정명운동은 국민당에게는 수용하기 어려운 도전이었다. 대만화는 '탈중국화'이지만 본질은 '탈국민당화'이기 때문이다. 국민당은 입법원의 다수의석을 활용하여 천수이볜이 명칭을 바꾸고자 하는 공기업의 예산을 삭감했다. 또한 천수이볜의 이러한 시도를 '사상개조를 시도하는 것으로써 국가와 문화의 발전 근간을 왜곡하는 일'이라고 비판했다. 그러나 국민당 역시 대만 사회에 40% 이상을 차지하고 있는 대만인 정체성을 고려해야 했다. 지나친 정명운동에 대해서는 반대하되 대만인 정체성의 확산까지 무시할 수는 없었다. 마잉주는 일찍이 스스로를 '신대만인'이라고 칭하기도 했는데, 선거를 앞둔 2007년 여름에는 대만에 대한 자신의 생각을 정리하여 《원향정신原鄕精神》이라는 저서를 출간했다. 주 내용은 대만의식의 중요성을 강조한 것이었다.

선거운동 과정에서 민진당은 마잉주 후보의 미국 영주권 취득과 효력 문제를 제기했다. 마잉주 후보의 영주권 취득 시점이 대만의 유엔 축출 및 미중 수교가 이루어지던 시점과 동일하다는 점에서 민진당은 당시에 마잉주가 미국으로 도피하겠다는 의도가 있었음을 공격했다. 또한 영주권의 소멸이 불확실하다는 점은 마잉주 후보가 차후에도 유사시에 미국으로 도피할 의도가 있으며 이는 총통 후보로서 자격이 불충분한 것이라고 공격했다.

국민당의 경제이슈 강조와 구심적 경쟁

대만의 선거에서 국민당과 민진당의 핵심 이슈상의 정당과 후보자의 위치는 수렴하는 특징을 지니고 있다. 특히 양안관계와 정체성의 문제에서는 양당의 전통적인 위치에서 중도로 수렴하는 모습을 보여준다. 2008년 선거에서도 경제이슈와 정체성에 대해 이와 같은 경쟁의 특징을 보여준다. 양당 후보의 이러한 노력은 경제이슈나 정체성 이슈에 있어서 양당의 입장에 사실상의 차이가 없도록 만들었다. 두 후보 모두 양안의 긴장을 완화하고, 중국과의 관계 개선을 통해 대만 경제를 활성화한다는 입장이었다.

경제 문제와 관련하여 대만 경제의 활성화를 위한 해법은 중국과의 교류확산에 있다는 데에 양당이 모두 동의하고 있었다. 국민당이 보다 적극적으로 양안 공동시장 창설을 주장했지만 민진당 역시 중국에 대한 과도한 의존을 가져오지 않는 한도에서 중국과의 교역을 확대할 것이라고 했다. 정체성의 문제와 관련하여 '대만명의 유엔가입'과 '중화민국 유엔복귀'는 표현하는 용어만 다를 뿐 사실상 같은 내용이다. 마잉주는 '중화민국'이 주권을 가진 독립된 국가라고 했고, 셰창팅 역시 '대만'이 주권을 가진 국가라고 했다. 또한 셰창팅은 과도한 대만인 정체성을 강조하여 중국을 자극하는 것을 경계했다. 그는 다음과 같이 말했다.

양안 간의 무드를 개선할 필요가 있다. 우리는 서로를 자극하는 정책이나 말을 삼가야 한다. 우리 정부는 (양안의) 화해와 협력을 위해서 일관되어야 하고, 예측 가능해야 한다. (…) 우리의 언행으로 중국을 자극할 필요는 없다.

마잉주는 양안관계에 대해 1992년 양안 간의 합의이자 국민당 공식 입장인 '92공식'을 강조했다. 이는 '하나의 중국'을 인정하지만 중국과 대만은 이를 각각 '중화인민공화국'과 '중화민국'으로 다르게 표기한다는 것을 말한다. 마잉주가 샤오완창을 부총통 후보로 선택한 것은 그가 경제 관료로서 오랜 경험이 있다는 점도 중요했으나, 그가 대만 출생이고 국민당의 최대 취약지역인 남부 출신이라는 점 때문이었다. 마잉주는 인구의 40% 정도가 스스로를 대만인으로 정의한다는 것을 무시할 수 없었다. 그러나 마잉주는 정체성 문제에 지나치게 치우칠 경우 중요한 현안을 소홀히 할 수 있다고 경고했다.

> 우리의 생전에 주권 문제를 해결할 수 있는 기회는 없다. 단지 이 이슈를 다룰 수 있을 뿐이다. 그러므로 우리는 우리의 강조점과 에너지를 경제, 안보, 교육 그리고 문화적 이슈와 같은 다른 시급한 문제에 쏟아야 한다.

선거를 앞두고 2008년 3월 티베트의 독립시위와 이에 대한 중국의 무력진압이 발생했다. 셰창팅은 중국의 무력진압이 대만의 미래가 될 수도 있다고 우려했으며, 마잉주는 중국이 티베트의 종교적 자유를 보장해야 하고 무력동원을 거두어야 한다고 주장했다. 셰창팅은 마잉주가 추진하고 있는 '하나의 중국시장' 정책은 대만을 티베트화시킬 것이라고 비판했고, 마잉주는 중국이 티베트에 대해 지속적으로 무력을 행사한다면 베이징 올림픽에 대만 선수를 출전시키지 않을 것이라는 강경한 입장을 전달했다.

이렇듯 경제이슈와 정체성에 대해서 두 정당이 수렴하고 있지만 이에 대한 유권자의 인식은 달랐다. 유권자들은 양안 경제교역을 실질적으로 개선할 수 있는 후보는 국민당이며, 대만의 주권적인 위치를 수호할 수 있는 후보는 민진당이라 인식하고 있었다. 중국의 친국민당적인 태도는 경제이슈에서 국민당을 더욱 유리하게 만들었다. 중국에 대한 경제의존도가 높아지는 가운데 양안교역을 통한 경제 활성화를 가져올 수 있는 후보는 셰창팅이 아니라 마잉주이기 때문이다. 한편 두 정당이 모두 대만인 정체성을 강조한다고 해도 민진당이 보다 적극적이었다. 민진당은 대만의 독립을 추구하는 반면, 국민당은 현상 유지를 선호하는 가운데 장기적으로는 중국과의 통일을 지향하기 때문이다. 따라서 2008년의 선택은 경제적 이익인가 혹은 대만의 자주권 수호인가의 대결이 되었다. 이와 같이 핵심적인 두 이슈 간의 경쟁 속에서 실시된 총통 선거에서 마잉주가 승리했다.

대만 유권자는 무엇으로 투표했는가

그렇다면 2008년 총통 선거에서 유권자들이 마잉주를 선택한 것은 경제적 이익을 더욱 중요시했기 때문인가? 이를 분석하기 위해 총통 선거 직전인 3월 7일부터 21일 사이에 세 차례에 걸쳐 실시된 '2008년 총통 선거 전화 여론조사'를 분석했다.[62] 이 여론조사를 활용하여 두 개의 값을 가지는 종속변수와 독립변수 간의 인과관계를 밝히는 로지스틱 회귀분석logistic regression을 실행하여 후보를 선택한 핵심 변수를 구분해보고자

---

[62] 이 조사는 진먼과 마주를 제외한 대만 전역을 포함했으며, 만 20세 이상의 성인 남녀 1,919명을 대상으로 했다. 이 자료는 대만 중앙연구원의 여론조사 데이터센터인 학술조사 연구자료고에서 제공받았다. https://srda.sinica.edu.tw/

했다. 종속변수는 '내일 총통 선거가 있다면 누구에게 투표할 것인가'로 세창팅을 0, 당선 후보인 마잉주를 1로 코딩했다. 독립변수로는 경제이슈, 정체성, 정당일체감, 안보, 현 정권에 대한 만족도, 그리고 사회경제적 지위SES를 택했다.

경제이슈를 위해서는 '양안교역의 완전 개방 시 대만 경제에 어떠한 영향을 미칠 것이라고 생각하는가?'와 '양안교역의 완전 개방 시 개인 경제에 어떠한 영향을 미칠 것이라고 생각하는가?'의 두 문항을 택했다. 응답은 동일하게 ① 아주 나빠짐, ② 나빠짐, ③ 변화 없음, ④ 좋아짐, ⑤ 아주 좋아짐으로 코딩했다. 대만 전체 경제에 대한 생각과 개인 경제에 대한 생각을 구분하여 제시했는데 이는 유권자들이 일반적으로 개인적이거나 이기적인 이익보다는 보다 큰 사회적 이익에 비중을 두어 투표를 하기 때문이다. 유권자들은 일반적으로 투표에 있어 개인의 경제 상황보다 국가의 경제상태를 고려하는 이타적 태도를 갖는다.

두 번째 독립변수는 정체성이다. 정체성은 ① 대만인 정체성, ② 이중 정체성으로 코딩했다. 중국인 정체성은 표본의 수가 너무 적어 분석에서 제외했다. 정체성을 측정하는 데에 통일과 독립에 대한 태도를 포함했다. 대만에서는 2000년 이후 통일과 독립에 대한 태도가 정체성과 직접적으로 연결된다고 보고 정체성을 측정하는 데에 통일관과 독립관을 활용하고 있다. 본 분석에서도 이를 수용하여 정체성을 측정하는데 통일과 독립에 대한 입장을 선택했다. 이는 대만이 향후 중국과 어떠한 관계를 유지해야 하는가에 대한 질문으로 응답은 ① 빠른 독립, ② 현상 유지 이후 독립, ③ 영원한 현상 유지, ④ 현상 유지 이후 결정, ⑤ 현상 유지 이후 통일, ⑥ 빠른 통일로 코딩했다.

대만 정당경쟁에서 정당일체감은 지속적으로 중요한 변수였다. 따라서 독립변수에 이를 포함시켰다. 대만에는 국민당과 민진당 이외에도 친민당, 신당 그리고 대연이 있는데 이들 정당은 통일과 독립의 이슈를 중심으로 두 진영으로 나뉜다. 총통 선거는 마잉주와 셰창팅 두 후보 간의 대결이므로, 이러한 진영별 투표가 이루어진다고 가정하여 정당을 ⓪ 범록연맹, ① 범남연맹으로 더미변수화했다.

안보 항목에는 중국의 대만에 대한 태도가 어떠한가에 대한 인식을 택했다. 중국의 대만에 대한 태도를 독립변수에 추가한 것은 중국이 지속적으로 대만에게 군사적 위협을 해오고 있기 때문이다. 1996년의 양안위기는 대만 유권자들을 보수적으로 만들었고, 이는 국민당의 당선에 중요한 변수로 작용했다. 그러나 이후 중국의 군사적 위협이 단순히 위협에 그친다는 학습효과가 형성되어 선거에서 큰 변수가 되지 못했다. 그러나 중국의 위협은 상존하는 것이기 때문에 변수에 포함시켰다. 따라서 중국의 위협적인 자세를 응답자들이 어떻게 인식하고 있는가에 대한 질문의 응답으로 ① 매우 비우호적, ② 우호적이지 않음, ③ 약간 우호적, ④ 매우 우호적으로 코딩했다.

한편 천수이볜 집권 8년간의 만족도를 독립변수에 추가했다. 집권 만족도는 포괄적인 개념이지만 2008년 선거를 앞두고 발생한 부패 스캔들은 천수이볜에 대한 정권의 불만족으로 이어지고, 이러한 점이 마잉주 후보에 대한 지지로 연결될 수 있다고 보았다. 여기에 응답은 ① 매우 만족, ② 만족, ③ 불만족, ④ 매우 불만족으로 코딩했다.

그러나 미시간학파가 투표의 중요한 요인이라고 제시한 후보자에 대한 평가 항목은 배제했다. 그 이유는 앞서 지적했듯이 후보자에 대한 평

표 6 총통 후보 선택의 결정 요인에 대한 로지스틱 회귀분석

변수		계수(B)	표준오차(S.E.)	유의확률
경제이익	대만 경제이익	.886	.111	.000
	개인 경제이익	.491	.139	.000
정체성	정체성	1.692	.259	.000
	통일과 독립 입장	.592	.111	.000
정당일체감	정당일체감	.875	.475	.066
안보	중국의 위협	-.026	.163	.872
정권 만족도	천수이볜 정권 만족도	.147	.169	.387
SES	성별	.438	.247	.076
	연령	-.017	.112	.877
	교육	-.020	.116	.861

Model Chi-Square:515.304, 유의확률 .000, N=1919

가는 후보자가 제시하는 정책에 대한 평가로 볼 수 있으므로 이슈투표
와 구분하여 새로운 변수로 설정할 필요가 없기 때문이다. 더욱이 본 여
론조사에서는 후보자에 대한 평가를 측정할 수 있는 후보의 매력, 신뢰
도, 그리고 집권능력에 대한 문항에 대해 대부분의 응답자들이 무응답
을 선택하거나 대답하지 않았다.

분석결과는 〈표 6〉과 같다. 분석결과 유의확률을 고려할 때 경제이익
의 두 항목인 대만 경제이익과 개인 경제이익 그리고 정체성의 두 항목
인 개인의 국가적 정체성, 통일과 독립에 대한 입장의 항목이 유의미한
것으로 나타났다. 이러한 결과는 많은 분석가들이 지적했듯이 경제이슈
가 2008년 선거에서 후보 선택에 중요한 변수였으나 정체성의 이슈 또
한 여전히 중요했다는 것을 말해준다. 이는 앞서 제시했던 경제적 이익

에 대한 고려와 정체성이 후보 선택에 영향을 미칠 것이라는 두 개의 가설을 모두 만족시키는 결과이다.

경제이익과 관련하여 응답자 중에서 양안 전면교류가 대만 경제와 개인 경제에 이익을 가져올 것이라고 판단한 사람일수록 마잉주를 지지했다. 일반적으로 유권자는 개인보다는 국가 전체의 경제이익을 고려하여 투표하기 때문에 두 항목을 구분했으나, 대만 유권자들의 경제적 동기는 집단적 차원과 개인적 차원에서 모두 작용했다. 따라서 마잉주의 경제우선 정책은 선거운동에서 유효했던 것으로 보인다.

한편 정체성은 후보 선택에서 여전히 중요한 변수이다. 대만인 정체성을 가진 집단은 민진당 후보를 선택했으며, 이중 정체성을 가진 집단은 국민당 후보를 선택했다. 그리고 응답자가 독립을 지향할수록 민진당 후보를 지지했으며, 통일지향적일수록 국민당 후보를 지지했다. 그러나 주목할 점은 이제까지 대만 정당정치의 변화를 이끌어왔던 대만인 정체성의 역할도 중요하지만 이중 정체성을 지닌 집단의 선택이 중요해지고 있다는 점이다. 이중 정체성 집단은 2004년 이후 조금씩 증가해오고 있으며, 때로는 대만인 정체성의 비율을 넘어서기도 했다. 그리고 이중 정체성을 가진 집단일수록 마잉주 후보를 선호했다.

경제적 이익과 정체성의 선거 정치적 효과

2008년 선거에서 유권자들의 경제적 이익 추구로 인해서 지지 정당이 변화했는가는 이들 집단의 지난 2000년과 2004년 선거에서의 투표정당의 차이를 비교해보면 알 수 있다. 〈표 7〉은 양안교역의 전면개방이 대만 경제에 긍정적으로 기여할 것이라고 보고 있는 응답자의 투표행태의 변화를 보여준다. 이 분석에서 '아주 좋아질 것'이라고 응답한 집단은 2000년 28.1%만이 국민당을 선택했는데 2004년에는 63.6%, 2008년에는 85.5%까지 증가했다. 반면 '아주 나빠질 것'이라고 응답한 집단은 2000년 62.7%가 민진당 후보를 선택했고, 2008년에도 그와 동일한 62.7%가 민진당 후보를 선택한 것을 볼 수 있다. 이는 양안교역 전면 개방이 대만 경제에 긍정적인 영향을 미칠 것이라고 판단하는 유권자들의 국민당 후보 지지가 매 차수마다 높아짐을 보여준다.

한편 〈표 6〉의 분석은 2008년에 대만 유권자들이 마잉주를 선택하는 데 있어서 정체성이 여전히 큰 영향을 미치고 있는 것을 보여준다. 특히 이중 정체성 보유 집단이 마잉주를 지지했다는 것이 당선에 중요한 요인이다. 〈그림 3〉에서 나타나듯이 이중 정체성의 비율은 천수이볜 집권 2기에 10% 정도 상승했고, 반면 대만인 정체성은 적은 폭이긴 하나 하락하고 있다. 따라서 이중 정체성의 투표행태를 분석하는 것이 경제적 이슈에 따른 투표를 설명하는 것과 더불어 2008년 총통 선거의 변화를 설명하는 또 하나의 핵심 요인임을 말해준다. 그렇다면 이제까지 이중 정체성을 지닌 집단의 투표행태는 어떠했는가?

〈표 8〉은 이중 정체성을 지닌 집단의 투표행태 변화를 보여준다. 이중 정체성을 지닌 집단은 2000년 이후 총통 선거에서 과반 이상이 국민당을 지지하고 있으며 그 지지도는 점점 상승하고 있다. 2008년 조사에서 스스로 이중 정체성이 있다고 답한 응답자의 경우 2000년 선거에서 47.5%가 범남연맹을 지지했고, 2004년에는 그 지지도가 50.4%,

표 7 경제이익과 투표 후보자 정당의 변화(%)

	2000년				2004년			2008년		
	범남연맹		Chen (DPP)	기타	Lien (KMT)	Chen (DPP)	기타	Ma (KMT)	Hsieh (DPP)	기타
	Lien (KMT)	Soong (PFP)								
아주 좋아짐	56.8		19.8	23.4	63.6	16.3	20.1	85.5	3.6	10.9
	28.1	28.7								
좋아짐	51.3		19.1	29.6	52.5	19.5	28.0	73.4	7.5	19.1
	26.8	24.5								
변화 없음	28.6		32.7	38.7	28.4	34.8	36.8	41.8	24.9	33.3
	14.6	14.0								
나빠짐	24.0		44.8	31.2	11.5	62.5	26.0	13.5	49.0	37.5
	12.5	11.5								
아주 나빠짐	16.9		62.7	20.4	12.5	69.4	18.1	8.5	62.7	28.8
	9.2	7.7								

* 출처: 총통 선거 전화 여론조사(2008)의 교차분석 (n=1919) (KMT: 국민당, PFP: 친민당, DPP: 민진당, Lien: 렌잔, Soong: 쑹추위, Chen: 천수이볜, Ma: 마잉주, Hsieh: 셰창팅)

2008년에는 66.4%로 증가했다. 대만인 정체성을 지닌 집단이 민진당을 지지하는 비율이 큰 변화가 없는 반면, 이중 정체성을 지닌 집단의 국민당 혹은 범남연맹 총통 후보 지지는 차수마다 10%씩 증가해왔다.

경제적 이익과 정체성의 선거 정치적 효과를 고려할 때 두 변수에서의 변화가 국민당의 승리를 가져온 것으로 보인다. 양안과의 전면적인 경제교역이 대만 경제에 긍정적인 영향을 미칠 것이라고 판단하는 응답자는 2000년과 2004년보다 2008년도에 국민당 후보를 더욱 지지했다. 한편 이중 정체성을 지닌 집단의 국민당 지지율은 계속 높아지고 있다.

그렇다면 이중 정체성을 지닌 집단은 어떠한 특징을 지니는가? 앞서

표 8 _ 정체성별 투표 후보자의 변화(%)

	2000년				2004년			2008년		
	범남연맹		Chen (DPP)	기타	Lien (KMT)	Chen (DPP)	기타	Ma (KMT)	Hsieh (DPP)	기타
	Lien (KMT)	Soong (PFP)								
이중 정체성	47.5		18.9	33.6	50.2	19.5	30.3	66.4	6.9	26.7
	25.5	22.0								
대만인	25.2		45.7	29.1	23.5	49.0	27.5	30.2	40.4	28.9
	11.9	13.3								

• 출처: 총통 선거 전화 여론조사(2008)의 교차분석 (n=1919)

정의했듯이 이중 정체성은 '정치적으로는 대만인으로 인식하되, 문화적
으로는 중국인으로' 규정하는 집단을 말한다. 이들은 대부분 중국과의
관계에서 독립이나 통일의 추구보다는 현 상태를 유지하기를 원한다.
〈표 9〉에 의하면 이중 정체성을 지니고 있다고 응답한 사람의 약 46%가
'현상 유지 이후 결정'을 선택했고, 23.9%가 '영원한 현상 유지'를 선택
했다. 따라서 약 70%의 이중 정체성 집단이 중국과의 미래를 예정해놓
지 않은 현상 유지를 원하고 있다. 이는 대만인 정체성을 소유한 응답자
의 27.9%가 '현상 유지 이후 결정'을 했지만 이어서 24.6%가 '현상 유
지 이후 독립'을 선택한 것과 차이를 보인다.

셸리 리거Shelley Rigger는 여러 차례 실시한 여론조사의 응답자를 세대
별로 나누어 정체성과 그 특징을 분석했는데, 그녀는 대만에서 젊은 세
대에 속할수록 높은 이중 정체성을 지닌다는 것을 발견했다. 이러한 차
이는 각 세대가 정치관을 형성하는 십대 후반에 어떠한 사회적 경험을
했는가에 따라 발생하며, 서로 다른 경험이 세대 코호트 효과cohort effects

표 9 . 정체성별 통일과 독립에 대한 입장(%)

	빠른 통일	현상 유지 이후 통일	현상 유지 이후 결정	영원한 현상 유지	현상 유지 이후 독립	빠른 독립	기타
이중 정체성	0.8	13.1	46.0	23.9	7.8	0.7	7.7
대만인	0.5	4.7	27.9	19.3	24.6	12.5	10.6

● 출처: 총통 선거 전화 여론조사(2008)의 교차분석 (n=1919)

를 가져 온다고 보았다. 그녀는 십대 후반에 민주화를 경험한 1954년에서 1968년 사이에 태어난 세대는 중국에 대해서 중립적이고 긍정적인 시각을 가지고 있다는 것을 발견했고, 1969년 이후의 민주화가 완성된 시기에 성장기를 경험한 세대는 대만을 사랑하는 마음과 중국과의 교역을 통해서 경제적 이익을 추구하는 것 사이에 전혀 갈등을 느끼지 않는다는 것을 발견했다. 즉 연령이 낮을수록 이중 정체성을 지니는 비율이 높으며 이들은 중국과의 관계에 대해서 합리적이고 유연한 사고를 한다는 것을 발견했다.

경제이슈와 국가적 정체성

2008년 총통 선거에 대한 여론조사의 분석결과는 대만 유권자들이 후보를 선택하는 데 있어서 경제이슈와 정체성이 모두 중요했음을 보여준다. 이러한 결과는 경제적 이익에 대한 계산이 마잉주에게 투표하도록 할 것이라는 가설을 만족시킨다. 그러나 분석결과는 2008년 선거에서 경제가 가장 중요하다고 보았던 일반적인 진단과는 약간의 차이를 보인다. 분석결과는 경제적 이익과 더불어 정체성이 여전히 후보 선택에서 중요한 영향을 미치고 있다는 것을 보여준다. 2008년 선거에서도 여전히 대만인 정체성은 후보 선택에서 중요한 변수로 작용하고 있다.

이 글에서는 경제이익에 의한 투표를 합리적인 투표로 분류하고 정체성에 의한 투표를 비합리적으로 구별했다. 그리고 기존의 설명이 합리적인 투표만을 가정하고 있었다면, 여기에서는 2008년 선거가 합리적인 투표와 비합리적인 투표가 공존했던 선거라고 보고 있다. 즉 두 차원의 투표가 동시에 이루어진 선거였으며, 이는 어떠한 집단에게는 합리적 선택이, 그리고 어떠한 집단에게는 비합리적 선택이 중요했음을 말해준다. 경제적 이익이 중요했던 집단은 마잉주를 선택했으며, 대만의 주권적인 지위를 중시했던 집단은 셰창팅을 선택했다. 그리고 합리적이고 유동적인 이중 정체성 집단이 마잉주를 선택함으로써 2008년의 선거결과를 가져왔다.

천수이볜 집권 2기와 총통 선거 직전에 이중 정체성의 비율이 높아진 것은 2008년 선거 결과에 중요한 영향을 미쳤다. 이중 정체성을 지닌 집단은 중국과의 관계에서 현상 유지를 원했으며, 2000년 이후 시간이 경과하면서 국민당 후보를 더욱 지지하고 있다. 연령이 낮을수록 이중 정체성을 지니는 경향이 있다는 리거의 발견으로 향후 대만 정치의 변화 과정을 설명하기 위해서는 이중 정체성 집단에 대한 분석과 그들의 투표행태에 대한 연구가 필요할 것으로 보인다.[63] 즉 그들이 합리적이기

---

63 현재까지 대만의 정체성에 대한 연구는 대만인 정체성에 치중하고 있으며, 이중 정체성은 대만의 정체성을 종합적으로 설명하는 가운데 일부로 다루어지고 있다. 이중 정체성에 대한 본격적인 연구는 션샤우치Shen, Shiau-chi(2005)이 시도했다.

때문에 이중 정체성을 지니게 되었는지 혹은 대만의 독립적인 지위가 장기간 유지될 것이라는 믿음 때문에 합리적이 된 것인가에 대한 연구가 필요하다.

제 2 장

중국과의 관계:
통일 혹은 독립

1

미국의 대만 보호와 동북아 평화질서[1]

양안교류와 안보위기

동북아시아는 지역 차원에서 경제협력과 인적교류가 증가하면서 지역 공동체에 대한 긍정적 전망이 제시되고 있다. 그러나 탈냉전에도 불구하고 사라지지 않는 지역 내 분쟁의 요소는 역내 갈등을 유발하여 경제협력은 물론 지역공동체 수립에 언제든지 제동을 걸 수 있는 변수로 남아 있다. 그중 양안갈등Cross-Strait conflict은 한반도의 북핵위기와 더불어 역내 평화와 안정을 위협하는 최대 요인이다. 양안은 오랫동안 표면적으로는 평화를 유지해왔지만 1995년 중국의 대對 대만 미사일 시위로

---

1   이 장은 지은주·김병국, 〈양안교류의 변화와 동북아의 평화질서: 안보적 딜레마와 대만의 선택〉이란 제목으로 《평화연구》 제18집 1호 (2010)에 게재되었다.

인해 다시 갈등의 측면이 부각되었다.

이러한 안보적 긴장상태에서 양안 경제교류는 제한적으로 이루어졌다. 양안이 서로 주권을 인정하지 않는 가운데 공식적인 경제교류는 이루어질 수 없었고 정부의 묵인 속에 비공식적인 교류만이 이루어졌다. 1980년대 후반 양안 비공식적 경제교류는 홍콩이나 마카오 등을 경유한 간접교역의 형태였다. 그러나 비공식적인 간접교역에도 불구하고 양안교류는 해가 지날수록 급격히 증가했다. 기하급수적으로 증가한 경제교류는 천수이볜 정권에서 소삼통小三通을 개방하면서 제한적이지만 공식적인 교류로 이어졌고, 2009년 마잉주 정권에서는 중국과 대만 간에 자유무역협정FTA과 동등한 성격을 지닌 ECFA를 논의하기에 이르렀다.

이러한 양안교류는 중국이 공식적이고 직접적인 교류의 확대를 일관되게 요구하는 가운데 대만 정부의 선택적인 대응으로 개방의 속도와 폭이 결정되고 있다. 대만은 중국의 이러한 요구와 더불어 양안교류로 인해 직접적으로 경제적 이익을 얻게 된 대만 상인과 중국으로 사업 확장을 통해 경제적 이익을 극대화하려는 기업인에 의해서 양안교류의 확대에 대한 요구가 급증하고 있다. 그러나 양안교류는 지극히 정치적인 특징을 지닌다. 그중에서도 분단국가라는 현실이 양안교류의 정도와 범위에 핵심적인 제한을 가하고 있다. 중국으로부터의 군사적 위협이 사라지지 않은 상황에서 경제교류를 확대하면, 규모에 있어서 상대적으로 뒤처진 대만은 중국에 대한 경제의존도가 높아지고, 결과적으로 경제뿐만이 아니라 정치와 안보의 면에서도 불리한 위치에 놓일 수 있다.

일반적으로 경제통합에는 두 개의 상이한 유형이 있다. 하나는 시장에 의한 통합이고 다른 하나는 정치적 결단에 의한 통합이다. 전자는 세계화와 정보화 시대에 자연스럽고 누진적으로 이루어지는 것이며, 후자는 이러한 구조적 변화와 관계없이 정권의 선택에 의해서 이루어진다. 그렇다면 무엇이 양안 경제교류와 나아가서는 양안 경제통합에 영향을 미치는 변수인가? 여기에서는 양안 경제교류의 독립변수로 정치적 현상이 중요하다는 입장에서 대만 정치인들이 인식하는 위협이라는 안보 딜레마적 상황의 중요성을 지적하고자 한다. 양안 경제교역이 확산된다 하더라도 중국이 통일 의지를 포기하지 않는 한 대만은 양안 간 발생할 수 있는 전쟁의 위험을 고려하지 않을 수 없다.[2] 또한 양안교역을 통해 규모의 면에서 우위에 있는 중국에 대한 경제의존이 가져올 수 있는 파급효과를 고려해야 한다. 중국에 대한 과도한 경제의존은 대만 내 친중국적 세력을 만들어낼 수 있고, 이로 인해 결국 미래의 어느 시점에 대만도 홍콩과 같은 운명을 가져올 수 있기 때문이다. 그러나 이러한 안보적 딜레마에 대한 인식은 정권이 교체되면서 각 정권마다 다른 특징을 보인다. 새로운 정권의 이념과 신념체계에 따라 위협에 대한 인식과 경제교역이 가져올 효과에 대해 서로 다른 해석을 가져왔다. 즉 집권세력의 안보관과 민족관에 따라 대만 경제가 중국 경제로 편입하는 과정에서 수반되는 안보적 딜레마에 대한 인식이 달라졌고, 그 인식에 따라 양안 경제교류에 대한 정당성과 제도화에 대한 해법의 차이가 나타나게된 것이다. 그래서 이 글에서는 양안교류의 변화 과정을 이러한 대만 집권세력의 안보 딜레마에 대한 인식과 그 해법에 따른 결과로 설명한다.

---

2 후진타오 집권 2기에도 중국의 대만과 통일의지는 변함없이 견고하다. 1993년 이래 중국의 통일방안은 '일국양제'와 '평화통일'로 요약할 수 있으나 1995~1996년의 양안위기와 2005년의 '반분열국가법'의 통과로 인해 무력통일의 의지를 포기하지 않고 있음을 보여준다.

중국은 '하나의 중국'이라는 원칙을 유지하면서 개방과 교류정책을 지속적으로 추진해온 반면 대만은 정권에 따라 경제교류의 속도와 폭을 조절해왔다. 따라서 양안교류는 중국이 상수로 기능하는 가운데 대만의 선택이 독립변수로 작용한다. 그 선택의 차이는 안보적 딜레마에 대한 해석의 차이에서 비롯된다.

안보적 딜레마와 대만의 선택

통합이론의 양안관계 적용과 한계

경제적 교류의 시작은 기본적으로 교류에서 얻어지는 경제적 이익에 대한 고려에서 출발한다. 시장의 보이지 않는 손은 사람과 물자를 끌어와 교역의 장을 만들고, 여기에서 창출되는 이익은 상호 경제적 교류를 더욱 확장시킨다. 이러한 교류는 국가의 경계를 넘어 지역단위의 경제교역을 활성화시키고, 유럽연합의 사례와 같이 정치적 통합으로 이어진다. 통합이론은 유럽통합의 진전 과정을 경험적 사례로 제시하면서 경제적인 교류가 정치적 통합으로 이어질 것이라는 가설을 입증하고 있다. 초기의 기능주의자들은 국경에서의 경제협력이 향후 더 큰 규모의 경제협력과 정치협력으로 이어진 유럽의 사례를 분석하며 지역통합이란 국제체계 내에 존재하지 않던 체계적 특징을 창조하는 정치적 과정이며 개별 국가들 간에 연대감을 불어넣고 새로운 가치창출의 능력과 역할 정체성을 부여하는 과정이라고 보았다. 또한 경제적 통합이란 지역 구성단위에 있어 상당한 수준의 상호 의존적 관계를 전제로 하는 구조적인 변화이다. 이는 개별 국가의 동의하에서만 가능한 정치적 충성심의 지속적인 확대 혹은 개편 과정이다. 그러나 역사적으로도 유럽에서 전후에 시작된 지역통합 현상은 표면적으로는 권력 정치가 배제된 시장과 기술의 정신이 자동적으로 움직인 경제적 조직체로 보이나 그 배후에는 항상 국가의 정치적 계산이 내재되어 있었다. 유럽통합의 기초가 되었던 유럽의 석탄철강공동체ECSC, The European Coal and Steel Community의 협력은 역사상 수없이 충돌했던 독일과 프랑스의 두 국가를 화해시키고자 한 주변 국가의 군사적 목적이 담겨 있었다. 또한 개별 국가적 차원의 정치적 목적도 작용했다. 당시 독일은 자국의 주권을 일정 부분 지역공동체에 위임하게 되면 주변 국가로부터 양차 대전의 주범이라는 사실에서 오는 독일에 대한 두려움과 혐오감을 희석할 수 있다고 판단했다. 또한 프랑스는 지역통합을 통해 오랜 경쟁자인 독일의 부활을 사전에 차단할 수 있을 것이라는 정치적 계산을 가지고 있었다.

양안 경제교류는 초기 비공식적인 제한된 교류에서 시작하여 공식 교역으로 발전했고, 2009년에는 공동 경제구역을 창출하고자 하는 ECFA 체결 논의로 발전했다. 이러한 발전 과정은 유럽의 사례와는 역사적·문화적·사회적 조건을 견주어볼 때 많은 차이가 있지만 양안이 정치적 갈등상황에서도 점진적으로 경제교역을 확대해오고 또한 그 과정에서 군사적 충돌이 발생하지 않은 정황은 유럽통합과 유사성이 있다는 것을 보여준다. 이러한 양안 경제교류 확산이 유럽의 경제통합과 유사한 점에 주목하여 초기 양안교류에 대한 연구는 주로 양안의 경제교역과 정치적 교류 간의 상호관계에 초점이 맞춰져 있다. 우위산Wu, Yu-Shan, 쿠

오청티엔Kuo, Cheug-Tian, 렁저강Leng, Tse-Kang, 크리스토퍼 덴트Christopher Dent, 폴 볼트Paul Bolt 등은 양안 경제교류 발전이 어떠한 정치적 효과가 있을 것인가에 대해 연구했으며, 웨이용웨이Wei, Yung Wei와 장 피에르 카베스탄Jean-Pierre Cabestan은 양안교역이 양안통일에 어떠한 의미를 지니는지를 연구했다. 이와 같은 연구들은 모두 양안의 경제적 교역이 정치적 긴장의 해소로 이어질 것인가에 집중했다.

그러나 양안교류는 경제교류와 정치적 갈등이 공존하고 있는 사례이다. 그렇다고 양안이 유일한 사례는 아니었다. 역사적으로도 양안과 같이 정치와 경제 두 영역이 서로 다른 트랙에서 움직이는 경우가 존재했다. 즉 경제적으로 활발한 교류가 있더라도 정치적 갈등이 여전히 존재하는 것이다. 제1차 세계대전 직전의 영국과 독일의 관계가 그러했으며, 냉전기의 서독과 동유럽의 관계도 그러했다. 이러한 정치적 교류가 없는 양안 경제교역의 지속과 확대를 설명하기 위해 카렌 셔터Karen Sutter는 경제교역의 상호 의존성이 정치적 문제가 존재함에도 불구하고 지속적인 경제적 협력을 이끌어가는 것이라고 보았고, 스코트 캐스트너Scott Kastner는 양안의 경우 대만 사업가 집단의 경제적 이익의 추구가 양안교역의 지속적인 동력이라고 보았다. 그러나 유럽통합의 사례에서 국가의 역할이 중요했던 것과 같이 양안교역의 폭과 속도를 결정하는 데 있어 가장 중요한 동력은 경제적 이익이나 사업가 집단이라기보다는 이를 결정하는 정치인 혹은 국가이다. 중국이 대만에 대해 개방 전략을 취해오는 가운데 대만은 양안 경제교역이 가져올 수 있는 부정적인 효과를 계산하며 조심스러운 입장을 견지해오고 있다. 이 과정에서 대만은 중국과의 관계에서 형성되는 안보 딜레마에 대한 각 정권의 인식 차이에 따라 때로는 경제교역의 확산에 대해 상이한 해법을 내놓고 있다. 따라서 양안의 경우는 각 정권이 지니고 있는 안보 딜레마에 대한 검토가 필요하다.

　로버트 저비스Robert Jervis는 일찍이 냉전기의 국가 간 협력을 설명하는 과정에서 안보 딜레마에서의 협동 조건을 설명했다. 그는 안보 딜레마에 영향을 미치는 조건으로 주어진 안보적 상황에 대한 개별 국가의 믿음과 공격수비의 균형offense-defense balance, 공격수비의 구분가능성offense-defense differentiation을 제시했다. 냉전의 긴장 속에서 국가 간의 협력이 가능했던 조건에 대해 저비스는 상대 국가에 대한 정보의 획득과 군사기술에 있어서의 방어우위의 확보 그리고 공격수비의 구분가능성을 제시했다. 이러한 조건은 안보에 대한 위기의식을 낮추어준다. 결국 경쟁국가 간의 안보에 대한 인식이 갈등을 유발하기도 하고 때로는 협력을 가져오기도 한다는 것이다. 여기에서 중요한 것은 동일한 상황이라 해도 정보의 유무와 현 상태를 통제할 수 있다는 믿음이다. 양안 경제교류의 통제와 확산도 이러한 틀로 설명이 가능하다. 인구적·영토적 그리고 국제사회의 지위에 있어서도 현격하게 앞서 있는 중국과의 경제적 교류는 대만의 입장에서 볼 때는 중국의 대만에 대한 정치적 영향력을 증가시킬 수 있는 가능성을 내포하고 있다. 이러한 인식의 차이가 대만 정권의 대중국 경제정책의 속도와 폭을 결정한다.

대안적 틀: 안보적 딜레마와 대만의 선택

양안 경제교류 현황과 안보적 딜레마

양안 경제교류는 지극히 정치적 현상이다. 중화민국은 대만으로 이주한 이후 분단국으로서 오랫동안 중국과 통일을 추진해왔다. 장제스는 '공산당에 반대하고, 국토를 회복하자'는 기치하에 중국과 무력통일을 추진해왔고, 이 기간 동안 양안 간에 그 어떤 인적·물적 교류도 허용하지 않았다. 그러나 이러한 통제에도 불구하고 홍콩이나 마카오 등 제3국을 통한 불법적인 경제교류가 발생했고, 이는 조금씩 성장해오고 있었다. 양안교류가 공식 의제로 떠오르기 시작한 것은 1979년 중국이 개혁개방정책을 추진하는 과정에서 대만에게 통우, 통항, 통상의 '삼통'을 제안하면서부터였다. 장징궈는 초기에는 이 제안을 거부했지만 비공식적 교류를 묵인했고, 비공식적 정치회담이 진행되는 가운데 양안교역은 성장하고 있었다. 이러한 양안교역은 1995~1996년의 리덩후이의 미국방문, 1997년 리덩후이의 양국론 발언, 2003년 천수이볜의 독립행보로 인해 양안갈등의 촉발과 '쿠왕회담辜汪會談'[3]의 중단을 가져왔으나 양안 경제교역에는 큰 영향을 미치지 않았다. 〈표 10〉의 양안 무역현황에 의하면 양국론 발언이 있던 다음해인 1998년만이 유일하게 교류가 감소했고, 양안위기(1995~1996) 직후의 1997년과 천수이볜의 독립행보가 확실해진 2004년에는 오히려 전년도에 비해서 교류가 증가했다.

〈표 10〉은 1987년부터 2009년 중반까지 대만과 중국 간의 무역현황이다. 양안 무역총액은 1998년 한 해만을 제외하고 매년 높은 성장률을 보이면서 1987년 1,515백만 달러에서 2007년에는 105,369백만 달러

3　'쿠왕회담'은 대만의 해협교류기금회의 쿠전푸辜振甫와 중국의 해협양안관계협회의 왕다오한汪道涵의 성을 따서 이름지은 양안 간 정치회담이다. 1990년 리덩후이는 장징궈의 '삼불정책'을 폐지하고 양안 간의 공식 대화채널인 '쿠왕회담'을 가동시켰다. '쿠왕회담'은 정치회담을 지향했으나 주로 양안 경제교역에서 발생하는 문제들을 논의했다.

표 10 . 대만의 중국과의 무역현황(US $ million)

	연도	수출	수입	양안 무역총액
장징궈	1987	1,226.5	288.9	1,515.4
	1988	2,242.2	478.7	2,720.9
리덩후이 1기	1989	3,331.9	586.9	3,918.8
	1990	4,394.6	765.4	5,160.0
	1991	7,493.5	293.2	7,786.7
리덩후이 2기	1992	10,547.6	747.1	11,294.7
	1993	13,993.1	1,015.5	15,008.6
	1994	16,022.5	1,858.7	17,881.2
	1995	19,433.8	3,091.3	22,525.1
리덩후이 3기	1996	20,727.3	3,059.9	23,787.2
	1997	22,455.2	3,915.3	26,370.5
	1998	19,840.9	4,113.9	23,954.8
	1999	21,312.5	4,528.9	25,841.4
천수이볜 1기	2000	25,009.9	6,229.3	31,239.2
	2001	25,607.4	5,903.0	31,510.4
	2002	31,528.8	7,968.6	39,497.4
	2003	38,292.7	11,017.9	49,310.6
천수이볜 2기	2004	48,930.4	16,792.3	65,722.7
	2005	56,271.5	20,093.7	76,365.3
	2006	63,332.4	24,783.1	88,115.5
	2007	74,245.9	28,015.0	102,260.9
마잉주	2008	73,977.8	31,391.3	105,369.1
	2009(1~7)	26,002.6	10,227.4	36,230.0

* 출처: http://www.mac.gov.tw/public/Attachment/9111817342527.pdf (표6 Estimated Total Trade between Taiwan and Mainland China)

로 20년간 약 67배 정도 증가했다. 양안교역의 큰 특징은 교역의 불균형에 있는데 대만의 대중국 수출이 수입을 두 배 이상 상회하고 있다. 이는 양안교역 초기부터 2009년까지 지속되고 있다. 이 교류의 불균형성은 교역 과정에서 발생한 자연스러운 결과라기보다는 중국이 의도한 측면이 있다. 중국은 교역 과정에서 순수한 경제적 이익이 목적이 아닌 정치적 목적으로 다른 국가보다 대만에게 유리한 세제혜택을 제공하면서 대만의 대중국 의존도를 높이고자 했다.

대만의 대중국 경제의존도의 증가는 대만으로서는 환영할 만한 것은 아니었다. 이로 인해 대만은 양안교류를 규제하기로 했는데 이는 리덩후이 집권 3기와 천수이벤 집권 2기에서 두드러졌다. 리덩후이와 천수이벤은 대만의 대중국 경제의존도가 심화될 경우 대만이 국제사회에서 정치적 목적을 달성하는 데 방해가 된다고 판단했고, 양안 경제적 결속이 대만에게 부정적인 안보적 외부효과를 가져온다고 보았다. 이는 다음과 같은 두 가지로 볼 수 있다.

첫째, 〈표 10〉에서 나타나는 중국과의 불균형적인 경제적 연계는 추후 중국이 대만에 가할 수 있는 경제적 제재의 위협에 대해 대만을 취약하게 만든다. 중국이 가할 수 있는 무역제재는 대만 경제를 불안정하게 하는 동시에 중국과의 무역에서 이익을 얻고 있는 대만 사업가와 근로자의 이익을 침해함으로써 국내의 정치적 불안정을 초래할 수도 있다. 무역 불균형 이외에도 대만의 대중국 투자의존도는 더욱 심각하다. 〈표 11〉의 대만의 주요 투자국에 대한 투자비율에 의하면 2001년 대만의 대중국 투자는 전체의 약 32.2%를 차지하고 있었으나 2006년에는 64.4%로 증가했다. 홍콩에 대한 투자도 2001년의 1.1%에서 2006년에는 2.3%로 증가했다. 상대적으로 미국에 대한 투자는 12.6%에서 4.1%로, 아시아 국가들에 대한 투자도 21.4%에서 6.1%로 급격히 감소했다.

표 11 ■ 대만의 주요 투자국의 투자비율(2001~2005, %)

	중국	미국	홍콩	아시아	유럽	일본
2001	32.2	12.6	1.1	21.4	0.5	2.0
2002	61.0	5.2	1.5	8.6	1.1	0.2
2003	59.9	3.6	5.0	9.4	0.6	0.8
2004	61.7	5.0	1.2	15.6	0.6	1.3
2005	62.6	3.3	1.1	12.9	3.1	0.4
2006	64.4	4.1	2.3	6.1	3.9	0.1

■ 출처: Investment Commission and Department of Investment Service, MOEA

둘째, 대만 독립주의자들은 양안 경제교역이 양안 정치지형에도 변화를 가져올 가능성을 우려한다. 경제교역으로 인해 상호 의존이 심화되면 이를 통해서 경제적 이익을 얻게 되는 이익집단이 출현하게 된다. 이들이 점차 다수를 형성하게 되면서 친중국적인 정부정책을 요구하게 될 수 있다. 또한 이러한 변화들이 시간이 경과하면서 대만인들의 정체성에도 변화를 가져올 수도 있다. 향후 미래의 대만 정권이 중국과 일체성을 강조할 수도 있으며 그 결과 대만의 주권적 지위를 수호하는 것을 소홀히 할 수 있다고 예상하기 때문이다.

중국과 미국의 헤징 전략과 대만의 안보인식

중국이 양안교역을 통해서 얻고자 하는 것은 경제적 이익보다 정치적 목적이다. 중국이 양안교역에서 내세우는 슬로건인 '경제를 통해 정치에 영향을 미치자'에서 나타나듯 중국은 양안 경제교역을 대만에 대한 정치적 영향력을 행사하기 위한 도구로 보았다. 중국은 미중 수교 과정에서 무력통일은 유보했지만 통일이라는 목표를 포기하지는 않았다. 경제발전을 위해서는 미국을 비롯한 서구 선진국가의 협력이 필요했다. 그러나 군사력 증강을 통해 대만 독립의 위험성을 차단해왔고, 유엔상임이사국 지위를 확보하고 국제사회의 경쟁에서 우위에 있다고 판단한 이후 먼저 대만에 대해 '삼통'을 제의했다. 이와 같이 대만과 경제교류를 통해 양안통합을 지향하고, 군사적 위협을 포기하지 않음으로써 대만의 독립의지를 제어하려는 중국의 전략은 대만에 대해 헤징-개입hedged engagement 전략을 취하는 것으로 볼 수 있다. 개입은 경제교류, 헤징은 군사적 위협을 말한다.

한편 양안관계에서 미국은 항상 중요한 역할을 담당해왔다. 제2차 세계대전 종결 이후 미국은 중국을 견제하면서 동시에 대만의 안보를 보장해오는 이중 전략을 취해왔다. 1970년대 미중 조약이 체결되면서 대만과의 공동방위조약은 대만관계법TRA으로 대체되었지만 미국은 중국의 대만 침공 가능성에 대해 군사적으로 대만을 보호하고 있다. 1995~1996년 양안위기 당시 미국이 오키나와에 있는 항공모함을 대만해협으로 이동시킨 것은 이러한 의지를 확인시켜주었다. 그러나 탈냉전 이후 변화된 안보환경 속에서 중국의 협력과 도움이 필요하게 된 미국은 대만 독립과 같이 군사적 충돌을 촉발할 수 있는 문제에 대해 조심스러운 입장을 취한다. 따라서 대만이 독립을 선언하는 것과 같은 행동에 대해서는 반대 입장을 표명하고 있다. 이러한 과정은 양안관계에 대한 미국의 전략적 모호성을 확인해주는 것이었다.[4] 이러한 미국의 양안 전략은 양안의 안보적 딜레마에 대한 헤징으로 표현할 수 있다. 이는 중국과 대만 양자에 대한 것이다. 중국이 군사적 위협을 가해온다면 미국도 중국에 대해 군사적으로 대처할 수 있다는 것이며, 대만에게는 분리주의로 인해 중국과 전쟁 위험성을 초래한다면 미국이 더 이상 대만을 보호하지 않겠다는 의지의 표명이다.

대만은 통일을 목표로 하는 중국의 '혜징-개입 전략'과 전략적 모호성을 특징으로 양안 현상 유지를 추구하는 미국의 '혜징 전략'하에서 영토보전과 경제발전이라는 두 개의 목표를 동시에 추진해오고 있다. 영토보전의 문제는 미국과의 군사적 관계로 인해 보장되는 것이며 대만 정부가 공식적으로 독립을 선포하지 않는 한 큰 변화가 없을 것으로 보인다. 그러나 경제교역의 문제는 다음과 같은 이유로 좀 더 복잡하다.

첫째, 중국과 교역 과정에서 불균형은 앞서 지적했듯이 경제의존에 의한 새로운 차원의 안보적 딜레마를 가져다준다. 그러나 중국이 세계경제에서 차지하고 있는 위치와 중국을 통해 대만이 얻는 경제적 이익은 대만 정부로서는 거부할 수 없는 것이다. 더욱이 중국과 교역으로 이익을 얻게 되는 사업가와 근로자들의 양안교역 확대 요구는 더욱 높아지고 있다. 둘째, 민주화된 대만의 각 정권이 지니고 있는 안보관과 민족관에 따라 양안교류가 대만에 미칠 영향에 대해 다른 시각을 형성한다. 중국을 위협으로 인식하고 독립적인 대만을 추구하는 민진당과 경제적 교류가 대만의 안보를 크게 위협하지 않을 것이라고 보는 국민당의 이러한 인식의 차이에 따라 상이한 양안교역의 해법을 제시하게 된

---

4   로버트 스칼라피노Robert Scalapino는 양안관계에 있어서 미국은 중국과 대만을 각각 독립된 정치적 실체로 인정하고, 두 개의 모순된 길을 걸어왔다고 보았다. 이러한 미국의 태도는 자국의 이익을 위한 것으로 이로 인해 문제점과 불확실성이 존재한다고 설명했다.

표 12 _ 안보인식에 따른 대만의 양안교류 선택 유형

		안보인식 vs 경제적 이익	
		안보 > 경제	안보 < 경제
안보인식	높음	Q1(폐쇄)	Q2(부분 개방)
	낮음	Q3(관리)	Q4(적극 개방)

다. 셋째, 대만의 집권세력이 서로 다른 안보관과 민족관을 가졌음에
도 불구하고 이들을 관통하는 하나의 공통점이 있는데 이는 대만의 모
든 정권이 미국과의 군사적 관계를 안보적 딜레마의 해소 수단으로 삼
고 있다는 것이다. 이러한 문제들을 고려했을 때 대만의 양안정책을 〈표
12〉에서 나타나는 네 가지 형태로 구분할 수 있다.

여기서 안보인식이라는 한 축은 비교적 객관적인 부분이다. 양안위기
와 같이 실질적으로 안보인식을 높이는 환경이 조성될 경우 정권의 안
보인식은 높아진다. 반면 중국이 우호적인 제스처를 취할 경우 상대적
으로 안보인식은 낮아질 수 있다. 다른 한 축은 안보인식과 경제적 이익
계산과의 관계이다. 일반적으로 독립주의자들은 경제적 이익보다는 안
보를 중요시하며, 장기적으로 경제교류가 안보에 위협을 가할 수 있다
고 판단하는 경우 경제교류를 제한하는 경향이 있다. 반면 중국과의 교
류를 크게 안보적 위협으로 인식하지 않는 경우는 양안교류를 통한 대
만 경제발전 추구에 중요성을 두게 된다. 이 틀에서 대만의 양안교류의
유형을 폐쇄(Q1), 부분 개방(Q2), 관리(Q3) 그리고 적극 개방(Q4)으로
나눌 수 있다. 각 정권의 양안 교류정책을 이 유형에 따라 분류해본다.

대만의 정권별 대중국 경제 전략

장징궈 시기

폐쇄(1979~1985): 삼불정책

한국전쟁 발발 이후 미국은 대만을 전폭적으로 지원했다. 여기에는 외교적 관계는 물론이고 방위조약도 포함되어 있었다. 냉전 시기 미국에게 있어 중국은 동아시아의 평화질서를 위협하는 세력이었다. 그러나 1970년대 전격적인 미중 화해가 이루어졌고, 이러한 중국의 변화 뒤에는 미국의 대중국정책의 변화가 있었다. 1972년 미국은 소비에트연방을 견제하기 위해 중국과 데탕트를 추구했다. 이 과정에서 미국은 중국이 요구하는 '하나의 중국' 원칙을 받아들였고 대신 중국으로부터 양안문제에 있어서 평화적인 해결 원칙을 약속받았다. 1978년 중국은 자국과 외교적 관계를 원하는 국가는 대만과 공식적 외교관계를 단절할 것을 요구했다. 미국에 대해서도 대만과의 외교적 관계와 상호방위조약을 종결하고 대만 내 미군과 군사시설을 철수할 것을 요구했다. 미국은 이를 수용했지만 대만과 비공식적인 관계와 무기판매는 지속했다.

덩샤오핑은 이러한 미국의 요구와 조건을 묵인했다. 미 하원은 카터 행정부의 양안정책이 지나치게 중국에 치우치고 있다는 점을 지적하고 대만이 중국으로부터 군사적 위협에 처하게 될 때에는 대만을 방어할 것이라는 대만관계법을 통과시켰다. 대만관계법은 의회 차원의 조치이기 때문에 법적 구속력은 없지만 대만이 중국의 위협을 받을 경우 미국의 개입이 가능하다는 점에서 양안정책의 '전략적 모호성'을 보여주었다. 이에 근거하여 미국은 양안에 군사적으로 개입할 수 있는 가능성을 열어두었으며 대만의 안보를 위해서 무기를 공급할 수 있었다.

　1979년 중국은 개혁개방정책을 추진하는 과정에서 대만에 대해 양안 교류를 공식적으로 제안했다. 1월 1일 전국인민대표대회 상무위원회에서는 양안의 평화적인 통일을 위해 노력한다는 의미를 담은 '대만동포에게 보내는 글'을 발표했는데 여기에서 대만에 '삼통'을 제시했다. 그러나 이러한 중국의 제안에 대해서 장징궈는 '삼불정책'으로 응답했다. 이는 중국과 '접촉하지 않으며, 담판하지 않으며, 타협하지 않는다不接觸, 不談判, 不妥協'는 내용으로 중국의 제안을 거부한 것이다. 중국은 더 나아가 대만에 대해 유화적 태도를 취했다. 1981년 9월 중국은 대만이 중국 본토에 직접투자를 하는 것을 환영한다고 발표했다. 그리고 보다 구체적인 통일방안으로 '일국양제'를 제시했다. 그 내용은 통일 후 대만은 고도의 자율성을 지닌 특별행정구역으로 간주되며, 현재의 경제사회체제를 유지함은 물론이고 외국과의 비정부적 관계도 지속하며 군대 또한 유지할 수 있다는 내용이었다.

부분 개방(1985~1988)

장징궈의 '삼불정책'은 1980년대 초반까지 지속되었다. 그러나 이는 점차 변화하고 있었다. 동북아 질서의 변화와 미중관계의 변화에 기인하는 것이었다. 1970년대 말 양안에서 힘의 균형이 중국으로 기울면서 대만의 초기 무력통일안은 불가능해졌다. 장징궈는 1982년 남은 임기 동안 수행할 과제를 제시했다. 이는 '민주화', '대만화', '경제적 전환' 그리고 '중국에 대한 개방'이었다. '민주화'와 '대만화'는 국민당이 권위주의적 통치를 완화하고, 국내 여론을 중시하겠다는 것을 의미하며, '경제적 전환'과 '중국에 대한 개방'은 양안관계의 새로운 전환기를 알리는 것이었다. 1985년 장징궈는 중국과 간접교역을 허용했다. '삼불정책'은 유명무실해졌으며, 이후 홍콩이나 마카오 등을 통한 중국과 간접무역이 활발히 전개되기 시작했다.

1985년 교류가 허용된 이후 교역량은 매년 급격히 증가했다. 1987년에는 계엄이 해제되면서 대만 주민이 중국의 친인척을 방문하는 것이 허용되었고, 중국으로부터 농산품과 원자재의 수입이 제한적이나마 허용되었다. 이러한 대만 정부의 입장 변화에는 다음과 같은 배경이 있었다.

첫째, 장징궈는 중국이 제시하는 '삼통'을 받아들일 경우 중국이 의도하는 것과는 다른 면에서 대만에게 유리한 구조적 조건이 형성될 수 있다고 계산했다. 양안교류를 통해서 중국인의 대만에 대한 이미지를 제고한다면 중국 국내정치를 불안하게 하고, 중국 국민이 분단된 다른 한 축인 대만을 지지하게 될 것으로 계산했기 때문이다. 한편 중국과의 경제교류는 대만에게 이익이 되며, 국민당이 원하는 통일 전략에 기여한다고 판단했다. 양안교역이 중국에 민주주의와 시장질서를 이식하는 계기가 될 수 있을 것이며 이것이 성공적으로 이루어진다면 장기적인 관점에서는 통일을 지향하는 국민당의 목표와 부합하는 것이었다.

둘째, 대만 기업인들은 중국이 중국 내에 투자하도록 제안한 것을 환영했다. 그들은 중국과 거래하고 중국에 투자하기를 원했다. 대만 내 임금은 계속 오르고 있었고, 대만의 노동집약적 산업의 경쟁력은 점차 하락하고 있었다. 더욱이 미국은 대만과의 무역에서 이익을 취하기 위해

1987년 대만에 대해 신대만 달러를 평가 절상하라는 압력을 가했다. 미국의 안보우산하에 있던 상황 속에서 이러한 요구를 무시할 수 없었던 장징궈는 중국과의 교역을 통해 새로운 경제적 활로를 찾아야 했다. 1985년 장징궈가 간접교역을 허용한 것은 국제사회와 동북아에서 중국이 성장하기 시작하던 시기였다. 미중관계는 개선되었지만 미국은 여전히 대만의 최대 후원자였고, 대만은 미국이라는 안전판에 기대어 양안교역을 허용하기 시작했다.

리덩후이 시기의 대중국 경제 전략

부분 개방(1988~1995)

1988년 장징궈가 급작스럽게 사망하면서 부총통이었던 리덩후이가 총통직을 승계했다. 리덩후이는 초기에 장징궈의 양안정책을 그대로 이어갔다. 당시 중국은 '하나의 중국'을 목표로 양안 경제교류를 지속적으로 확대해오고 있었다. 미중관계 이후 양국은 가까워졌지만 당시 미 행정부와 의회는 중국보다 대만에 우호적이었다. 철저한 반공주의를 표방했던 레이건 정부는 대만과의 관계를 강화했고, 1989년 발생한 천안문 사태는 미국의 중국에 대한 부정적인 시각을 확산시켰다. 미국의 대만 지지자들은 의회와 공화당에 주로 분포되어 있었는데, 의회는 행정부가 대만에게 불리한 결정을 내릴 경우 이를 제어했다. 공화당원들은 반공주의자였고 민주당의 보수적 인사들도 대만의 입장에 있었다. 이로 인해 대만은 대중국관계에서 있어서 상당 부분 해소할 수 있었다.

리덩후이가 초기에 장징궈의 양안정책을 그대로 계승한 것은 정통성 문제 때문이었다. 리덩후이는 장징궈의 공식 유언이 없던 상태에서 총 통직을 승계했기 때문에 국민당 원로세력들의 견제를 받았다. 집권 초 기에 리덩후이는 국민당과 군부 보수세력의 영향에서 자유로울 수 없었 다. 그는 1992년 대만은 현실적으로 중국과 별개의 자율적인 통치를 하 지만 궁극적으로는 통일을 지향한다는 '국가통일강령國家統一綱領'을 제시 했다. 3단계로 구성된 국가통일강령은 1단계 '상호 왕래', 2단계 '상호 신뢰를 위한 협력', 3단계 '통일협상의 추진'이다. 이후 이는 '92공식'으 로 더 잘 알려졌고, 1990년대 말 이후에는 양안의 통일 전략으로 인식되 었다. 이러한 국가통일강령은 장징궈 시기부터 추진되어왔던 양안 경제 교역이 정치적 화해로 수렴된 순간이었다.

장징궈 후기부터 시작된 양안 경제교류는 빠른 속도로 성장해오고 있 었다. 초기 양안교류는 많은 한계를 가지고 있었다. 중국 시장은 제한되 어 있었고, 대만 달러는 저평가되어 있었으며, 정부의 엄격한 규제로 인 해 대만의 기업인들이 사업상의 이득을 극대화하기 어려운 구조였다. 1989년 양안이 체결한 '대륙지구물품관리방법'은 양안교역이 대만의 안보와 경제발전에 부정적인 영향을 미치지 않도록 중국에서의 수입은 반드시 제3국을 통할 것을 규정했고, 항목 또한 통제했다. 이와 같은 조 치는 1990년에도 계속되었다. 그러나 시간이 지나면서 대만은 수입상 품과 투자대상 산업의 제한을 단계적으로 해제하기 시작했다. 1987년 29개의 수입대상 물품은 1992년 693개로 늘어났다.

경제적 교류가 확산되면서 중국과 교역하는 대만 사업가와 정부와의 관계에 변화가 일기 시작했다. 권위주의 통치 시기의 사업가들은 정부 의 중요한 지지집단이었다. 정부는 보호주의로 사업자의 이익을 보장해주었고, 기업인들은 이에 대한 보상으로 정부를 지지하고 지원하는 후원관계를 맺고 있었다. 그러나 민주화는 이러한 구조에 변화를 가져왔다. 정부의 경제실적이 유권자의 표를 얻는 데 중요해졌으며, 중국교역과 연계되어 경제적 이익을 취하는 인구가 점차 증가하고 있었다. 시간이 지나면서 수동적인 입장에 있던 사업가들은 적극적으로 정치에 개입하기 시작했다. 중국이라는 큰 시장을 발견한 사업가들은 양안교역의 확대를 더욱 주장했다. 1980년대 후반 공기업은 사기업 분야와 협력하기 시작했고, 양안교역으로 인해 이익을 얻는 중소기업들은 스스로 정치에 참여하면서 자기의 이익을 추진하기 시작했다. 대기업들도 중국에 진출할 기회를 엿보고 있었다. 1990년 초 포모사 그룹의 왕용칭王永慶은 샤먼에 석유화학단지를 건립할 계획을 세웠다. 그러나 정부는 이를 불허했으며 대만 내에 공장을 짓도록 세제혜택을 주면서 회유했다. 이러한 경제인들의 요구는 양안교류에 새로운 변수로 등장하게 되었다.

관리(1995~1999): 서두르지 말고 인내하라

양안의 화해 분위기는 오래가지 않았다. 1993년 재임에 성공하고, 보수 군부세력인 하오보춘郝伯村이 행정원장직에서 물러나면서 리덩후이는 국민당 원로에게서 벗어나 자율적으로 대중국정책을 입안할 수 있게 되었다. 1994년 4월 리덩후이는 일본 저널리스트 시바 료타로司馬遼太郎와의 인터뷰에서 양안관계에 중요한 전환점이 되는 발언을 했다. 그는 국민당을 '외래外來' 정권이라 칭하고, 스스로를 로마의 핍박에서 유대인을 이끌고 나온 모세에 비유했다. 또한 '대만인으로 사는 비애'라는 표현을 사용했다. 민주화 이후 대만에서는 대만인 정체성이 확산되고 있었다.[5] 1996년 총통 직접선거를 앞두고 리덩후이는 이러한 변화하는 유권자를 동원하기 위한 호소력이 있는 행동이 필요했다. 이를 위해 그가 계획한 것은 미국 방문이었다. 총통 자격의 미국 방문은 대만이 독립적인 주권국가라는 것을 암시하는 것이었고, 이는 대만인으로 정체성을 자각해가는 유권자들에게 깊은 인상을 남길 수 있었다. 1995년 리덩후이는 코넬대학의 모교 방문을 구실로 미국 방문을 성공시켰다.

리덩후이의 미국 방문으로 중국은 예정되어 있던 '쿠왕회담'을 무기한 연기하고 양안해협에서 군사훈련을 개시했다. 1997년 7월에 시작된 군사훈련은 이듬해 총통 선거 때까지 지속되었다. 그러나 이러한 위기 속에서 미국은 대만관계법에 근거하여 미 항공모함을 대만해협으로 이동시킴으로써 대만을 수호하겠다는 강한 의지를 보였다. 그러나 클린턴은 리덩후이가 미국의 정치체제의 메커니즘을 이용하여 방미를 성사시키고, 이를 선거에 이용한 점에 대해 불편한 심기를 드러냈다. 상하이를 방문한 클린턴은 '삼불정책', 즉 '두 개의 중국' 혹은 '하나의 중국' 혹은 '하나의 대만'을 지지하지 않는다는 것을 재확인함으로써 미국이 완전한 대만의 편이 아니라는 것을 확인해주었다. 이러한 조치는 대만의 심기를 불편하게 했다. 미국은 충분하지는 않지만 대만에 대해 다소 압력으로 비칠 수 있는 이러한 발언을 통해 양안위기로 손상된 미중관계를

---

5 민주화 이후의 대만인 정체성은 최초 조사인 1992년에는 전체 응답자 중 17.3%를 차지했으나 이후 꾸준히 증가하여 1997년에는 33.7%, 2002년에는 40.5%, 2008년에는 46.1%로 증가했다. 이러한 비율은 대만 내에서 두 사람 중 한 사람은 스스로를 대만인이라 인식하고 있다는 것을 말해준다.

회복하고자 했다.

양안위기가 가라앉고 중국과 대만은 빠른 시간에 이전의 관계를 회복했다. 양안위기가 발생했을 때 중국은 중국 내 대만 상인들의 권익은 어떠한 경우에도 침해받지 않을 것이라고 공표함으로써 경제교류에 대해서는 일관된 모습을 보여주었다. 중국은 대만과의 통일방식인 '일국양제론'을 재확인했다. 양안 간 군사적 긴장이 가라앉게 되면서 리덩후이는 중단되었던 '쿠왕회담'을 재개하고, 여기에 정치적 의제를 포함시킬 것을 제의했다. 이는 위기 이전의 양안관계를 회복하는 것이었다. 그러나 회담을 위해 중국 해협회의 왕다오한이 대만을 방문하기 3개월 전 리덩후이는 대만이 독립된 국가라는 것을 의미하는 '양국론'을 발표했다. 이로 인해 중국은 대만에 대해 강한 비난과 함께 군사훈련을 개시했다. 미국은 우발적인 충돌과 오판으로 양안 간 군사적 충돌이 발생할 것을 우려했다. 그러나 한편으로는 리덩후이가 '양국론'을 발표하기 전에 미국과 상의하지 않은 것에 대해 기분이 상했다.

이 과정에서 리덩후이의 양안 경제교류정책은 전환점을 맞고 있었다. 중국에게 지나친 의존이 발생하지 않도록 1993년 말 대만 정부는 이미 '남향정책'을 시작했다. 이는 기업인들에게 중국보다 동남아시아에 투자하도록 하는 유도였다. 1994년 리덩후이는 동남아시아 국가들을 방문하면서 대만과 동남아 국가들의 관계를 돈독히 하고자 했다. 그러나 양안교역을 통해서 사업적 이익을 본 기업인들은 동남아시아보다는 중국에 더 우선순위를 두고 있었다. 정부는 동남아시아의 투자를 권유했으나 대만 기업인은 오히려 중국과 교역 과정에서의 장벽을 없애기 위해 노력했다. 1990년 초 포모사 그룹의 요구에 대해 정부는 대만 내에 다른 사업권으로 그 방향을 돌리게 했지만 대만 기업의 중국 진출은 점점 확산되고 있었다. 정부의 규제가 약해진 틈을 타서 포모사 그룹은 중국의 푸첸 지방의 발전소 건설에 미화 30억 달러를 투자할 것을 계약했고, 프레지던트 그룹도 우한의 발전소 건립에 미화 1억 달러를 투자할 것을 계약했다. 이러한 사업가들의 움직임에 대해 리덩후이는 1997년 '서두르지 말고 인내하라戒急用忍(계급용인)' 정책을 제시하면서 양안교역에 제동을 가했다. 이로 인해 대중국 투자는 미화 5천만 달러로 제한되었고, 고속도로나 공항 같은 주요 기간산업에 대한 참여 또한 제한되었다. 정부는 불법적인 투자에 대해 엄격하게 처벌했다. 그 결과 1998년의 양안 교역규모는 양안이 교역을 시작한 이래 최초로 감소했다.

천수이볜 시기

부분 개방(2000~2002): 적극 개방 유효 관리

리덩후이의 양국론으로 양안관계가 냉각된 가운데 2000년 총통 선거가 시작되었다. 총통 선거 캠페인 기간 동안 중국은 군사훈련으로 대만을 위협했다. 중국의 주룽지朱鎔基 수상은 "대만의 독립은 전쟁을 의미한다"라고 함으로써 독립을 주장하는 민진당 후보인 천수이볜에게 투표하지 말도록 했다. 2000년 총통에 당선된 천수이볜은 예상과 달리 중국과 현상태를 변경하기 위한 그 어떤 조치도 취하지 않겠다는 '4불1무'를 발표했다.[6] 천수이볜은 선거운동 기간 동안 리덩후이와 달리 중국과 직접 교역을 추진할 것이고, 양안 경제관계를 더욱 확대할 것이라고 했다. 이는 중국과 대립관계로 돌아선 리덩후이의 국민당과 차별화하고자 하는 계산도 있었지만 많은 표를 가지고 있는 사업가들에게 신임을 얻기 위한 목적도 있었다.

천수이볜 집권 초 중국은 친중국적인 국민당, 친민당[7]과 대화하면서도 민진당과는 대화하지 않았다. 2000년 선거에서 패한 후 국민당 부주석인 우포슝은 베이징을 방문하여 쳰지천을 면담했다. 양측은 '하나의 중국' 원칙에 동의하고 양안 문제를 논하기 위해 고위급 학술포럼을 개최하기로 합의했다. 그러나 민진당과는 이러한 대화를 하지 않았다. 동시에 중국은 대만의 독립시도를 구실로 군비를 지속적으로 증강했다. 중국의 군비증강에 대해 미 국무부는 중국이 대만의 독립을 막고, 나아가 대만이 요구하는 방식의 통일을 허용하지 않기 위한 의도로 분석했다. 2001년 1월 부시 행정부는 강경한 대중국정책을 택했다. 부시 행정부는 대만과 안보 분야 협력을 더욱 강화했다. 대만 정치인들이 미국을 경유하는 것에 대한 조건을 완화시켰으며, 동년 4월에는 중국의 군사력 증강에 대응하기 위해 대만에 무기 판매를 승인했고, 중국이 대만을 공격할 경우 미국은 대만을 방어할 것이라는 입장을 공식 발표했다.

이러한 안보적인 면에서의 긴장에도 불구하고 중국의 대만 경제교류 정책에는 변화가 없었으며, 또한 중국의 높은 경제성장과 잠재적 시장으로서의 가능성은 여전히 대만에게 매력적이었다. 전 행정원장 샤오완창

---

6 '4불1무'는 '독립을 선포하지 않는다', '국호를 변경하지 않는다', '양국론을 헌법화하지 않는다', '현 상태를 변경하기 위한 공민투표를 실시하지 않는다'와 '국통강경과 국통회 문제를 폐기하지 않는다'이다.

7 친민당은 2000년 총통 선거 직후 국민당의 쑹추위가 탈당하여 창당한 정당이다. 통일관과 민족관에 있어서 국민당과 유사하며 천수이볜 정권하에서 국민당과 연합하여 총통과 민진당을 견제했다.

은 "대만은 방대한 중국 시장을 무시할 수 없다"고 밝혔다. 또한 중국에 진출한 기업인들은 성공적으로 사업을 수행해오고 있었다. 지나친 중국에 대한 의존이 대만 경제의 공동화를 초래할 것이라는 우려가 있었으나 가시적인 경제적 이익은 이를 극복하기에 충분했다. 천수이벤은 2001년 '소삼통'을 허용하면서 개방의 폭을 더 확대했다. 소삼통은 중국과 인접한 대만 영토인 마주, 진먼과 중국의 제한적이지만 직접교역을 허용하는 것이었다. 2003년에는 양안 간 명절 직항 전세기 운항이 이루어졌다. 이는 양안의 정치적 관계에 진전이 없는 상태에서 이루어진 결정이었다. 한편 1990년대 말 동아시아 국가들이 경험한 경제위기를 대만은 겪지 않았지만 그 여파는 2000년 이후에 왔다. 세계경제의 영향력에서 자유로울 수 없었던 대만은 주변국 경제가 어려워지는 상황에서 2001년 최초로 마이너스 성장을 기록했다. 경제 회복을 위한 해법을 모색하는 가운데 국내외 많은 전문가들은 중국과의 직교역을 해법으로 제시했다.

대만 사업가들의 요구 증가와 경제침체로 인한 중국과 경제협력의 필요성이 제기되는 가운데 2001년 8월 천수이벤은 '적극 개방, 유효 관리' 정책을 제시했다. 이는 '유효 관리'보다 '적극 개방'에 무게를 둔 양안교역 확대 정책이다. 리덩후이가 제안했던 개인당 미화 5천만 달러 한계를 해제하고 2천만 달러보다 적은 투자액의 경우 자동 승인이 되도록 했다. 2002년에는 중국에 반도체 투자에 대한 제한도 해제했다. 이로 인해 2005년 대만의 기업 TSMC는 상하이에 공장을 건설할 수 있었다. 이어서 중국에 대한 직접투자에 대한 제한을 제거했고 심지어 민간항공기, 법률 서비스 그리고 부동산 중개업을 포함하여 68개에 달하는 분야의 제한을 철폐했다. 그러나 '유효 관리'도 철저하게 적용했다. 정부의 제한을 위반하는 불법 투자에 대해서는 엄격한 법률을 적용했다. 특히 중국으로의 기술 이전을 막기 위해 2002년 국가과기보호법을 입안했다.

관리(2005~2007): 적극 관리, 유효 개방

양안관계에서 적극적인 개방을 추구했던 천수이볜의 시도는 중국과 국민당의 반대로 대만이 이니셔티브를 쥐고 추진할 수 없었다. 천수이볜은 양안교역을 통해 중국에 우호적인 제스처를 취함으로써 중국과 정치적 회담으로 이어질 것을 기대했지만 중국은 이를 받아들이지 않았다. 중국은 독립을 지향하는 천수이볜을 근본적으로 불신하고 있었고, 심지어 2002년 7월 중국의 압력으로 인해 대만과 나우루공화국의 외교관계가 단절되었다. 이에 더하여 국민당과 친민당은 민진당이 추진하는 양안관계 정책에 번번이 반대했다. 2002년 민진당이 입안한 국가과기보호법은 국민당과 친민당의 반대로 의회에서 통과되지 못했으며, 국민당은 민진당을 배제하고 중국과 대화를 해오고 있었다. 민진당의 친중국적인 시도가 결실을 보지 못하는 가운데 2002년 8월 천수이볜은 '일국양제'에 반대의 의미를 지닌 '일변일국론'을 제시했다. 이는 대만과 중국은 다른 한편에 있는 국가라는 의미였다.[8]

그러자 중국은 강하게 대응했다. 이를 명백히 대만 독립의 추구라고 본 인민해방군은 대만 침공을 목표로 3군 합동훈련을 실시할 것을 발표했다. 이어서 2002년 11월 16차 당대회에서 후진타오 주석은 중국은

---

8   당시 국민당은 리덩후이 시기에 중국과 합의한 '92공식'을 통일관으로 삼았다. '92공식'에 의한 대만 국민당의 통일 방안에 대해서는 문흥호(2007)를 참조.

'평화통일과 일국양제'의 원칙을 견지하고 대만의 독립 기도에 대해 사전 예방책을 마련해야 함을 강조했다. 천수이볜의 행보에 제동을 건 것은 미국도 마찬가지였다. 조지 부시George W. Bush는 "우리는 중국이든 대만이든 현재의 상태를 변화하려는 일방적인 결정에 반대한다. 그리고 대만의 지도자가 현상 유지를 변화시키려고 하는 행동과 발언에 반대한다"는 입장을 밝혔다. 이러한 미국의 대응은 천수이볜 집권 초기와는 상당히 차이가 있었다. 9·11테러의 발생과 북핵위기로 인해 당시 중미관계는 상당히 진전되었고, 이러한 문제를 해결하기 위해 미국은 국제사회에서 중국의 도움이 필요했다. 미국은 중국이 테러리즘과 불량 국가에 대해 공동으로 대처할 파트너로서 역할을 해주기를 원했다. 천수이볜은 아프가니스탄과 이라크의 재건을 위한 지원을 제공했지만 부시 행정부 초기와 같은 관계는 회복할 수 없었다.

2004년 총통 선거가 다가오면서 천수이볜의 대중국 정책은 더 독립에 가까운 입장으로 변화했다. 2003년에는 1993년 리덩후이 집권기에 시도했던 '남향정책'과 유사한 '신남향정책'을 발표했다. 대만 경제부가 밝힌 신남향정책의 목표는 첫째, 대만 기업이 중국에만 몰입하는 것에서 파생될 위험을 분산하고, 국제 분업에 더욱 부합하는 국제환경을 창출한다. 둘째, 동남아시아 경제권과의 통합을 가속화하고, 실질적인 경제무역관계를 증진, 유지하여 대만 경제가 주변화되지 않도록 한다. 셋째, 특정 목표국가에 대한 무역, 투자를 위한 효과적인 패키지를 도입하고 ASEAN 국가들과 서로 이익이 되는 FTA를 체결한다는 것이었다. 2단계 남향정책 역시 중국에 대한 과도한 경제적 의존을 견제하고 동남아시아로 그 시장을 넓히고자 하는 의도가 있었다. 2003년은 ASEAN

국가들이 ASEAN을 경제공동체로 전환하는 것에 합의한 시점이었다. 여기에 참여할 수 없었던 대만은 ASEAN 전체 혹은 개별 ASEAN 국가들과의 FTA를 촉진하는 데에 주력했다. 2003년 10월 싱가포르에서 열린 제12차 동아시아 경제장관회의에서 대만은 기존의 ASEAN+3을 대만을 포함한 ASEAN+4로 전환해줄 것을 요청했지만 회원국들에게 받아들여지지 않았다.

민진당은 2003년 7월 대만의 독립을 위한 조기 단계로서 현실에 적합한 헌법개정을 제안했다. 그리고 이를 대만 주민에게 묻기 위한 공민투표 계획안을 제출했다.[9] 이후 공민투표안은 국내의 논의 속에서 변화했지만 대만 독립의 문제를 주민에게 직접 묻는다는 민진당의 시도는 중국과 미국의 우려를 가져왔다. 중국은 미국이 대만의 독립 주장에 대해 어떠한 조치를 취하기를 원했지만 미국은 이에 대해 '반대한다'는 입장만을 표명했다. 대만의 독립 움직임이 가시화되자 중국은 2005년 10월 '반분열국가법'을 통과시켰다. 10개 항으로 구성된 반분열국가법은 제8항의 비평화적인 수단을 사용할 수 있는 세 가지 조건을 제시한다. 이는 "대만 문제와 관련된 긴급사태 발생 시 국무원과 중앙군사위원회가 먼저 무력동원에 필요한 조치를 취한 후 전인대 상무위원회에 사후 보고할 수 있다"는 내용으로, 대만이 어떤 방식으로든 독립을 시도하거나,

---

9 그러나 국민당의 반대로 독립과 관련된 내용이 아닌 '중국이 대만에 대해 무력을 사용하는 것을 포기하지 않는다면 대만은 자력국방을 위해 무기 구입을 증가시켜야 하는가(국방강화안)'와 '양안의 평화와 안정을 위해 양안이 서로 대화를 지속해야 하는가(동등협상안)'의 문제로 바뀌었다. 2004년 3월 10일 총통 선거와 함께 치러진 공민투표에서 국방강화안은 45.17%, 동등협상안은 45.12%의 투표율을 보여 과반수 미달로 부결되었다.

독립을 가져올 수 있는 주요 사건이 발생하거나 그리고 평화통일의 가능성이 완전히 사라졌다고 판단할 경우 중국은 무력을 사용한다는 것이다. 중국의 강경한 대응에도 불구하고 독립을 강하게 주장하는 천수이벤은 양안교류에 있어서도 경계를 늦추지 않았다. 신남향정책을 통해 중국에 과도한 의존에서 벗어나고자 했던 천수이벤은 2006년 신년사에서 기존의 개방 교류촉진에서 반대 방향으로 전환하는 '적극 관리, 유효 개방'을 발표했다. 이는 양안 경제교역에서 '적극 관리'를 더욱 강화하고, 개방을 통제하겠다는 입장이다.

마잉주 시기

적극 개방(2008년 이후)

2008년 집권한 국민당 마잉주 총통의 양안 교류정책은 천수이벤과 확연한 차이를 보인다. 국민당은 리덩후이 집권 초기에 중국과 합의한 '92공식'에 근거하여 중국과 우호적인 관계를 지속해왔으며, 천수이벤을 배제하고 양안 문제를 위해 중국과 직접 대화를 해왔다. 따라서 국민당의 마잉주 총통은 리덩후이나 천수이벤이 우려했던 양안교역에서 발생할 수 있는 안보적 딜레마에 대해 상이한 시각을 가지고 있었다. 마잉주 국민당 정권은 양안관계의 개선을 통한 대만의 경제회복을 중요한 국정목표로 삼았다. 중국도 친 중국적인 마잉주 정부 출범 이래 천수이벤 정권보다 유연한 태도로 대만을 대하기 시작했다. 심지어 중국은 2009년 5월 대만이 세계보건기구who에 참여하는 것을 묵인했다.[10]

마잉주는 당선 직후 부총통 당선자인 샤오완창을 중국의 하이난성에서 개최된 보아오포럼에 파견했다. 여기에서 후진타오에게 ① 양안 간 직항의 조속한 실시, ② 중국인에 대한 대만 관광의 개방, ③ 양안 경제무역의 정상화, ④ 양안 협상 틀의 복원이라는 4개 방안을 제시했다. 중국은 이를 적극 환영했고 구체적으로 논의하기 위해 마잉주 총통 당선 이후 2009년 4월까지 3차례에 걸친 양안회담이 이루어졌다. 양안회담을 통해 주말 전세기 운항, 중국 관광객의 대만 방문 허용이 이루어졌고, 2008년 12월 15일에는 통상, 통항, 통우의 부문에서 '대삼통'이 실현되었다. 양안 간의 경제교역은 급속도로 증가했다. 2008년 중국은 대만 수출의 39%를 차지하게 되었고, 중국에게 대만은 7번째 무역상대국이 되었다.

중국은 양안교류의 확대를 추진하는 한편 대만을 포함한 중화경제권을 추진하려는 구상도 발전시켰다. 이미 2003년 7월 천수이볜 정권에 대해 중국과 홍콩이 체결한 것과 유사한 포괄적경제동반자협정CEPA, Comprehensive Economic Partnership Arrangement을 체결하자는 제안을 했지만 당시 대만은 이를 거부했다. 그러나 국민당의 입장은 달랐다. 마잉주는 총통 선거 기간 동안 중국과 FTA 체결을 통해 '중국-대만 공동시장'을 창설하겠다고 했다. 마잉주 당선 이후 중국 국무원은 2009년 해안선 일대를 해협서안경제개발구로 지정하고 대만과의 경제협력을 대폭 강화하겠다는 푸첸성의 요청을 정식으로 승인했다. 대만도 홍콩, 중국, 광둥, 푸첸성을 단일 경제권으로 묶는 메가 경제권의 창설을 제의했으며, 상하이와 홍콩, 타이베이를 연결하는 금융 트라이앵글의 창설도 추진하

---

10 가입 명칭은 Chinese Taipei였다. 중국은 이 명칭으로도 대만이 WHO에 가입하는 것을 반대해왔다.

기 시작했다.

마잉주은 이후 선거 기간 동안 제시했던 중국과의 FTA 체결과 유사한 내용의 ECFA 추진에 대해 논의하기 시작했다. ECFA는 FTA나 CEPA와 유사하게 무역장벽을 최소화하고 투자를 활성화하는 데 중점을 두는 것이다. 이를 위한 중국과 대만 간의 대화는 활발히 전개되어 2009년 4월 제3차 양안회담에서 ECFA에 대한 정부고위급 합의가 타결되었다. 합의문에는 명시되어 있지 않았지만 이를 위한 협상을 빠른 시일 내에 하자는 내부적인 합의를 보았다. ECFA에는 상호 관세인하와 관세장벽의 폐지, 자금, 노무, 상품의 자유무역화, 투자개방, 이중과세 방지 등을 포함하며 궁극적으로는 양안 무역장벽을 최소화하고 투자를 활성화하는 것이다.

마잉주는 대만 경제의 활성화를 위해 ECFA의 필요성을 강조하지만 현실은 ECFA를 체결하지 않을 경우 대만 경제가 입을 피해에 대한 고려사항이 있었다. 대만이 ECFA를 체결하지 못한다면 중국이 주도하고 있는 아시아 무역지대에 참여할 방법이 없기 때문이다.[11] 그러나 대만이 중국과 ECFA를 체결하게 된다면 중국이라는 거대한 시장을 얻을 뿐더러 중국을 통해 세계시장에 참여를 더욱 확장시킬 수 있게 된다. 대만 경제부는 ECFA 협상 체결 시 국내총생산이 1.5% 이상 늘어나며, 연간 생산액의 증가 규모가 약 280억 달러에 달할 것이라고 전망했지만

---

11 이에 앞서 2008년 마잉주는 새로운 '남향정책'을 발표했다. 이는 리덩후이나 천수이볜의 '남향정책'과 큰 차이가 있다. 기존의 남향정책이 동남아시아 국가를 대상으로 했다면, 마잉주의 남향정책은 ASEAN 국가들과 더불어 미국, EU, 일본도 대상으로 하고 있다. 마잉주는 ASEAN 국가들과 경제협력을 위한 장관급 회의를 개최하고, ASEAN 국가들과 의회교류, 싱크탱크 대화기구를 적극적으로 활용하고자 했다. 그러나 이러한 시도는 중국의 개입으로 인해 큰 성과를 보지 못했다.

대만이 2010년까지 ECFA를 체결하지 못한다면 국내총생산GDP은 매년 0.176%씩 감소할 것이라고 경고했다.

2008년 등장한 마잉주 정부는 중국과 적극적인 경제교류를 추진해오고 있다. 양안 간의 대삼통 체결과 더불어 물적·인적 교류는 급격하게 증가했다. 또한 중국과의 ECFA를 추진함으로써 장기적으로는 중국의 동남부 지방과 홍콩, 마카오 등과 하나의 경제구역을 추진할 가능성도 열리게 되었다. 마잉주 정권은 리덩후이나 천수이볜과 달리 중국과의 경제교류가 대만 경제가 지나치게 중국에 의존하게 되고, 이것이 대만의 주권을 침해하게 될 것이라고는 보지 않았다. 오히려 양안교역을 통해 대만 경제를 회복시키고 성장으로 이끄는 것을 더 중요하게 여겼다.

안보관과 통일관의 차이와 차별적 대응

중국은 '하나의 중국'에 기반하여 대만과의 통일 의지가 확고한 가운데 경제교류를 통해 점진적으로 대만의 대중국 의존도를 심화시켜오고 있다. 이러한 중국의 입장은 개혁개방 이후 대만에 '삼통'을 먼저 제기한 이래 지속되어 왔다. 한편 미국의 양안정책은 '전략적 모호성'을 특징으로 하는 가운데 양안의 현상을 변화시키고자 하는 그 어떤 움직임에도 반대하고 있다. 이러한 구조 속에서 양안의 한 축인 대만은 중국과의 경제교역을 조심스럽게 추진, 확대해오고 있다. 그러나 중국과의 경제교류는 이것이 가져올 안보적 딜레마에 대한 대만 정권의 인식에 의해 경제교류의 폭과 속도의 차이가 발생한다.

표 13 ▫ 대만의 정권별 양안 경제교역 유형

		중국과 경제교역에 대한 태도	
		부정(안보>경제)	긍정(안보<경제)
중국의 호전성과 흡수 통일에 대한 위험도 인식	높음	Q1(폐쇄) 장징궈(1979~1985)	Q2(부분 개방) 장징궈(1985~1988) 리덩후이(1988~1995) 천수이볜(2000~2005)
	낮음	Q3(관리) 리덩후이(1995~1999) 천수이볜(2005~2007)	Q4(적극 개방) 마잉주(2008 이후)

〈표 13〉은 1979년 이래 대만의 양안 교류정책의 변화를 정리한 것이
다. 장징궈 초기 대만은 중미 수교 이후 안보적 위기감이 고조되던 시기
였다. 이는 예외적으로 미국의 대만수호 의지에 대해 대만이 확신하지
못했다. 당시 중국은 대만에 '삼통'을 체결할 것을 제안했으나 장징궈는
이를 거부했다(Q1). 그러나 1985년 장징궈는 기본의 '삼불 정책'을 폐지
함으로서 양안교역을 허용했다(Q2). 장징궈의 정책은 초기 리덩후이 시
기에 그대로 적용되었다. 리덩후이는 국가통일강령을 세우고, 정치회담
인 '쿠왕회담'을 실현함으로써 양안 화해 분위기를 이끌었다(Q2). 그러
나 1995년 리덩후이의 방미는 중국의 태도를 바꾸었고, 양안 대화가 단
절됨은 물론 리덩후이의 양안교역에 대한 입장도 바뀌었다. 리덩후이
는 '서두르지 말고 인내하라'는 슬로건으로 양안교역을 제한했다(Q3).
2000년 정권교체에 성공한 천수이볜은 집권 초기에 '적극 개방 유효 관
리' 정책으로 국민당보다 더욱 적극적인 양안교역을 추진했다(Q2). '소
삼통'을 통한 제한적인 직접교역을 허용했으며, 대중국 투자의 조건을
완화했다(Q3). 그러나 2003년 천수이볜이 '일변일국론'을 제기하면서

양안관계가 급격히 냉각되기 시작했고, 2004년 중국이 '반분열국가법'을 제정하자 천수이볜의 양안정책은 '적극 관리 유효 개방'이라는 규제와 제한을 강조하는 방향으로 변화했다(Q3). 그러나 2008년 집권한 마잉주는 적극적인 양안교류를 추진하고 있다(Q4).

〈표 13〉에서 나타난 각 정권의 양안 경제교류 해법의 차이는 정권이 지닌 안보적 딜레마에 대한 인식의 차이에서 기인한다. 양안관계에서 대만이 처한 안보적 딜레마에서 최악의 결과는 중국이 의도하는 통일이 이루어지는 것이다. 그러나 미국이라는 안전판 때문에 중국은 무력통일을 시도하지 않을 것이라는 것이 1995년까지의 일반적인 생각이었다. 그러나 대만이 독립의 움직임을 보였을 때 중국은 미사일 시위와 반분열국가법의 제정 등을 통해 무력사용의 가능성을 보여주었다. 양안 경제교류는 이러한 양안갈등 속에서도 교류가 점차 확산되어 오고 있다.

그러나 경제교류의 속도와 폭을 결정하는 개별 정권의 중국 호전성에 대한 인식과 중국의 흡수통일에 대한 위험도 인식의 차이에 의해 양안 경제교류의 속도와 폭이 변하고 있다. 중국에 대한 불신이 클수록 경제교류의 폭을 제한하고 속도를 줄였다(Q1, Q3). 한편 중국과의 경제교역이 초래할 수 있는 결과에 대해 부정적·긍정적 태도를 갖느냐에 따라 경제교역에 대한 해법이 달라졌다. 그 결과가 중국에 대한 과도한 경제의존을 가져오고 중국에 흡수통일이 될 수도 있다고 여기는 경우 정권은 경제교류를 제한했다. 그러나 중국과의 경제교류가 대만 경제에 이익이 된다고 판단하는 경우에는 경제교류를 확대했다(Q2, Q4).

이러한 근본적인 인식의 차이는 각 정권이 지닌 민족관과 통일관의 차이에서 기인한다. 친중국적인 국민당은 장기적인 관점에서 중국과 통일에 대해 부정적이지 않으며 양안 경제교류가 오히려 상호 동질성을 회복할 수 있는 계기라고 보았다. 반면 독립을 지향하는 민진당은 중국과의 경제교류가 자칫 중국으로의 흡수통일을 가져올 것을 우려했다. 따라서 장징궈 초기, 리덩후이, 마잉주 정권은 양안교역을 적극적으로 추진했다. 그러나 후기 리덩후이와 천수이볜은 양안교역이 가져올 수 있는 안보적 딜레마를 우려했고, 이로 인해 양안교역에 제동을 걸게 되었다.

이러한 가운데 양안 경제교류에 영향을 미치는 새로운 변수들이 등장하고 있다. 한 가지는 사업가 집단의 경제적 이익 추구의 문제이다. 또한 양안교역으로 인해 경제적 이익을 극대화하려는 사업가 집단은 양안교역을 확대하기를 원한다. 독립주의자인 천수이볜이 초기에 개방적인 양안관계를 추진한 것은 경제적 이익을 추구하는 사업가 집단을 고려했기 때문이었다. 두 번째는 세계화와 지역경제의 추세이다. 2000년 이후 저조해진 경제실적을 만회하기 위해 대만은 다양한 방법으로 세계경제에 적극적인 참여를 시도했다. 그러나 중국의 견제로 구조적 한계에 부딪혔고, 이를 타계하기 위한 방법으로 오히려 중국과 경제협력을 강화하여 중국을 통한 세계경제로의 진출을 모색하고자 했다. 특히 마잉주는 중국과 '대삼통'을 실시하고, ECFA의 추진을 통해 이를 구체화해나가고 있다. 이 두 변수는 모두 경제적 이익 추구를 목표로 양안 경제교류를 더욱 촉진시키고자 하는 것이다. 그러나 양안의 안보적 위기가 발생하거나 혹은 민족적인 이유로 정권의 양안관계에 대한 해법이 분명할 때는 큰 영향을 미치지 못한다.

2

ECFA와 소득불평등[12]

세계화와 대만의 경제개방

경제개방과 소득불평등의 문제와 관련하여 경제학자들은 무역개방과 금융자유화가 국내의 소득분배에 부정적인 영향을 미친다고 본다. 즉 경제개방은 이론적으로 한 국가의 경제발전 수준과 관계없이 모든 국가에게 실업과 빈곤, 소득불평등을 초래한다. 그러나 경험적인 연구는 경제개방이 소득불평등을 심화시키지 않는 사례도 보여준다. 경제개방이 소득불평등에 미치는 영향은 현실에서 다양한 매개변수가 개입되면서 변화하기 때문이다. 따라서 일부 학자들은 경제개방이 소득불평등

---

12 이 장은 〈대만 경제개방의 확대와 소득불평등 개선을 위한 정부의 대응〉이란 제목으로《국제정치논총》제53집 3호 (2012)에 게재되었다.

을 심화시키는 사례를 찾은 반면, 다른 학자들은 그 반대의 사례를 찾기도 한다.

대표적으로 볼프강 스톨퍼Wolfgang Stolper와 폴 사무엘슨Paul Samuelson 같은 학자들은 국가의 산업화 정도에 따라 경제개방이 소득불평등에 미치는 결과에 차이가 있다는 것을 발견했다. 선진산업국가의 경우 자본가와 숙련 노동자들이 자유무역으로부터 이익을 얻고, 저발전국가는 비숙련 노동자가 자유무역으로부터 이익을 얻는다. 따라서 자유무역은 선진산업국가의 소득불평등을 심화시키고, 개발도상국의 소득불평등을 완화시킨다. 한편 니타 루드라Nita Rudra는 정부의 개입이 스톨퍼와 사무엘슨이 발견한 것과는 상반된 결과를 가져온다는 사실을 발견했다. 선진산업국가에서는 경제개방이 소득불평등을 초래할 때 국가가 적극적으로 사회복지 지출을 확대하여 피해자들을 보호한다. 반면 개발도상국의 경우에는 세계화 과정에서의 경쟁에서 승리하기 위해 자본가를 보호하기 때문에 사회복지 지출을 감소시킨다. 그 결과 개발도상국의 소득불평등은 심화된다. 이러한 경험적인 연구들은 국가의 산업화 정도나 정부의 개입 유형에 따라 소득불평등이 더 심화될 수도, 혹은 완화될 수도 있음을 보여준다.

민주화 이전의 대만은 소득불평등을 완화하기 위한 정부의 노력으로 비교적 평등한 사회로 평가받았다. 대만 정부는 투자 확대의 거시경제 정책, 엄격한 외국 투자자본의 관리, 유치산업의 보호, 그리고 수출 촉진 정책 등을 통해 경제발전이 소득불평등을 수반하지 않은 예외적인 사례를 만들어냈다. 그러나 경제개방의 확대는 대만 정부에 새로운 도전이 되고 있다. 경제개방으로 인해 2000년 이후 소득불평등은 빠르게 심화되었고, 수혜집단과 피해집단이 구분되면서 사회적 문제로 부상하기 시작했다. 이러한 이유로 최근 대만에서는 소득불평등이 중요한 연구주제로 다루어지기 시작했다. 린챠오치Lin, Chao-Chi는 2000년 이후 대만 주민들이 소득불평등 문제를 심각한 사회적 갈등으로 인식하기 시작했다는 것을 발견했고, 웅저와이Kevin Tze Wai Wong는 양안교역 확대로 인해 대만의 숙련노동자와 비숙련노동자의 갈등이 심화되고, 이것이 새로운 계급갈등으로 변화하고 있다고 주장했다.

대만의 경제개방은 1985년 정부가 경제자유화로 정책을 전환하면서 공식적으로 시작되었다. 이후 두 번의 단계를 거치면서 확대되었는데 첫 번째는 2002년 1월 WTO에 가입하면서 무역 관세를 낮추고, 각 국가들과의 FTA를 추진하기 시작한 시기이고, 두 번째는 2010년 중국과의 ECFA의 체결이다. 경제개방은 대만에서도 소득불평등의 심화를 수반했다. 소득불평등 지표인 세후 80-20비율은 이를 잘 보여주는데, 1985년 4.50이었던 비율은 1990년에는 5.18, 2000년에는 5.55를 기록했다. 이후 지속적으로 상승하면서 2009년에는 6.34로 치솟았다.[13]

그러나 다른 선진산업국가와 비교해볼 때 대만의 소득불평등 지수는 상대적으로 낮은 편이다. 2009년 영국의 세후 80-20비율은 8.60이고, 2009년의 미국은 9.59, 그리고 2000년의 이탈리아는 6.46이다.[14] 반면 대만의 세후 80-20비율은 최고점에 이른 2001년에 6.39를 기록했는데,

---

13 行政院主計總處, "Report on the Survey of Family Income and Expenditure 2011", http://www.dgbas.gov.tw

14 行政院主計總處, "Statistical Yearbook of the Republic of China 2010", http://www. dgbas.gov.tw

이는 이들 국가들보다 낮은 수준이다. 대만은 경제개방 이후에도 사회보장을 위한 지출의 확대, 저소득계층에 대한 지원을 확대했으며, 교역과 자본의 이동, 그리고 노동력의 이동에 대해서도 정부가 적극적으로 개입하면서 국내 비숙련노동자의 일자리와 농수산업 종사자의 이익을 보호했다. 그리고 이러한 정부의 개입은 소득불평등을 완화시키는 효과를 가져왔다.

스톨퍼와 사무엘슨은 개발도상국에서는 비숙련노동자의 임금이 상승하면서 소득불평등이 개선된다고 했으나 대만은 비숙련노동자의 임금이 상승하면서 소득불평등이 개선된 사례는 아니다. 대만의 산업구조는 서비스산업과 첨단산업 중심으로 재편되고 있으며, 외국인 비숙련노동자의 유입으로 오히려 국내 비숙련노동자의 일자리가 위협받고 있다.[15] 또한 라파엘 루비니Rafael Reuveny와 리콴Li, Quan은 개발도상국 정부가 해외자본을 유치하기 위한 과정에서 규제를 완화하고 사회보장 지출을 감소시킴으로써 소득불평등을 심화시킨다고 보았지만 대만은 그 반대이다. 대만은 자유화 초기부터 국내 산업보호를 위해 외국인직접투자inward FDI를 적극적으로 규제해왔고, 자유화 이후에도 중국으로 유출되는 대외직접투자outward FDI를 엄격하게 규제해왔다. 이러한 규제는 소득불평등 완화의 효과를 가져왔다.

따라서 본 글에서는 대만의 경제개방과 소득불평등의 문제를 기존의 시각에서 벗어나 보다 국가 중심적인 시각으로 접근하려 한다. 대만 정

---

15 內政部入出國及移民署編, "內政部入出國及移民署99年年報(2011)", http://www.
    immigration.gov.tw

부는 민주화 이전에도 소득불평등을 개선하기 위해 다양한 정책을 적용했고, 경제개방기에도 적극적인 역할을 하고 있다. 그렇다면 정부가 소득불평등을 개선하도록 한 압력 혹은 유인은 무엇인가?

경제개방과 소득불평등

경제개방에 의한 소득불평등이 국가의 개입에 의하여 심화될 것이라는 시각은 시장의 효율성을 중시하는 많은 학자들에 의해 제시되었다. 수전 스트렌지Susan Strange, 피터 에반스Peter B. Evans, 그리고 로빈슨 스트라이커Robinson Stryker 등은 세계시장에서 우위를 차지하기 위해 국가는 경쟁적으로 해외자본을 유치하고자 하며, 이를 위해 자국에 투자하도록 세금 인하와 같은 유인책을 제공하고, 그 과정에서 국내의 소득불평등 개선을 위한 노력이 철회될 것이라고 보았다. 그러나 이와 반대로 국가가 개입함으로써 소득불평등을 개선할 수 있다는 시각이 있다. 피터 카첸스틴Peter Katzenstein은 유럽의 소규모 선진산업국가의 경험적인 연구를 통해서 경제개방 시기에 정부는 사회복지 지출을 축소하기보다는 확대시킴으로써 소득불평등의 완화에 기여한다는 것을 발견했다. 카첸스틴의 발견은 그동안 예외적인 사례로 간주되었으나 이후 많은 연구들은 다양한 원인들이 국가가 경제개방이 초래하는 소득불평등을 완화시키도록 압력을 가한다는 것을 보여주었다.

먼저 샤를 보슈Carles Boix는 민주주의가 평등한 분배를 가져올 수 있다고 보았다. 민주주의는 대중의 참여를 허용하고, 대중은 부가 일부 집단에게 편중되는 것을 원하지 않는다. 따라서 대중은 소득의 공평한 분배와 재분배를 정부와 정당에 요구할 것이며, 재선을 고려하는 정치인은 유권자의 요구에 반응할 수밖에 없기 때문에 소득의 평등한 분배를 위한 요구는 정책에 반영될 것이다. 따라서 보슈의 주장대로라면 민주주의는 경제개방이 초래하는 소득불평등 문제를 해결하도록 정부에 압력을 가할 수 있는 제도적 장치를 제공해준다.

한편, 사회집단과 정당의 역할이 강조되기도 한다. 데이비드 카메론 David Cameron은 노조의 역할을 강조했다. 그는 경제개방의 확대가 국내에서 높은 산업집중을 초래하고, 이는 다시 강한 노조를 탄생시킨다는 점에 주목했다. 따라서 강한 노조의 집단 협상 능력은 정부가 사회적 지출을 확대하도록 하고, 결과적으로 소득불평등이 완화된다고 보았다. 또한 제프리 개럿 Geoffrey Garrett은 정부당파성에 주목했는데, 그는 세계화로 인해 좌파정당이 사회복지 정책을 보다 강하게 추구하게 되고, 그 결과로 소득불평등이 개선된다고 보았다.

마지막으로, 대니 로드릭 Dani Rodrik은 경제개방의 확대가 외적 위협을 수반하기 때문에 정부의 규모가 확대되고, 그 결과 소득불평등이 개선된다고 보았다. 로드릭은 스페인과 칠레가 좋은 사례라고 제시한다. 1986년 유럽연합 가입을 앞둔 스페인은 사회보장과 보상 프로그램을 위한 정부 지출을 급격하게 증가시켰다. 이는 유럽연합에 가입할 경우 국내 소득불평등이 상승할 것을 예측하고 사전에 준비한 것이었다. 또한 칠레의 경우 피노체트 정권하에서 경제개방이 확대되었는데, 이후 등장한 민주정권의 우선적인 정책은 저소득층과 중간소득층의 소득을 개선하는 것이었다. 즉 로드릭은 경제개방이 초래할 소득불평등을 사전에 완화하기 위해 각 정부는 사회적 보장을 제공한다고 주장했다.

이와 같은 주장을 기반으로 하여 대만의 사례를 검토해볼 수 있다. 경제개방 확대가 초래하는 소득불평등을 완화시켜주는 매개변수로 학자들이 제시한 민주적인 통치구조, 정당과 사회집단의 역할, 그리고 외적인 위협의 역할이 대만에서는 어떻게 기능하는가를 사전적으로 검토해본다.

먼저 민주적인 통치구조의 역할이다. 대만은 1980년대 후반 민주화를 통해 정부의 의사결정에서 민의의 비중이 높아지게 되었다. 또한 민주화는 정당의 활동을 합법화했고, 정당이 사회적 갈등을 대변할 수 있게 되었다. 따라서 국가의 핵심 이슈에 대한 민의가 중요해졌으며, 이를 반영하기 위해 행정부와 정당은 선거를 앞두고 다양한 차원의 여론조사를 실시한다. 이는 민의가 소득불평등의 개선을 강하게 요구할 경우 정부와 정치권은 이에 반응할 것이라는 점을 말해준다.

두 번째로 소득불평등의 개선을 위한 사회집단과 정당의 역할이다. 그러나 노동조합과 좌파정당은 대만에서 소득불평등 개선에 중요한 역할을 하지 못했다. 대만의 노동조합은 민주화 이전과 이후에도 노동자의 이익을 대변하지 못했는데 주된 원인은 산업별 노조가 조직화되면서 노동자의 이익이 산업 부문별로 분절화되었고, 이러한 분절성이 세계화의 추세와 더불어 더욱 강화되었기 때문이다. 한편 개릿은 소득불평등 심화 과정에서 좌파정당의 역할을 강조했으나 대만에는 이러한 역할을 할 좌파정당이 존재하지 않는다. 민주화 과정에서 성장한 민진당은 통일된 노동정책을 가지고 있지 않고, 사회경제적 문제보다는 정치적 문제에 더욱 관심이 있으며, 심지어 민진당의 핵심 구성원은 자본가와 가까운 관계를 형성하고 있다. 따라서 소득불평등은 정당경쟁에서 핵심적인 이슈로 부상하지 못했다.

마지막으로 외적인 위협의 역할이다. 대만의 경제개방 과정에서 발생하는 외적인 위협은 소득불평등의 심화라는 경제적 위협 외에 정치적 위험도 포함하고 있다는 특수성을 지닌다. 다른 국가들과는 달리 대만의 경제개방은 중국과의 특수한 관계 속에서 진행되고 있으며, 중국과 ECFA를 체결하면서 세계경제에 본격적으로 참여하고 있다. 이로 인해 대만의 경제개방이 지니고 있는 위협은 중국에 대한 지나친 경제적 의존이 초래할 수 있는 정치적인 문제를 포함하고 있다. 이러한 위협은 정부의 규모를 확대시킴과 동시에 국가의 자율성 또한 높여준다.

따라서 대만의 사례에는 국가가 소득불평등 개선을 위해 압력으로 작용할 수 있는 매개변수로서 민주적인 통치구조, 즉 민의와 외적인 위협이 존재한다. 노동조합은 분열되어 제 기능을 하지 못하고, 정당은 소득 재분배의 문제를 경쟁적인 이슈로 전환하는 데 실패했기 때문에 정부가 소득불평등을 개선하도록 하는 압력으로 작용하지 못했다. 경제개방이 진행되면서 소득불평등이 심화될 때 이에 대한 대중과 피해집단의 인식은 정부의 선택에 영향을 미칠 것으로 보인다. 또한 양안교역을 특징으로 하는 경제개방은 그 과정에서 국가의 역할을 강화시켜줄 수 있었다. 그러므로 여기에서는 경제개방의 핵심인 양안교역에 대한 대중과 피해집단의 인식을 먼저 검토하려 한다. 또한 경제개방이 가져오는 외적인 위협이 무엇이며 정부가 여기에 어떻게 대응하고 있는가를 살펴볼 것이다. 이를 위해 먼저 대만의 경제개방과 소득불평등의 추이를 살펴본다.

대만의 경제개방과 소득불평등

경제개방의 확대: 중국을 통한 세계화

대만의 경제개방은 단계적으로 확대되어왔다. WTO 가입 이전에도 1950년대 이후 대만의 무역개방과 자본 유동성은 증가하고 있었다. 그러나 1980년대까지는 국내시장을 보호하기 위해 무역자유화를 수출 부문에만 한정시키는 소극적인 개방이었다. 1980년대 화폐개혁과 미국과의 무역마찰로 정부는 소극적인 개방성을 적극적인 개방성으로 전환했고, 1984년에는 '자유화, 국제화, 제도화'라는 구호하에 관세와 비관세 장벽을 현격하게 낮추기 시작했다. 1990년대 말 신자유주의는 전 세계적으로 경제개방을 가속화시켰다. 대만도 이러한 새로운 변화에 적응하려 했지만 국제사회에서 활동이 제한되어 있어 중국의 승인 없이는 국제기구에서의 활동이나 타국과의 교역체결이 어려웠다.

2001년 11월 중국의 묵인하에 대만의 WTO 가입이 승인되었다. 이로 인해 무역과 경제교역이 WTO의 틀 속에서 이루어졌고, 대만은 적극적으로 타국과의 FTA 협상을 추진했다. 2001년 11월 뉴질랜드, 미국, 싱가포르, 일본을 FTA 협상 후보국으로 공표했고, 일본과 비공식 장관급 회담을 통해 양자 간 FTA의 타당성에 대한 민간연구를 시작했다. 또한 미국과 FTA 추진을 위한 미국의 지지를 이끌어냈고, 상하이에서 개최된 APEC 정상회담에서는 싱가포르와 비공식적으로 FTA의 추진을 논의했다. 그러나 이러한 시도는 중국의 개입으로 좌절되었고, 모든 FTA의 논의는 중단되었다. 결국 대만은 기존 수교관계에 있는 중남미 국가들과의 FTA만을 체결했을 뿐, 주요 무역상대국인 영국이나 미국, 일본과는 FTA를 성사시키지 못했다.

이러한 실패의 주된 원인은 국제사회에서 중국의 영향력 때문이었다. '하나의 중국'을 고수하며 국제사회에서 대만의 역할을 제한해온 중국은 대만이 다른 국가와 FTA를 추진하는 것에 반대했다. 2002년 6월 중국 정부는 '대만과 FTA를 체결하려는 어떠한 외교상대국에 대해서도 반대한다'고 하며, 이는 중국과의 무역 및 경제관계에 부정적인 영향을 미침으로써 '해당국은 심각한 정치적 곤경에 빠질 것'이라고 경고했다. 따라서 다른 국가들이 자유무역의 확산을 통해 적극적으로 경제성장을 추구하는 가운데 대만은 상대적으로 위축될 수밖에 없었다.

2001년 이후 경제가 정체되어 있던 대만은 성장과 실업 문제의 해결을 위해 새로운 돌파구가 필요했다. 2008년 출범한 국민당 정부는 그 해법으로 중국과의 관계개선을 통한 경제회생을 주장했다. 마잉주 총통은 취임 직후 전면적으로 '삼통'을 확대했으며[16] 양안회담을 통해 중국과의 경제자유화를 추진했다. 2009년 양안의 대표회담을 통해 경제교류를 위한 12개 협정을 체결했고, 이후 2009년 12월 회담에서는 ECFA 협상 개시에 합의했다. 그리고 2010년 6월 양안은 정식으로 ECFA 협정에 서명했다. ECFA 협정문은 상호 관세인하와 관세장벽의 폐지, 자금, 노무, 상품의 자유무역화, 투자개방, 이중과세 방지 등을 포함하고 있으며 궁극적으로는 양안 무역장벽을 최소화하고 투자를 활성화하는 것을 내용으

---

16 2008년 12월 15일 마잉주는 양안 간 '대삼통'을 적용할 것을 선언했다. 이는 기존에 중국과 대만 일부 지역에 실시되어오던 통상, 통항, 통우를 대만 전역으로 확대하는 것이다.

표 14 _ 주요 국가와의 수출과 수입(2006~2011, US $ million)

유형	대상국가	2006	2007	2008	2009	2010	2011
수출	중국	518.1	624.2	668.8	542.5	769.4	839.6
	홍콩	373.8	379.8	326.9	294.5	378.1	400.8
	미국	323.6	320.8	307.9	235.5	314.7	363.6
	EU	246.1	269.9	280.6	213.2	273.0	285.5
	일본	163.0	159.3	175.6	145.0	180.1	182.3
수입	중국	247.8	280.1	313.9	244.2	359.5	436.0
	홍콩	18.8	18.2	14.9	11.2	16.3	16.8
	일본	462.8	459.4	465.1	362.2	519.2	522.0
	미국	226.6	265.1	263.3	181.5	253.8	257.6
	EU	177.8	199.4	196.3	156.9	213.3	240.0

* 출처: 財政部 http://www.mof.gov.tw (Export by Key Trading Partners, Import by Key Trading Partners)

로 하고 있다.

따라서 이러한 중국을 통한 세계화는 중국에 대한 경제의존도를 더욱 심화시킬 것으로 보인다. 2010년 ECFA 체결 당시 중국은 이미 대만의 최대 수출국이자 수입국이었다. 양안 무역총액은 해마다 급속하게 증가해왔고, ECFA 협정의 논의가 시작된 2008년의 무역총액은 교역 초기의 1987년에 비해 약 68배 증가했다.[17] 〈표 14〉는 대만의 주요 국가와의 수출과 수입 현황을 보여준다. 중국은 대만의 제1 수출국인데 수출총액을 대홍콩 수출과 합하면 대미 수출의 세 배를 넘는다. 수입에 있어서는 수

---

17 行政院大陸委員會, "Estimated Total Trade between Taiwan and Mainland China", http://www.mac.gov.tw

표 15 ▪ 대만의 국가별 대외직접투자 통계(US $ million)

	1991~2008	2009	2010	2011(1~11월)	누계
중국	75,560 (57.1)	7,143 (70.4)	14,618 (83.8)	13,540 (79.1)	110,861 (62.7)
영국	21,715 (16.4)	544 (5.4)	568 (3.3)	799 (4.7)	23,625 (13.4)
미국	9,375 (7.1)	1,114 (11.0)	491 (2.8)	717 (4.2)	11,696 (6.6)
싱가포르	5,369 (4.1)	6 (0.4)	33 (0.2)	428 (2.5)	5,866 (3.3)
홍콩	3,010 (2.3)	241.2 (2.4)	244 (1.4)	237 (1.4)	3,732 (2.1)

• 출처: 行政院大陸委員會 http://www.mac.gov.tw (Cross-Strait Economic Statistics Monthly)
• 괄호 안의 수는 열(column)의 %를 의미함.

입총액만을 고려한다면 일본이 1위인데 중국이 일본에 뒤지는 이유는 중국이 양안교역 과정에서 대만이 이익을 취할 수 있는 구조를 허용하기 때문이다.

경제개방의 주요 지표인 외국인직접투자와 대외직접투자는 경제개방 추이를 잘 설명해준다. 1980년대 중반의 자유화는 외국인직접투자를 증가시키는 계기가 되었다. 이로 인해 1987년 14억 달러 규모였던 외국인직접투자는 2008년에는 82억 달러로 증가했다. 또한 대외직접투자도 증가하여 1980년대까지 많아야 5천만 달러에 그치던 총액이 1987년에는 1억 달러로 증가했고, 2008년에는 45억 달러로 급격히 팽창했다. 양안교역의 심화와 ECFA 체결 이후 두드러진 현상은 대외직접투자 중에서 대중국투자가 급증했다는 점이다. 〈표 15〉에서 볼 수 있듯이 2010년의 대중투자액은 2009년보다 두 배 정도 증가했고, 전체 해외투자에서도 83.3%를 기록했다.

소득불평등의 심화

경제개방이 확대됨과 동시에 소득불평등도 심화되기 시작했다. 1980년
대 후반부터 2010년까지의 80-20비율은 대만의 소득불평등이 심화되
고 있음을 보여준다. 2001년에는 지수가 6.39로 급작스럽게 상승했는
데, 당시는 국내 하이테크 산업의 발전과 노동집약적 산업의 해외 이전
이 주원인이었다. 이후 2007년에 5.98로 완화되었으나 2008년의 세계
적인 경제위기는 2009년 소득불평등 지수를 다시 6.34로 상승시켰다.
저소득층의 비율도 지속적으로 상승하고 있다. 전체 가구에서 저소득
층이 차지하는 비율은 1996년에는 0.82%였으나 2000년에는 0.99%,
2010년에는 1.41%로 증가했다.[18]

　라파엘 루비니와 리콴은 경제개방이 소득불평등의 심화를 가져오고,
그 결과 사회 내의 승자와 패자를 구분시킨다고 지적했다. 그리고 경제
개방의 유형에 따라 승자와 패자의 모습은 달라지는데 그 유형으로 무
역, FDI, 그리고 국제노동자의 유동성을 제시했다. 이 유형을 대만 사례
에 적용하여 승자와 패자를 구별해보면 다음과 같다.

　무역의 경우, 수출로 이익을 창출할 수 있는 부문과 수입으로 인해 피
해를 입을 수 있는 부문으로 수혜집단과 피해집단이 구분된다. 1980년

18　行政院主計總處, "Statistical Yearbook of the Republic of China 2010", http://www.
dgbas.gov.tw

대 중반부터 자유화를 적용해온 대만은 무역의존도가 높으며, 중국과의 무역이 그 핵심을 차지한다. 그리고 대만은 중국과 교역 과정에서 수출이 수입을 두 배 이상 상회하고 있다. 따라서 수출로 이익을 얻는 집단이 증가하는 것에 비해 수입으로 피해를 입는 집단은 상대적으로 덜 증가한다고 할 수 있다. 그러나 향후 교역이 진행될수록 두 집단 간의 소득격차는 심화될 가능성이 높다. 수혜집단은 중국과의 교역에 직간접적으로 참여하는 사업가들이며, 피해집단은 중국의 저렴한 상품이 대만 시장으로 유입될 경우 피해를 입을 농수산업 종사자들이다.

FDI와 관련해서 루비니와 리는 외국인직접투자의 파괴력을 강조했지만 대만의 경우는 양안교역 이후 중국으로 진출한 해외직접투자가 가장 영향력을 미친 것으로 보인다. 짜이판롱Tsai, Pan-Long과 황차오시Huang, Chao-Hsi의 연구에 의하면 대만의 해외직접투자 규모의 확대는 하위 20% 소득자의 임금에 영향을 미쳤다. 1980년대 이후 확대되기 시작한 해외직접투자는 대만의 실업률을 증가시키고 임금을 동결시킴으로써 소득불평등의 심화에 영향을 미쳤다. 또한 뤼전더Lue, Jen-der는 대만의 해외직접투자에 대한 연구에서 중국으로 유출된 대만의 해외직접투자는 대만의 노동시장과 시장경쟁력에 부정적인 영향을 미친다고 지적했다.

마지막으로, 국제노동자의 유동성은 국내 소득구조에 영향을 미친다. 저개발국에서 선진산업국가로 이동하는 비숙련노동자들은 선진산업국가의 비숙련노동자를 피해집단으로 만든다. 대만의 경우에도 동남아시아에서 유입된 비숙련노동자가 국내 비숙련노동자들의 일자리를 대체하면서 실업률을 높이기 시작했다. 〈그림 4〉의 실업률 추이를 보면 1990년대 초반에는 1~2%의 낮은 실업률을 보이다가 완만하게 증가

그림 4 ▪ 대만 실업률 추이(1990~2010, %)

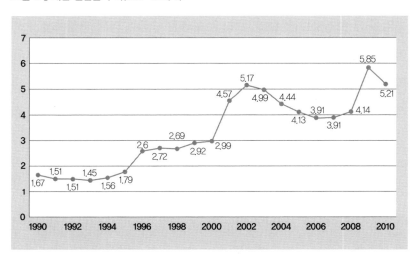

• 출처: 行政院經濟建設委員會 http://www.cepd.gov.tw (Taiwan Statistical Data Book 2011)

했고, 2001년에 급격하게 상승하면서 4.57%를 기록했다. 2002년에는 5.17%를 기록했고, 이후 조금 감소했지만 ECFA 논의가 시작된 2009년에는 역대 최고치인 5.85%를 기록했다. ECFA가 진행되면서 중국인 비숙련노동자들이 대만으로 유입될 경우 대만 비숙련노동자들은 더욱더 피해집단으로 전락할 위험이 있다.

대만의 경제개방은 현재 진행 중에 있고 수혜집단과 피해집단의 구분이 무역, FDI, 국제노동자의 유동성에 의해 명확해지고 있다. 이러한 수혜집단과 피해집단의 구분은 집단 간의 소득불평등으로 나타나며, 경제개방이 심화될수록 그 불평등은 더욱 심화될 것으로 보인다. 무역의 경우 중국의 양보로 인해 수혜집단과 피해집단 간의 차이가 크게 나타나지 않지만 중국의 양보가 언제까지 지속될 수 있는가는 문제점으로 남는다. 중국에 대한 대외직접투자의 증가는 국내 실업률의 증가를 가져오고, 외국인 비숙련노동자의 유입은 국내 비숙련노동자의 입지를 점차 어렵게 하고 있다. 그렇다면 피해집단의 경제개방에 대한 인식은 부정적인가?

경제개방 확대에 대한 인식

대중의 경제개방 확대에 대한 인식

1990년대 이후 실시된 여론조사는 대만인들이 소득불평등의 심화에 대해 우려하고 있음을 보여준다. 1992년 조사에 의하면 응답자의 약 30% 정도가 소득불평등이 심각한 문제라고 답했으나 2005년에는 이러한 응답자가 70%로 상승했다. 이어서 2009년에는 93%로 증가했으며, 이들은 미래에 소득불평등이 더욱 심화될 것이라고 답했다. 2010년의 조사에서는 "부자와 가난한 자의 갈등이 어떠하다고 보는가?"라는 질문에 대해 약 80.5%의 응답자가 심각하다고 답했다. 이와 같은 조사결과는 대만에서 소득불평등이 중요한 사회적 갈등으로 자리 잡기 시작했다는 것을 말해준다.

앞서 살펴보았듯이 대만 경제개방의 핵심에는 중국과의 교역, 즉 양안교역이 있다. 그리고 양안교역에 대한 대만인들의 인식은 양면적이다. 대만인들은 중국이 언젠가는 '하나의 중국'이라는 통일 원칙을 현실화할 것이며, 무력사용의 가능성도 있다는 점을 우려한다. 또한, 양안교

그림 5 ‧ 양안교류 속도에 대한 대만 주민의 인식(%)

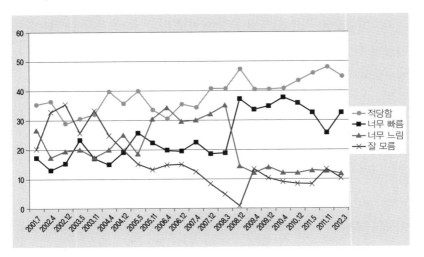

• 출처: 行政院大陸委員會, http://www.mac.gov.tw (The Pace of Cross-Strait Exchanges)

역의 확대로 인한 대만의 대중국 경제의존도의 심화도 부정적인 결과를
가져올 것으로 보고 있다. 그럼에도 불구하고 다수의 대만인들은 양안
교류가 대만에 경제적 이익이 되기 때문에 양안의 현상 유지가 지속되
는 한 가능한 범위에서 양안교역이 더욱 활성화될 것을 기대한다. 그러
나 양안교역이 소득불평등을 수반한다는 새로운 갈등균열이 더해지면
서 양안교역에 대한 인식은 보다 복잡해졌다.

〈그림 5〉는 양안교류 속도에 대한 대만 주민의 인식 변화를 보여준
다. 양안교류 속도가 '적당하다'고 생각하는 비율이 전체적으로 가장 높
다. 2011년 11월의 조사는 거의 50%의 응답자들이 양안교역이 적당한
속도로 이루어지고 있다고 보았다. 그러나 '너무 느리다'와 '너무 빠르
다'의 응답은 초기에는 비슷한 수준으로 경쟁하다가 점차 '너무 빠르다'

는 응답이 2008년 12월을 기준으로 급격히 증가하기 시작했다. 2008년 12월은 총통 선거운동 과정에서 ECFA 추진이 공약으로 제기되었던 시점이다. 이후 ECFA 협정이 이루어지고 적용된 이후에도 '너무 빠르다'는 입장은 여전히 '너무 느리다'는 입장보다 높은 비율을 차지하고 있다.

경제개방이 확대되는 과정에서 ECFA 협정을 위한 중국과의 본격적인 협상이 진행되던 2009년에는 ECFA 체결 문제가 정치권의 중요한 이슈로 부상했다. 여기에는 두 가지 이유가 있다. 첫째는 ECFA가 중국에 대한 경제적 의존을 심화시켜 대만의 자주성을 침해할 수도 있다는 우려 때문이다. 둘째는 심화되는 소득불평등이 경제개방을 더욱 확장시키면서 심각한 사회적 갈등으로 이어질 수 있다는 우려였다. 〈표 16〉은 'ECFA 체결에 대한 인식'에 관한 조사결과이다.[19] 2009년 3월에는 ECFA 체결에 대한 찬성이 29%, 반대가 41%이고, 잘 모르겠다는 응답이 40%에 달했다. 그러나 시간이 경과하면서 잘 모른다는 응답과 반대한다는 응답이 감소하고 찬성한다는 의견이 상승했다. 협정 체결 한 달 전인 2010년 5월의 조사결과는 찬성이 41%로 상승했고, 반대는 34%, 잘 모르겠다는 응답은 25%로 감소했다. 이는 ECFA가 가져올 정치적·경제적 효과에 대해 확신할 수 없는 초기에는 많은 사람들이 부정적인 입장이나 유보된 입장을 보이다가 ECFA 체결이 다가오면서 이에 대한 입장을 구체화하기 시작한 것으로 보인다. 또한 ECFA 체결에 대한 찬성이 증가한 것은 ECFA가 가져올 결과를 긍정적으로 평가하기 시작했다

---

19 'ECFA 공민투표'는 2010년 5월 31일 TBVS여론조사센터가 828명의 20세 이상 남녀를 대상으로 한 전화 여론조사이다(95% 신뢰 수준).

표 16 _ ECFA 체결에 대한 인식(%)

	2009.3	2010.3	2010.4	2010.5
찬성	29	35	38	41
반대	41	32	36	34
모름	40	33	26	25

• 출처: TBVS民意調查中心 http://www1.tvbs.com.tw ("ECFA公民投票" 2010. 5. 31) (n=828)

고 해석할 수 있다.

민진당은 ECFA 체결이 중국에 대한 과도한 경제적 의존을 초래하고 결국에는 대만의 주권을 위협할 것이라고 경고했다. 따라서 ECFA 체결 문제를 공민투표에 부쳐야 한다고 주장했다. 공민투표는 현실화되지 않았지만 정치 쟁점화되었다. 2010년 5월의 여론조사에 의하면, 공민투표 실시에 대해 전체 응답자 중 55%가 찬성했고, 30%가 반대했다. 이는 과반 이상의 응답자가 ECFA 협정의 정치적 중요성을 인식하고 있음을 말해준다.

ECFA 체결로 인해 대중국 개방성은 대폭 확대되었다. 그러나 양안교류의 속도가 적당하다는 입장이 가장 높은 비율을 차지한 것은 대부분의 대만인들이 기존의 입장, 즉 양안교류가 대만에 경제적 이익이 될 것이라고 판단하기 때문인 것으로 보인다. 즉 소득불평등의 심화는 우려하지만 경제개방의 확대에 대해서는 긍정적으로 평가하고 있다. 따라서 ECFA에 대한 대중의 입장은 전폭적인 지지는 아니지만 ECFA 협정이 다가올수록 찬성하는 비율이 높아지고 있다.

피해집단의 경제개방 확대에 대한 인식

그렇다면 피해집단의 인식은 어떠한가? ECFA 체결로 인한 피해집단은 비숙련노동자와 농수산업 종사자들이다. 이들은 무역과 해외직접투자, 그리고 저렴한 외국인 노동자의 유입으로 가장 피해를 입었다. 2000년 이후 증가하는 실업률은 해외직접투자의 영향이 컸으며, 가장 피해를 입은 집단은 비숙련노동자들이었다. ECFA 협정 이후 중국으로부터 저렴한 비숙련노동자들이 대량 유입될 경우 국내 비숙련노동자의 일자리 또한 위협받게 된다. 한편 농수산업 종사자들의 경우 중국으로부터 저렴한 농수산품이 수입될 경우 소득이 감소될 것을 예측할 수 있다. 그렇다면 이들의 ECFA 체결에 대한 인식은 부정적이어야 한다. 과연 그러한가? 대만에서 비숙련노동자와 농수산업 종사자들은 대부분 남부지방에 거주하며 이들의 평균소득은 북부지방보다 낮다. 따라서 남부지방 주민들의 ECFA에 대한 인식을 살펴보는 것은 경제개방에 대한 피해집단의 인식을 설명해줄 수 있다.[20]

이를 위해 ECFA 논의가 본격적으로 시작된 2008년 총통 선거 직전에 실시된 조사자료인 '2008년 총통 선거 전화 여론조사'를 사용하여 교차

---

20 대만의 행정구역은 북부, 중부, 남부, 동부로 나뉘는데 대만의 남부지방에는 가오슝시, 가오슝현, 자이시, 자이현, 타이난시, 타이난현, 핑동현, 펑후현이 포함된다. 그러나 윈린현은 중부지역에 속하지만 남부와 지리적으로도 가깝고 낮은 평균소득을 고려하여 함께 남부지역으로 분류했다. 그리고 남부지역 주민의 인식 차이를 보기 위해 주로 수혜집단이 거주하고 있는 북부지역을 비교대상으로 삼았다. 북부지역에는 타이베이시, 타이베이현, 타오위엔현, 신주현이 포함되나 여기에서도 지리적 근접성과 높은 소득 수준을 고려하여 분석에서는 묘리현을 북부지역에 포함시켰다.

표 17 . 북부와 남부의 양안교역에 대한 인식(%)

	"양안경제가 전면 개방될 경우 대만의 경제에 어떠한 영향을 미친다고 보는가?"						
	아주 좋아질 것	좋아질 것	변화 없을 것	나빠질 것	아주 나빠질 것	기타	합
북부	20.8	25.3	19.4	4.4	12.6	17.5	100.0
남부	14.4	18.6	17.0	5.1	17.0	27.9	100.0
	"양안경제가 전면 개방될 경우 개인의 경제에 어떠한 영향을 미친다고 보는가?"						
	아주 좋아질 것	좋아질 것	변화 없을 것	나빠질 것	아주 나빠질 것	기타	합
북부	9.0	16.1	44.2	5.9	9.6	15.2	100.0
남부	6.6	12.2	42.9	5.4	11.4	21.5	100.0

• 출처: 총통 선거 전화 여론조사(2008)의 교차분석 (n=1919)

분석했다. 피해집단이 자신들에게 불리한 결과를 가져다줄 양안교역의
확대에 대해 어떻게 평가하는가를 알아보기 위해 두 문항을 선택했다.
첫 번째는 "양안경제가 전면 개방될 경우 대만의 경제에 어떠한 영향을
미친다고 보는가?"이고, 두 번째는 "양안경제가 전면 개방될 경우 개인
의 경제에 어떠한 영향을 미친다고 보는가?"이다. 비교를 위해 북부지
방 주민들의 조사결과도 포함했다.

분석결과는 〈표 17〉과 같다. 첫 번째의 문항, 즉 양안교역과 대만 경
제와 관련된 문항에 대해서 남부 주민들은 '좋아질 것'이라고 보는 응답
자가 33.0%에 이른다. '나빠질 것'이라고 응답한 비율은 22.1%로 남부
주민들은 양안개방의 국내경제에 대한 영향을 보다 긍정적으로 평가하
고 있다. 북부 주민들은 46.1%가 '좋아질 것'을 선택했고, '나빠질 것'
이라고 응답한 비율은 17.0%이다. 북부 주민과 비교해볼 때 남부 주민
은 상대적으로 양안개방에 대해서는 부정적이지만 큰 차이는 보이지 않

는다.

두 번째 문항인 양안교역과 개인 경제와 관련된 문항에 대해 남부 주민 응답자의 42.9%가 개인 경제상에 '변화가 없을 것'이라고 응답했고, 18.8%는 '좋아질 것'이라고 응답했다. 북부 주민은 이보다 조금 높은 44.2%가 '변화가 없을 것'이라고 했고, 25.1%는 '좋아질 것'이라고 했다. 개인 경제에 대한 영향에 대해서도 북부 주민과 비교할 때 남부 주민은 상대적으로 양안개방에 덜 긍정적이지만 그 차이는 역시 크지 않다.

이러한 결과는 피해집단의 양안교역에 대한 인식이 수혜집단의 인식과 크게 다르지 않는다는 것을 보여준다. 피해집단인 남부 주민들은 양안교역이 대만의 경제에는 이익을 가져다줄 것이고, 개인 경제에는 큰 변동이 없을 것이라 보고 있다. 북부지역의 주민 역시 그러하다. 이와 같은 현상은 투표행태에서도 나타난다. 남부 주민의 투표행태를 보면 2000년과 2004년 총통 선거에서 민진당 후보에게 투표했으나 양안교역의 확대가 핵심 쟁점이 되었던 2008년 총통 선거에서는 국민당에게 투표하는 비율이 상당히 높아졌다. 즉 자신들이 경제적 이익을 대변하는 민진당보다 경제성장을 이끌어줄 국민당을 택했다.[21]

피해집단의 이러한 인식과 정당 선택은 예상했던 것과는 다른 결과이다. 일반적으로 피해집단의 경우 소득불평등을 초래할 수 있는 경제개방에 반대의 입장을 보이거나 정부에 소득불평등 개선을 위한 요구를

---

21 대만 유권자의 투표행태를 경제이슈만으로 설명할 수는 없다. 대만의 총통 선거와 입법원 선거에서 중요한 투표 요인으로 작용한 것은 정당일체감과 국가적 정체성이었고, 이슈투표는 상당히 취약한 편이다. 그러나 2008년 총통 선거는 경제이슈가 상대적으로 중요성을 가진 선거였다.

표 18 ▮ 대만 남부지방의 총통 선거 투표 현황(2001~2008, %)

정당	2000			2004		2008	
정당	국민당	친민당	민진당	국민당	민진당	국민당	민진당
후보	롄잔	쑹추위	천수이볜	롄잔	천수이볜	마잉주	셰창팅
가오슝시	23.97	29.78	45.79	44.35	55.65	51.58	48.41
가오슝현	23.95	28.43	47.14	41.60	58.40	48.58	51.41
타이난시	25.93	27.53	46.06	42.23	57.77	50.70	49.29
타이난현	24.70	21.10	53.78	35.21	64.79	43.84	56.15
자이시	23.24	29.34	47.01	43.94	56.05	52.38	47.61
자이현	23.06	26.98	49.49	37.21	62.79	45.55	54.44
핑둥현	27.73	25.48	46.28	41.89	58.11	49.74	50.25
펑후현	23.25	39.55	36.79	50.53	49.47	59.93	42.06

• 출처: 중앙선거위원회

한다. 혹은 소득불평등 개선을 주장하는 정당을 지지하는 방법으로 의사를 표현할 수 있다. 민진당은 이러한 저소득계층의 입장을 반영하여 ECFA가 가져올 부의 편중에 대해 경고했지만 피해집단은 경제개방을 확대시키는, 즉 소득불평등을 초래할 수 있는 국민당의 양안정책을 지지했다.

소득불평등 개선을 위한 정부의 역할

사회보장을 위한 지출의 확대

경제성장기 대만은 소득불평등을 완화하기 위한 거시경제정책을 적용

표 19 _ 정부의 사회복지를 위한 순지출

연도	총합(NT $ million)	전체 정부 순지출에서 차지하는 비율(%)	GNP에서 차지하는 비율(%)
1985	34,279	6.3	1.4
1990	96,207	8.8	2.2
1995	231,765	12.1	3.3
2000	531,808	16.9	3.5
2005	357,762	15.6	3.0
2010	415,433	16.2	3.0

• 출처: 行政院主計總處, 'Statistical Yearbook of the Republic of China 2010', http://www.dgbas.gov.tw

함과 동시에 사회적 약자를 보호하기 위한 사회보장을 적극적으로 제공했다. 1950년에 노동고용보험이 적용되었고, 1960년대에는 국민당 지지계층인 군인, 공무원, 교사에게 연금과 사회보장 혜택을 제공했다. 이후 점차 그 대상이 확대되면서 1994년에는 전 국민의 약 60%가 의료보험의 혜택을 받게 되었다. 이러한 적극적인 사회보장 지출은 국민당의 권위주의 통치 정당성을 확보하기 위한 것이었지만 결과적으로는 평등한 사회를 가져오는 데 기여했다.[22]

한편 경제개방 시기의 사회보장 지출은 더욱 확대되었다. 정부의 사회보장에 대한 순지출은 1985년 이후 증가해왔으며, 2000년에는 정부 총지출의 16.9%를 차지하기도 했다. 2000년 이후에는 꾸준히 15~16%를 유지하고 있으며, GNP에서 차지하는 비율은 3% 정도를

---

22 대만의 사회보장제도의 변화와 발전은 다음을 참조하라. Christian Aspalter, Democratization and Welfare State Development in Taiwan (Aldershot: Ashgate, 2002).

표 20 사회보장을 위한 지출(2000~2010, NT $ million)

연도	저소득가구 생계 지원	의료보조	저소득가구 육아 지원	재난에 대한 지원	위기시 현금 지원
2000	4,032,484	96,947		629,455	239,486
2001	4,141,763	101,727	102,086	968,864	214,056
2002	4,174,047	104,851	91,907	178,999	205,359
2003	4,451,909	89,630	95,233	81,288	199,139
2004	4,712,809	105,216	92,457	662,711	245,920
2005	5,002,108	93,763	104,289	547,738	217,938
2006	5,282,871	87,395	101,704	84,219	215,961
2007	5,447,436	93,117	109,650	132,553	268,450
2008	5,910,069	84,022	114,107	188,700	273,655
2009	7,420,258	98,165	121,669	821,797	245,764
2010	7,619,473	99,083	128,706	792,256	283,733

* 출처: 行政院主計總處. "Statistical Yearbook of the Republic of China 2010." http://www.dgbas.gov.tw

유지하고 있다(〈표 19〉 참조). 한편 정부가 제공하는 사회보험의 범위와 대상도 확대되었다. 1995년에는 국민건강보험을 도입하여 전 국민을 대상으로 의료보험을 제공하기 시작했고, 1999년에는 고용보험을 도입했다. 또한 농수산업 종사자를 대상으로 한 건강보험은 국민건강보험이 적용되기 이전인 1985년부터 제공해왔으며, 65세 이상의 노인에 대한 지원도 점차 확대해오고 있다.

정부의 저소득가구에 대한 지원 또한 증가하고 있다. 〈표 20〉의 2000년부터 2010년까지 정부의 사회보장 지출을 살펴보면 저소득가구의 생계 및 육아 지원이 꾸준히 증가하고 있음을 볼 수 있다. 생계 지원에는 저소득가구에 대한 생활비 보조, 학생의 생활비 지원, 취업 상담비, 교육

지원 등이 포함되어 있다. 그밖에 의료보조와 재난에 대한 지원, 그리고 위기 시 현금 지원 또한 제공하고 있다.

따라서, 경제개방 이후 대만의 사회보장 지출은 경제성장기보다 더 확대되었다고 볼 수 있다. 전체 정부 순지출에서 사회복지 지출이 차지하는 비율은 계속 높아지고 있고, 그 대상도 민주화 이전에는 군인, 공무원, 교사로 제한했다면, 이후에는 대중을 포함하는 방식으로 바뀌었다. 경제성장기 사회보장을 위한 지출의 확대가 권위주의 통치정당성을 확보하기 위한 것이었다면 경제개방기의 사회보장을 위한 지출의 확대는 유권자의 표를 얻기 위한 정당경쟁의 결과라 할 수 있다. 1990년대 민진당은 정당경쟁 과정에서 사회보장의 확대를 통한 소득재분배 문제를 제기했지만, 국민당이 중심이 된 정부가 1990년대 중반 국민건강보험의 적용, 연금확대를 적용하면서 오히려 소득불평등 개선을 주도했다. 이러한 국민당 정부의 선택은 민진당의 주장을 수용한 것이라기보다는 민의를 적극적으로 반영한 것이라고 볼 수 있다.

피해집단 보호를 위한 정부의 노력

경제개방기의 대만 정부는 사회보장 지출을 꾸준히 확대할 뿐만 아니라 개방을 통해서 피해를 입을 집단을 사전에 보호해오고 있다. 2010년 ECFA의 체결은 양안교역에 대한 규제를 대폭적으로 완화했고, 중국에 대한 직접투자의 규모를 상당한 폭으로 증가시켰다. 이는 또다시 소득불평등의 심화를 가져올 것으로 예상되었다. 이러한 외적인 위협 속에서 정부는 양안교역의 확대가 피해집단을 양산할 것을 우려했고, 협정

발효 이후 대만의 취약산업과 중소기업, 그리고 비숙련노동자들을 보호할 수 있는 장치를 마련했다. 그 일환으로 대만 정부는 ECFA 체결을 위한 협상 과정에서 중국에게 몇 가지 양보를 보장받았다. 즉 중국으로부터 유입되는 노동인구에 제한을 두어 대만의 노동시장을 위협하지 못하도록 했고, 중국의 저렴한 농산물이 유입되는 것을 최소화하여 대만 농산물 시장을 보호하고자 했다.

대만에 유입된 외국인 비숙련노동자의 수는 1994년 최초로 10만 명을 넘은 이후로 계속 증가하여 1996년에는 20만 명, 2000년에는 30만 명을 넘었다. 이후로 꾸준히 증가하여 2011년에는 36만 명에 이른다. 정치적인 관계로 인해 중국인의 입국이 제한되었기 때문에 대부분 외국인 비숙련노동자들은 동남아시아와 기타 국가들에서 유입되었다.[23] 대만 정부는 ECFA 협정으로 인해 중국으로부터 많은 수의 비숙련노동자가 유입되는 것을 우려했다. 중국인은 대만인과 같은 언어를 사용하고, 문화적으로 동질적이어서 저임금 노동력의 많은 부분을 대체할 것으로 보기 때문이다.

한편 농산물 교역에 있어 2009년 중국은 대만에게 네 번째 수출국이자 다섯 번째 수입국이다. 중국이 농산물 수출입에 있어서 낮은 순위에 머무르는 것은 중국의 저렴한 농산품이 대만으로 유입되는 것을 초기부터 막았기 때문이다. 양안 농산물 거래는 1993년부터 시작되었지만 품목과 규모는 매우 제한적이었다. 2002년 WTO에 가입하면서 대만은 모

---

23 內政部入出國及移民署編, "內政部入出國及移民署99年年報(2011)", http://www.immigration.gov.tw

표 21 _ 농가와 비농가 가구의 소득비교

	호당 평균 구성원 수	농가소득(NT $)			비농가 소득과의 비교(%)	
		총소득	농업소득	비농업소득	가구별	일인당
1980	5.64	219,412	54,436	164,976	79.66	65.11
1985	5.37	302,001	74,765	227,236	79.51	67.89
1990	4.66	503,830	101,265	402,564	77.29	68.00
1995	4.39	871,082	172,083	698,999	82.74	72.94
2000	4.06	917,623	161,121	756,502	77.56	68.65
2002	3.97	860,771	176,398	684,373	75.50	68.65
2004	3.89	893,124	187,758	696,664	78.08	69.65
2006	3.82	941,160	195,137	739,156	80.43	70.96
2008	3.71	917,705	196,919	708,447	78.54	70.42
2009	3.64	872,688	196,366	676,302	76.10	69.41

• 출처: 行政院農業委員會 http://www.coa.gov.tw (農業統計年報 2010)

든 품목에 무역장벽과 관세를 낮추었다. 그러나 중국에 대해서만큼은 예외를 적용했다. 2000년 대만은 중국에서 들여오는 농산물 총 2,287개의 항목 중에서 480개만 수입을 허용했고, ECFA 협상 과정에서도 이러한 원칙이 적용되어 865개의 항목의 수입을 금지하고, 단지 37.8%의 농작물만 수입을 허용했다.

노동인구 유입의 제한과 농산물 수입의 금지는 사실상 FTA의 기본원칙에 반하는 불균형 교역이다. 그러나 대만 정부는 두 항목이 중국에 전면 개방될 때 피해집단이 입게 될 손실을 고려하여 중국과의 교역 과정에서 적극적으로 양보를 얻어내었다. 이러한 정부의 노력은 소득불평등의 개선에 기여했다. 〈표 21〉의 농가와 비농가 가구의 소득비교를 보면, WTO 가입 이후 대만이 관세를 낮추었음에도 불구하고 농가의 소득수준을 비농가 소득수준과 비교해볼 때 큰 변화가 없음을 알 수 있다.

경제개방이 초래할 수 있는 소득불평등의 심화에 대해서 대만 정부는 적극적으로 대응하고 있다. 무엇보다도 중국이 비교우위에 있는 분야에서의 노동력과 농수산물이 유입되는 것을 사전에 차단함으로써 소득불평등의 심화를 막을 수 있었다. 이러한 정부의 노력은 양안교역이 가져올 외적인 위협에 대해 정부가 적극적으로 대응한 결과라고 볼 수 있다.

정부의 대응과 소득불평등의 개선

대만은 경제개방으로 심화된 소득불평등 문제가 정부의 적극적인 개입으로 완화되고 있는 사례이다. 정부는 사회보장을 위한 지출을 지속적으로 확대시켜왔으며, 경제개방으로 발생할 피해집단을 사전에 보호했다. 경제개방에서 시장의 효율성을 강조하는 시각은 정부의 거시경제 관리능력이 약화된다고 주장했지만, 대만 정부의 거시경제 관리능력은 오히려 강화된 것으로 보인다. 1980년대 이후 양안교역 과정에서 대만 정부는 농수산품의 수입에 제한을 두었고, 중국으로 유출되는 대외투자 자본을 엄격하게 규제했다. 또한 중국과 ECFA 협상 과정에서 중국인 노동자의 유입과 저렴한 농수산품 수입을 차단했다.

이러한 대만의 사례는 일반적인 경제개방과 소득불평등 간의 관계와는 다른 현상으로서, 이 글에서는 대만 정부가 소득불평등을 개선하도록 한 원인을 찾고자 했다. 그리고 그중 여론, 즉 민의와 외적인 위협의 역할을 살펴보았다. 다수의 민의가 소득불평등의 개선을 요구할 경우 국가는 이를 수용하여 정책으로 반영할 것이고, 외적인 위협이 심각한 경우 강한 통제력으로 소득불평등을 완화시킬 수 있기 때문이다.

민주화된 대만에서 민의의 역할은 중요하다. 사회보장을 위한 지출의 경우 대상과 범위의 확대를 민진당이 주장하는 가운데 국민당은 유권자의 표를 의식하여 이를 정책화시켰다. 이로 인해 정부의 직접적인 지원에 의한 사회적 약자의 보호는 적극적으로 진행되고 있다. 그러나 기대와는 다른 발견은 소득재분배의 이슈가 대중에게 그리고 피해집단에게도 우선적인 문제로 자리 잡지는 못했다는 점이다. 두 집단 모두 소득불평등 개선보다는 경제성장을 선호했고[24] 이로 인해 민의는 소득불평등 완화를 위한 압력으로 작용하기보다는 경제개방을 가속화시키는 방향으로 작용했다. 2012년 총통 선거에서 민진당의 차이잉원 후보가 부의 공정한 분배를 주장했지만 마잉주 후보의 양안개방의 지속적인 확대를 통한 경제성장 주장에 패배했다. 이는 다수의 유권자의 선호는 여전히 경제성장을 우선시한다는 것을 반증한다.

반면 외적인 위협에 대한 대만 정부의 적극적인 대응은 대만의 소득불평등을 완화시켰다. 경제개방은 국내 소득불평등의 심화와 실업의 증가를 가져왔다. 국민당은 침체된 경제를 회복하기 위해서는 양안교역의 확대가 필요하다고 판단했고, ECFA 협정을 추진했다. 그러나 경제개방이 소득불평등을 초래하고, 사회적 갈등으로 발전하는 것을 막기 위해 양안교역 과정에서 피해집단의 손실을 최소화하기 위한 협상을 이끌어

---

24 한편 문화적인 접근에서는 다른 시각의 설명을 해준다. 유교 중심적인 사회의 구성원은 개인의 복지와 생존을 국가가 아닌 가족의 책임으로 여기기 때문에 개인의 불리한 경제적 조건의 개선을 정부에 요구하는 것이 아니라 가족 단위에서의 해결을 모색한다는 것이다.

내었다. 즉 비숙련노동자의 유입과 저렴한 농산품의 수입을 제한함으로써 자국의 비숙련노동자와 농수산업 종사자들을 보호할 수 있었다. 이러한 정부의 역할이 가능했던 것은 중국이 개입되어 있는 대만 경제개방의 특수성에 기인한다. 중국은 궁극적으로는 통일을 완성하겠다는 정치적 목적을 우선시했기 때문에 FTA에 반하는 대만의 요구를 수용했다. 이 과정에서 대만은 이익은 극대화하고 피해는 최소화할 수 있는 최적점을 찾을 수 있었다.

양안교역의 확대로 요약할 수 있는 대만의 경제개방은 대만의 소득불평등을 초래하지만 정부의 적극적인 대응으로 인해 어느 정도 완화될 수 있었다. 소득불평등의 해소를 위한 정부의 노력이 가능했던 것은 민주화 이후 중요해진 민의의 역할도 있었지만, 경제개방을 추진하는 가운데 양안교역이라는 특수성이 가져온 자율적인 국가의 역할도 있었다. 따라서 민주적 제도와 외적인 위협은 대만에서 적극적으로 민의를 반영하는 국가를 만들어냈다고 할 수 있다.

3
경제성장인가 민족주권인가[25]

군사력 사용의 한계와 소프트 파워

국민당이 대만에 이주한 이래로 중국 공산당과 국민당은 중국 영토에 대한 통치권을 놓고 경쟁해왔다. 군사력을 사용한 통일을 추구하면서 양안 간의 하드 파워hard power 전쟁이 시작되었다. 한동안 중국과 대만의 군사력이 비등했기 때문에 양안 간에는 심각한 무력충돌은 발생하지 않았다. 그러나 40여 년이 지난 후 대만에서는 독립을 위한 움직임이 나타났다. 민주화를 경험한 대만에서는 1980년대 이후 대만인 정체성이 확산되기 시작했고 보다 많은 대만 주민들이 독립을 원하게 되었다. 이로 인해 최

---

25 이 장은 〈Unequal Economic Exchanges and National Identity in Taiwan〉이란 제목으로 《Korean Political Science Review》 제48집 3호 (2014)에 게재되었다.

근 대만 주민들을 독립주의자, 통일론자, 그리고 현상 유지자의 크게 세 집단으로 구별할 수 있다.[26] 그러나 대만의 이러한 변화와는 반대로 중국은 통일의 입장을 견지해오고 있다.

대만의 통일에 대한 열망에도 불구하고 중국의 하드 파워는 제한되어 있다. 주된 원인은 1950년대 이래로 미국이 대만을 지원하고 있기 때문이다. 심지어 미국은 1979년 중국과 수교를 맺을 때에도 대만에 대한 보호와 지원을 포기하지 않았다. 미국은 대만관계법을 체결하여 대만에 미사일과 항공기를 제공했고, 중국이 통일을 위해 군사력을 사용하는 것을 막아주었다. 여기에 중국의 조우은라이周恩來는 1955년 양안의 평화로운 해법을 제시했고, 중국 당국은 '평화 통일' 정책을 추구하겠다고 나섰다. 1977년에는 공산당이 대만에 무력을 사용하지 않겠다고 선언했다.

1980년 초에 중국은 대만과 공식적인 경제교역을 제안했다. 대만은 초기에 이를 거절했지만 이후 장징궈 총통은 마음을 바꾸어 수용했다. 오랫동안 지하경제로 운영되던 양안교역을 공식 체계로 전환하고 상품과 서비스의 교역을 허용함으로써 양안경제가 공식화되었다. 중국은 교역의 팽창으로 대만의 대중국 의존도가 높아지고, 이것이 궁극적으로 양안통일로 이어지기를 기대했다.

그렇다면 중국의 대만에 대한 이러한 경제적 접근은 중국의 통일 목표를 완수해가는데 효과적이었는가? 점점 더 많은 대만인들이 중국의 경제력과 지원에 이끌리는 것으로 보인다. 많은 대만인들이 중국에 가

---

26 대만의 대륙위원회가 정기적으로 시행하는 조사에 의하면 대부분의 대만인들은 양안의 현상 유지를 원한다. 그러나 대만의 미래에 대한 질문에 대해서는 통일과 독립에 대한 입장이 분명하게 갈린다.

서 사업을 하고 생활하기를 원한다. 무엇보다도 친중국적인 국민당 후보인 마잉주가 2008년 총통 선거에서 당선되었다. 그는 선거운동 기간 중국과 경제교역을 확대할 것을 핵심 공약으로 내세웠다. 그렇다면 중국의 대만에 대한 이러한 경제적 접근은 성공적이라고 할 수 있는가? 이러한 질문에 대한 답을 구함으로써 이 장은 중국이 대만에 제시한 양안 경제교역의 정치적 효과를 분석해보고자 한다.

이를 위해 중국의 대만에 대한 경제적 접근의 효과를 측정한다. 특히 경제적 교류, 군사적 위협, 그리고 중국의 호전성 항목에 대해 대만 주민들을 대상으로 한 여론조사를 검토한다. 이어서 OLSOrdinary Least Squares 회귀분석을 적용하여 중국의 대만 경제정책의 효과를 분석한다. 여기에서는 '2008년 양안관계와 국가안전에 대한 여론조사'[27]를 활용한다. 2008년 선거에서 국민당이 성공한 것은 마잉주 후보가 양안 경제교역의 확대를 약속했기 때문이고, 또한 보다 많은 사람들이 경제교역 확대를 원했다고 추측해볼 수 있다.

소프트 파워로서 중국의 대만에 대한 경제정책

1970년대 양안의 경제교역이 공식화된 이후 이는 빠르게 성장했다. 많은 연구자들과 전문가들은 이를 주로 통합이론에 근거해서 설명하기 시

---

27 이 여론조사는 2008년 2월 28일에 대만국립정치대학의 선거연구중심에서 실시했다. 전체 샘플의 규모는 1,074명이며, 양안교류와 국가 안보와 관련된 43개의 문항을 포함하고 있다.

작했다. 통합이론의 핵심적인 가정은 경제적 교류가 정치적 통합을 이끈다는 것이다.[28] 볼트, 덴트, 렁저강, 우위산과 같은 학자들은 양안교역으로 인해 정치적 효과가 있을 것인지, 있다면 어느 정도인지를 분석했다. 카베스탄, 웨이용웨이는 중국이 경제적 교류를 대만에 영향을 미치기 위한 지렛대로 활용할 것이라 보고, 중국과 대만의 통일에 경제적 교류가 어떠한 영향을 미치는지를 분석했다. '경제를 통해서 정치에 영향을 미치자以商促政(이상촉정)'라는 중국의 슬로건이 보여주듯, 중국은 경제적 교류를 통해 정치적인 목적을 추구하고 있다.

　그러나 통합이론의 설명은 몇 가지 한계를 지닌다. 첫째, 통합이론에서의 경제력은 하드 파워이다. 힘을 가진 자가 경제력을 이용하여 상대에게 영향을 미친다. 그러나 이러한 힘의 사용은 양안 간에 발생하지 않았다. 예를 들어, 1996년 미사일 위기 때 중국은 대만 내의 독립 추구 세력들에게 영향을 미치기 위해 경제력을 이용하지 않았다. 중국은 미사일 시위로 대만을 위협했지만 경제교역은 언급하지 않았고, 이와 반대로 경제교역은 이 기간 동안 오히려 증가했다. 둘째, 양안 경제교역은 불평등하며, 그 간격은 더욱 멀어지고 있다. 중국의 대만 수출은 수입의 절반 정도에도 미치지 못한다. 중국은 의도적으로 대만 기업에게 세금 혜택, 저렴한 노동력과 공장부지 등을 제공하면서 많은 양보를 해오고

28　통합이론에 대해서는 다음을 참조. Mitrany, David. 1933. Progress of International Government. New Haven: Yale University Press. Mitrany, David. 1948. "The Functional Approach to World Organization", International Affairs 24, No. 3. Haas, Ernst B.1964. Beyond the Nation State: functionalism and International Organization. Stanford: Stanford University Press.

있다. 그러나 중국의 이러한 양보는 통합이론이 기대하는 낙수효과를 발생시키지는 않았다.

중국은 정치적인 이유로 인해 경제교역을 제한하지 않았다. 양안의 정치적 갈등에도 불구하고 경제교역의 규모는 지속적으로 팽창해갔으며 중국은 심지어 이를 인적·문화적 교류로 확산시키기를 원했다. 경제교역에 있어 중국의 양보는 경제적 계산에 의한다면 매우 비합리적인 것이다. 중국 내의 대만인들은 상당한 혜택을 받으며 중국 내에서 사업할 수 있다. 그러나 중국인들이 대만에서는 동일한 혜택을 받지 못한다. 조셉 나이Joseph Nye의 설명에 의하면 경제력은 또 다른 하드 파워가 될 수 있다. 그러나 중국의 대만에 대한 경제력은 소프트 파워에 가깝다. 수십 년간 중국은 경제적 양보를 대만 주민들을 향한 '매력'으로 활용해오고 있다.

2000년 이래로 중국은 전 세계의 다른 곳에서도 소프트 파워를 추진해오고 있다. 이는 상당 부분 성공적이었고, 세계사회는 중국의 소프트 파워를 높이 평가한다. 특히 중국의 빠른 경제성장은 다른 국가들에게 '매력'으로 다가갔고, 이는 '베이징 컨센서스Beijing Consensus'라는 중국식 발전경로를 제시하기에 이르렀다. 베이징 컨센서스는 지속성, 평등 그리고 경제적 파트너의 자결권 존중 등으로 해석되는데 특히 아프리카의 저발전 국가들이 선호하고 있다. 그리고 이는 중국의 소프트 파워의 중요한 요소가 되었다. 그러나 중국의 소프트 파워는 이웃 국가들로부터는 인정받지 못한다. 2009년도 조사에 의하면 동아시아에서 중국의 소프트 파워 수준은 이 지역의 하드 파워보다 낮다. 또한 미국, 일본, 한국과 같은 국가들의 소프트 파워보다 낮게 평가된다. 최근의 연구 역시 동일한 결과를 보여준다. 중국의 이웃 국가들에 대한 인식은 부정적이며, 중국을 지역 안보를 위협할 수 있는 의혹의 대상으로 보고 있다.

중국의 경제발전은 대만 주민들에게는 상당히 매력적이다. 많은 대만인들이 정치적 장벽이 있음에도 불구하고 사업을 위해 중국에 가길 원한다. 중국의 최종적인 목표는 이러한 대만 주민들이 통일을 원하게 되는 것이다. 중국은 정치적 갈등을 경제적 문제와 연결시키지 않고, 지속적으로 대만에 시장을 개방해오고 있다. 또한 1996년과 1999~2000년의 미사일 시위가 있던 기간에도 여전히 경제적 혜택을 제공했다.

외교정책으로서 소프트 파워를 활용하는 국가는 상대 국가에게 이익에 대한 전망을 제공함으로써 자신들이 원하는 것을 상대 국가가 스스로 바라게 만든다. 중국과 대만의 특별한 관계를 고려할 때 외교정책이라는 용어 대신에 중국의 대만정책 혹은 통일정책이 더 올바른 표현일 것이다. 앞서 언급했듯이 중국은 경제적 기회와 양보를 제공함으로써 대만 주민들이 스스로 통일을 원하도록 만들기 위해 노력하고 있다. 이러한 맥락에서 그들은 정치와 경제를 분리시킨다. 그러나 여기에 예외가 존재한다. 즉 민진당과 독립세력들은 이러한 혜택에서 배제되어 있다.

소프트 파워의 대상은 정책결정자와 상대국 국민으로 나뉜다. 그러나 학자들은 민주주의에서는 정책결정자보다 일반 국민이 국가의 핵심적 사안을 결정하는 데 더 중요한 역할을 한다고 본다. 민주주의의 주요 정책은 선거에 의해서 결정되기 때문이다. 대만은 민주주의 사회이므로 통일 혹은 독립과 같은 주요 정치적 결정은 궁극적으로 대만 주민들의 손에 달려 있다. 따라서 중국의 대만에 대한 정책의 효과를 평가하기 위해 대만 주민들이 중국의 소프트 파워의 영향을 받았는지를 검토하는 것이 필요하다. 특히 중국의 공세적인 경제적 혜택의 제공으로 대만 주민들의 중국에 대한 호감도가 증가했는지를 평가하는 것은 소프트 파워의 효과를 측정하기 위해 매우 중요하다. 나이는 소프트 파워의 효과는 여론조사를 통해서 측정될 수 있다고 보았다.

양안 경제교류와 대만인들의 중국에 대한 인식 변화

중국은 군사력으로 양안 간의 문제를 해결할 수 없다고 판단한 이후 다른 방식으로 대만에 접근하고자 했다. 1979년 중국은 전국인민대표대회에서 '대만 동포에게 보내는 글'을 공포하며 양안지역의 갈등을 종료하길 원한다고 선포했고, 덩샤오핑鄧小平은 대만의 정치적·경제적 자율성을 인정하는 '일국양제'를 제안했다. 또한 대만에 삼통을 제안, 대만인들의 중국 투자를 확대하도록 했다. 장징궈 총통은 중국의 제안을 처음에는 거절했으나 암암리에 행해지고 있던 비공식적 경제교류를 금지시키지는 않았다. 공식적인 경제교류가 시작되기 전에도 광동과 푸치엔 지방을 중심으로 중국과 교류하는 블랙마켓이 이미 성행하고 있었다. 장징궈 총통이 1980년대 제한적으로 공식 교류를 허용하자 양안 경제교류는 무서운 속도로 급증했다.

　중국은 대만에 대한 경제정책을 적용하는 데에 있어서 일관된 모습을 보인다. 경제교류는 정치적인 이유로 연기되거나 중지된 적이 없었다. 실례로, 1995년 대만의 총통 선거운동 과정에서 국민당 후보인 리덩후이는 대만이 독립적인 주권국가라는 것을 암시하는 미국 방문을 성사시켰다. 예측하지 못했던 대만의 움직임에 대해 중국은 양안해협 근처에서 미사일 발사 실험을 하는 등 강경한 대응을 선택했다. 그러나 실질적인 군사적 공격을 감행하지는 않았고, 더욱이 이러한 위기에서도 경제교류는 오히려 증가했다. 또한 1997년 중국은 일국양제를 재천명하고 평화로운 통일정책을 재확인했다.

그러나 대만 정부는 중국과 같이 일관적으로 양안 경제교류를 지원하지는 않았다. 따라서 양안 간의 관계는 대만 정부의 정책 변화에 따라서 심한 변동을 보이고 있다. 리덩후이 총통은 1990년대 초반에는 양안 경제교류를 확대했으나 1993년에 재선에 성공한 이후에는 그 정책의 방향을 바꾸었다. 당시 대만의 기업이 중국 시장에 진출하기 시작했고 투자의 규모는 빠른 속도로 증가하고 있었다. 리덩후이 정부는 1993년 '남향정책'을 천명하면서 대만 기업가들이 중국 대신 동남아시아에 투자하도록 유도했다. 또한 1996년 대만은 중국에 대한 대규모 투자를 금지하는 '서두르지 말고 인내하라'를 제시했다.

뒤이은 천수이볜 총통은 경제교류에 대해 더 조심스러웠다. 그는 민진당 소속의 총통으로서 대만 독립을 추구해왔다. 2000년부터 2004년까지의 첫 번째 재임 기간 동안 천수이볜 총통은 중국과 우호관계를 유지하기를 원했고 경제교류를 증진시키고자 시도했다. 그는 '적극 개방, 유효 관리'를 제시하면서 양안관계에서 전향적인 모습을 보였고, 2002년에는 그동안 금지되어 있었던 대만의 반도체산업이 중국에 투자하는 것을 허용했다. 그러나 그의 두 번째 임기 동안에는 이러한 입장을 바꾸었는데 주된 원인은 천수이볜의 노력에도 불구하고 정치적으로 양안 간에 그 어떤 진전도 없었기 때문이었다. 그러자 천수이벤은 대만의 국내경제를 성장시키는 데만 주력했고, 2006년 '적극 관리, 유효 개방' 정책으로 전환하면서 양안교역을 제한하기 시작했다.

천수이벤의 두 번 임기 동안 경제는 하향곡선을 그리기 시작했다. 따라서 대만 주민들은 경제를 진작시켜줄 지도자를 원했다. 이러한 점에서 민진당은 근본적인 한계를 가지고 있었다. 최대 교역국인 중국이 독립을 추구하는 민진당과의 대화를 거부했기 때문이다. 2008년 총통 선거에서 친중국적인 국민당의 마잉주가 총통에 당선되었다. 그러자 양안교역은 즉각적으로 증가하기 시작했다. 마잉주는 양안교류에 있어서 네 가지 방안을 제시했다. 이는 직항의 조속한 실시, 중국인의 대만 관광 허용, 양안 경제교류의 정상화, 그리고 양안 협상 틀의 복원이었다. 중국은 마잉주의 제안을 환영했고, 직항과 중국인 대만 관광은 곧 실행되었다. 2010년 중국과 대만은 FTA에 준하는 ECFA를 체결했다. 이는 대만에게 절대적으로 유리한 협정이었다.

대만의 양안 교류정책은 이러한 부침에도 불구하고, 지속적이고 상당한 규모로 성장하고 있다. 대만의 양안 교류제한정책은 실질적으로는 많은 영향을 미치지 못한 것으로 보인다. 〈표 22〉에서 나타나듯이 천수이벤이 당선된 2000년에는 대만의 대중국 수출(대만 집계)이 약 400만 달러였으나 그의 마지막 임기인 2008년에는 6,600만 달러로 증가했다. 이 시기 동안 대만의 중국으로부터의 수입(대만 집계)은 2000년 600만 달러에서 2008년 3,100만 달러로 증가했다. 총 경제교류는 대만 집계에 의하면 약 9배 정도 증가했다.[29] 따라서 대만의 양안정책의 변화에도 불구하고 이는 중국과의 경제교류를 감소시키지는 않았다.

표 22 양안 경제교역(1990~2012, US $ million)

	대만의 대중국 수출		대만의 중국으로부터의 수입		수출과 수입의 합계	
	대만 집계	중국 집계	대만 집계	중국 집계	대만 집계	중국 집계
1990~1993	17.4	24,708	2,055	3,074	2,073	27,782
1994	131.6	14,084	1,858	2,242	1,990	16,327
1996	623.4	16,182	3,059	2,802	3,683	18,984
1998	914.9	16,629	4,113	3,869	5,028	20,499
2000	4,391	25,497	6,229	4,994	10,620	30,492
2002	10,526	38,063	7,968	6,585	18,495	44,649
2004	36,349	64,778	16,792	13,545	53,141	78,323
2006	51,808	87,109	24,783	20,735	76,591	107,844
2008	66,883	103,339	31,391	25,877	98,274	129,217
2010	76,935	115,693	35,946	29,676	112,881	145,370
2012	80,714	132,183	40,908	36,779	121,622	168,963

● 출처: 大陸委員會, Trade between Taiwan and Mainland China http://www.mac.gov.tw/public/
Attachment/3112516544690.pdf

양안 경제교류는 대만의 기업인들에게 상당히 매력적이었다. 1980년
대 대만의 기업인들은 정부에 양안 경제교류를 위한 규제를 철폐해줄
것을 요청했다. 중소기업들은 심지어 직접 정치에 관여하여 이를 해결
하고자 했고, 대기업도 중국에서 사업할 수 있는 기회를 잡고자 했다.
1990년대 중반 리덩후이는 대만 기업인들이 중국 대신 동남아시아에
투자하도록 권유하고, 중국에 불법적으로 투자하는 경우 이를 처벌하겠

---

29 대만의 집계와 중국의 집계는 큰 차이를 보인다. 대만의 대중국 수출은 대만 집계보다 중국
집계가 더 크게 나타나고, 대만의 중국으로부터의 수입은 변동이 있기는 하나 대만의 집계
가 중국의 집계보다 조금 더 크게 나타난다. 수출과 수입의 합계는 중국 집계가 더 크다.

다고 했다. 그러나 대만 기업인들의 중국과 교류확대의 요구는 지속되었다. 천수이볜의 첫 번째 임기 중에 정부는 대만 기업가들의 요구를 수용하여 중국으로의 진출을 허용했는데, 그 결과 상당수의 기업인들이 중국으로 진출했다. 많은 대만인들이 현지에서 중국인과 결혼하기도 했다. 천수이볜이 두 번째 임기 중에 양안정책에 규제를 가하자 중국에 진출한 기업인들은 2008년 총통 선거에서 친중국적인 후보에게 투표하기 위해 투표 일자에 맞추어 귀국하기도 했다. 이와 같은 현상으로 인해 캐스트너는 기업인들의 경제적 이익의 추구가 지속적인 양안교류의 핵심 동력이라고 했다.

경제적인 기회를 제공하는 것 외에도 중국은 감성적으로도 대만을 끌어들이기 위해 노력했다. 대만 기업인들에게 경제적 이익을 제공함은 물론, 반복적으로 대만인이 '하나의 중국'의 일원이라는 것을 강조했다. 후진타오는 2002년 제16차 당대회 이후 '이민위본以民爲本' 정책을 중국 주민뿐만 아니라 대만 주민에까지 확산했고, 2005년에는 '삼개범시三個凡是'를 발표했다. 이는 중국의 대만 정책은 모두 대만 주민들의 이익을 위해 이루어진다는 것을 강조하는 것이다. 2007년 제17차 당대회에서 중국은 어떠한 경우에도 대만과 협력하겠다는 점을 강조했다. 또한 중국의 지도자들은 중국과 대만의 인민은 모두 공동의 운명을 지닌다고 했고, 중국이 그들을 자국민처럼 보살필 것이라고 했다.

그러나 기업인 이외의 일반 대만 주민들의 중국에 대한 태도는 중국의 이러한 접근이 효과가 없다는 것을 보여준다. 〈그림 6〉에 의하면 2002년 이후 통일을 원하는 주민들의 비율은 상당히 저조하며, 2009년 이후로는 5% 아래로 떨어졌다. 그러나 이와 반대로 독립을 원하는 수는

그림 6▪ 독립, 통일, 현상 유지에 대한 대만 주민의 선호(2002~2013)

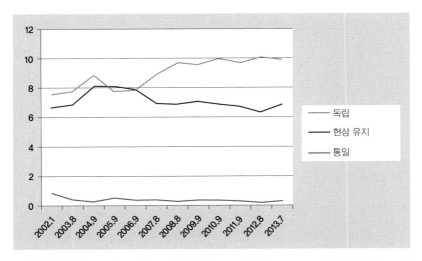

● 출처: 大陸委員會, The Pace of Cross-Strait Exchanges. http://www.mac.gov.tw/public/Attachment/
010611163019.gif

증가하면서 2009년에는 약 50%에 이른다. 한편 현상 유지를 원하는 대만인들의 수는 약 30~40% 사이에서 변동을 보인다. 〈그림 6〉의 통일은 응답 중에서 '가능한 한 빠른 통일', 현상 유지, 이후 통일'을 합한 것이다. 그리고 독립은 '가능한 한 빠른 독립', '현상 유지, 이후 독립', '영구적인 현상 유지'를 합한 것이다. 그리고 현상 유지는 '현재는 현상 유지, 이후 결정'을 말한다. 이는 중국의 대폭적인 양보를 뜻하는 경제정책은 중국이 원하는 결과를 낳고 있지 못한다는 것을 보여준다. 대만에서 독립을 원하는 응답은 더욱 높아지고, 통일을 원하는 응답은 상당히 저조하다.

소프트 파워로서 중국의 경제정책 효과

중국의 경제정책으로 인해 대만 주민들의 중국에 대한 태도가 변화했는가? 즉 중국의 통일을 위한 경제적 양보는 효과적이었는가? 이를 위해 대만 주민들의 양안 경제교역, 중국의 군사적 공격에 대한 가능성, 그리고 중국의 호전성에 대한 인식의 변화를 살펴봄으로써 간접적으로 이에 대한 답을 구할 수 있을 것이다.

〈그림 7〉은 "양안 경제교류의 속도에 대해서 어떻게 생각하는가?"라는 질문에 대한 응답의 변화를 보여준다. 세 가지 점이 주목할 만하다. 첫째, 양안 경제교류의 속도가 '적절하다'와 '너무 느리다'가 전체 응답자의 50%가 넘는다. 게다가 약간의 변동을 보이기는 하지만 '적절하다'의 응답자는 증가하는 추세이다. 이는 과반 이상의 응답자들이 정부의 양안 교류정책을 비교적 긍정적으로 평가하고 있다고 볼 수 있다. 둘째, '잘 모르겠다'고 응답한 비율은 2003년 이래로 감소하고 있다. 이는 대부분의 대만인들이 양안 경제교역의 효과에 대해 관심을 두기 시작했다는 것을 의미한다. 셋째, 천수이볜의 두 번째 임기인 2005~2008년 동안 '너무 느리다'라고 응답한 비율이 증가했고, '너무 빠르다'라고 응답한 비율은 감소했다. 그러나 마잉주 집권기인 2008~2010년의 기간 중에는 추세가 뒤바뀌었다. '너무 느리다'는 응답이 감소한 반면 '너무 빠르다'라는 응답이 급격히 상승했다. 독립을 추구하는 정권에서 대만 주민들은 경제교역이 더 확대되기를 원했으나, 친중국 정부에서는 오히려 경제교류를 규제해주기를 원한다. 이는 대만 주민들이 정부의 양안정책에 대해 일정한 균형점을 잡아주고 있음을 말한다.

그림 7 양안 경제교류 속도에 대한 대만 주민의 인식

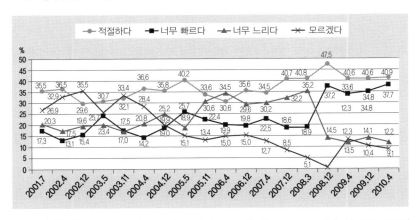

• 출처: 大陸委員會, The Pace of Cross-Strait Exchanges. http://www.mac.gov.tw/public/Attachment/010611163019.gif

둘째, 중국의 군사적 공격 가능성에 대만인들의 인식은 어떠한가? 중국이 평화통일을 천명했다고는 하나, 중국의 국방예산은 매년 증가하고 있다. 심지어 2008년 친중국적인 국민당의 마잉주가 당선되었을 때에도 중국의 국방예산은 전년도 대비 17.7% 증가했다. 대만의 대륙위원회는 중국의 실질적인 국방예산이 공표한 것보다 세 배가 넘을 것이라고 보고 있다. 더욱이 중국은 대만에 대해 천여 방의 단거리 미사일을 배치해놓은 상태이다. 그렇다면 이러한 중국에 대한 대만인들의 인식은 어떠한가? 〈표 23〉은 2004년과 2008년의 대만인들이 중국의 군사적 공격 가능성에 대해 어떻게 생각하는가를 보여준다.

〈표 23〉에 의하면 "만약 대만이 현상 유지를 하고 독립을 주장하지 않는다면 중국이 대만을 공격할 것이라고 생각하는가?"의 질문에 2004년에는 약 75.5%의 응답자들이 부정적으로 대답했다. 2008년도의 조사에

표 23 ▪ 중국의 군사적 공격 가능성에 대한 대만 주민의 인식

	절대 일어나지 않을 것이다	일어나지 않을 것이다	일어날 가능성이 있다	반드시 일어난다	기타	합
2004	31.6	43.9	7.5	1.6	15.4	100.0
2008	45.2	37.6	5.6	1.6	10.0	100.0

● 출처: 2004年兩岸關係和國家安全民意調査. 2008年兩岸關係和國家安全民意調査

서는 82.8%로 증가했다. 중국이 국방비를 증가시키고 대만에 대해 미사일을 배치함에도 불구하고 상당수의 응답자들이 중국이 대만을 공격하지 않을 것이라고 생각한다는 점이 흥미롭다. 그러나 우리는 대만이 독립을 선언하지 않는다는 조건이 있다는 점에 유의해야 한다. 이는 대만인들은 자신들이 독립을 주장하지 않는 한 중국이 군사적 공격을 감행하지 않을 것이라고 알고 있다. 이는 역으로 대만 주민들이 중국을 통해 경제적 이익을 추구하고자 하는 한 적어도 독립을 선언하지는 않을 것이라는 점을 말해준다.

마지막으로, 대만인들은 중국의 대만에 대한 호전성을 어떻게 평가하고 있는가? 〈그림 8〉은 1998년부터 2010년까지 중국의 대만에 대한 호전성 인식을 보여준다. 동아시아의 다른 국가들과는 달리 대만 주민들의 중국 호전성에 대한 인식은 평균 약 50%로 상대적으로 낮다. 또한 대만이 여전히 중국의 주요 군사적 목표임에도 불구하고 이는 시간이 지나면서 감소하고 있다.

〈그림 8〉에서 1999년의 가장 높은 비율과 2009년의 가장 낮은 비율은 설명을 필요로 한다. 1999년은 대만에서 2000년 총통 선거를 위한 캠페인이 시작된 해이다. 그리고 민진당 후보인 천수이볜은 대만 독립

그림 8 ▫ 대만에 대한 중국의 호전성: 대만 주민의 인식(1998~2010)

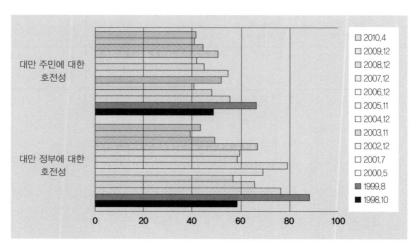

● 출처: 大陸委員會, Beijing's Hostility toward the Republic of China(ROC). http://www.mac.gov.tw/public/
Attachment/010611164687.gif

을 강조했다. 중국은 이에 대해서 미사일 시위로 대응했고 당시 대만 주
민들의 중국 호전성에 대한 인식은 급격히 상승했다. 그러나 이후 이는
지속적으로 하락하면서 2009년에는 가장 낮은 포인트에 도달했다. 이
는 2008년 친중국적인 마잉주 후보가 당선되었기 때문으로 보인다. 중
국은 대만의 국민당 정부를 환영했고, 국민당을 통해 대만에 보다 많은
인센티브를 제공하면서 양안 간의 긴장이 완화되던 시기였다.[30]

〈그림 8〉은 또한 중국의 호전성이 대만 주민보다는 대만 정부에 높다
고 인식하고 있음을 보여준다. 이러한 인식은 중국이 반중국적이었던

---

30 독립을 지향하는 민진당과 대화를 거부한 중국 공산당은 민진당 집권기에 국민당과 대화를
  정기적으로 진행했다. 타이베이 시장이었던 마잉주가 2001년 홍콩을 방문한 이후 상하이와
  타이베이의 도시 교류가 시작되기도 했다.

이전의 국민당과 민진당을 적으로 간주해온 반면, 대만 주민에 대해서는 다른 태도를 보였다는 데에 기인한다. 중국은 공개적으로 대만 주민의 복리를 자국민의 복리처럼 간주한다고 선언했다.

요약하면 양안 경제교역, 중국의 군사적 공격에 대한 가능성, 그리고 중국의 호전성에 대한 대만 주민들의 인식은 그들이 중국의 소프트 파워 전략에 어느 정도로 이끌려졌는지를 간접적으로 평가하도록 해준다. 경제적 교류가 증가할수록 대만 주민들은 교류 속도가 너무 빠르다고 생각했다. 그러나 대만이 독립을 선언하지 않는 한 중국은 대만을 군사적으로 공격하지 않을 것이라고 생각한다. 또한 중국의 호전성에 대한 인식은 감소하고 있다. 이러한 모든 것을 고려할 때, 중국의 대만에 대한 소프트 파워 전략은 한계가 있는 것으로 평가된다. 대만 주민들은 경제적 이익과 안보 이슈가 양안관계 속에 서로 영향을 미치고 있는 것으로 간주한다. 시간이 경과하면서 대만 주민들은 중국의 위협과 호전성이 감소하고 있다고 보고 있지만 양안 경제교류의 속도는 지나치게 빠르다고 평가한다.

중국의 경제적 접근의 효과성 분석

양안 경제교역, 중국의 군사적 공격에 대한 가능성, 그리고 중국의 호전성에 대한 대만 주민들의 인식은 그들이 중국의 소프트 파워 전략에 의해 영향을 받았는가에 대한 단서를 제공해준다. 그러나 중국의 소프트 파워 효과를 측정하기 위한 중국에 대한 호감도를 평가하는 데는 충분한 결정요인을 제공하지 않는다. 이를 위해 '2008년 양안관계와 국가안전에 대한 여론조사'를 사용하여 OLS 회귀분석을 실시했다. 2008년은 8년간의 민진당 집권이 끝나고 친중국적인 국민당이 다시 집권한 해라는 점에서 양안관계에 중요한 전환점이었다. 2008년 총통 선거의 결과는 많은 부분이 중국과 더 많은 경제교역을 원하는 대만 주민들의 결과를 반영한 것이기도 하다.

종속변수는 '중국에 대한 호의적인 태도'이다. 0에서부터 10으로 측정되며, 0이 '완전히 선호하지 않음'이고, 10이 '완전히 선호함'이다. 독립변수는 중국에 대한 호의적인 태도에 영향을 미칠 수 있는 변수로 경제교류, 중국의 군사적 공격 가능성에 대한 개인의 생각(공격 가능성), 특정 정당에 대한 일체감(정당일체감), 중국인 혹은 대만인 정체성(국가적 정체성), 다양한 사회경제적 지위(직업, 나이, 교육)로 구성되어 있다.

여기에서 '경제교류'와 '공격 가능성'은 중국의 소프트 파워 전략이 얼마나 성공적이었는가를 측정하기 위한 지표이다. '경제교류'는 "중국과의 경제적 교류가 대만의 경제성장에 도움이 되기 때문에 이에 대해 찬성하는가? 혹은 중국과의 경제적 교류는 대만의 안전에 부정적인 영향을 미칠 것이기 때문에 이에 반대하는가?"라는 문항이며, '공격가능성'은 "만약 대만이 현상 유지를 하고 독립을 주장하지 않는다면 중국이 대만을 공격할 것이라고 생각하는가?"이다. 만약 이 두 변수가 통계학적으로 유의미하다고 한다면, 중국과의 경제적 교류에 대한 태도와 공격 가능성에 대한 평가와 중국에 대한 대만인들의 호감도의 상관성과 인과성을 측정할 수 있다.

그밖에 '정당일체감'과 '국가적 정체성'은 대만의 정치적 행태, 유권자의 선택, 그리고 정책선호를 분석하는 데 있어서 가장 광범위하게 사

표 24 대만의 중국에 대한 호감도의 결정요인 분석(2008)

변수	계수	표준오차	P 값
경제교류	0.427	0.203	0.036
공격 가능성	0.148	0.109	0.173
정당일체감	0.015	0.055	0.781
국가적 정체성	1.097	0.132	0.111
사기업 매니저	0.062	0.183	0.734
농업과 어업종사자	1.018	0.409	0.013
연령	0.204	0.065	0.002
교육	0.079	0.071	0.264
상수	1.099	0.582	0.060

• R^2=.17, N= 1076
• 출처: 2008年兩岸關係和國家安全民意調査
• 독립변수는 경제교류(1. 교류 제한, 2. 교류 확대), 공격 가능성(1. 반드시 발생 2. 발생할 수 있음, 3. 발생하지 않음, 4. 절대 발생하지 않음), 정당일체감(1. 대연, 2. 민진당, 3. 신당, 4. 친민당, 5. 국민당), 국가적 정체성(1. 대만인, 2. 다중 정체성, 3. 중국인).

용되는 지표이다. 또한 특정 직업군을 범주화하기 위해 두 개의 더미 변수를 사용했다. 응답자가 사기업에 종사하고 있는 경우 '사기업 매니저'의 변수에서 '1'로 코딩하고 나머지는 '0'으로 코딩했다. 또한 '농업과 어업종사자'는 응답자가 농업이나 어업에 종사하고 있는 경우 '1'로, 나머지는 '0'으로 코딩했다. 사기업에 매니저로 종사하는 경우 일반적으로 중국과의 경제교역을 통해 이익을 얻을 가능성이 높으므로 중국에 대해 호의적일 것이라고 간주했다. 반면 농업이나 어업에 종사하는 경우 양안 교역이 확대될수록 피해를 입을 가능성이 높다고 보았다. 〈표 24〉는 OLS 회귀분석의 결과를 보여준다. 결과는 국가적 정체성, 연령, 농업과 어업 종사자, 경제교류가 통계학적으로 유의미함을 보여준다.

결과는 다음과 같이 해석할 수 있다. 첫째, '국가적 정체성'은 가장 중요한 변수로 평가되었다. 이러한 결과는 대만 주민들이 중국을 평가하는 데 있어 국가적 정체성이 가장 중요하다는 것을 말해준다. 중국인 정체성을 가진 경우에는 상대적으로 중국에 대해 높은 호감도를 보였다. 그러나 대만인 정체성을 가진 경우는 그 반대의 모습을 보여준다.

둘째, '연령'은 또 다른 중요한 독립변수이다. 0.204의 계수는 통계학적으로 그다지 유의미하지 않을 수 있으나 연령이 높을수록 중국에 호의적인 모습을 보인다는 것을 알 수 있다. 젊은 세대의 중국에 대한 호감도는 상대적으로 낮게 나타나는데 이는 민주화와 대만화를 경험한 세대로서 대만 주권을 더욱 중요시하는 것으로도 해석할 수 있다. 만약 세대효과가 존재한다면 이는 공유된 역사적 기억이 중국에 대한 호감도에 영향을 미쳤다고 할 수 있다.[31]

셋째, 응답자가 '농업과 어업종사자'인 경우 중국에 보다 호의적인 태도를 보였다. 이는 초기의 가정과 일치하지 않는 결과이다. 이 문제를 해결하기 위해서는 표본의 수를 늘리거나, 농업과 어업종사자를 분할해 분석해야 하지만 자료의 한계로 현 단계에서는 불가능하다.

마지막으로 '경제교류'는 통계적인 유의미성이 낮지만 중요한 설명변수이다. 이 변수는 양안 경제교류가 대만인들의 대중국 호감도를 증진시키는 데 기여한다는 것을 보여준다. 반면 '공격 가능성'은 대만인들의 대중국 호감도를 떨어뜨린다.

---

31 대만의 30~40대의 경우 1970년대와 1980년대에 민주화와 자유화를 경험했고, 20대와 30대는 1980년대와 1990년대의 민주화와 대만화를 경험했다. 이에 대해서는 청둔런Cheng, Tun-Jen(1989), 주원한Chu, Yun-Han(1992)를 참조.

국가적 정체성과 세대효과

분석 결과에서 나타난 중요한 발견은 중국의 대만에 대한 경제적 양보가 중국이 기대하는 만큼 효과적이지 않는다는 점이다. 또한 국가적 정체성은 중국에 대한 대만인들의 입장을 결정하는 데 가장 영향력이 있는 변수임이 밝혀졌다. 중국은 대만에 경제적 혜택을 제공하며 호감도를 높이고자 했으나 데이터의 분석은 대만인의 대중국 호감도가 국가적 정체성의 영향을 더 받는 것으로 나타난다. 이러한 결과는 중국의 통일정책이 국가적 정체성과 충돌할 경우 효과적이지 않다는 점을 말해준다. 대만인 정체성의 증가는 중국에게는 좋은 신호가 아니다. 대만인 정체성은 중국에 대한 비호감도의 상승과 관련되어 있기 때문이다. 대만 국립정치대학의 선거연구중심에서 실행한 국가적 정체성과 관련된 여론조사에 의하면 1992년 약 19%의 응답자가 자신을 대만인이라고 응답했지만 2006년에는 45%까지 상승했다.[32]

일부 정치인들은 이러한 대만인 정서를 정치적으로 이용했다. 예를 들어 1995년 리덩후이 총통은 대만이 독립된 국가라는 것을 암시하는 발언을 했으며, 2003년 천수이볜 총통은 두 번째 임기의 선거를 준비하는 과정에서 대만 독립의 문제를 강조했다. 리덩후이와 천수이볜의 이러한 행보를 독립운동으로 간주한 중국은 미사일 위협으로 대응했다. 그러나 그 결과 대만인 정체성은 오히려 더 상승했다. 1994년 약 20%

---

32 대만인 정체성에 대한 보다 자세한 설명을 위해서는 로웰 디트머Lowell Dittmer(2004), 주원한 Chu, Yun-Han(2004), 왕더위Wang, Te-Yu와 뤼이조우Liu, I-Chou(2004) 등을 참조.

이던 대만인 정체성은 1996년 12월 양안위기 때는 약 26%로 상승했다. 또한 1999년 약 37%의 대만인 정체성은 2004년 약 44%로 상승했다. 즉 중국의 군사적 위협은 오히려 국가적 정체성을 상승시키는 효과를 가져왔다.

이러한 사례를 고려하여 일부 분석가들은 중국의 가장 좋은 전략은 대만을 무력으로 위협하는 것보다는 중국의 경제발전을 통해 대만을 더욱 가깝게 만드는 것이라고 제안했다. 이들은 중국의 군사적 위협이 합리적인 대만인들이 단기적으로는 독립 추구를 하지 않도록 할 수 있지만 결과적으로는 중국에 더욱 혐오감을 갖게 만들 것이라고 경고했다. 중국으로부터 미사일 위협이 있었을 때 중국의 독립을 위한 구호는 상당 부분 사라졌다. 그러나 대만인 정체성은 오히려 증가했다.

그러나 2008년 총통 선거 결과는 중국에게 좋은 신호였다. 국민당 후보인 마잉주가 당선되었고, 그는 중국과의 경제교류 확대를 약속했다. 중국의 대만에 대한 양보도 증가했다. 그러나 절반 이상의 대만인 유권자들이 국민당 후보를 선택했지만 2008년 OLS 회귀분석은 유권자들이 여전히 국가적 정체성을 중요시한다는 것을 보여준다.

〈표 25〉의 분석은 다음의 두 질문에 대한 응답자의 선택을 보여준다. (1) 대만은 경제발전을 위해 중국과 경제교류를 강화해야 한다. (2) 대만은 국가적 정체성을 훼손할 수 있는 중국과의 경제적 교류를 제한해야 한다. 이에 대해 젊은 응답자는 (1)을 (2)번보다 더 선택하는 것을 볼 수 있다. 20~29세의 62.9%의 응답자와 30~39세의 67%의 응답자가 (1)을 선택했다. 반면 60세 이상의 36.6%만이 (1)번을 선택했다. 이는 셸리 리거가 발견한 젊을수록 높은 이중 정체성을 지닌다는 연구와 궤를

표 25 ▪ 양안 경제교류에 대한 세대 차이

	20~29	30~39	40~49	50~59	60 이상
경제발전을 위해 중국과 경제교류 강화	62.9	67.0	56.7	54.2	36.6
국가적 정체성을 훼손하는 경제교류 제한	19.1	20.0	23.4	23.5	24.6
기타	18.0	13.0	19.9	22.3	38.8
총합 % (N=1060)	100 (232)	100 (227)	100 (231)	100 (179)	100 (191)

▫ N = 1076
▫ 출처: 2008年兩岸關係和國家安全民意調査

같이한다.

　대만인들의 중국에 대한 인식은 매우 복잡하다. 대만인의 중국에 대한 호감도는 대만인 정체성과 충돌을 일으키며 지속적으로 상승하고 있다. 따라서 많은 대만인들이 중국과의 경제교역 확대를 희망하고 있고, 다소 소프트 파워의 효과를 보고 있긴 하지만, 이는 중국이 원하는 정도에는 이르지 못한다. 2012년 총통 선거에서 민진당은 대만의 주권을 위협할 수 있는 중국과의 경제교류를 제한할 것을 주장했다.

소프트 파워의 한계와 국가적 정체성

나이는 그 어떤 권력자원이라도 그 효과는 결국 맥락에 의존한다고 보았다. 중국의 대대만 경제정책과 같은 소프트 파워에 있어서 어떠한 조건이 중국이 원하는 결과를 이끌 것인가를 검토하는 것은 중요하다. 대만 주민들은 독립을 선포하지 않는 한 자신들을 군사적으로 공격하지 않을 것이라고 믿고 있다. 더욱이 대만 주민들은 중국의 대만에 대한 호전성이 감소하고 있다고 여긴다. 이러한 인식은 중국에게 있어 긍정적인 신호로 작용한다. 그러나 경제적인 교류가 양안 간에 증대되고, 교류로부터 경제적 이익을 얻고 있지만 많은 대만인들은 이 교류가 너무 빠르다고 생각하고 있다. 이러한 현실은 중국의 소프트 파워로서 경제적 교류는 상당히 제한됨을 말해준다.

분석의 결과 중국의 소프트 파워 결정요인은 경제적 수혜가 아니라 국가적 정체성임이 밝혀졌다. 이는 중국의 대만에 대한 경제적 접근이 중국이 바라는 효과를 가져오지 못하며, 심지어 경제적 양보가 국가적 정체성과 충돌할 때 오히려 중국의 매력을 감소시킬 수 있다는 것을 보여준다. 그러나 경제적 교류는 일정 부분, 즉 대만의 기업가들에게는 효과적인 것으로 보인다. 이들은 양안교류를 적극적으로 지지하여 일부는 국민당에게 투표하기 위해 선거일에 대만으로 돌아오기도 했다.

국가적 정체성은 1990년대 이래로 대만의 정치에서 가장 중요한 이슈였다. 그러나 2008년의 총통 선거는 대만 주민들이 양안 경제교류의 확대를 주장하는 마잉주를 선택함으로써 국가적 정체성의 효과가 선거에서 감소하는 것으로 보인다. 그러나 2008년 여론조사의 분석은 다른 결과를 보여준다. 즉 국가적 정체성은 여전히 대만인의 중국에 대한 태도를 결정하는 데 핵심적이다. 따라서 확장된 경제교류와 심화된 경제의존에도 불구하고 대만 주민들은 중국의 요구에 쉽게 이끌려가지 않을 것이다.

제 3 장

새로운
일당독재의
출현인가

1

선거제도, 누구를 위한 개혁인가[1]

이 글은 대만의 2005년 선거제도의 개혁을 분석하고 무엇이 개혁을 이끌었는지를 검토한다. 대만은 2005년 입법원에 혼합형 단순다수제를 적용했다. 혼협형 제도의 의미는 단일의석을 단순다수결 방식으로 선출하는 전통적인 영국식 혹은 미국식 투표 방식과 정당 명부제에 의거한 비례대표제를 혼합한 것을 말한다. 새로운 선거제도를 도입하는 일은 쉽지 않다. 이는 정치적 결과가 따르기 때문이다. 모리스 뒤베르제Maurice Duverger는 단순다수결 방식이 양당제를 이끌고 비례대표제가 다당제를

---

1   이 장은 〈Two-Party Contests and the Politics of Electoral Reforms: The Case of Taiwan〉의 제목으로 《Government and Opposition》 제49집 4호 (2014)에 게재되었다.

이끈다는 것을 발견했다. 또한 조지 체벨리스George Tsebelis는 단기비이양식single non-transferable 제도가 파벌주의와 당내 경쟁을 부추기고, 비례대표제가 당내 규율을 강화한다는 점에서 선거제도는 분배적 효과를 갖는다고 설명했다.

정당과 정치인은 선거제도가 정당체제에 영향을 미친다는 점을 잘 알고 있다. 따라서 정당은 서로 다른 선거제도로부터 얻을 것과 잃을 것을 구분하는 계산을 한다. 그러나 선거제도의 정치적·분배적 효과는 불확실성을 갖는다. 현실정치에서 뒤베르제의 규칙이 항상 맞는 것은 아니다. 따라서 특정 선거제도에서 몇 개의 정당이 생존할 것인가를 측정하는 것은 매우 어려운 일이다. 더구나 선거 결과는 유권자의 균열에 의존하는 경향이 있으며 유권자들이 서로 다른 선거제도하에서 어떻게 투표할 것인지를 예측하는 일 또한 매우 어렵다. 따라서 이러한 정치적·분배적인 기능과 불확실성을 고려할 때 어떠한 선거제도를 도입하는가의 문제는 정당에게 매우 중요하다.

혼합형 선거제도를 도입하는 것은 국제적 트렌드이기도 하다. 이탈리아와 뉴질랜드는 1990년대 초반, 일본과 한국도 1994년과 2004년에 단순다수결 혼합제를 도입했다. 대만은 2005년에 여기에 동참했다. 민진당이 개혁을 주도했고, 국민당과의 연합에 성공했다. 두 정당은 현행 단기비이양식 중선거구제가 입법원에서 자당에게 이상적인 의석의 수를 가져다주지 못한다고 판단했고, 의석극대화를 위해 선거제도 개혁을 추진했다. 소수정당은 새로운 선거제도로 의석을 상실할 수 있다는 계산에 따라 개혁에 적극적으로 반대했다. 그러나 여론의 지지와 더불어 2005년 대만은 단순다수결 혼합제를 도입하는 데 성공했다.

대만의 선거제도 개혁 과정에서 정당의 동기와 상호작용은 핵심적인 결정요인이었다. 두 정당의 강한 동기가 개혁을 이끌었고 정치 부패를 청산하기 위해서는 제도 개혁이 필요하다는 정당성은 대중을 설득할 수 있었다. 그동안 정치권에 환멸을 느끼고 있던 대중은 개혁을 환영했다. 제도 개혁 이후 2005년 그 과정과 정치적 효과를 분석하는 많은 연구들이 쏟아져나왔다. 그러나 제도 개혁을 이끌었던 정당의 동기와 그들의 전략적 상호작용은 충분히 분석되지 않았다. 따라서 이 글은 행위자의 합리적 선택이론을 활용하여 정당의 전략적 상호작용이 어떻게 2005년 선거제도의 개혁을 이끌었는지를 분석한다. 즉 선거제도를 개혁하고자 하는 민진당과 국민당의 동기는 무엇이었나? 민진당은 어떻게 개혁을 출발하고 이끌어갔는가? 소수정당의 강한 반대에도 불구하고 두 정당은 어떻게 연합을 형성하여 이를 성공시킬 수 있었는가? 민진당은 어떻게 대중을 동원했는가? 이에 대한 답을 찾기 위해 전문가 인터뷰[2], 자서전, 청문회 자료, 언론보도(2003.12~2007.12) 등의 자료를 적극적으로 활용한 과정추적 방법을 사용한다.

선거제도 개혁의 정치

선거제도에 관한 연구는 주로 다양한 선거제도의 서로 다른 분배적 효

---

2   인터뷰는 개혁 과정에서 정당 간의 의견대립을 중립적인 입장에서 조율한 왕진핑王金平 입법원장과 개혁에 반대의 입장에 있었던 전 민진당 입법위원인 린추쉬이林濁水를 대상으로 했다.

과를 검토하는 것이다. 뒤베르제의 연구 이래로 이러한 연구는 주로 선거제도의 정치적 효과를 연구해오고 있다. 그러나 한편으로 대부분의 합리적 선택 연구자들은 이러한 관계를 그 반대의 방향으로부터 접근하고 있다. 즉 합리적 선택 연구자들은 선거제도를 선택하고 변화시키는 정치적 과정이 상당히 중요함을 강조한다. 정치 행위자들은 선거제도가 자신들의 이익을 어떻게 극대화시킬 수 있는지를 계산하고, 또한 이를 도입하기 위해 다양한 방법을 시도한다. 여기에 주목하는 연구는 비교적 새로운 트랜드로서 행위자의 역할에 주목한다.

선거제도 개혁의 주체는 누구인가? 매튜 슈가트Matthew Shugart와 마틴 와튼버그Martin Wattenberg는 개혁의 맥락적이고 내재적인 요소를 강조한다. 맥락적 요소란 개혁을 가능하게 해주는 구조적인 조건을 말한다. 또한 내재적 요소란 개혁을 이끌어가는 내부의 행위자들을 말한다. 특히 케네스 베노이트Kenneth Benoit는 정당, 정당을 제외한 정치적 행위자(행정부 포함), 외적인 행위자(국외적 요소 포함), 비정치적 전문가, 역사, 사회, 경제, 그리고 기회(예정에 없던 사건)와 같은 일곱 가지의 요소를 제시했다. 그리고 이중에서 정당이 선거제도 개혁의 과정에서 가장 중요한 행위자라고 밝혔다.

선거제도 개혁의 목적은 무엇인가? 합리적 선택 이론가들은 제도적 변화의 결과는 정당의 목적 추구로부터 결정된다고 보았다. 합리적 선택 이론가들은 제도 개혁의 세 가지 목표를 제시한다. 첫째, 정당의 주된 목표는 의회에서 의석을 극대화하는 것이다. 실제로 선거제도는 표를 의석으로 전환하는 과정에서 중요한 역할을 담당한다. 다양한 선거제도는 서로 다른 비례적 효과를 가지고 있고, 정당은 이를 조심스럽게 구별한다. 더욱이 정당의 선호는 정당 규모에 따라 다르게 나타난다. 거대 정당일수록 현재의 의석을 유지하기 위해 진입장벽을 높여 다른 정당이 의석을 차지할 수 없게 하지만, 소규모 정당은 이러한 진입장벽을 뚫기 위해 보다 개방된 선거제도를 선호한다. 소규모 정당의 사례는 민주화 과정의 헝가리와 한국에서 나타난다.

둘째, 정당은 특수한 정치적 목적으로 선거제도의 개혁을 추진하기도 한다. 즉 정책 최적화를 위한 동기라고 할 수 있다. 예를 들어, 일본의 사민당은 1956년 선거제도 개혁 과정에서 기존에 주장하던 단일선거구 단순다수제도의 도입에 대한 지지를 철회했다. 그 이유는 단일선거구 단순다수제가 일본의 군국주의를 지지하는 자민당의 의석을 더욱 높여줄 것이라고 판단했기 때문이다.

마지막으로, 정당은 대의제 확립, 통치, 정의와 같은 일반적인 목적을 위해서 선거제도의 개혁을 추진하기도 한다. 안정된 민주주의에서 정당은 대의제와 통치의 확립을 위해서 선거제도를 개혁할 것을 추진하기도 한다. 실례로, 영국에서는 이러한 목적으로 선거제도의 개혁을 위한 논의가 오랫동안 지속되어 왔다. 그러나 베노이트는 일반적인 목적이라는 것은 단순히 정치적 어젠다에 그치며, 따라서 그 뒤에는 항상 정치적 계산이 존재한다고 했다. 영국도 예외는 아니다.

그렇다면 어떠한 조건에서 선거제도의 개혁이 시작될 수 있는가? 리처드 카츠Richard Katz는 여섯 가지 조건을 제시했다. 첫째, 정당이 현재의 선거제도에서 승리할 수 없다고 판단했을 때이다. 둘째, 정당이 현 선거제도하에서 정국을 통제할 수 없다고 판단했을 때이다. 셋째, 이익에 대해 서로 다른 의견이 존재하면서 정당연합이 붕괴되기 시작할 때이다.

넷째, 선거제도 개혁을 이끄는 정당이 새로운 제도에 낙관적이거나 혹은 그 가능한 결과를 잘못 계산하는 경우이다. 다섯째, 정당이 단기적으로 선거제도의 이점을 취하기보다는 장기적인 관점에서 보다 경쟁적인 선거제도를 원하는 경우이다. 여섯째, 정당이 다른 목적을 위해 선거제도 개혁에서 타협을 하는 경우이다. 카츠의 조건은 새로운 선거제도에 대한 정당의 전망과 계산이 개혁의 출발에 중요한 요소임을 말해준다.

대부분의 정당은 정치적인 목적을 위해 선거제도를 개혁하고자 한다. 그리고 그 개시의 시점은 정치적 환경에 따라 차이가 발생한다. 그러나 일단 제도 개혁이 시작되면 이는 단일 행위자의 게임이 아니다. 따라서 원하는 결과를 얻기 위해 제도 개혁을 이끄는 정당은 다른 참여자들의 선호를 알아야 하고 그 선택을 지배하는 규칙을 이해해야 한다. 또한 정당은 유권자들의 선호에 대한 최대한 많은 정보를 가지고 있어야 한다. 유권자의 선호가 결국 의회의 의석점유율을 결정하기 때문이다. 따라서 베노이트는 다음과 같은 두 조건이 충족되면 선거제도가 시행될 수 있다고 보았다. 첫째, 선거제도를 개혁할 수 있을 정도로 필요한 정당 간의 협력이 이루어질 때, 둘째, 협상에서 각 정당이 새로운 선거제도에서 더 많은 의석을 얻을 것이라고 기대할 때이다.

1950년 이후 선진 민주주의 국가의 주요 선거제도 개혁을 검토한 이후, 카츠는 '대중의 분노'가 모든 사례에서 공통적으로 존재한다는 것을 발견했다. 이와 비슷하게 마이클 갤러거Michael Gallagher와 피파 노리스Pippa Norris 또한 '대중의 불만족' 혹은 '시민의 불만족'이 선거제도의 필요성을 부각시킨다는 것을 발견했다. 대부분의 사례에서 현 정치적 상황에 대한 대중의 분노는 개혁의 논쟁을 불러일으키고, 개혁론자들에게 정당성을 부여한다. 이러한 이론적 배경에서 대만의 2005년 선거제도의 개혁을 살펴보려 한다. 주로 민진당의 역할에 초점을 맞추어 어떻게 개혁이 시작되고 개혁을 위한 정당 간의 연합을 형성할 수 있었는지를 볼 것이다.

선거제도 개혁은 주로 국민투표나 입법 과정을 통해 진행된다. 이탈리아와 뉴질랜드의 선거제도 개혁은 국민투표로 이루어졌고, 일본과 한국은 국민투표 없이 정당 간의 협상을 통해서 진행됐다. 대만의 2005년 선거제도 개혁은 헌법조항의 절차에 부합되며, 국민대회에서 법안이 통과되어야 했다. 그러니 이를 위해서는 먼저 정당 간의 협상이 필요했다.

대만의 선거제도 개혁 과정

선거제도 개혁의 요구: 단기비이양식 중선거구제에 대한 논쟁

개혁 이전 대만의 입법위원 선출을 위한 선거제도는 단기비이양식 중선거구제였다. 단기비이양식 중선거구제는 일본 식민통치 시기에 지방 선거를 위해 도입된 제도였는데 이후 대만의 입법원 선거에 적용되었다. 1947년 첫 입법원 선거가 실시된 이후 국민당 정부가 대만으로 이주했고, 입법원 선거는 권위주의 통치하에서 1992년까지 정지되었다. 그러나 유고와 같은 사유로 발생한 보궐 선거와 지방 선거에서는 단기비이양식 중선거구제가 적용되었다. 이어서 민주화 이후 국민당은 입법원 선거에 단기비이양식 중선거구제를 적용했다.

입법원 선거에 단기비이양식 중선거구제를 도입한 것에 대해서는 상당히 많은 논쟁이 있었다. 그중 하나는 표의 불비례성과 관련된 논쟁이었다. 이론적으로 단기비이양식 중선거구제는 비례적이고, 소수정당에게 보다 많은 의석 보너스를 배분하는 것으로 알려져 있다. 따라서 단기비이양식 중선거구제는 다당제를 이끄는 제도이다. 그럼에도 불구하고, 단기비이양식 중선거구제에서 대만의 정당체제는 국민당이 우위에 있는 양당제를 유지해오고 있었다. 따라서 학자들은 후보 지명의 실패, 정당의 서로 다른 위상(여당 혹은 야당), 선거기술과 전략, 그리고 유권자의 배열 등과 같은 다양한 실패의 이유를 제시하며 단기비이양식 중선거구제의 부정적인 효과를 강조했다.

두 번째 논쟁은 단기비이양식 중선거구제가 후보자 중심의 '극단적인' 제도라는 점이다. 단기비이양식 중선거구제는 정당이 한 선거구에서 여러 후보자를 지명하지만 유권자는 한 후보자만을 선택한다. 또한 한 선거구에서 정당라벨과 관계없이 다수의 당선인을 배출한다. 따라서 정당라벨, 즉 후보자가 어떠한 정당에 소속되어 있는가는 그다지 중요하지 않다. 오히려 동일한 정당에 속한 후보자들 간의 경쟁이 보다 더 치열해진다. 따라서 선거에서 이기기 위해서 후보자는 스스로를 특정 이슈 상에서 극단적인 위치를 선택하거나, 포크배럴pork-barrel 사업을 선택하거나, 혹은 매표행위를 통해서 자신을 부각시키고자 한다. 즉 후보자 중심의 선거제도는 후보자 지명과 선거운동 과정에서 쉽게 부패로 연결될 수 있는 소지를 지닌다. 정당의 수준에서 이는 정당 간의 정책 경쟁을 이끌기보다는 파벌주의를 심화시키는 경향이 있다.

세 번째 논쟁은 부패와 관련된 부분이다. 그중 가장 심각한 부분은 매표행위이다. 가장 많은 재산을 가지고 있는 국민당은 표를 얻기 위해 상당한 정치자금을 활용한다. 민진당이 민주화 이후 경쟁력 있는 정당으로 성장한 이후 국민당은 매표행위를 더욱 강화했고, 정당의 지방 파벌은 지지자들을 지키기 위해 불법적인 행위도 감행했다. 민진당 또한 예외는 아니었다. 그들 역시 표를 얻기 위해 기존의 관행을 따랐다. 결국 입법원은 부패의 온상이 되고 말았다.

무엇보다도, 선거운동 과정에서 나타난 만성적인 부패는 정치권에 대한 대중의 신뢰를 상당 부분 훼손시켰다. 1992년 국립대만대학이 실시한 여론조사에 의하면 56.9%의 응답자들이 "대부분의 입법위원들이 국민을 위해 일하기보다는 대기업을 위해서 일한다"라고 답했고, 57.2%의 응답자들이 "대부분의 후보자들은 국민을 위해서 봉사하겠다고 하지만 실질적으로는 자신들의 이익을 우선적으로 여긴다"라고 답했다. 당시 이러한 대중의 분노는 1990년대 중반 선거제도 개혁을 추진하도록 일부 정치인들을 움직였다. 그리고 일부 국민당 위원들이 여기에 동조했다. 국민당은 일본식 단순다수결 혼합제를 대안으로 제시했으나 다른 정당의 반대로 추진되지 못했다.

선거제도 개혁의 행위자와 정당의 계산

2002년 민진당 입법위원인 왕싱난王幸男이 단순다수결 혼합제의 개혁안을 제출하면서 선거제도 개혁이 시작되었다. 이후 선거제도 개혁 과정에서 중요한 역할을 한 행위자는 민진당, 국민당, 천수이볜 총통, 그리고 대중이었다. 그중에서 주요 행위자는 민진당과 국민당이었는데, 민진당이 개혁을 개시하고 이끌어갔으며, 개혁을 위한 정당연합을 구성하면서 개혁은 성공할 수 있었다. 그 과정에서 민진당은 대중으로부터 강한 지지를 받았다. 한편 국민당은 개혁에 동참했으며 마지막 단계에 적극적으로 참여했다. 이 두 정당의 개혁을 위한 동기는 동일했다. 즉 입법원에서 의석의 극대화였다.

민진당은 단기비이양식 중선거구제의 의석에 불만을 가지고 있었다. 민진당은 1992년 선거에서 33.4%, 1995년에는 33.6%, 1998년 29.9%, 2001년 33.4%를 차지했다(〈표 26〉 참조). 득표와 의석의 비례성을 고려할 때 이는 저조한 성적은 아니었다. 그러나 보다 근본적인 한계가 있었다. 단기비이양식 중선거구제는 민진당이 국민당과 공정하게 경쟁하는 것을 방해하는 제도였다. 즉 이는 보다 경쟁적인 선거 전략이 필요했고, 자금 또한 필요했다. 민진당이 선거 전략을 아무리 성공적으로 세운다고 해도 선거운동 기간 국민당이 보이는 우월한 지위를 당해내기가 어려웠다.[3] 실례로, 2004년 선거에서 그 결과를 낙관한 민진당은 너무 많은 후보를 공천했고, 이는 후보자의 평균 득표율과 정당의 의석비율을 낮추는 결과를 가져왔다.

또한 민진당은 입법원 선거에서 40% 이상의 표를 얻을 수 없었는데 이러한 득표율로는 중요한 정치적 의제에서 민진당이 주도권을 쥘 수 없었다. 그러나 민진당은 소선거구 단순다수결을 적용한 총통 선거와 타이베이 시장 선거에서는 좋은 성적을 거두었다. 2004년 타이베이 시

---

3 1911년 창당한 국민당은 2000년 정권교체가 되기까지 당정국가 체제로서 대만을 통치해왔다. 반면, 민진당의 창당연도는 1987년이다. 국민당에 비교해볼 때 민진당은 인적자원도, 정당재산도, 그리고 선거기술의 면에서 상당히 뒤처져 있었다.

표 26 ▫ 대만 입법원 의석과 득표율(1992~2004)

	제2대	제3대	제4대	제5대	제6대
연도	1992	1995	1998	2001	2004
총의석	161	166	225	225	225
국민당	103(50.6)	87(46.6)	123(46.1)	68(28.8)	79(32.7)
민진당	50(33.2)	54(33.6)	70(29.9)	87(33.4)	89(36.1)
신당		21(13.1)	11(7.2)	1(2.6)	1(0.1)
친민당				46(18.6)	34(13.8)
대연				13(7.8)	12(7.9)
기타	8(16.2)	4(6.7)	21(16.8)	10(8.9)	10(9.6)

• 출처: the Central Election Commission, R.O.C. http://db.cec.gov.tw/cec/cechead.asp

장 선거에서 40% 이상을 득표했으며, 2004년 총통 선거에서도 천수이 벤 후보가 50.1%를 득표했다. 이러한 경험에 비추어 민진당은 만약 입법원 선거에 소선거구 단순다수결제를 도입한다면 더 많은 득표를 할 수 있을 것이라고 계산하게 되었다.

국민당은 1994년에 선거제도 개혁을 원했으나 실현되지 못했다. 민주화 이후 1992년 재개된 대만의 입법원 선거에 단기비이양식 중선거구제를 적용한 것은 국민당이었다. 단기비이양식 중선거구제가 이미 지방 선거에서 국민당에게 승리를 가져다주었기 때문이다. 단기비이양식 중선거구제는 국민당과 지방파벌 간의 오래된 연결고리이기도 했다. 또한 단기비이양식 중선거구제가 지방파벌과 연결되면서 오랫동안 득표와 의석 간의 불비례성을 통해 국민당이 우위를 점할 수 있도록 해주었다. 그러나 민주화 이후 민진당이 선거 전략을 발전시켜가고, 새로운 정당이 창당되면서 민진당과 새로운 정당이 입법원에서 의석을 확대해가기 시작했다. 더욱이 민주화 이후 국민당과 새로운 파벌 간의 고리가 약해지기 시작했다. 결국, 선거가 진행되면서 민진당이 의석을 확대해가기 시작했고 투표와 의석의 불비례성이 점차 정상화되기 시작했다.

1994년 일부 입법위원들이 국민당을 탈당하여 신당을 창당했다. 이어진 1995년 입법원 선거에서 국민당은 46.6%를 득표했는데 당시 신당이 13.1%을 득표했다. 이는 국민당이 최초로 의석의 과반을 잃은 선거였다. 국민당은 이러한 결과가 선거제도 때문에 발생한 것이라고 진단하고 만약 입법원 선거가 소선거구 단순다수결로 진행된다면 다시 의석의 과반 이상을 얻을 수 있을 것이라고 판단했다. 이는 국민당이 선거제도의 교체를 고려하도록 했고 이러한 과정에서 당시 국민당을 이끌던 렌잔은 일본식 단순다수결 혼합제를 그 대안으로 제시했지만 실현되지는 못했다. 민진당이 2002년에 선거제도 개혁안을 제출했을 때 국민당은 즉각 동조하지 않았다. 당시 국민당은 과반 이상의 의석을 얻지는 못했지만 45% 이상의 의석을 점유했고 친민당과 연합하여 의회를 통제할 수 있었기 때문이다. 사실상 국민당은 단기비이양식 중선거구제에는 만족하지 않았지만 그렇다고 이를 폐기할 정도로 불만족한 상황은 아니었다.

2005년 선거제도 개혁 과정에서 민진당과 국민당은 일본식 단순다수결 혼합제에 동의했다. 이미 1994년 국민당은 단순다수결 방식으로 75% 혹은 3분의 2를 선출하는 유사한 제도를 제안했다. 반면 1996년 민진당은 비례성이 더욱 가미된 독일식 혼합제를 고려했다. 독일식 혼합제는 50%를 단순다수결로 선출하고, 나머지 50%를 비례대표 방식으로 선출한다. 그러나 2005년 제도 개혁 시 민진당은 국민당의 안을 받아들였고 일본식 혼합제를 적용했다. 일본식 혼합제 역시 민진당에게도 유리하다고 판단되는 면이 있었는데 소수정당이었던 일본 민주당이 새로운 제도를 적용한 이후 실시된 첫 번째 선거에서 크게 약진했기 때문이다.

국민당과 민진당과 더불어 천수이볜 총통과 대중 역시 제도 개혁에서 중요한 역할을 했다. 천수이볜 총통은 2000년에 취임한 이래로 국민당이 장악한 의회와의 갈등으로 인해 지속적으로 정치적인 어려움에 처해 있었다. 그는 이를 해결하기 위해 행정원장, 외무부장관과 같은 요직에 국민당 인사를 임명하면서 정당 간의 협력을 기대했으나 효과를 보지 못했다. 상황이 더욱 악화된 것은 의회에서 친민당이 국민당에 협력하면서 지속적으로 분점정부의 사태가 발생한 것이었다. 따라서 천수이볜 총통은 민진당과 동일하게 제도 개혁의 필요성을 절감하고 있었다. 그는 민진당이 장악한 입법부를 원했다.

다른 한편으로 대중은 정당과는 다르지만 제도 개혁에 대한 강한 동기를 가지고 있었다. 제도 개혁을 통해 정치권에 깊게 뿌리박혀 있던 부패를 제거하길 원했다. 그들이 단기비이양식 중선거구제의 실질적인 효과를 정확하게 이해할 수는 없었지만 적어도 이것이 매표행위와 같은 정치적 부패와 연결된다고 판단하고 있었다. 또한 대중은 제도 개혁안에 의석 감원이 포함된다는 것을 들었을 때 이를 통해 부패한 입법위원들을 심판할 수 있다는 생각으로 이를 강하게 지지하기 시작했다.

선거제도 개혁

2002년 2월 1일부터 2005년 1월 31일까지 국민대회에 제출된 19개의 개혁안 중에서 11개의 안이 선거제도 개혁을 포함하고 있었다. 그중 대부분이 민진당 위원들이 제출한 것이었다. 이 기간 동안 대중은 의회의 의석 감원에 상당한 관심을 가지고 있었다. 선거제도의 변화와는 달리 의석 감원안은 갑작스럽게 제안된 것이었다. 2001년 입법원 선거운동 기간 중 민진당 입법위원인 장수에순張學順이 입법위원의 수를 절반으로 감원해야 한다고 주장했는데 당시 정치권에 환멸을 느끼고 있던 대중은 그의 아이디어를 환영했다.

선거제도 개혁을 위해서는 개헌이 필요했다. 개헌을 위해서는 국민대회[4]에 입법위원 4분의 3이 출석하고, 출석인원의 4분의 3이 찬성해야 통과될 수 있었다. 당시 입법원의 총 의석은 217석이었고 따라서 169명의 출석이 요구되었다. 의석의 배분현황을 고려할 때 당시 민진당이 87석, 국민당이 68석을 차지하고 있었고 어느 정당도 단독으로 법안을 통과시킬 수 없었다. 더욱이 개혁을 위해 두 정당이 연합한다고 해도 여전이 14석이 부족했다. 따라서 정당 간의 합의를 형성하는 것이 최우선 과제가 되었다.

국민당이 수동적인 가운데 민진당이 개혁을 위한 논쟁을 개시했다. 그러나 정당 간의 합의를 끌어내는 것은 쉬운 일이 아니었다. 민진당의 당의장이었던 린이슝林義雄은 이를 위해 움직이기 시작했다. 첫 단계로 그는 당내 개혁 반대세력을 설득해야 했다. 당시 민진당 내에도 개혁에 반대하는 세력이 있었다. 설득의 과정을 거친 후 당주석인 장쥔슝張俊雄

---

4   국민대회는 입법원, 감찰원과 유사한 정부 입법기구 중 하나이다. 주요 기능은 대통령과 부통령을 선출하고 소환하는 것과 개헌을 하는 것이었다. 그러나 2005년 6월 국민대회는 폐지되었고 그 기능은 입법원으로 이관되었다.

으로부터 당은 중앙상임위의 결정을 존중해야 한다는 근거로 개혁안에 대한 당내 합의를 끌어올 수 있었다. 다음 단계는 국민당을 설득하는 일이었다. 린이슝은 국민당 주석이자 1994년 개혁안을 제시한 적이 있었던 롄잔이 개혁에 동참하도록 설득했다. 롄잔은 개혁안에 대해서는 언급하지 않았지만 의석을 113석으로 감원하는 데는 동의한다고 대답했다. 린이슝과 개혁 지지자들은 국민당사 앞에서 3일간의 시위를 벌이기도 했다. 이후 린이슝은 입법원장인 왕진핑을 방문하여 개혁을 도와줄 것을 요청했다. 왕진핑 원장은 정당 간의 논의가 우선시되어야 한다는 중립적인 입장을 견지했고, 이후 합의를 위한 중재를 시작했다.

결국 개헌위원회가 2003년 12월 26일에 출범했다. 위원회는 총 113명으로 구성되었는데 민진당 44명, 국민당 34명, 친민당 24명, 대연 6명, 무당파 5명이었다. 첫 번째 회의가 2004년 3월 10일 소집되었다. 위원회는 제7대 입법원 선거부터 적용하는 '중화민국헌법조문 추가 제4조 수정초안'을 완성했고, 이를 총통 선거 하루 전날인 3월 19일에 통과시키기로 합의했다. 그러나 개혁안을 통과시키기로 한 계획은 무당파의 반대로 무산되었다.

3월 20일 총통 선거에서 재선에 성공한 천수이볜은 현행 헌법이 광범위한 개혁을 필요로 한다는 것을 언급했다. 대부분의 조항이 민주적인 규칙을 공고화하기 위한 시대적 요구에 부합하지 않는다는 것이었다. 그는 또한 고질적인 부패를 청산하고 입법원의 질적인 향상을 위해서 입법위원 의석을 감원하는 것이 필요하다고 설명했다. 2004년 5월 20일, 그의 취임사에는 다음과 같은 내용이 포함되어 있다.

많은 헌법 조항이 더 이상 현실을 반영하지 않는다. (⋯) 미래에 대해서는 더 말할 것도 없으며 (⋯) 대만의 필요 또한 반영하지 못한다. 헌법에 다시 활력을 불어넣고 헌정질서를 재정립하는 것은 대만 주민의 기대에 부응하는 것이며, 모든 정당이 공유하고 있는 합의와도 상응하는 것이다. (⋯) 현행 헌법은 많은 문제를 내포하고 있고 그중에서도 가장 명확하고도 급박한 문제는 (⋯) 입법원과 관련된 조항들을 개혁하는 것이다. (⋯) 가까운 미래에 우리는 법률 전문가와 학자 그리고 각 분야와 모든 계급을 아우르는 전문가는 물론이고, 집권당과 야당의 위원들을 초청하여 개헌위원회를 구성할 것이다.

당시 정치에 대한 대중의 정서는 상당히 부정적이었다. 특히 선거 하루 전날인 2004년 3월 19일 선거운동을 하던 총통 후보 천수이볜과 부총통 후보 뤼슈렌呂秀蓮을 암살하려는 '3·19 총격사건'이 있었다. 이로 인해 정치권에 대한 여론은 상당히 악화되었다. 악화된 여론의 압력 속에서 정당 간의 협상이 다시 구성되었고, 2004년 5월 민진당과 국민당은 논의를 재개했다. 민진당의 초안은 단순다수결 혼합제, 150석으로 의석감원, 입법원 선거의 4년 주기 연장을 포함하고 있었다. 국민당과 친민당 그리고 대연은 대안으로 113석 감원안을 제시했다. 5월에 3일 간의 협상에도 불구하고 민진당과 국민당 그리고 친민당은 감원의석에 대해 합의를 이루지 못했다. 그러나 무엇보다도 중요한 걸림돌은 소수정당의 반대였다. 친민당과 대연, 신당은 기본적으로 개혁에 반대의 입장에 있었는데, 새로운 개혁안이 적용되면 자신들에게 불리할 것이라는 전망 때문이었다. 따라서 친민당과 대연은 선거제도의 개혁과 의석 감원은 분리되어 다루어져야 한다고 주장했다.

2004년 말, 제6대 입법원 선거가 실시되었다. 이 선거에서 친민당과 대연은 이전보다 적은 의석을 얻었다. 반면 민진당과 국민당은 더 많은 의석을 얻었다. 이러한 결과는 민진당과 국민당이 소수정당의 협력 없이도 법안을 통과시킬 수 있게 되었다는 것을 의미한다. 소수정당은 결국 자신들의 입장을 바꾸어야 했다. 일부 친민당 입법위원인 리칭안李慶安과 조우시웨이周錫偉는 선거제도의 개혁이 소수정당에게 불리하게 작용할 것이라 전망하고 탈당하여 국민당에 합류했다. 리덩후이 외에는 영향력 있는 인물이 없는 대연의 경우 대중에게 호소함으로써 생존을 모색할 수밖에 없었다.

결국 2005년 6월 7일 '제7차 입법원헌법수정안'이 국민대회에서 통과되었다. 참석한 모든 201명의 입법위원들이 법안 통과에 찬성했다. 이후의 문제는 113석 중에서 단순다수제로 선발하는 선거구를 재조정하는 것이었다. 인구수(원주민을 제외하고 2005년 4월을 기준으로 22,723,000명)에 기반하여 약 308,000명을 기준으로 73개의 선거구가 확정되었다. 그러나 인구수를 충족하지 못하는 6개의 시와 현에 대해서는 1석을 우선적으로 배정했다. 나머지 67은 인구수에 따라 분배했다. 개리멘더링 효과를 막기 위해 학자와 전문가를 포함하는 청문회가 각 지자체에서 조직되었고, 선거구 확정안은 2007년 1월 31일 통과되었다.

정당연합과 여론

민진당은 정당연합을 형성하고 대중의 지지를 얻는 데 성공했다. 민진당이 2002년 개혁을 시작한 이래 가장 먼저 해결해야 했던 일은 반대하는 세력을 설득하여 개혁에 동참하도록 하는 것이었다. 무엇보다도 민진당은 개혁을 원하지 않는 당내 반대세력을 설득해야 했다. 린이슝이 개혁을 이끌고 천수이볜 총통이 이를 강하게 지지하면서 민진당 내의 반대세력은 입장을 바꾸었다. 다음 단계는 국민당을 설득하는 작업이었다. 국민당이 1994년 개혁안을 제출한 일이 있었지만 이미 철회한 이후였고 새로운 개혁에 대해서는 수동적으로 머물러 있었다. 린이슝은 국민당 당주석을 만나 설득했고, 여론을 동원하여 압박을 가했다. 민진당의 반대세력과 국민당이 반대하는 주된 이유는 의석 감원 때문이다. 일부는 단순다수결제에 대해 반대했지만 단순다수결제가 결국 양당제를 가져올 것이라는 기대로 큰 거부감은 없었다.

그러나 소수정당은 이러한 문제로 인해 개혁을 강하게 반대했다. 만약 새로운 선거제도가 도입되면 양당제가 되는데 이는 소수정당이 수용하기 어려운 결과이다. 또한 의석 감원은 민진당이나 국민당보다 소수정당에게 더 큰 타격이 될 것이라고 여겼다. 친개혁적인 대중의 여론 때문에 소수정당이 정당협상에 참여하기는 했지만 2004년 총통 선거일 전에 통과시키기로 한 개혁안에 대해서는 결국 반대의 입장을 취하여 이를 부결시켰다. 소수정당이 개혁안에 저항하는 과정에서 여론은 2003년 입법원 선거에서 민진당과 국민당에게 더 많은 표를 던졌다. 대중은 민진당과 국민당이 소수정당의 동의 없이도 개혁안을 통과시킬 수 있는 조건을 마련해준 셈이었다.

카츠, 갤러거, 노리스는 대중의 불만이 개혁을 완수하는 중요한 동력이라고 말했다. 대만에서 대중의 분노는 1990년대 중반 개혁적 마인드의 국민당 위원들과 2000년대 초의 민진당 위원들이 개혁을 이끌도록

했다. 2004년 선거 직후 축적된 대중의 분노로 인해 당시 개혁에 반대를
제기하는 경우 곧 부정의하거나 반개혁적이라는 비판을 면하기 어려웠
다. 왕진핑은 인터뷰 과정에서 이와 같은 대중주의가 개혁이 성공하는
데 있어서 중요한 추동요인이라고 했다.

> 민진당이 준비한 의석 감원을 포함한 개혁안은 대중의 환영을 받았다. 따라
> 서 어떤 정치인도 이에 대해 반대할 수 없었다. 그럼에도 불구하고, 입법원장
> 으로서 나는 이것이 좀 더 조심스럽게 다루어져야 한다고 경고했다. (…) (법
> 안의 통과는) 제도의 긍정적인 면과 부정적인 면을 충분히 고려하지 않은 대중
> 주의의 결과였다.

민진당에서 반대세력에 속했던 린추쉬이 역시 인터뷰 과정에서 민진
당이 대중의 분노를 이용했다고 지적했다. 개혁에 대한 대중적 선호를
고려해볼 때 이는 사실로 드러난다. 대중은 강하게 의석 감원안을 지지
했지만 단순다수결 혼합제에 대한 선호는 어디에도 드러내지 않았다.
인터뷰 과정에서 린추쉬이는 이 부분을 지적했다.

> 대만에서 입법위원에 대해 대중이 가진 이미지는 상당히 부정적이었다. 따라서
> 대부분의 사람들이 의석을 감원하자는 주장을 환영했다. 심지어 천수이볜 총통
> 은 이러한 여론을 이용하여 정치적 개혁을 주장했다. 그러나 학계는 이와 다르
> 게 생각했다. 단순다수결 혼합제는 지지하되 의석 감원은 반대하는 입장이었
> 고, 언론 또한 학계의 입장을 지지했다. 그러나 결과적으로 단기비이양식 중선
> 거구제의 개혁과 의석 감원의 두 주장이 합쳐지면서 개혁안이 통과되었다.

사실 대중은 단순다수결 혼합제가 무엇인지 정확히 이해하지 못했다. 2004년 8월 TVBS가 실시한 여론조사[5]에 의하면 29%의 응답자가 지지 의사를, 17%가 반대의 입장을 표명했다. 40%의 응답자는 단순다수결 혼합제가 무엇인지 모른다고 응답했다. 또한 의석을 절반으로 감원하는 것에 대해서는 76%의 응답자가 찬성한다고 답했다. 따라서 대중은 개혁안이 통과되면 부패한 정치인들을 심판할 수 있을 것이라는 단순한 계산으로 지지를 보내고 있었다. 그리고 민진당은 이러한 대중의 감성을 추동하고 동원하여 개혁에 대한 지지를 끌어낼 수 있었다.

새로운 선거제도와 2008년, 2012년의 입법원 선거

새로운 선거제도로 일본식 혼합제가 도입되었고 전체 의석은 기존의 225석에서 113석으로 감원되었다. 113석 중 73석이 단순다수결로 선출되었고 34석이 비례대표 방식으로 선출되었다. 또한 73석 중 6석이 원주민에게 할당되었고[6] 비례대표 의석에는 5% 조항이 적용되었다. 이러한 중요한 변화 외에 입법원 선거주기가 3년에서 4년으로 연장되었고, 총통 선거와 입법원 선거의 동시 실시가 도입되었다.

---

5 TBVS Poll Center, 2004, "Public Opinion Survey on Legislative Yuan Meeting", http://www.tvbs.com.tw/tvbs2011/pch/tvbs_poll_center_aspx
6 민주화 이후 대만의 사회적 정서는 대만의 역사와 소수집단의 개별 역사를 존중하는 방식으로 변화했다. 이러한 맥락에서 1991년의 개정된 헌법은 원주민을 위해 입법원에 6개의 의석을 할당할 것을 보장했다. 이후 의석은 1997년 개정안에서 8개 석으로 늘어났다가 2005년 개혁안에서 다시 6석으로 줄어들었다.

표 27 _ 2005년 선거제도 개혁 내용

내용	개혁 이전	개혁 이후
의석	225	113
선거 주기	3년	4년 (입법원 선거와 총통 선거 동시 실시)
선출 방식	단기비이양식 중선거구제 168석 SNTV 41석 비례대표 (5% 진입조항, SNTV로 얻은 득표에 따라 배분) 8석 해외 화교 할당 8석 원주민 할당	단순다수결 혼합제 73석 단순다수결 34석 비례대표 (5% 진입조항, 의석의 절반은 여성 할당) 6석 원주민 할당

　　새로운 선거제도하에서 2008년과 2012년 두 번의 입법원 선거가 실시되었다(〈표 28〉 참조). 2008년 선거는 74.9%의 높은 투표율을 기록했고 국민당이 과반 이상의 의석을 차지했다. 국민당은 전체 113석 중 81석을 차지했는데 단순다수결 방식에서 57석을, 비례대표 방식에서 20석을 차지했다. 또한 원주민 의석의 4석이 국민당에게 돌아갔다. 민진당은 113석 중 27석을 얻었는데 단순다수결 방식에서 13석, 비례대표 방식에서 14석을 얻었다. 예상한 대로 소수정당의 대표성은 확연하게 떨어졌다. 2012년 선거도 74.7%의 높은 투표율을 기록했다. 그리고 국민당이 또다시 과반 이상의 의석을 얻었다. 국민당은 113개 의석 중 64석을 차지했는데, 그중 단순다수결 방식이 44석, 비례대표 방식이 16석이었고, 원주민 의석의 4석을 얻었다. 민진당은 전체 40석을 얻었는데 그중 단순다수결 방식으로 27석, 비례대표 방식으로 13석을 얻었다. 2008년 선거결과와 비교해볼 때 2012년에 소수정당은 의석을 증가시켰다. 친민당과 대연은 각각 비례대표에서 2석과 3석을 얻었다.

표 28 . 2008년과 2012년 입법원 선거 결과(의석과 의석점유율)

		선거구	정당 투표	원주민	합계
의석		73	34	6	113
2008	국민당	57(78.0)	20(58.1)	4(66.7)	81(71.7)
	민진당	13(17.8)	14(41.9)	0	27(23.9)
	신당	0	0	0	0
	친민당	0	0	1(16.7)	1(0.9)
	대연	0	0	0	0
	무당파	2(2.7)	0	1(16.7)	3(2.7)
	기타	1(1.4)	0	0	1(0.9)
2012	국민당	44(60.0)	16(47.6)	4(66.7)	64(56.6)
	민진당	27(36.9)	13(37.0)	0	40(35.4)
	신당	0	0	0	0
	친민당	0	2(5.9)	1(16.7)	3(2.7)
	대연	0	3(9.6)	0	3(2.7)
	무당파	1(1.4)	0	1(16.7)	2(1.8)
	기타	1(1.4)	0	0	1(0.9)

• 출처: The Central Election Commission, R.O.C. http://db.cec.gov.tw/cec/cechead.asp

2008년과 2012년 선거결과는 단순다수결 혼합제가 단일 거대 정당에게 유리하다는 것을 보여준다. 일찍이 아우렐 크로쌍Aurel Croissant과 필리프 볼켈Philip Volkel은 단순다수결 혼합제가 대만을 '온건한 다당제'에서 '단일 지배정당이 존재하는 온건한 다당제'로 변화시킬 것이라고 예견했다. 국민당이 2008년 선거에서 81개의 의석과 71.7%의 의석점유율을 기록하고, 2012년 선거에서도 63개의 의석과 56.6%의 의석점유율을 기록하면서 이 예견은 적중했다. 2012년은 2008년보다 의석점유율에서 15.1% 감소했지만 국민당은 여전히 과반 이상의 의석을 보유하고 있고, 이는 1995년 이전에 국민당이 누리던 의회에서의 위상을 다시 탈환한 것이었다. 즉 선거제도의 개혁을 통해서 국민당은 소기의 목적을 달성했다. 그러나 민진당은 이와 반대의 결과를 얻었다. 2008년 선거에서 27개의 의석과 23.9%의 의석점유율을, 2012년 선거에서는 40개 의석과 35.4%의 의석점유율을 기록했다. 2008년 선거결과는 민진당에게 대단히 실망스러운 것이었다. 비록 2012년에는 2008년보다 의석점유율을 35.4%로 높일 수 있었지만, 이는 과거 단기비이양식 중선거구제하에서 민진당이 얻었던 것과 비슷한 수준이었다. 결국 새로운 선거제도를 통해 민진당은 소기의 목적을 달성하는 데 실패했다.

2008년 선거 직후 민진당은 단순다수결 혼합제에 대한 불만을 제기했다. 린추쉬이는 새로운 선거제도가 당분간 민진당의 과반 의석 확보를 어렵게 할 것이라고 보았다. 왕진핑 역시 입법원 의원 절반 감원에 대해 부정적인 평가를 내렸다. 그는 대만 인구 2,700만을 고려할 때 입법위원은 300명이 가장 적절한 규모라고 보았다. 또한 113명으로는 개별 상임위당 약 3~4명의 위원밖에 배치되지 않기 때문에 입법원의 질적 저하가 우려스럽다고 했다. 또한 단순다수결 혼합제가 과연 정당 간에 표를 공정하게 분배하는 제도인지에 대해서도 의문을 제기했다. 린추쉬이도 입법원의 수는 인구비례를 따르는 것이 가장 자연스러우며, 대만은 인구 10만에 한 명의 입법위원이 적절하다고 했다. 그러자 다시 단기비이양식 중선거구제로 돌아가자는 안과 더불어 새로운 개혁안이 제기되기도 했다. 그러나 국민당의 우위는 이러한 가능성을 일축한다. 다수 정당이 현행 선거제도하에서 이점을 누리고 있는 경우에는 선거제도 개혁이 쉽지 않기 때문이다.

민진당의 잘못된 계산과 국민당의 승리

2002년 민진당이 처음 개혁을 시작했을 때 국민당은 수동적인 위치에 있었고 소수정당은 반대했다. 그러나 2004년 입법원 선거가 전환점이 되어 개혁이 진행될 수 있었다. 민진당과 국민당은 법안통과에 필요한 충분한 의석을 얻었고 더 이상 소수정당의 도움이 필요하지 않았다. 또한 대중은 개혁이 입법위원 감원안을 포함했을 때 개혁안을 적극적으로 지지했다. 대중은 이전의 선거제도와 새로운 선거제도의 차이를 잘 이해하지 못했다. 대신 의석을 감원하면 부패한 정치인을 처벌할 수 있을 것이라고 생각했다. 민진당은 전략적으로 선거제도 개혁과 의석 감원을 연결시켰고, 이것이 성공적인 대중 동원에 기여하게 되었다. 대중적 지지는 제도 개혁을 주장하는 민진당에게 정당성을 부여했고 반개혁주의자들에게 압박을 가하는 중요한 수단이 되었다. 갤러거와 노리스가 지적한 것처럼 대중의 분노는 대만에서도 2005년 선거제도를 개혁하는 데 중요한 기여를 했다.

앞서 지적했듯이 선거제도를 개혁하는 것은 불확실한 정치적 배분 효과로 인해 쉬운 일은 아니다. 대부분의 집권 정당이 현행 선거제도하에서 기득권을 향유하고 있기 때문이다. 2005년 선거제도 개혁의 출발은 리처드 카츠의 여섯 가지 조건 중 다음에 부합한다. 카츠는 제도 개혁을 주도하는 정당이 새로운 제도에 대해 낙관적인 전망을 하거나 혹은 잘못된 계산을 하는 경우 개혁이 시작된다고 했다. 민진당과 국민당은 모두 새로운 선거제도에 대해 낙관적 전망을 가졌고, 새 제도가 도입되면 모두 자당이 과반 이상의 의석을 얻을 것이라고 계산했다. 그러나 새로운 선거제도가 도입된 이후의 선거결과는 국민당의 계산이 맞은 반면 민진당의 계산은 틀렸음을 보여준다. 비록 두 번의 선거가 새로운 선거제도의 효과에 대해 충분한 증거를 제공해주지는 못하지만[7] 단순다수결 혼합제하에서 민진당이 과반 이상의 득표를 한다는 것은 당분간은 어려워 보인다.

에단 샤이너Ethan Scheiner는 몇 가지 원인이 개혁의 본래 의도를 왜곡시킨다고 지적했다. 유권자들이 정당에 대해서 정확한 정보를 갖고 있지 않을 때 혹은 그들의 성공이 가능할 것인가에 대해 불확실하다고 여길 때 유권자들은 합리적으로 투표하는 데 실패한다. 더욱이 지역주의, 후견주의 혹은 다른 제도 등이 방해요소로 작용할 수도 있다. 샤이너는 일본이 제도 개혁 이후 오랫동안 양당제를 유지해왔지만 자민당의 독점적 지위를 무너뜨리지는 못했고 심지어 다시 일당제로 돌아갔다는 것을 발견했다. 그는 일본의 후견주의와 중앙집권화된 체계가 그 원인임을 지적했다. 최근 대만에서 치러진 두 번의 선거와 그 결과는 일당우위 체제를 가져왔는데 이에 대해 현 단계에서 성급한 결론을 내릴 필요는 없다. 그러나 대만이 일본의 제도 개혁을 따랐다는 점에서 일본의 사례는 대만의 미래 제도적 발전에 일정 정도 함의를 줄 수 있을 것으로 보인다.

2005년 대만의 선거제도 개혁을 행위자의 합리적 선택이론으로 분석하는 데 있어서 이 연구는 다음과 같은 함의를 제공한다. 먼저, 대만의 선거제도 개혁은 단일사례 연구이다. 그러나 이는 단순다수결 혼합제로

---

7   이탈리아와 뉴질랜드, 그리고 일본의 경우에도 새로운 선거제도의 진정한 효과를 보기 위해서는 일정한 시간의 경과가 필요했다.

수렴하는 다양한 사례들 중 하나이기도 하다. 이탈리아, 뉴질랜드, 일본, 그리고 한국 역시 선거제도를 단순다수결 혼합제로 바꾸었다. 따라서 대만의 사례는 다른 사례들과 비교연구를 위해 활용될 수 있을 것이다. 둘째, 동아시아의 선거제도는 상당수의 입법부 의석이 비례대표보다는 단순다수결에 의해서 충원되도록 되어 있다는 데에 유사성을 가진다. 그 결과 동아시아의 혼합제는 서구의 혼합제에 비해 높은 과반 의석을 허락한다. 이러한 지역적인 유사성은 향후 연구해야 할 중요한 주제이기도 하다.

셋째, 동일한 제도라 해도 서로 다른 결과를 가져오기도 한다. 일본의 단순다수결 혼합제는 일본 민주당의 성장과 함께 양당제를 가져왔다. 그리고 한국의 단순다수결 혼합제는 제3당의 의회진입을 허용하여 다당제를 형성했다. 그러나 대만의 단순다수결 혼합제는 일당 우위의 양당제를 가져왔다. 체제 내에 존재하는 작은 차이가 그 원인일 수도 있다. 일본의 혼합제는 후보자가 선거구를 상실했을 때 비례대표로 선출될 수 있는 의석 간의 이동이 가능하다. 또한 한국의 혼합제는 3%라는 상대적으로 낮은 진입장벽을 가지고 있다. 제도 내의 이러한 작은 차이가 동아시아 혼합제의 효과 차이로 이어질 수도 있으며 이 역시 향후 연구해야 할 중요한 주제 중 하나이다.

2

생존을 위한 국민당의 변화[8]

변화된 유권자와 국민당의 변화

신생 민주주의 권위주의 계승정당은 어떠한 진화의 경로를 걷는가? 본 글은 새로운 정치적 환경 속에서 생존한 권위주의 계승정당의 적응 과정을 민주적 공고화 시기까지 확장시켜 살펴보고자 한다. 민주화를 경험한 동구와 남미 그리고 동아시아 국가들의 사례는 민주주의를 정착시키기 위해서는 각 분야에서 일정한 기준이 충족되어야 함을 제시하고 있다. 후안 린츠Juan Linz와 알프레드 스테판Alfred Stepan은 민주적 공고화가 성공적으로 이루어지기 위해서 시민사회, 정치사회, 법의 지배, 국가

---

8 이 장은 〈정당리더십과 권위주의 계승정당의 진화: 대만의 국민당 사례〉라는 제목으로 《한국정치학회보》 제44집 4호 (2010)에 게재되었다.

기제, 경제사회에서 일정한 조건이 충족되어야 하며, 그중 정치사회는 중심기관인 정당, 선거, 선거법, 정치적 리더십, 정당 간의 협조체제, 의회의 활동이 긍정적으로 인정되고, 정치사회가 민주정부를 선택하고 감시할 수 있도록 조직되어야 한다고 지적했다.

지적한 바와 같이 정당이 민주정부를 선택하고 감시할 수 있도록 조직되는 것은 신생 민주주의의 중요한 과제이다. 그러나 신생 민주주의 정당은 다음과 같은 문제점을 표출하고 있다. 첫째, 많은 신생 민주주의 국가의 정당이 민주화 이후에도 특정 정치지도자의 사당 역할을 해왔다. 이로 인해 정당은 민의를 대변하지 못하고 정치지도자의 정치적 목적에 따라서 이합집산을 반복해왔다. 둘째, 권위주의 통치 기간 동안 특정 정당이 정치사회에 깊은 사회적 뿌리를 내린 경우 대안 정당이 출현하더라도 유권자들은 새로운 정당을 쉽게 선택하지 못한다. 또한 현명한 권위주의 정당은 적극적으로 민주적 절차를 도입하고, 주도적으로 민의에 부합하는 개혁을 단행하기도 한다. 그 결과 유권자의 지지를 얻게 된 권위주의 계승정당은 민주화 이후에도 집권을 유지한다. 대만의 국민당은 민주화라는 변화 속에서 성공적인 적응 전략을 통해 2001년까지 다수당의 위치를 유지했다.

이러한 권위주의 계승정당의 성공은 변화된 정치경쟁의 틀에 맞추어 정책적 노선을 변화시킴으로써 가능한 것이었다. 신생 민주주의 정당은 공정한 경쟁을 통해 대중의 요구에 응답하는 민주적 정당의 기능을 수행해야 한다. 민주적 정당과 정당지도자는 다양한 집단의 이익을 구체화하고 집합하는 역할을 해야 하는 것이다. 이 과정을 통해 대중의 이익을 정부의 행동으로 연결시켜야 한다. 따라서 민주화 이후의 정당은 유권자의 수요에 반응하는 기업가적 정당entrepreneurial party이 되어야 한다.[9] 선거경쟁이 일상화된 곳에서 정당은 다수의 표를 얻어야 의석을 획득할 수 있고, 중요한 정책결정의 방향을 설정할 수 있다. 따라서 앤서니 다운스Anthony Downs는 민주적 정당의 주요 목표는 선거에서의 승리라고 했다. 민주적 경쟁을 하는 정당은 정책을 실현하기 위해 선거에 참여한 다기보다는 선거에 승리하기 위해 정책을 개발한다.

선거에서 승리하기 위해 정당은 다수의 선호가 어디에 있는지를 알아야 한다. 성공적인 민주화를 이룬 국가들 중 대만을 비롯한 스페인, 한국과 같은 사례들은 권위주의 계승정당이 변화하는 대중의 선호가 어디에 있는가를 자발적으로 감지하고 이를 적극적으로 수용했다. 그 결과 민주화 이후에도 오랫동안 다수의 지지를 얻어 다수당을 유지할 수 있었다. 그러나 민주화는 하나의 전환기일 뿐이다. 민주화 이후에는 새로운 갈등의 출현으로 형성된 사회적 균열 선에 대해 권위주의 계승정당이 어떻게 감지하고 이를 반영하느냐에 따라 정당은 다수정당을 유지할 수도 있고, 실패할 경우 소수정당으로 전락할 수도 있다. 이 글에서는 변화 속에 있는 신생 민주주의 국가의 권위주의 계승정당이 경쟁적인 선거제도에 적응해가는 과정을 분석하는 것을 목적으로 한다. 특히 민주화의 진전에 따라 새로운 사회적 균열이 부각되었을 때 정당지도자는 기존의 정당이데올로기와 이를 어떻게 조화시켜가는가가 중요해진다. 그래서 권위주의 계승정당 중 하나인 국민당의 리덩후이 당주석 시기를

---

9 존 올드리치John Aldrich는 민주주의의 정당은 하나의 집합적인 기업collective enterprise과 같으며, 정당이 집단적으로 대표하는 것에 책임을 지는 선출직을 유지하기 위한 수단을 제공한다고 했다.

사례로 이를 검토해보고자 한다.

민주화의 문턱을 성공적으로 넘은 정당이라 할지라도 새로운 사회적 균열이 등장할 때 이 이슈에 대한 당의 입장을 제시해야 한다. 새로운 이슈에 대해 정당의 선택이 자유로운 경우 정당은 다수의 입장을 대변할 수 있지만, 이미 정당의 입장이 정해져 있는 경우에는 기존의 정당 위치를 유지할 것인가, 혹은 정당이 대표하는 집단이 소수일 경우 다수의 유권자 입장을 대변할 것인가에서 선택을 해야 한다. 그러나 새로운 이슈가 에스닉 혹은 민족 문제와 관련된 사회의 근본적인 갈등인 경우, 더욱이 권위주의 계승정당이 이미 어느 특정집단을 대변하고 있다면 그 변화의 폭은 제약을 받게 된다. 여기에서 정당이데올로기와 유권자의 위치 사이에서 선택을 하는 정당지도자의 역할이 존재하게 된다.

리덩후이 당주석 시기의 국민당(1988~2000)은 민주화 이후 정당의 변화 과정에서 정당이데올로기와 정당지도자의 역할에 대한 흥미로운 사례를 제공한다. 민주화 이후 대만 정치사회의 최대 이슈는 민주화였다. 리덩후이는 민주화를 적극적으로 추진함으로써 권위주의적인 국민당을 민주정당으로 바꾸어놓았다. 그러나 민주화가 진행된 이후 그동안 잠재되어 있던 갈등의 요소들이 수면 위로 드러나면서 국가적 정체성, 양안관계가 새로운 경쟁 이슈로 부각되었다. 이러한 이슈는 중국과의 통일을 추구하는 국민당의 핵심 이데올로기와 관련된 문제이며 민진당은 대만의 독립을 지지하는 급진적인 주장을 하고 있었다. 리덩후이는 정당이데올로기와 다른 위치인 독립으로 이동하면서 유권자의 수요에 부응하여 새로운 환경에 적응하는 데 성공했다. 그러나 2000년 선거에서 유권자들은 국민당보다 급진적인 위치의 민진당을 선택함으로써 국민당의 이러한 전략은 변화된 유권자의 요구를 담지 못해 실패하게 된다.

따라서 대만의 리덩후이 당주석 시기의 국민당을 사례로 하여 권위주의 계승정당의 정당진화 과정에 대해 살펴보고자 한다. 특히 사회적 갈등이 현저한 곳에서 이미 특정집단의 이익을 대표하고 있는 정당이 다수의 표를 획득하고자 하는 과정에서 발생하는 문제점들을 살펴본다.

정당진화 과정에서 정당지도자의 역할

정치지형의 변화와 정당이데올로기, 정당리더십

정당은 진화한다. 진화의 방향은 정체성의 확립, 조직화 그리고 안정화로 이어진다. 모든 개별 정당은 생성되고 난 이후 이러한 단계를 거쳐 발전하며 안정화의 단계로 들어서게 된다. 그러나 안정된 정당이라 할지라도 선거에서 연속적으로 패배할 경우, 그리고 그 원인이 핵심적인 이슈에서 정당의 입장이 다수 유권자의 위치와 상당한 거리가 있다고 판단할 경우에는 새로운 변화를 추구해야 한다. 즉각적인 방법은 선거에서 다수 유권자의 선호를 반영하는 정책을 제시하는 것이다. 그러나 단기적인 변화는 큰 설득력이 없으며 임시방편적이다. 다른 방법으로는 정당이데올로기를 변경하거나 정당지도자를 교체하기도 한다.

신생 민주주의 국가의 권위주의 계승정당은 민주화에 이어 사회의 새로운 요구에 부응해야 한다. 사회의 새로운 요구는 권위주의의 억압적인 통치로 인해 이슈 현저성의 면에서 하위에 놓여 있었지만 항상 존재해왔던 갈등을 반영하면서 급격하게 드러나게 된다. 민주화 직후 동구와 남미 그리고 동아시아에서 나타난 이러한 갈등은 주로 에스닉 혹은 민족주의의 형태로 나타난다. 억압적인 통치가 해체되자마자 신생 민주주의에서는 다양한 인종, 종족 그리고 민족이 소속집단의 정치적·경제적·사회적 권리의 회복을 요구하기 시작했다. 대만은 본성인本省人의 지위 회복, 대만인 정체성의 확립, 원주민의 권리 확보[10] 등과 같은 문제가 강하게 제기되었다. 이러한 갈등의 출현은 정당이 새롭게 부각된 이슈에서 정당의 위치를 재점검하도록 했다.

이 과정에서 정당은 오랫동안 당의 정체성을 규정해왔던 정당이데올로기를 유지할 것인가 혹은 변화시킬 것인가에 대한 선택을 해야 한다. 정당이데올로기는 정당이 이를 특별히 설명하지 않아도 유권자들이 핵심 이슈의 스펙트럼상에 정당이 어디에 위치하는지를 알게 해주는 기능을 하는데 이는 일시적인 선거 전략의 변화가 있다 해도 변화하지 않으며, 특히 특정 정당의 특정 이데올로기에 대한 유권자의 인식은 쉽게 변하지 않는다. 미국의 공화당이 보수를 대표하고, 민주당이 진보를 대표한다는 것은 오랜 통념처럼 되어있다. 정당이데올로기는 유권자가 지지 정당을 결정하고 충성심을 유지해가는데 지속적인 영향을 미친다. 이러한 정당이데올로기가 민주화 이후 다수의 선호와 충돌하거나 소수의 선호만 반영할 경우 정당은 의회의 다수의석을 차지하기 어렵다. 따라서 이러한 경우에 정당지도자는 정당이데올로기와의 타협을

---

10 민주화 이후 부각된 대만 사회의 핵심적인 에스닉 갈등은 ① 본성인과 외성인外省人의 갈등, ② 대만인 정체성과 중국인 정체성의 갈등이다. 그밖에 민남인과 비민남인의 갈등, 한족漢族과 원주민 간의 갈등도 나타났다.

시도한다.

그렇다면 정치적 전환기에 정당지도자는 어떠한 자질과 능력을 구비해야 하는가? 정치적 변동으로서 혁명을 연구한 제임스 번즈James Burns와 크레인 브린턴Crane Brinton은 전환의 각 단계는 각기 다른 자질을 가진 혁명지도자를 필요로 한다고 했다. 특히 브린턴은 프랑스 혁명의 연구 과정에서 각 단계마다 다른 유형의 리더십이 필요했음을 발견했다. 초기 구체제가 물러가는 과정에서는 온건한 지도자moderate leader가 혁명을 이끌어가지만 혁명이 어느 정도 진행된 이후에는 이를 더욱 적극적으로 이끌어갈 급진적인 지도자가 필요해진다. 결국 외적인 변화를 감지하고, 다수의 선호를 반영할 수 있는 자질과 능력이 전환기의 지도자에게 요구되는 조건이다.

로버트 하멜Robert Harmel과 라스 스바슨드Lars Svåsand 역시 정당 자체의 진화 과정에서 정당은 각기 다른 기술과 정향desires을 지닌 지도자를 필요로 한다고 했다. 대니얼 카츠Daniel Katz와 마거릿 허먼Margatet Hermann 등의 정당 발전론을 종합하여 제시한 정당진화와 정당리더십에 대한 이론은 정체성의 확립, 조직화 그리고 안정화의 단계로, 발전하는 각 단계에 정당지도자에게 요구되는 임무와 적합한 리더십의 유형에도 차이가 있음을 제시한다(〈표 29〉 참조). 초기 정체성 확립기에 정당지도자는 정당이 표방할 이데올로기를 결정하고, 이를 기반으로 다른 협력자들과 의사소통을 한다. 그리고 유권자들이 정당에 관심을 가지도록 해야 하며, 제도를 확립해야 한다. 여기에는 '창조자'와 '설교자' 유형의 지도자가 필요하다. 조직화의 단계는 정당 조직의 절차에 대한 개발과 이를 일상화하는 작업이 요구된다. 당원이 증가하게 되면서 업무의 위임과 조화

표 29 . 정당진화와 정당리더십

단계	핵심 목표	요구되는 임무	정당리더십
1	정체성 확립	이데올로기 적용, 메시지로 의사소통 정당에 대한 관심 끌기, 제도의 적용	**창조자와 설교자** 독창성과 창조성, 의사소통 능력, 카리스마, 권위
2	조직화	절차 개발과 일상화, 위임과 조화 선거기구 발전, 파벌 합의 구축과 유지	**조직형성자** 조직적 정향과 기술, 합의 형성 기술, 전략적 기술
3	안정화	신뢰와 독립을 위한 명성 쌓기, 메시지와 절차의 조절과 수행, 다른 정당과 관계유지	**안정유지자** 신뢰와 의존을 위한 개인명성, 행정능력, 복잡한 인간관계의 기술

• 출처: Harmel and Svåsand (1993, 75)

를 이루어야 하며 전국 단위의 선거구를 발전시키고, 파벌 간의 공동 목표를 위한 합의를 구축하고 유지해야 한다. 이 단계에서는 '조직형성자'로서의 역할이 필요하다. 마지막으로 안정화의 단계에서는 정당의 신뢰와 독립을 위한 명성을 쌓아야 하며, 초기에 제시한 메시지와 절차를 조절하고 이행하며, 다른 정당과도 소통을 통한 관계를 유지해가야 한다. 이 단계에서 필요한 정당리더십은 '안정유지자'이다. 하멜과 스바슨드는 각 단계에서 적절한 리더십이 발휘되지 못한다면 정당은 혼란을 겪게 되고, 결국 붕괴한다고 경고했다.

신생 민주주의 권위주의 계승정당은 정당진화 단계에서 보면 이미 안정된 정당이다. 오랜 권위주의 통치를 해온 정당은 견고한 정당조직과 강한 사회적 침투력을 특징으로 한다. 이러한 안정화된 정당지도자는 많은 장점을 지닌다. 첫째, 안정된 정당지도자는 상호의존적인 역할, 공동의 규범, 공동의 가치에 기반을 둔 응집력을 가지고 있다. 둘째, 조직화된 구조 속에서 정당지도자는 그 지위에 대해 공식적인 정당성formal legitimacy을 지닌다. 셋째, 이러한 지도자는 매스미디어에 대한 접근이 용이하고, 풍부한 인적·물적 자원을 보유하고 있기 때문에 다른 경쟁자들보다 유리한 위치에 있다. 따라서 카츠는 이러한 정당지도자는 이데올로기나 카리스마와 같은 자질이 필요하지 않다고 했다.

그러나 민주화라는 정치적·사회적 전환기는 새로운 사회적 요구를 수용하는 전환의 지도자를 필요로 한다. 따라서 정당지도자는 새로운 환경과 유권자의 수요에 부응하기 위한 정책을 제시해야 한다. 비록 안정된 정당의 지도자라 할지라도 이 시기의 정당지도자는 '안정유지자'의 역할 뿐만이 아니라 정당의 정체성과 이데올로기를 조율하기 위한 '창조자'와 '설교자'의 역할을 동시에 수행해야 한다. 이 경우 정당지도자의 카리스마적 자질이 다시 필요하다.

전환의 시기 정당지도자가 정당이데올로기와 정체성을 점검하는 것은 결국 선거에서 현저한 이슈에 대해 다른 정당보다 우위를 차지하기 위함이다. 민주화 이후 등장하는 인종적·종족적·민족적 이슈는 쉽게 극단적인 위치를 선택하기 어렵게 만든다. 이는 소속된 정당의 기본적인 이데올로기적 위치 때문이기도 하며 극단적인 위치를 선택할 경우 공동체의 분열을 가져올 수 있기 때문이다. 따라서 대부분의 정치지도자는 이러한 문제에 대해 '애매모호'한 입장을 취함으로써 회피하려 한다. '애매모호'함을 선택한 경우 이 선택은 정당이 표방해온 이데올로기를 유지하면서도 비교적 온건한 입장의 유권자들을 끌어올 수 있게 해준다.

그러나 정당지도자가 애매모호한 입장을 택한다는 것은 결국 기존의 정당이데올로기에서 멀어진다는 것을 의미한다. 이럴 경우 정당지도자는 다른 기회비용을 치러야 한다. 더욱이 이러한 선택이 정당이데올로기의 포기로 이어질 경우 정당의 존립 자체가 위험해진다. 이안 버지Ian Budge는 정당이 선거에서의 승리를 위해 기존에 주장해왔던 핵심 노선에서 벗어날 경우 유권자들이 그 정당을 다른 정당과 구분하기 어렵기 때문에 정당 지지를 철회할 수 있다고 했다. 또한 이러한 변화는 기존 정당의 이데올로기를 추종하는 정당의 핵심 구성원을 불안하게 한다고 경고한다. 정당이 기존 이데올로기에서 완전히 벗어나게 되면 정당 내의 기존 이데올로기 신봉자들이 탈당할 수 있으며, 유권자들의 충성심 전이가 유권자의 이탈로 이어지기도 한다. 유권자의 입장에서는 당이나 정치인이 유권자가 기대했던 이데올로기의 한계를 이탈할 경우 정당에 대한 충성을 지속할 이유를 상실하기 때문이다.

정당지도자가 유권자의 선호에 부응하여 정당이데올로기에서 지나치게 벗어났음에도 불구하고 그 정당이 다수당이 되는 것에 실패한 경우 정당은 혼란에 빠지고, 그 정당은 붕괴할 수도 있다. 따라서 정당은 이를 막기 위해 정당지도자를 대체하거나 다른 지도자로 이를 보완하기도 한다. 반면 정당엘리트의 경우 소속 정당의 이데올로기가 자신의 신념과 충돌한다고 판단할 경우 정당을 떠나 다른 정당에 참여하기도 한다. 이를 엘리트의 순환elite's circulation이라고 한다.

이와 같이 안정된 정당이라 할지라도 급격한 전환기에 유권자의 재편성을 마주하게 되는 경우 선거에서의 득표를 위해 기존에 정당이 표방해온 정당이데올로기에서 이탈하는 선택을 하기도 한다. 이제까지의 논의를 정리하면 신생 민주주의 권위주의 계승정당의 정당지도자는 민주화 이후에 등장한 새로운 이슈에 대해서 이상과 같은 선택을 하게 되며,

이는 네 단계의 적응 과정으로 정리할 수 있다.

첫째, 전환기의 정당지도자는 정당의 집권을 위해 새로운 균열의 출현을 인지하고 이를 선거에 적극적으로 반영한다. 인지하지 못하는 정당지도자는 득표의 실패로 이어지며 이는 정당의 분열과 쇠퇴로 이어진다.

둘째, 정당지도자는 현저한 이슈상에서 정당이데올로기와 유권자 사이에서 어디에 위치해야 하는가를 선택한다. 득표를 위해서는 전략적으로 유권자에 가깝게 위치해야 한다. 이 과정에서 정당 지도체제의 유형에 따라 정당지도자가 정당이데올로기에서 자유로울 수 있는 정도가 결정된다.

셋째, 개혁을 원하는 유권자는 변화를 완성해줄 수 있는 지도자를 원한다. 유권자는 이를 충족시켜줄 수 있는 정당과 지도자를 선택하며, 그 대상은 가변적이다.

넷째, 실패한 정당지도자는 대체된다. 또한 교체된 정당지도자는 다른 정당에서 자신의 이데올로기를 실현할 수 있다.

전환기의 정당지도자는 안정된 정당의 기반을 가지고 있다 하더라도 득표의 극대화를 위해서는 다수 유권자의 선호를 반영해야 한다. 이 과정에서 정당이데올로기와 다수의 유권자의 선호 간의 간극을 어떻게 좁힐 것인가가 핵심이 된다. 안정된 정당에서 지도자의 실패는 정당의 소멸이 아니라 교체로 나타난다.

리덩후이 당주석 시기의 국민당

정당이데올로기와 정당리더십 간의 조응 문제는 전환기 정당의 존립과

표 30 . 리덩후이 당주석 시기에서의 국민당과 민진당 득표율(1988~2000)

선거	연도	정당	
		국민당	민진당
총통	1996	54.0 (리덩후이/롄잔)	21.1 (펑밍민/셰창팅)
	2000	23.1 (롄잔/샤오완창)	39.3 (천수이볜/뤼수롄)
입법원	1992	50.6	33.2
	1995	46.6	33.6
	1998	46.1	29.9

* 출처: 中央選擧委員會 www.cec.gov.tw 選擧資料庫 선거결과표에서 재구성

발전을 위한 중요한 선택이다. 정치지형이 변화할 때 기존의 지지자들을 잃지 않으면서 새로운 지지자들을 끌어들이는 과정에서 정당지도자는 '안정유지자'로서의 역할과 더불어 '창조자'와 '설교자'의 역할 또한 해야 하기 때문이다. 민주화 이후 대만의 리덩후이 당주석 시기의 국민당은 이러한 적응의 성공적인 사례이다.

〈표 30〉에 의하면 리덩후이 당주석 시기의 국민당은 2000년 총통 선거 전까지 1996년 총통 선거와 1992년, 1995년, 1998년의 입법원 선거에서 높은 득표율로 승리했다. 리덩후이는 초기에 대만의 민주화를 적극적으로 수용했고, 민주화가 상당히 진전된 1990년대 중반 이후에는 당시 대만 사회에서 성장해오던 대만인 정서를 반영하여 양안관계에서 점차 독립에 가까운 입장을 취했다. 그러나 2000년 선거에서는 리덩후이가 지원한 롄잔이 보다 독립지향적인 민진당의 천수이볜 후보에게 패했다. 이는 브린턴이 지적했듯이 변화를 원하는 대중은 결국에는 변화를 완성시켜줄 급진적인 지도자를 원하기 때문이다. 리덩후이는 선거

에 대한 패배의 책임을 지고 정당을 탈당했고, 이후 자신의 이데올로기를 실현할 정당을 창당했다. 이러한 국민당의 변화 과정을 살펴보기 위해 이어지는 글에서는 민주화 이후 대만의 정치지형의 변화를 검토한 후 국민당의 정당이데올로기와 정당 위치 변화, 그리고 리덩후이의 정치 리더십을 검토한다.

민주화 이후의 사회적 변화와 국민당의 적응 전략

정치지형의 변화

리덩후이의 국민당 당주석 시기 대만의 정치지형의 변화는 민주화를 위한 정당 간의 경쟁에서 이후에는 양안갈등과 관련된 본성인과 외성인의 갈등, 국가적 정체성의 문제를 둘러싼 갈등으로 변화했다.

민주화는 1970년대부터 대만 정치경쟁에서 가장 중요한 이슈 균열로 자리 잡고 있었다. 대만의 민주화 세력은 보궐 선거를 통한 제한적인 의회활동과 〈80년대〉와 〈미려도〉라는 잡지를 통해서 대만 사회에 민주적 의식을 전파하고자 했다. 1979년 12월에 있었던 미려도 사건을 계기로 민주세력은 보다 적극적인 민주화 운동을 전개하기 시작했고, 그 성과는 1986년 민진당의 창당으로 이어졌다. 계엄하에서 민진당의 창당은 불법적인 정치활동이었으나 장징궈는 이를 승인했고, 이후 계엄 해제, 정당결성의 자유가 허용되면서 대만 사회는 빠른 민주화의 길을 걷게 되었다.

리덩후이가 당주석과 총통직을 승계했던 1988년은 이러한 변화 속에 있었다. 민진당은 정당결성 이후 정치의 민주화를 위한 적극적인 투쟁을 전개했다. 민주화가 진전되면서 그동안 보궐 선거의 형태로만 진행되던 입법원 선거가 정상적으로 부활되었고, 1992년 최초로 전국 단위의 입법원 선거가 실시되었다. 1990년대 초반부터 진행된 7차에 걸친 개헌 과정에서 직접투표가 결정되었고, 그 결과 1996년 최초로 주민이 직접 선출하는 총통 선거가 실시되었다.

정치제도가 민주화되고, 대표를 직접선거로 선출하게 되면서 민주화의 요구는 점차 사라지게 되었다. 그리고 대만에는 다양한 사회적 요구들이 분출되기 시작했다. 여기에는 본성인과 외성인의 갈등, 통일과 독립을 둘러싼 갈등, 세대 간의 갈등, 사회 경제적 갈등 등이 포함되었다.

본성인과 외성인의 갈등은 일종의 에스닉 갈등이다. 대만의 본성인은 16~17세기에 중국 대륙의 푸첸과 광둥지방에서 이주해온 한인의 후예들로서 세부 구분으로는 민남인과 객가인으로 구성된다.[11] 이들은 각각 민남어와 객가어를 사용하고 근대화 이후에도 고유의 문화를 유지해오고 있다. 외성인은 1949년 대만이 중국에서 이주해올 때 장제스와 함께 온 한인들로서 대부분이 표준 중국어를 사용한다. 국민정부는 장제스와 외성인들이 주축이 되어 통치를 했기 때문에 민주화 이전까지 본성인들

---

11 본성인과 외성인은 모두 한족이며 이들은 대만 인구의 약 98%를 차지한다. 98%의 한족 중에는 본성인이 85%, 외성인이 13%를 차지한다. 85%의 본성인은 민남인 65%와 객가인 20%로 구성되어 있다. 한족 이외의 2%의 인구는 오래전부터 대만에 거주하고 있던 원주민으로 구성된다.

은 정치와 경제의 핵심적인 영역에서 소외되어 있었다. 민주화 이후 그 동안 열등한 위치에 있던 본성인들은 그동안의 차별과 박탈되었던 권리를 회복하고자 했다.

이러한 본성인과 외성인의 갈등은 중국인인가 혹은 대만인인가의 국가적 정체성의 문제로 발전하게 되었다. 본성인과 외성인의 구분은 국민당이 이주해온 지 50여년이 지나면서 통혼을 통해 상당 부분 희석되었으며, 또한 본래 같은 한인이었기 때문에 구별의 큰 의미가 없었다. 1990년대 중반부터 대만인 정체성이 강조되기 시작하면서 에스닉 갈등은 국가적 정체성의 문제로 변화하게 되었다. 중국인 정체성은 스스로를 중국인으로 여긴다는 것으로서 대륙 중국과의 동질감을 갖는 집단들이 가지고 있는 정체성이다. 반면 대만인 정체성은 대만을 경계로 하여 그 안에서 이루어진 역사와 문화의 고유성을 중시하고, 고유의 언어를 사용하는 집단들이 지니는 정체성을 말한다. 이러한 국가적 정체성은 종국에는 중국과의 관계설정이 통일 혹은 독립에서 중요한 영향을 미치게 되었다.

국민당의 정당이데올로기

국민당은 본래 민주주의적 이념을 실현하기 위한 정당이었다. 1919년 설립 당시 국민당 설계자들은 청조를 대신할 민주적 정치제도를 수립하고자 했고, 그 과정에서 민주적 정당제도를 도입했다. 그러나 시대적인 혼란으로 인해 국회는 정상적으로 작동하지 못했고, 결국 국민당의 창설자인 쑨원孫文은 '강력한 정당으로 국가를 통치하는 것以黨治國(이당치

國)'만이 안정적인 통치를 가능하게 한다고 판단했다. 그 결과 국민당 이외에 다른 정당의 활동은 물론, 당내의 파벌도 허용하지 않았다. 이러한 강한 유일정당의 존재는 대만 이주 이후에 더욱 강화되었다. '대륙회복'이라는 목표하에서 민주적 정당경쟁은 허용되지 않았다.

'대륙회복'은 중화민국의 오랜 목표이자 국민당의 절대적인 목표이기도 했다. 장제스는 대만 이주 이후 '삼민주의 대만건설'과 '반공과 국토회복'을 핵심적인 국민당과 국가의 목표로 삼고, 이를 정치의 핵심 이데올로기로 삼았다.[12] 장징궈 또한 1982년 '삼민주의에 의한 통일정책'을 표방했다. 국민당의 모든 목표는 중국과의 통일이었으며, 이러한 국가적 목표를 이루기 위해 대만 내의 정치적 안정과 경제발전이 필요했다. 1979년 중미 수교가 체결된 이후 대만이 주도하는 국가적 통일을 이루는 것이 현실적으로 어렵게 되었지만 국민당은 중국과의 통일이라는 목표를 포기하지 않았고, 간접적으로는 중국의 민주화와 자유화를 유도한 이후의 통일을 구상하며 중국과의 경제교류를 시작했다. 리덩후이가 집권하던 시기에도 국민당은 '본토회복'과 '하나의 중국'을 완성하는 것이 여전히 당의 최고 목표이자 이데올로기였다.

한편 국민당은 중화이데올로기를 중심으로 삼았다. 대만에 이주한 이후 국민당은 대만 내에서도 다수를 점하고 있는 한족을 중심으로 중화민족의 단합을 강조했다. 1940년대 말의 대만은 에스닉의 방언을 사용함과 동시에 식민통치하에서 사용하던 일본어를 공용어로 사용하고 있

---

12 쑨원이 주창한 '삼민주의三民主義'는 '민족民族', '민권民權', '민생民生'으로 이루어져 있다. 이는 중국이 한漢민족을 중심으로 하나의 조국을 이룰 것, 인민의 권리를 보장하고 존중할 것, 인민이 경제적으로 평등한 생활을 영위하도록 할 것을 내용으로 한다.

었고, 일본문화도 여전히 남아 있었다. 국민당 정부는 사회의 통합과 효율적인 통치를 위해 북경어를 표준어로 제정하고 중국의 문화와 역사를 보급하기 시작했다. 그러나 1972년 중미 수교 이후 중화민국의 위상이 국제사회에서 추락하게 되면서 국민당의 이러한 문화정책도 도전받게 되었다. 또한 1970년대 추진되기 시작한 대만화와 자유화의 변화 속에서 대만의 언어와 문화, 역사를 중시하는 대만 민족주의가 조금씩 성장하기 시작했다.

민주주의를 표방했으나 실질적으로는 권위주의 일당독재를 실시해왔던 국민당은 민주화 과정에서 본래의 민주적 요소를 회복해가기 시작했다. 장징궈는 정부의 요직과 국민당에 본성인 출신 인사들을 기용하고, 언론의 자유와 정당의 결성을 허용하면서 민주적인 정당체제를 확립하는 데 기여했다. 장징궈의 뒤를 이은 리덩후이는 1990년대 초 야당세력의 참여를 허용한 가운데 헌정개혁을 단행함으로써 민주적 개혁을 완성했다. 이러한 국민당의 적극적인 변화는 오랫동안 권위주의 통치를 이끌어왔던 국민당을 민주주의를 주도하는 정당으로 인식하도록 만들었다. 〈표 31〉의 1994년부터 2000년까지 실시된 여론조사에 의하면 대부분의 유권자들이 원하는 민주적 개혁의 정도에 있어서 국민당이 가장 가깝다고 인식하고 있다.

한편 민주화가 진행되면서 등장한 대만인 정체성은 양안관계를 어떻게 설정할 것인가에 대한 태도를 결정한다. 국민당은 오랫동안 중화민족주의를 보급해왔고, 중국과 대만은 본래 하나의 뿌리임을 강조해왔다. 그러나 대만인 정체성의 확산은 대만을 중국과 다른 독립적인 체제로 보고, 대만의 역사와 언어, 고유한 문화를 강조하는 대만 민족주의를

표 31 정치적 핵심 이슈에 대한 유권자의 위치와 정당의 거리(1994~2001)

| 연도 | 국민당 | 유권자 | 국민당 탈당 구성원이 설립한 정당 | | | 민진당 |
			신당	친민당	대연	
민주화(개혁/안정)						
1994	0	7.3	−2.4			−3.7
1996	−0.2	7.0	−1.4			−3.2
1997	−0.7	7.6	−2.3			−3.3
1998	−0.7	7.2	−2.1			−3.2
2000	−0.2	7.2	−1.6	−1.3		−2.8
2001	−0.6	7.3	−1.6	−1.2	−2.5	−2.6
양안관계(독립/통일)						
1994	+1.8	5.0	+1.5			−2.0
1996	+1.0	5.1	+1.4			−3.1
1998	+1.5	5.0	+2.2			−2.7
2000	+1.1	5.3	+1.9	+1.7		−2.1
2001	+2.1	5.1	+2.5	+2.1	−2.5	−2.5

- 출처: 盛杏援, 陳義彦(2003) 表3 民衆以及民衆所認知的政黨在各項議題上的立場(1994~2001)을 재구성.
- 유권자 항목은 측정된 값의 평균값이며, 유권자 이외의 정당 값은 정당의 평균치에서 유권자의 평균치를 뺀 값이다(유권자 응답: 개혁 중요 0, 안정 중요 10, 빠른 독립 0, 빠른 통일 10).

확산시켰다.[13] 이러한 사회적 변화는 중국과의 통일이라는 오랫동안 의심해오지 않았던 국가적 목표를 다시 점검하도록 했다. 리덩후이 시기의 국민당은 중국과의 통일이라는 목표를 포기하지는 않았으나 리덩후

---

13 1970년대 말의 정치개혁운동은 대만 주민에게 자주, 자결, 독립의식을 일깨워주었고, 이러한 정치적 각성이 문화계로 옮겨가면서 대만 역사에 대한 연구가 활발해졌다. 대만 역사에 대한 연구는 중국 역사와 문화의 일부로 다루어졌던 대만의 역사와 문화를 분리하는 것으로 이 과정에서 대만 민족주의가 보다 구체화되었다. 1995년에는 '대만역사학회'가 창립되었고, 1997년에는 중학교에 대만 역사 과목이 신설되었다. 교재로 사용된 《인식대만》은 최초의 대만 역사 교과서로 대만의 주체적인 역사 해석이 담겨 있다.

이는 '신대만인'이라는 용어를 대중화시키고, 총통의 신분으로 미국을 방문했으며, '양국론'을 발표함으로써 대만의 독립된 주체의식을 고양시켰다. 이로 인해 국민당은 비록 중국과의 통일을 추구하기는 하나 양안관계에서 유권자들의 위치와 가까운 평가를 받게 되었다. 〈표 31〉에 의하면 국민당은 유권자의 평균치보다는 중국과의 통일을 추구한다는 평가를 받았지만 신당이나 친민당보다 유권자에 가까우며, 또한 반대편에서 독립을 추구하는 민진당보다 유권자와의 거리가 가까움을 볼 수 있다.

정당지도자 리덩후이

안정된 구조 속, 안정된 정당의 지도자는 사실상 정당지도자 개인의 신념이나 이데올로기가 크게 중요하지 않다. 그러나 전환기의 '창조자'와 '설교자'의 역할을 동시에 수행해야 하는 정당지도자는 정당의 정체성과 이데올로기를 새롭게 점검하고 이를 조율하는 역할을 수행한다. 권위주의적이고 중화민족주의를 표방하던 국민당이 민주적이고 대만 민족주의를 수용하는 정당으로 변화하게 된 것은 이를 이끌었던 당주석의 역할이 있었기 때문이다.

리덩후이는[14] 1988년 장징궈의 뒤를 이어 제7대 중화민국 총통직을 승계했고, 1990년 3월 국민대회 간접선거로 제8대 총통에 선출되었다.

---

14 리덩후이(1923~)는 본성인이며, 일본 식민통치기에 일본 쿄토대학에서 수학하다가 광복을 맞아 국립대만대학 농업경제학과에 편입했다. 이후 코넬대학에서 농업경제학으로 박사학위를 받았다. 그는 행정원 정무위원으로 농정 부문을 주관하게 되면서 정계에 입문했다. 대북 시장(1978~1981), 대만성장(1981~1984)을 역임했고, 1984년 부총통에 임명되었다.

표 32 ▫ 리덩후이 당주석 시기 국민당의 변화와 주요 선거

	1988~1993	1993~1999	1999~2001
리덩후이의 위치	총통, 국민당 주석		
국민당의 분당 (신당 창당 연도)	국민당	국민당 신당(1993)	국민당, 신당 친민당(2000)
주요 선거	1992년 입법원 선거	1995년 입법원 선거 1996년 총통 선거 1998년 입법원 선거	2000년 총통 선거
핵심 이슈	민주화 국가적 정체성	양안관계 국가적 정체성 부패	양안관계 국가적 정체성 부패

1996년 3월에는 국민 직접선거에 의해 제9대 총통에 선출되었다. 리덩후이는 총통직에 있던 1988년부터 2000년 5월 국민당을 탈당할 때까지 12년간 국민당의 당주석이었다. 리덩후이 당주석 시기에는 국민대회 간접선거를 포함한 세 번의 총통 선거와 세 번의 입법원 선거가 실시되었다(〈표 32〉 참조). 리덩후이는 총통이었지만 당주석으로서 모든 선거를 이끌었다.

국민당의 당주석은 실질적으로 당내 최고의 권력기관이다. 당내 핵심 권력기관으로 중앙위원회와 상무위원회가 당 강령에 명시되어 있다. 그러나 당의 핵심 사안에 대해 당주석과 중앙위원회 구성원들만이 모임의 의제를 제시할 수 있으며, 상무위원회는 정책결정의 핵심으로 명시되어 있긴 하지만 중앙위원회가 결정한 것을 승인하는 역할만 한다. 더욱이 중앙위원회 위원과 상무위원회 집행위원을 당주석이 임명하기 때문에 결과적으로 당주석이 모든 실권을 가지고 있다.[15] 이러한 의사결정의 구

---

15 국민당의 조직과 당 강령에 대해서는 http://www.kmt.org.tw 참조.

조는 당주석이 오랫동안 강력한 권한을 행사할 수 있도록 했다. 리덩후이는 또한 총통직을 겸하고 있었다. 본래 중화민국 헌법에는 총통과 행정원장이 동등한 권한을 가지고 있었으나 1990년대 초의 헌정개혁 과정에서 리덩후이는 총통의 권한을 행정원장보다 강화시켰고, 1993년에는 국가안전보장회의를 총통의 산하에 배치함으로써 그 권한을 더욱 강화시켰다.

안정된 정당의 강력한 권한을 지닌 당주석으로서 리덩후이는 1993년 당내 보수파인 하오보춘이 행정원장직을 사임한 이후 본격적인 리더십을 발휘했다. 그러자 그의 독주에 반발한 일부 위원들은 국민당을 탈당하여 1993년 신당을 결성했다. 신당은 리덩후이의 국민당이 멀어지고 있던 중화민족주의의 수호, 대만 독립의 반대, 중국공산당에 대한 반대를 표방했다. 이러한 탈당과 창당은 2000년 대선을 앞두고 또다시 발생했다. 국민당의 2000년 총통 후보 지명 과정에서 패한 쑹추위가 당의 결정에 반발하여 무소속으로 출마했고, 선거가 끝난 이후에 친민당을 창당했다. 친민당은 모든 집단과 이익을 포괄하는 전국 정당을 지향했으나 통일 문제에서는 국민당보다 통일에 더 가까웠다.[16]

이러한 정당엘리트의 탈당과 창당의 주요 원인은 당주석인 리덩후이와 탈당을 선택한 정치엘리트 간에 통일과 독립의 문제에 관한 이데올로기적 차이가 극명했음을 알 수 있다. 당주석의 권한이 막강한 가운데 리덩후이는 장징궈와는 확연히 다른 지도자였다. 무엇보다 그는 본성인이며, 강한 대만인 정체성을 보유하고 있었다. 민주화 이후 대만인 정체

---

16   친민당의 조직과 당 강령에 대해서는 http://www.pfp.org.tw 참조.

성이 확산되는 가운데 통일 문제에서 리덩후이의 점진적인 전환은 당내외성인 출신의 통일지향적인 정치엘리트와 충돌할 수밖에 없었다. 강한 당주석 아래에서 이들이 선택할 수 있는 것은 탈당이었다.

국민당의 변화를 이끈 리덩후이에 대한 평가는 다양하다. 1995년의 양안위기와 1997년의 '양국론'이 문제될 때에는 '문제아'라는 평판을 들었지만 민주주의와 민주적 제도를 성공적으로 안착시킨 것에 대해서는 '국부' 혹은 'Mr. Democracy'라는 호칭을 가져다주었다. 리덩후이를 추종하는 사람들은 '리덩후이 신드롬'이라는 용어로 그의 정치적 영향력을 높게 평가하기도 한다. 그 스스로는 자신을 로마의 통치하에 있던 이스라엘 민족을 이끌고 나온 성서의 모세라고 칭하기도 했다.

정치지형과 정당리더십의 변화

이 장에서는 앞에서 제시한 정당진화의 네 가지 과정에 대한 이론적 분석 틀을 바탕으로 리덩후이 시기 국민당의 진화 과정을 리더십 역할의 측면에 초점을 두어 분석한다.

전환기 새로운 균열의 출현과 리덩후이의 적응 전략

민주화 직후 국민당의 리덩후이는 민주화를 위한 제도 개혁을 적극적으로 추진했다. 1990년 제8대 총통에 선출된 이후 그는 '동원감란시기動員戡亂時期'라는 임시조항을 철폐하기 위해 국민당 원로들을 설득했다. 임시

조항을 폐지하는 것은 그동안 정지되어 있던 입법위원 선거를 재개하는 것이며, 이는 종신위원들이 스스로 입법위원 직위을 내놓으라는 의미였다. 리덩후이는 600여 명에 달하는 종신위원들을 찾아가 스스로 사퇴해 달라고 요청했다. 결국 1991년 국민대회에서 법안이 통과되면서 '동원 감란시기' 조항은 폐지되었다.

리덩후이 임기하에서 1991년 시작된 헌정 개혁은 임기 내인 1999년 5차 개헌까지 이어졌다. 헌정 개혁 과정에서 가장 큰 성과는 입법위원 선거를 정상화하고, 국민대회에서 간접선거로 선출하던 총통직을 대만 주민의 직접선거로 뽑는 것이었다. 당시 국민당 내에서는 반대하는 목소리가 높았다. '당이 곧 국가이다'라는 사고방식이 여전히 팽배한 가운데 총통은 당 내부 인사 중에서 선출해야 한다는 강한 반대의 목소리가 있었다. 그러나 리덩후이는 이를 관철했다.

1993년에는 1992년 실시된 입법원 선거의 결과가 당의 기대에 미치지 못하자 하오보춘이 이에 대한 책임을 지고 행정원장직을 사임했다. 당내 보수파가 물러나면서 리덩후이는 강력한 조직을 바탕으로 실질적인 역할을 하기 시작했다. 그는 민주 개혁을 성공적으로 실현하기 위해 헌정 개혁 과정에 민진당 인사들과 다른 외부 인사들을 참여시켰다. 이와 같은 민주화를 위한 리덩후이의 노력은 국민당 지지자들로부터 국민당이 민주정치를 실현시키는 데 공헌했다는 평가를 가져왔다.

〈표 33〉의 1992년 입법원 선거 직후 실시된 여론조사에서 국민당 지지자와 투표자들은 국민당이 보수적이라고 평가하는 응답자가 가장 많긴 하나 민주정치에 공헌하고, 인민의 복지에 힘쓴 정당이라고 평가하고 있다. 지지 정당이 없는 경우에도 민진당 지지자들보다 국민당이 민

표 33 _ 주요 정당 투표자와 지지자의 국민당에 대한 이미지

	국민당		민진당		지지 정당 없음
	지지자	투표자	지지자	투표자	
보수적	191(38.3)	231(34.5)	45(32.1)	110(40.6)	215(34.0)
완고함	15(3.0)	25(3.7)	13(9.3)	19(7.0)	36(5.7)
비타협적	11(2.2)	15(2.2)	12(8.6)	23(8.5)	32(5.1)
제멋대로임	6(1.2)	18(2.7)	30(21.4)	39(14.4)	34(5.4)
균형적	13(2.6)	18(2.7)	2(1.4)	5(1.8)	18(2.8)
인권보장	30(6.0)	36(5.4)	2(1.4)	5(1.8)	21(3.3)
민주정치에 공헌	100(20.0)	107(16.0)	8(5.7)	15(5.5)	53(8.4)
인민의 복지에 힘씀	83(16.6)	100(14.9)	9(6.4)	20(7.4)	54(8.5)
기타	50(10.0)	126(18.6)	19(13.6)	40(14.5)	169(26.7)
합	499(100.0)	676(100.0)	140(100.0)	276(100.0)	632(100.0)

● 출처: 選擧行爲與台灣地區的政治民主化從第二屆立法委員選擧探討(1992)의 교차분석 (n=1523)

주정치에 공헌한 정당이라는 평가가 좀 더 높았다.

통일과 독립의 문제

1993년 이후 당내 주도권을 확보한 리덩후이는 통일과 독립의 문제에
서 점차 독립의 방향으로 나가기 시작했다. 1994년 4월 리덩후이는 일
본 저널리스트인 시바 료타로와의 인터뷰에서 국민당을 '외래' 정권이
라고 표현했으며 스스로를 로마의 핍박에서 유대인들을 이끌고 나온
모세라고 칭했다. 또한 '대만인으로 사는 비애'라는 표현을 사용했다.
1996년 총통 선거를 앞두고 이러한 변화는 더욱 가속화되었다. 리덩후
이는 중국의 경고에도 불구하고 총통 자격으로 미국을 방문했으며, 모

교인 코넬대에서 연설하는 가운데 중국과 대만을 '국제적으로 동등한 합법적인 두 개의 체제가 공존'하는 상태라고 밝혔다. 이로 인해 양안위기가 발생했으나 리덩후이는 1996년 총통 선거에서 54%의 높은 득표율로 총통에 당선되었다.

리덩후이는 대만 민족주의와 대만인 정체성을 확장하는 데도 기여했다. 1997년 최초로 중학교에 《인식대만》이라는 제목의 대만 역사 교과서를 사용하도록 했으며, 1998년 타이베이 시장 선거에서는 국민당 후보인 마잉주를 지원하면서 '신대만인'이라는 용어를 공식석상에서 제시했다. '신대만인'이란 '대만에서 자라고 대만에서 수확된 곡식을 먹은 사람'이라는 뜻으로 출생지가 어디이건 관계없이 대만에서 생활하는 사람에게는 그 칭호가 주어진다는 것이다. 후보인 마잉주가 홍콩 출신이었는데 대만에서 자라고 수확한 곡식을 먹었으므로 신대만인이라는 의미였다.

양안관계는 1995~1996년의 양안위기가 가라앉으면서 안정을 되찾고 있었다. 양안 간의 경제교류는 빠른 속도로 증가하고 있었고, 정치적 의제가 포함된 '쿠왕회담'이 예정되어 있었다. 그러나 회담을 3개월 앞둔 1999년 7월 리덩후이는 사실상 대만의 독립적인 지위를 선언하는 '양국론'을 발표했다. 이는 양안뿐만 아니라 국제적으로도 큰 파문을 가져왔고, 미국은 리덩후이의 독자적인 행동에 불쾌감을 표시했다. 그러나 리덩후이는 여기에서 물러나지 않았다. 양안 경제교류에 대해서도 1997년 '서두르지 말고 인내하라'는 방향을 제시하면서 교류에 제동을 가했다. 대만 정부는 불법적인 교류를 엄하게 처벌했고, 대중국 투자액도 제한했다.

정당이데올로기와 유권자의 위치 선택

리덩후이의 독립지향적인 행보는 국민당 본래의 입장보다는 대만인 정체성이 확산되고 있던 유권자의 입장에 더 가까운 것이었다. 대부분의 대만인 유권자들이 양안의 현상 유지를 원하고 있었지만 대만 사회에서는 대만인의 주체의식이 성장하고 있었고, 또한 중국의 위협이 없다면 대만의 독립을 원한다는 유권자들이 증가하고 있었다. 이는 대만 유권자가 양안의 위기상황이 통제가 가능하다면 대만인 주체성을 확립하고 독립적인 대만의 지위를 추진하는 것을 선호함을 의미한다. 따라서 득표를 위해서는 통일보다는 독립을 주장하는 것이 더 유리했다.

그러나 득표를 위해 전략적으로 유권자에 가깝게 위치할 경우 정당이데올로기를 중시하는 당내 핵심 당원들을 상실할 수 있다. 이들은 정당지도자가 정당이데올로기에서 상당히 이탈했다고 판단했을 때 소속 정당을 떠날 수도 있다. 리덩후이에 반대하던 세력은 소멸되거나 당에서 추방되었으며 일부는 탈당했다. 하오보춘을 중심으로 하는 보수파들은 당내에서 세력을 잃었고, 리덩후이의 독재를 거부하며 당내 민주화를 요구하던 파벌인 신국민당연선新國民黨連線은 당에서 추방되었다. 그리고 리덩후이의 독립행보에 반대하는 비교적 통일을 주장하는 세력들은 탈당하여 각각 신당과 친민당을 수립했다.

1990년대 초 리덩후이의 민주화와 대만화의 추진은 결국 국민당 내의 기득권 세력에 대한 도전이었다. 그러자 당내의 반리덩후이 세력은 결국 탈당을 선택했다. 탈당한 입법위원들은 자오사오캉趙小康을 당주석으로 하여 신당을 설립했다. 신당은 '반부패정치'와 '반독립주의'를 제창

하며 스스로 정통 국민당을 계승했다고 설명했다. 국민당의 전통 지지자 중 외성인과 군인, 관료 등이 신당의 지지자로 이동하면서 국민당은 일부 지지표를 잃게 되었다. 또한 2000년 총통 선거 캠페인 과정에서 유력한 총통 후보자였던 쑹추위가 후보 경선에서 지명되지 못하자 탈당을 선택하면서 국민당은 또다시 분열되었다.

당내 반대세력들이 대화와 타협을 택하지 않고 탈당한 것에는 막강한 당주석의 권한에 도전할 수 없었기 때문이다. 앞에서 설명했듯이 국민당은 강한 당주석의 권한과 위계질서를 특징으로 한다. 리덩후이는 민주적 개혁 과정에서 당내 반대파들을 제거했고, 이들이 핵심 요직에서 물러나면서 절대적인 권위를 획득했다. 신당을 창당한 자오사오캉은 1993년 당주석 공천 과정에서 주류파가 민주적 선거방식을 채택하지 않자 이에 반발하여 탈당했다. 2000년 총통 선거를 앞두고 탈당한 쑹추위는 리덩후이가 총통 선거의 후보를 당내 경선방식으로 결정하지 않고 지명으로 처리한 것에 반발하여 탈당했다.

2000년 총통 선거의 실패

1996년 재선에 성공한 후 80%에 달했던 리덩후이의 지지도는 1998년에는 40%로 하락했다. 경제는 꾸준히 상승하고 있었지만 1997년 양안 교역을 제한한 이래로 경제인들의 불만이 상승하고 있었고, 또한 정치적 부패의 문제가 중요한 쟁점으로 떠오르기 시작했다. 리덩후이는 집권 초기에 당내 보수파들을 제거하고 자신의 세력을 모으기 위해 공공연히 지방 조직폭력배의 지원을 얻고, 매표행위를 통해 선거에서 유리

표 34 ▪ 리덩후이에 대한 여론조사(1998, %)

문항	매우 동의	동의	동의하지 않음	절대 동의 못함	기타
리덩후이를 무조건 지지 (대만인 최초 총통이므로)	6.9	36.0	40.2	6.8	10.2
	42.9		47.0		
리덩후이 반대자들은 반대를 위한 다른 목적이 있음	2.9	22.5	49.7	5.2	19.6
	25.4		54.9		
리덩후이가 또 한 번 총통을 해야 함	1.9	13.0	55.8	13.8	15.5
	14.9		69.6		
리덩후이 비판자는 대만을 위한 그의 진정성을 이해 못함	3.9	31.2	37.5	6.0	21.3
	35.1		43.5		

- 출처: 〈政治體系變遷與選擧行為: 民國八十七年第四屆立法委員選擧之分析〉(1998) (n=1357) 설문항은 다음과 같다. "리덩후이는 최초의 대만인 총통이다. 따라서 모든 사람들은 그를 당연히 지지해야만 한다", "리덩후이 총통을 비방하는 자들은 다른 속셈이 있는 사람들이다", "리덩후이가 계속 총통직을 유지해야만 대만의 앞날이 있다", "과거 많은 사람들이 리덩후이의 언행을 비판했는데 그들은 그가 대만을 위해 최선을 다한 것을 이해하지 못한 것이다".

한 위치를 만들어 자신의 세력을 충원했다. 이러한 정치적 부패의 문제가 1990년대 말에는 정치사회의 중요한 문제로 부상했다. 이로 인해 리덩후이에 대한 지지는 하락하고 있었고, 〈표 34〉의 1998년 실시된 여론조사에서도 리덩후이에 대한 비판적인 시각이 상당히 확산되어 있음을 볼 수 있다.

리덩후이에 대한 지지도가 하락하는 가운데 민진당의 천수이볜이 총통 후보로 출마했다. 본성인인 천수이볜은 미려도 사건의 재판 과정에서 변론을 맡으면서 민주인사로 부각되었고, 입법위원과 타이베이 시장을 거치면서 개혁적인 정치인으로 인식되었다. 또한 국민당을 탈당하여 무소속으로 출마한 쑹추위는 리덩후이가 내세운 국민당의 롄잔보다 대중적 지지도가 높은 인물이었다. 총통 선거가 3명의 후보 간의 경쟁으로 치러지는 가운데 대만의 유권자들은 민진당의 천수이볜을 택했다. 쑹추위가 뒤를 이어 2위, 롄잔은 3위였다.

롄잔의 패배에 대해서는 국민당의 부패, 후보의 분열과 같은 국민당이 초래한 원인이 지적되기도 하지만 본성인 출신의 후보, 대만 독립의 주장, 천수이볜의 정치적 능력 등 민진당의 우월한 요소를 핵심 원인으로 주목하기도 한다. 결과적으로 대만의 유권자들이 리덩후이보다 더 극단적으로 대만 독립을 주장하는 민진당의 후보를 선택한 것은 천수이볜을 유권자들이 요구하는 변화를 완성시켜줄 수 있는 지도자로 판단했기 때문이다.[17] 브린턴이 지적한 것처럼 변화가 어느 정도 지속되면 유권자들은 이 변화를 완성시켜줄 보다 급진적인 지도자를 선택하게 된다. 유권자는 이를 충족시켜줄 수 있는 정당과 정당지도자를 선택하며, 그 대상은 가변적이다.

정당엘리트의 순환

정당은 정당지도자가 중요한 선거에서 실패할 경우 정당지도자가 정당

---

17 2000년 총통 선거에서 민진당이 승리한 원인에 대해 본문에서 지적했듯이 국민당 후보의 분열을 강조하기도 하고, 민진당의 우월한 능력을 강조하는 다양한 시각이 존재한다. 그러나 당시 대만 유권자들 간에는 대만인 정체성이 빠르게 확산되고 있었고, 이를 바탕으로 대만 독립에 대한 긍정적인 시각도 확산되고 있었다.

의 발전단계에 적합하지 않다고 판단하여 지도자를 대체하거나 다른 지도자로 이를 보완한다. 리덩후이 집권 중반에는 당내에서 통일 지지세력과 독립 지지세력 간의 갈등이 있었다. 리덩후이를 중심으로 한 독립 지지세력은 외성인이 중심이 된 통일 지지세력과 대립했다. 특히 '통독 문제'가 등장할 때면 독립 지지세력은 통일 지지세력에게 '대만을 중국에 팔아넘기려는 세력賣臺(매대)'이라고 비난했으며, 통일 지지세력은 독립 지지세력에게 '대만 독립을 시도하는 세력獨臺(독대)'이라고 공격했다. 이러한 갈등은 2000년 총통 선거에서 국민당이 패하자 폭발했다. 리덩후이가 실질적으로는 막후에서 민진당을 지원했다는 이야기가 퍼지면서 당내의 통일 지지세력의 심각한 반발에 부딪혔다. 결국 리덩후이는 총통 선거 직후 주석을 사임하고 국민당을 탈당했다.

리덩후이가 탈당한 이후 롄잔은 국민당 주석을 이었다. 롄잔은 리덩후이 이전의 국민당으로 회복하기 위해 국민당이 '리덩후이로부터 탈피去李登輝(거이등휘)'하고 '법통法統'을 회복하고자 했다. 그는 국민당 역사에서 리덩후이 주석 12년을 삭제하자고 주장했다. 롄잔은 리덩후이가 주장한 '양국론' 대신 '국통강령'을 재확인하고, 중국과 통일을 지향하는 당의 입장을 재확인했다. 리덩후이가 탈당한 국민당은 본래 중국과의 통일 위치를 다시 회복했다.

엘리트 순환론에 의하면 정당엘리트는 소속한 정당의 이데올로기가 자신의 신념과 충돌할 경우 정당을 떠나 다른 정당에 참여한다. 리덩후이의 탈당은 선거실패에 대한 책임이었지만 그로서는 개인적인 신념이라 할 수 있는 대만 독립의 문제를 더욱 자유롭게 주장할 수 있는 새로운 기회를 얻은 것이다. 리덩후이 지지세력도 국민당을 탈당하여

2001년 8월 황주원黃主文을 주석으로 하고 리덩후이를 정신적인 지주로 하는 대연을 결성했다.

대연은 이데올로기적으로 대만 독립을 강하게 표방하고 있다. 따라서 독립과 관련된 대만의 국내외적인 단일 국가정체성의 확보, 과거사 청산 문제, 정명운동 등에 있어 당의 분명한 입장을 보이고 있다. 대연의 이러한 행보는 당의 실질적인 지도자이자 독립지향적인 리덩후이의 이데올로기를 대표한다.[18]

대만의 독립 문제에서 유사한 위치에 있는 리덩후이와 민진당의 관계는 오랫동안 국민당 내의 통일 지지세력으로부터 의심을 받았다. 리덩후이는 1990년대 초 총통의 권한 강화를 위해 민진당의 도움이 필요했고, 민진당은 입법원의 권한 강화를 위해 헌정 개혁 과정에서 리덩후이와 협력했다. 또한 리덩후이는 민진당이 정당으로 자생할 수 있도록 하는 과정에서 중요한 역할을 했다. 미려도 사건으로 인해 구속되었던 민진당 인사들을 사면했으며, 민진당이 운영될 수 있도록 정당 운영자금을 보조해주는 법안을 통과시켰다. 이렇듯 리덩후이가 민진당과 협력할 수 있었던 원인은 리덩후이와 민진당이 독립을 대만 정치의 가장 중요한 목표로 간주하고 있었다는 공통점 때문이다.

2002년 대만에서는 본토화 운동의 하나로 대만 정명운동이 공식적으로 시작되었다. 2002년 5월 약 2만 명이 참석한 정명을 위한 시위에서 리덩후이는 대만을 자신의 국가로 인정하는 사람은 '신대만인'이며, '대만은 중국의 한 성省이 아닌 독립된 주권국가'라고 주장했다. 다음해

18 대연의 조직과 강령은 http://www.tsu.org.tw 참조.

2003년 9월에 있었던 대만 정명 대시위에는 약 15만 명이 참가했는데 여기에서 리덩후이는 "대만은 잠시 국가의 이름을 중화민국에 빌려주었을 뿐 (…) 대만 인민의 소유이다"라는 연설을 통해 정명의 필요성을 강조했다. 2004년 12월에는 대연의 주최로 정명을 위한 시위가 열렸고 여기에는 약 10만 명이 참여했다. 2004년 총통 선거를 앞두고 2·28사건을 기념하고 대만 독립을 주장하기 위한 행사인 '2·28 수호대만행사'가 민진당 주최로 전개되었다. 이는 '2·28사건'을 기념하는 행사로 기획되었지만 중국의 미사일 위협에 대해 대만을 보호한다는, 즉 독립적인 대만을 지향한다는 의미도 있었다. 이 행사에 리덩후이는 천수이볜 총통과 손을 잡고 행사에 참여했고, 대연의 당주석인 황주원은 행사에 앞서 대만은 하나의 독립된 정치체제라고 주장했다.

정당이데올로기와 정당리더십

권위주의 계승정당인 국민당은 대만 민족주의와 대만인 정체성이 확장되는 새로운 사회적 균열에 대해 다음과 같은 적응의 모습을 보여준다. 첫째, 정당의 집권을 위해 정당지도자는 새로운 균열의 출현을 인지하고 이를 선거에 적극 반영해야 한다는 점에서 리덩후이는 성공적이었다. 리덩후이는 민주화를 적극적으로 이끌었으며, 양안관계에서도 점차 독립을 지향하는 현상 유지의 입장을 제시함으로써 다수 유권자의 지지를 얻었다. 리덩후이는 사회적 변화에 적극적이고도 반응적이었으며 유권자가 원하는 것을 정치경쟁의 장으로 끌어들였다.

둘째, 민주화 이후 등장한 통일과 독립의 문제는 대만의 선거에서 가장 현저한 이슈였다. 대부분의 유권자는 현상 유지를 원하지만 대만의 안보가 보장된 상황에서는 점차 대만의 독립을 원하는 유권자들이 증가하고 있었다. 리덩후이는 양안관계에서 '통일 → 현상 유지 → 독립'의 위치로 변화함에 따라 선거 때마다 다른 입장을 보여주었고, 이는 정당이데올로기와 유권자 사이에서 점차적으로 '정당이데올로기 → 유권자'로 이동하는 형태가 되었다. 국민당은 강력한 정당리더십을 특징으로 한다. 따라서 리덩후이는 집단 지도체제하의 정당지도자보다 정당이데올로기에서 쉽게 멀어질 수 있었다. 리덩후이는 초기에 '안정유지자'인 실무형task-oriented 지도자로 평가받았으나 이후 '창조자'인 카리스마형 지도자로 평가받고 있는데 이는 그가 통일지향적인 국민당의 정당이데올로기와는 정반대 방향인 대만 독립을 주장했기 때문이다. 그러나 이 과정에서는 리덩후이는 버지가 경고한 정당의 분열을 가져왔다. 1993년에는 보수파들이 탈당하여 신당을 창당했고, 2000년 총통 선거 직전에는 통일지향적인 쑹추위가 탈당하여 친민당을 창당했다.

셋째, 2000년 전후로 대만에서는 대만인 의식이 급격하게 성장하면서 대만의 주체성과 자주성을 중시하는 유권자들이 증가하고 있었다. 리덩후이는 유권자들의 이러한 요구를 충족시켜왔던 비교적 온건한 지도자였다. 그러나 2000년 유권자들은 리덩후이가 지지하는 렌잔 대신 이러한 요구를 완성시켜줄 급진적 지도자인 천수이볜을 택했다.

마지막으로, 리덩후이는 2000년 총통 선거의 실패로 국민당 내에서 책임을 지게 되었다. 리덩후이는 국민당을 탈당한 후 대연을 창당했고, 대만 독립이데올로기를 주장하는 정당 활동을 지속해오고 있다.

민주화 이후에 드러나는 갈등이 급작스럽게 다가온다는 점과 권위주의 계승정당은 상대적으로 안정된 정당구조를 가지고 있고, 이미 사회에 깊은 뿌리를 내리고 있다는 점에서 국민당이 새로운 방향으로 적응한다는 것은 용이한 일이 아니었다. 그럼에도 불구하고 국민당은 2000년까지 성공적인 적응을 보여주었는데, 여기에는 정당이데올로기와 충돌하면서까지 정당의 변화를 감행했던 리덩후이의 리더십이 있었다. 아이러니하게도 이러한 리더십은 권위주의 시절 강화해놓은 절대적인 당주석의 권한 때문에 가능한 것이었다. 만약 정당 지도체제가 집단적 의사결정구조를 가지고 있었다면 이와 같은 급격한 변화도 불가능했을 것이며, 신당과 친민당의 분당은 발생하지 않았을 것이다. 그러나 결국 리덩후이의 선택도 한계를 보여주고 있다. 리덩후이는 대만 독립을 주장하고 대만인 정체성을 강조해도 천수이볜의 주장과는 같을 수 없다. 유권자들은 변화를 완성해줄 보다 급진적인 지도자를 선택했고, 여기에서 국민당의 이데올로기적 이동의 한계점이 드러난다. 이 논문에서 제시된 정당 적응의 과정은 권위주의 계승정당 뿐만이 아니라 급격한 사회적 변화를 경험하는 민주적 경쟁구조 속의 모든 정당에게도 적용할 수 있을 것이다.

3

인터넷과 정당정치, 그리고 사회적 자본[19]

인터넷의 보급과 정당정치의 변화

인터넷의 보급은 시민적 참여의 확산을 가져오고 그 결과 정당정치의 쇠퇴로 이어질 것인가? 일찍이 정당 쇠퇴론자들은 이익단체나 시민운동이 정당의 의제설정과 대중동원 기능을 대체하면서 정당이 쇠퇴한다고 지적했다. 정보통신기술ICTs의 발전으로 인한 인터넷의 보급과 확산은 시민사회의 의제설정 기능과 대중동원을 기술적으로 더욱 용이하게 해주고 있다. 따라서 이러한 추세라면 민주주의 국가에서 높은 인터넷의 보급은 시민의 정치적 참여를 더욱 확대하고 나아가 정당의 기능을 일부

---

19 이 장은 〈인터넷, 정당정치 그리고 사회적 자본: 대만사례를 중심으로〉라는 제목으로《평화연구》제19집 2호 (2011)에 게재되었다.

대체할 것이라는 전망을 해볼 수 있다. 그러나 모든 사례가 이러한 전망을 만족시키지는 않는다. 한 예로 대만은 높은 인터넷 보급률과 민주적 정치체제를 갖추고 있지만 정치적 의제설정과 대중동원에서 여전히 정당의 역할이 강하게 나타난다. 이러한 현상을 어떻게 설명해야 하는가?

인터넷의 보급과 확산은 정치적 영역에 새로운 변화를 가져오고 있다. 인터넷은 일반 시민이 정치적 참여를 하기 위한 여러 장애물들을 제거해주고, 참여의 비용을 감소시키며, 정치적 토론의 장을 제공해줌으로써 권위를 탈집중화하게 하여 종국에는 시민 중심의 정치를 가능하게 한다. 그러나 이와 반대의 시각도 존재한다. 레이첼 깁슨Rachel Gibson 등은 인터넷상에서는 기대하는 만큼의 대중적 토론이나 쌍방향 대화가 진행되지 않는다는 점을 발견했고, 따라서 인터넷상의 정치는 오프라인상의 정치와 크게 다르지 않다고 주장한다. ICTs와 정치적 변화와 관련된 이러한 상반된 주장은 동원화 이론mobilization theory과 정상화 이론normalization theory으로 일반화되어 새로운 기술의 보급이 가져올 정치적 변화를 설명하기 위한 중요한 두 시각으로 자리 잡고 있다.

이러한 두 이론은 인터넷이 정당과 시민사회에 어떠한 영향을 미치는가를 설명하는 데도 동일하게 적용된다. 동원화 이론은 인터넷의 활용이 시민의 참여를 증진시킬 것이므로 정당은 증폭된 시민의 참여를 더욱 수용할 것이라고 전망한다. 딕 모리스Dick Morris는 새로운 ICTs가 전자투표, e-토의 광장 참여 등을 통해 시민을 정책결정 과정에 직접 투입함으로써 전통적인 대의구조인 정당의 기능을 유명무실하게 만들 것이라고 했다. 브루스 빔버Bruce Bimber는 인터넷이 정당을 유명무실하게 하지는 않지만 전통적인 대의기구로서의 역할을 축소시킬 것이라고 보았다. 폴 데플라Paul Depla와 피터 탑스Pieter Tops 역시 인터넷이 대중과 정당을 새롭게 연결시키고 나아가서는 정당구조를 통한 시민의 참여를 더욱 촉진시킬 것이라고 보았다. 반면 정상화 이론은 정당 역시 시민과 동일하게 인터넷에 접근하기 때문에 그 관계에 있어서 큰 변화가 없을 것이라는 입장이다. 피파 노리스는 인터넷의 보급이 정치적 관심이 높은 사람들의 참여를 보다 활성화시키지만 정치에 관심이 없는 사람들의 참여를 증진시키지 않는다는 것을 경험적으로 발견했다. 따라서 인터넷의 활용은 정당 지지자들을 더욱 결집시킬 수는 있지만 새로운 지지자들을 끌어모으지는 않는다.

그렇다면 인터넷의 보급과 확산은 시민의 참여에 어떠한 영향을 미치며, 그 결과 정당정치는 어떻게 변화하는가? 양립하는 동원화 이론과 정상화 이론 중 어느 것이 타당한가? 그러나 이러한 질문은 이미 진부한 것이 되고 있다. 기술과 정치체제와의 상관관계는 사례마다 다른 모습을 보이며, 기술의 정치체제에 대한 영향은 상당히 맥락적contextual인 특징을 지니고 있기 때문이다. 한국과 대만은 모두 ICTs의 발전과 인터넷의 보급률이 높고, 안정적인 민주주의를 유지하고 있으며, 정당정치도 민주적으로 운영되어오고 있다. 그러나 대만은 인터넷을 통한 정치 참여가 낮은 반면 한국은 상당히 활발해 있다.

이러한 대만의 인터넷을 통한 정치적 참여가 낮은 원인을 설명하기 위해서 그 원인으로 지적되는 것이 정치문화이다. 참여 속성이 부족한 시민은 기술이 참여를 용이하게 한다고 해도 특별히 참여할 필요를 느끼지 못한다. 임혜란은 대만의 전자정부 서비스가 상당히 높은 수준임에도 불구하고, 이를 사용하는 시민들의 인식, 인터넷의 활용, 참여 수준이 상당히 낮은 수준에 머무르고 있다는 것을 발견했다. 그리고 그 원인으로 대만의 정치문화, 사회적 자본 그리고 신뢰의 부재를 들고 있다. 한편 천둔위엔陳敦源 등은 대만 정부가 주민들을 '주민'이라기보다는 '고객'으로 다루고 있는 태도가 그들의 참여를 증진시키고, 민주주의를 심화시키는 데 전혀 도움이 되지 못한다고 지적한다. 결국 대만의 정치적·문화적 속성이 인터넷을 활용한 시민의 적극적인 참여를 어렵게 한다는 설명이다. 따라서 본 글에서는 대만이 정상화 이론에 가까운 현상을 보이는 원인이 과연 정치문화에서 기인한 것인지를 살펴보고자 한다.

기술과 정당정치, 그리고 정치적 참여

미디어의 발전과 정당정치

인터넷이 보급되기 이전부터 선진 민주주의 국가에서는 정당정치의 쇠퇴가 제기되었다. 정당의 기능을 부분적으로 대체하는 이익집단과 사회운동이 증가하면서 정당은 이들에게 자신의 영역을 조금씩 내어주면서 쇠퇴하고 있다는 분석이다. 지표상으로 볼 때 지난 수십 년간 선진 민주 국가의 당원이 지속적으로 감소하고 있으며, 정당투표의 유동성은 증가하고 있고, 이러한 가운데 정당의 발전 과정에서 중요한 역할을 담당했던 계급이슈가 점차 중요성을 잃어가면서 다양한 이슈가 등장한 것도 하나의 원인이 되었다. 특히 탈물질주의적 가치와 자기표현 가치가 확산되면서 이슈가 점차 다양화되기 시작했고, 이러한 다양한 선호를 경직된 조직체계를 지닌 정당이 모두 반영할 수는 없었기 때문이다.

ICTs의 발전은 시민들에게 새로운 사회운동의 기술적인 가능성을 열어주었는데 이로 인해 정당정치가 더욱 쇠퇴할 것이라는 주장이 제기되었다. 과거의 미디어가 정부와 정당 그리고 정치인들이 정치적 동원을 하는 데 유리한 도구로 기능했다면 인터넷의 발전으로 인한 새로운 디지털 미디어는 정치의 주체를 정당에서 일반 시민으로 바꾸어놓았다. 그렇다면 이러한 기술의 발전, 즉 인터넷의 보급과 확산은 시민적 참여와 관련하여 정당의 기능에 어떠한 영향을 미치는가?

첫째, 정당의 중요한 기능 중 하나는 지도자의 충원이다. 지도자는 정당을 대표하여 정당의 이념과 정책을 제시하고 대중의 지지를 얻기 위해 활동한다. 일찍이 미국 선거에 TV가 활용되었을 때, 많은 사람들이 정당의 쇠퇴를 예견했다. TV의 보급으로 유권자들이 직접 후보를 보고 연설을 듣게 되면서 정당보다 인물 중심 정치가 실현될 것이라고 보았기 때문이다. 최근에는 인터넷이 이와 유사한 효과를 가져온다는 연구가 있다. 콜린 스미스Colin Smith는 영국의 정당을 분석하면서 정당이 ICTs를 활용하는 과정에서 정당을 쇠퇴시키고, 유력 정치인의 리더십을 강화시키는 효과를 가져온다는 것을 발견했다. 정당을 우회한 개별 정치인들과 유권자 간의 네트워크 규모와 강도가 커지면서 정치인과의 사적연계가 정당과의 공적관계를 압도하는 현상이 발생한다는 것이다.

둘째, 정당은 정치적 경쟁의 장에서 중요한 정치의제political agenda를 설정한다. 전통적 정치 과정에서 시민들은 주로 신문, 방송, 라디오 등의 매체를 통해 정치정보를 습득하고 정당이 제시하는 정치의제를 수동적으로 받아들였다. 그러나 인터넷의 보급, 특히 웹 2.0의 등장 이후 시민은 원하는 정보를 원하는 시간에 공급받고, 다중적으로 연결된 네트워크를 통해 정보를 확산, 유통시킬 수 있게 되었다. 시민들은 스스로 중요한 정치의제를 생산 유통할 수 있게 되었고, 이는 온라인과 오프라인의 상호작용으로 짧은 시간 안에 전국적인 의제로 만들 수 있게 되었다. 즉 새로운 의제설정의 방식이 만들어진 것이다.

마지막으로, 정당은 대중적 지지를 얻기 위해 핵심적인 사안에 대한 대중적 동원을 시도한다. 정당은 중요한 의제에 대한 대중적 관심을 유도하고, 선거에서 높은 득표를 하기 위해 때로는 합법적으로 때로는 불법적으로 대중동원을 시도한다. 정당은 이를 위해 정당의 전국적인 조직망을 활용하고 미디어 매체를 활용해왔다. 그러나 인터넷의 발전과 보급은 정당이 아닌 이익집단이나 시민운동에도 대중동원을 할 수 있도록 해주었다. 인터넷상에서 합의된 의제를 관철하기 위해 시민들은 인터넷을 통해 대중을 동원할 수 있게 된 것이다.

이와 같이 시민적 참여와 관련된 정당의 중요한 기능인 지도자의 충원, 정치적 의제설정, 그리고 대중동원 기능은 인터넷의 보급과 확산을 통해 일반 시민들이 대체할 수 있게 되었다. 인터넷의 보급은 특히 대중동원과 정치적 의제의 설정과 관련하여 대중의 참여를 상당히 많이 끌어들인 것으로 보인다. 그러나 민주주의 체제에서 기술적인 조건이 구비된다고 하여 모두 시민적 참여로 이어지지 않는다. 인터넷상 시민의 의제설정과 동원을 통해 볼 때 한국에서 인터넷은 중요한 역할을 하고 있지만, 대만은 상대적으로 빈도와 강도가 약하게 나타나며 의제설정과 동원 과정에서는 여전이 정당이 더 중요한 역할을 하고 있다. 그렇다면 기술적인 조건을 제외하고 어떠한 조건이 대만 주민의 의제설정과 대중

동원의 과정에서 인터넷의 활용을 막는 것인가? 일반적인 관점에서는 다음과 같은 원인을 찾아볼 수 있다.

첫째, 인터넷이 다양한 용도로 활용되면서 오락적 요소가 과다해지는 것은 정치적 의제설정과 대중동원에 부정적인 영향을 미친다. 인터넷이 광범위하게 보급되면서 개인적인 취미와 오락을 위한 인터넷의 활용이 급증하고 있다. 개인형, 맞춤형 서비스가 발전하는 과정에서 인터넷상의 정보는 스스로의 선호에 따른 선택을 더욱 용이하게 하는데 이러한 변화는 의제의 중요성을 희석시킬 위험이 있다. 둘째, 정보격차digital divide 혹은 정보 리터러시information literacy가 해소되어야 한다. 이러한 경우 소수집단의 의견이 과대평가되고, 일부 집단에 의한 의도적인 정치 담론이 형성될 위험이 있다. 이는 정보의 불균형으로 인해 대중적 담론의 형성을 불가능하게 할 수 있다.

그러나 무엇보다도 중요한 것은 결국 시민성의 문제이다. 시민성은 시민들이 얼마나 자발적으로 참여하고자 하는가의 문제이다. 시민이 인터넷을 활용하여 정치적 참여를 하려는 태도를 갖추는 것이 중요하다. 이러한 맥락에서 임혁백은 비록 민주주의 국가라 하더라도 인터넷을 통한 참여가 보장되기 위해서는 다음과 같은 조건이 필요하다고 지적한다. 첫째, 시민들의 정치적 자유가 보장되어야 한다. 둘째, 자율적인 시민 결사체가 존재해야 한다. 셋째, 시민의 참여적 속성이 구비되어야 한다. 넷째, 인터넷을 통해 새로운 정치적 참여방식이 기존 제도의 관성과 탄성에 의해 구속되지 않아야 한다. 다섯째, 시민들의 민주제도를 위한 개혁의 열망이 있어야 한다. 즉 기술을 참여의 도구로 전환시키는 것은 어떠한 시민이냐가 관건이 된다는 것을 말해준다.

따라서 시민이 참여적이 된다는 것은 그 사회에 '개인들 간의 협력을 촉진시키는' 사회적 자본social capital이 존재한다는 것을 말한다. 사회적 자본에 대한 정의는 다양하다. 피에르 부르디외Pierre Bourdieu는 사회적 자본을 '사회적 의무사항들로 구성되는 것made up of social obligations'이라고 했으며, 제임스 콜먼James Coleman은 사회적 자본이 '사회구조의 한 부분을 구성하며, 그 구조 내에 있는 개인들의 행동을 촉진'하는 것이라고 했다. 한편 로버트 퍼트넘Robert Putnam은 사회적 자본이란 '신뢰, 규범, 네트워크와 같은 사회적 기구들의 특징'이라고 정의했다. 이러한 요소들이 시민의 참여를 촉진시키는 방식으로 구성될 때 긍정적인 사회적 자본의 역할을 하게 된다. 따라서 참여적인 사회적 자본이 존재하는 곳에서는 시민의 참여가 활발해지며 인터넷과 같은 새로운 기술이 도입될 때 이를 참여의 도구로 활용할 것이라고 가정할 수 있다. 따라서 기존의 한국과 대만이 유사한 인터넷 환경에서의 서로 다른 참여의 정도를 보이는 것은 대만이 한국보다 참여를 위한 사회적 자본이 상대적으로 결여되어 있다고 가정해볼 수 있다. 그렇다면 과연 그러한가?

　데스Jan W. Van Deth는 사회적 자본을 측정하기 위한 지표를 위해 퍼트넘의 사회적 자본의 정의를 활용했다. 신뢰, 규범, 네트워크로 정의되는 사회적 자본에서 그는 네트워크를 구조적 요소로, 그리고 신뢰와 규범을 문화적 요소로 구분했다. 데스는 이를 서베이에 활용하기 위해 〈표 35〉와 같이 각 항목마다 구체적인 지표를 제시했다. 구조적 요소인 네트워크는 자발적인 연합 가입, 자발성, 네트워크와 사회적 접촉 등으로 측정했고, 신뢰는 타인과 제도에 대한 신뢰, 사회에 만연한 윤리와 부패의 문제 등으로 측정했다. 또한 규범은 상호성의 규범, 의무감, 민주적 태

표 35 ▪ 서베이와 여론조사로 측정 가능한 개인적 차원의 사회적 자본

	구조적 요소	문화적 요소	
	네트워크	신뢰	규범
개인적 차원의 사회적 자본	자발적인 연합 가입	타인에 대한 신뢰	상호성의 규범
	자발성	제도에 대한 신뢰	의무감
	네트워크와 사회적 접촉	윤리와 부패	민주적 태도
	시간예산 Time budgets		연대성과 정체성
	한 가정의 자녀 수		함께한다는 생각
			주관적 복지

● 출처: 〈table 6.1〉 Major measures of social capital (Deth 2008, 160) 중 서베이와 여론조사로 측정 가능한 개인적 차원의 사회적 자본

도, 연대성과 정체성, 함께한다는 생각 그리고 주관적인 복지로 측정했다. 이러한 서베이 문항을 활용한 여론조사를 통해 각 네트워크, 신뢰, 규범의 각 항목을 측정할 수 있으며 이를 종합하여 그 사회의 사회적 자본을 평가할 수 있다. 이 글에서는 데스가 개발한 지표를 활용하여 대만의 사회적 자본을 측정하고, 이것이 대만 시민의 참여적 속성과 어떠한 관계가 있는지 평가해보고자 한다.

인터넷을 이용한 정당과 시민의 정치적 활동

대만의 인터넷 보급현황

ICTs 산업은 고도의 자본과 기술을 요구하며, 공공재적 성격도 띠고

있기 때문에 시설의 구축과 서비스 보급 초기 과정에서 국가의 적극적인 역할이 필요하다. 대만 정부는 일찍이 ICTs의 중요성을 인지하여 그 기반구축과 서비스망의 확보를 위해 적극적인 투자와 지원을 해오고 있다. 대만 정부는 1990년대부터 전자정부e-government program, 2001년 국가정보통신 추진계획National Information and Communication Initiative, 'Challenge 2008', 'e-Taiwan project' 계획을 단계적으로 추진했다. 이 과정에서 2001년 기존의 다양한 부처를 합하여 행정원 산하에 '국가정보통신 추진위원회NICI, National Information and Communications Initiative Committee'를 설치하여 체계적인 정보화 산업을 육성하기 시작했다.

2007년 8월 III-FIND가 실시한 조사에 따르면 대만 가구의 79%가 컴퓨터를 보유하고 있으며, 71%가 인터넷을 사용하고 있다. 인터넷 서비스 가입자는 1990년대 2배 이상의 성장률을 보였고, 2000년 이후에는 600~800만 사이에 머무르고 있다. 모바일 폰 서비스 가입자 역시 1990년대에 높은 성장률을 기록하다가 2000년 이후에는 안정적인 가입자 수를 유지하고 있다. 여기에서 모바일 폰 서비스 가입자의 수는 인터넷 서비스 가입자 수보다 3~4배 정도 많다. 2008년 모바일 폰 서비스 가입자의 수는 이미 전체 인구수를 넘어섰다.

대만 정부는 이러한 장점을 활용하여 모바일 경쟁력을 높이기 위한 정책을 추진했다. 2011년 4월 NICI와 내정부, 경제부는 협력하여 새로운 'M-Taiwan' 계획을 제안했다. 이는 무선 네트워크를 구축하고, 모바일 폰 네트워크를 통합하며, 광섬유망을 구축하고, 통합된 제3세대를 뛰어넘는 프로그램을 구현하고자 한 것이다. 구체적으로는 2015년에서 2019년까지 (1) 무선 인터넷 접근 환경을 구축하여, 모바일 인터넷의 보급률을 세계 20위에서 5위로 끌어올리고, (2) 가장 저렴한 온라인 접근 사용료를 부과하는 10개 국가 중 하나가 되며, (3) 정보통신산업에 더욱 투자하며, (4) 휴대폰 제조업자, 콘텐츠 제공자, 텔레콤 운영자들로부터 투자를 끌어내어 6,000km에 달하는 브로드밴드 네트워크를 구축하고, (5) 원거리 지역에도 브로드밴드 서비스를 제공하여 정부의 서비스에서 소외되는 지역이 없도록 '정보격차'를 해소한다는 것이다.[20]

정당과 시민의 인터넷을 이용한 정치적 활동

정당

인터넷의 보급과 확산은 정당이 시민에게 다가갈 수 있는 새로운 도구를 제공해준다. 그 유용성은 특히 '대량의 정보를 빠른 시간에 전달할 수 있도록' 하며, 적은 비용으로 정보의 생산자가 되도록 해준다. 정당 웹페이지, 블로그, 이메일 등을 활용하여 원하는 정보를 유권자들에게 직접 전달할 수도 있다. 1990년대 이후 많은 정당이 이러한 방법으로 유권자들에게 적극적으로 다가가고 있다.

대만의 각 정당은 인터넷을 활용하여 유권자들에게 다가가기 위한 노력을 부단히 실행해오고 있다. 대만 정당의 홈페이지는 유권자들에게 정당의 이념과 정책을 홍보하는 중요한 수단으로 기능하고 있다. 임성학은 사라 벤티베그나Sara Bentivegna가 제시한 웹사이트의 정보화 수준을 적용

---

20 http://www.nici.nat.gov.tw/content/application/nici/egeneralb/guest-cnt-browse.
php?sel=m_intro&cnt_id=639

하여 대만 정당의 온라인 활동을 평가했다.[21] 정당 홈페이지 수준은 정보 제공의 정도와 상호작용의 정도에 따라서 쇼케이스showcase, 노티스보드noticeboard, 리플렛leaflets, 커뮤니티community, 하이테크high-tech라는 다섯 가지 단계로 구분될 수 있는데[22] 노티스보드에서 하이테크로 갈수록 제공하는 정보가 많아지고, 커뮤니티부터는 시민들의 다양한 참여를 허용한다. 이 기준에 의하면 2004년 조사 당시 국민당은 하이테크의 수준에 있었으며, 민진당은 리플렛의 수준에 있었고 친민당, 대연, 신당은 커뮤니티 수준으로 평가되었다. 민진당이 가장 낮은 평가를 받은 이유는 제공되는 정보의 양은 많으나 당원 및 네티즌의 참여 공간이 적다는 이유였다.

그러나 2011년의 각 정당 홈페이지는 많은 변화를 보이고 있다. 국민당과 민진당을 비롯한 모든 정당의 홈페이지는 디자인만 다를 뿐 정보제공과 상호작용의 정도가 거의 유사한 하이테크 수준에 이르고 있다. 또한 소셜 네트워크를 특징으로 하는 페이스북, 플럭크, 그리고 트위터 서비스를 결합하여 관심 있는 유권자들에게 맞춤형 정보를 제공하고 있다.

---

21 각 정당의 홈페이지는 다음과 같다. 국민당 http://www.kmt.org.tw, 민진당 http://www.dpp.org.tw, 친민당 http://www.pfp.org.tw, 대연 http://www.tsu.org.tw, 신당 http://www.np.org.tw

22 쇼케이스는 후보자의 정치경력이나 취미생활 등 개인정보 및 가족소개 등 기본적인 정보만을 제공한다. 노티스보드는 다양한 소식과 선거나 후보 관련된 활동 등을 공지하고 지속적으로 새로운 소식을 업데이트한다. 리플렛은 후보에 대한 정보를 유포하고, 후보 입장을 전달, 지지를 호소하는 기능을 가진다. 커뮤니티는 토론방, 인터넷 투표조사, 소식란 등을 통해 후보자와 네티즌 간의 교류와 의사소통이 이루어진다. 마지막으로 하이테크는 다양한 정보는 물론이고, 회원의 선거 혹은 정당 활동에 참여하고 상호작용의 기회, 게임이나 오락과 같은 게임적 요소도 제공해주는 사이트이다.

시민사회

● **시민사회의 인터넷 활용 현황과 특징**　대만에서는 높은 인터넷 보급률과 더불어 인터넷 사용이 보편적 현상이 되었지만 활용도 면에서 정치적 의제설정이나 대중동원과 관련된 활동을 찾아보기 어렵다. 이는 대만 네티즌들이 가입한 인터넷 카페나 커뮤니티의 특성에서도 나타난다. 2010년도 "인터넷 카페·커뮤니티 관련조사: 한·중·일·대만 4개국 공동조사"[23]에 의하면 대만 네티즌들이 가입한 인터넷 카페나 커뮤니티를 보면 사회적 교류보다는 개인적인 목적과 선호가 중요시되는 것을 볼 수 있다. 〈표 36〉에 의하면 대만 네티즌의 가입 분야는 게임이 46.7%로 1위, 이어서 팬클럽이 45.4%로 2위, 컴퓨터가 40.9%로 3위를 기록하고 있다. 인터넷이 보급되면서 다양한 목적으로 활용되는 현상이 인터넷을 통한 의제설정과 정치적 동원에 부정적인 영향을 미친다는 점을 고려한다면 이는 시민의 정치적 참여에 부정적인 신호라고 볼 수 있다.

　한편 대만 주민들의 인터넷 활용에 있어 또 다른 특징은 온라인 활동과 오프라인 활동 간의 낮은 연계성이다. 이는 인터넷상에서 정치적 의제가 논의될 때 이것이 오프라인으로 이어질 수 있는가를 가늠해볼 수 있게 한다. 인터넷 카페나 커뮤니티에서 활동하는 네티즌들이 오프라인 모임에 참여한 경험에 대한 조사에서도 대만은 한국에 비해 상당히 낮은 비율을 보여준다. 〈그림 9〉에 의하면 대만은 18.4%의 응답자만이 오프라인 모임에 참여한 반면, 한국은 47.8%의 응답자가 오프라인 모임에

23　트랜드모니터의 온라인 조사. 인터넷 카페와 커뮤니티에 회원가입 경험이 있는 만 19~50세의 성인 남녀를 대상으로 한 조사. 대만에서는 800명이 참여했고, 2010년 3월 23일에서 동년 4월 5일까지 진행되었다.

표 36 . 인터넷 카페·커뮤니티 가입 분야 4개국 비교(%)

대만	한국	중국	일본
게임 (46.7)	친목 (42.3)	쇼핑 (55.8)	게임 (24.5)
팬클럽 (45.4)	요리·맛집 (26.6)	여행 (37.7)	친목 (24.1)
컴퓨터 (40.9)	컴퓨터 (24.4)	게임 (37.5)	요리·맛집 (14.8)
쇼핑 (34.8)	여행 (23.4)	영화 (37.5)	음악 (14.3)
영화 (33.5)	재테크 (23.1)	디지털기기 (34.3)	컴퓨터 (13.8)

● 출처: 트랜드모니터 "인터넷 카페·커뮤니티 관련조사: 한·중·일·대만 4개국 공동조사"(http://www.trendmonitor.co.kr/)

그림 9 . 인터넷 카페·커뮤니티 오프라인 모임 참여 경험

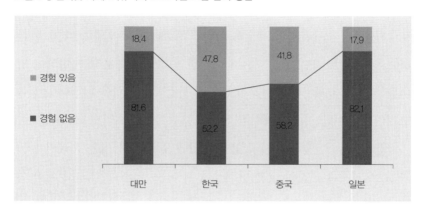

참여한 경험이 있는 것을 볼 수 있다. 향후 오프라인 모임에 참여할 의향에 대한 설문에도 대만은 17.5%의 응답자만이 긍정적인 답을 했다.

● **시민사회의 인터넷을 활용한 참여**   온라인 네트워크를 활용한 활동은 대만에서도 활발하다. web1.0 시기에 시작된 BBS Bulletin Board System인 PTT는 대학 캠퍼스에서 가장 인기 있는 게시판이며, 주제별로 게시판

이 설치되어 있어 활발한 토론이 이루어진다. 현재까지 대만의 많은 유행어와 문화가 PTT를 통해 생성 및 유포되고 있다. web2.0 시기에 시작된 네트워크인 북마크Bookmark는 유사한 주제의 블로그를 모아서 연결하는 인터넷 공간이다. 이 중에서 hemidemi가 가장 활발하다. 이러한 인터넷 공간을 활용한 활동은 점차 증가하고, 다양해지고 있다. 그러나 대만의 시민사회는 사회적 이슈에 대해 인터넷을 활용한 참여를 활발하게 전개하는 반면에 정치적 이슈에 대한 참여는 정당이 주도하고 있다.[24]

2010년의 6월 묘리현은 과학기술단지의 확대를 위해 다푸지역의 농지를 강제로 매입했다. 이에 저항하는 농민의 상황을 한 시민기자가 인터넷 네트워크인 Peopo에 보도했고, 이를 시작으로 주류매체가 후속 보도하기 시작했다. 결국 묘리현장은 강제매입에 대해 사과했고, 농민은 농지와 건물을 돌려받을 수 있게 되었다. 한편, 2009년 8월 태풍이 대만을 습격했을 때 많은 수해 피해가 발생했다. 급작스러운 사태로 정부의 행정망이 마비된 상태에서 네티즌들이 자발적으로 재해 상황 보도와 응급구조를 위한 사이트를 개설하고 운영했다.

이 밖에도 정부의 국토개발 과정에서 발생하는 환경보존과 인권보호를 위한 운동도 인터넷을 통해 전개되었다. 2007년 8월 대만 정부가 동부고속도로 건설을 제안하고 실시하자 네티즌이 반발했고, 환경보호자들은 동부지역의 동화대학교에 모여 광고, 영상, 디지털 매체 등을 활용

---

24 인터넷을 활용한 시민적 참여의 사례는 일간지 〈타이베이 타임스Taipei Times〉와 천순샤오陳順孚(2011)를 참조

하여 고속도로 건설 반대운동을 전개했다. 2008년 6월에는 정부가 타이베이 북쪽의 단쉐이강 옆에 고속도로를 설치하고자 했으나 반대하는 네티즌들이 인터넷상에 '반反단쉐이도로연맹'을 결성했고 이를 통해 반대 의사를 개진했다. 이로 인해 정부는 환경평가를 한 이후 그 결과에 따라 건설을 진행하겠다는 약속을 했다. 한편 한센병 환자의 유치소인 락생요양원樂生療養院에 대해 2007년 정부는 MRT 건설을 위해 강제철거를 시도했다. 이에 대한 반대 운동이 있었으나 주류매체가 이를 보도하지 않자 네티즌들은 hemidemi를 통해 지지자들을 결성하고 모금운동을 하여 일간지인 〈핑구오일보蘋果日報〉에 철거 반대광고를 게재했다. 2005년 4월 시작된 대만의 중고생들이 주장한 두발자유화는 인터넷상에서 논의가 확산, UCC 제작과 배포, 거리시위로 이어졌고, 결국에는 교육부장관과의 면담을 성공시키면서 동년 7월에 두발규제안을 전면적으로 폐지하는 결과를 가져왔다. 사회적 이슈에 관한 이러한 사례들은 온라인상의 논의 확산과 오프라인상의 연계, 그리고 정부정책의 변화를 가져온 대표적인 사회운동이다.

사회적 이슈 외에도 정치적으로 민감한 문제들이 인터넷상에서 논의되기도 한다. 2010년 12월 대만 핵심 일간지인 〈중국시보〉의 기자였던 황저빈黃哲斌은 정부와 대기업의 신문기사 매입행위를 비판하며 신문사를 사직했다. 사직한 이후 자신의 블로그에 정부와 대기업의 신문기사 매입행위를 비판하는 글을 게재했고, 이는 인터넷상에 중요한 이슈가 되었다. 곧 전국 대학의 131명의 학자가 반대운동에 서명했고, 12월 27일 마잉주 총통은 정부기관이 뉴스를 매입하는 행위를 금지하도록 하겠다는 성명을 발표했다. 한편 양안 간의 대화인 제2차 강진회담이 있기 전인 2008년 11월 초 대만의 경찰은 중국을 자극할 수 있는 중화민국 국기를 회수하고, 공적인 장소에서 대만의 노래가 방송되는 것을 금지했다. 이에 반발한 네티즌들은 이러한 경찰의 행위를 규탄하는 '야생딸기운동野草莓運動'을 전개했다.

그러나 중요한 정치적 이슈인 천수이볜 총통의 부패 문제, 세계보건기구WHO 가입 문제, 미국산 소고기 수입 문제 등은 인터넷상에서 논의되긴 했으나 시민사회가 주도한 것이 아니라 정부나 정당이 의제를 설정하고 대중적 동원을 주도하는 방식으로 진행되었다. 천수이볜 집권 2기에 핵심적인 정치적 의제였던 총통의 부패 문제는 국민당과 민진당 내의 반천수이볜 세력들이 주도했다. 특히 민진당 내의 반천수이볜 세력은 인터넷상의 논의뿐만이 아니라 거리시위를 이끌면서 정치적 의제를 주도했다. 그 결과 사법적인 조사는 물론이고, 2008년도에 있던 총통선거와 입법원 선거에도 중요한 선거의제로 부각될 수 있었다.

한편 2007년 5월 대만의 신문국은 대만이 WHO에서 배제되어 있기 때문에 전염성이 있는 질병, 특히 조류독감이나 사스SARS 등에 취약할 수밖에 없으며 따라서 대만의 WHO 가입이 이루어져야 한다는 취지의 서명운동을 온라인상에 전개했다. 대만이 국제기구에 가입하는 문제는 국제사회에서 합법적인 국가로 인정받지 못하는 상황에서 민감한 정치적 문제였다. 한편 국내적으로는 '대만화' 운동과 더불어 대만의 주체성을 고양하기 위한 시도로 평가되기도 한다. 2008년 선거를 앞둔 민진당 정권은 대만명의 WHO 가입을 인터넷상에 공론화하고, 네티즌을 동원하여 이를 다가오는 선거에 이용하고자 했다.

2008년 한국에서 네티즌의 '촛불집회'를 이끌었던 미국산 소고기 수입 문제[25]는 대만에서도 인터넷상의 중요한 이슈로 부상했다. 단순한 소고기 수입 문제가 아니라 냉전기부터 동맹국이었던 미국과의 관계 재조정을 함의하고 있는 미국산 소고기 문제는 두 국가에게 정치적으로 민감한 문제였다. 한국은 시민사회가 인터넷에서 이를 공론화하고 대중동원을 통해 정부정책의 전환을 가져왔다. 그러나 대만은 이 이슈가 인터넷상의 중요한 이슈로 다루어지긴 했으나 한국과 같이 시민사회가 이슈를 제기하고 오프라인의 활동으로 이어진 것이 아니라 시민사회가 나서기 전에 국민당과 민진당이 소고기 수입 문제에 대해 적극적으로 대응했다. 국민당과 민진당은 정부가 미국의 요구사항을 그대로 수용하지 말아야 한다는 입장을 강력하게 제기했다.

대만의 사회적 자본의 측정과 분석

앞서 살펴보았듯이 대만의 시민사회는 사회적인 이슈에 있어서는 비교적 적극적인 참여를 보이지만 정치적인 이슈에 대해서는 비적극적인 참

---

25 소고기 수입 문제는 한국과 대만의 인터넷을 활용한 시민참여를 비교하는 데 좋은 사례이다. 한국은 소고기 수입과 관련하여 시민들이 자발적으로 이슈를 구성하고, 성공적인 대중동원을 했으며, 결과적으로 정책의 전환이라는 성과를 가져왔다. 광우병 촛불시위의 출발은 TV에서 방영된 광우병 동영상이었지만 이후 그 방송분이 UCC로 제작되거나 블로그에 첨부되면서 인터넷상에 정보가 유통되었고 이 과정에서 중요한 정치적 의제로 부상했다. 이를 지지하는 네티즌들은 온라인에서 토론을 조직화했으며 인터넷 토론방이 활발한 토론을 유도하면서 웹 정보 유통을 위한 중요한 공간이 되었다. 그리고 이는 오프라인의 시위 등 대중동원으로 이어지게 되었다. 그러나 대만은 비슷한 시기에 등장한 동일한 이슈에 대해 한국과 다른 대응 양상을 보였다.

여 양상을 보인다. 대만 네티즌의 인터넷을 통한 정치적 이슈에 대한 의제설정과 정치적 동원은 상대적으로 저조한 편이다. 또한 온라인상의 활동 대부분이 개인적인 취미생활에 중점을 두고 있으며, 오프라인과의 연계성도 낮다. 인터넷을 통한 정치적 목적의 시민적 참여가 낮은 원인에 대해 기존의 설명은 대만의 정치문화, 사회적 자본 그리고 신뢰의 부재 혹은 대만 정부가 주민들을 '주민'이라기보다는 '고객'로 다루는 태도와 같은 정치문화적 속성으로 설명하고 있다. 그렇다면 대만의 사회적 자본은 어떠한 특성을 지니기에 이러한 낮은 정치적 참여를 보이는가?

이를 위해 〈표 35〉에서 데스가 구체화한 사회적 자본의 지표에 해당하는 설문을 아시안 바로미터Asian Barometer 두 번째 차수 여론조사에서 찾아 대만의 사회적 자본을 분석했다. 앞서 데스는 구조적 요인으로 네트워크, 문화적 요인으로 신뢰와 규범을 제시했다.

먼저, 네트워크에 대한 측정이다. 여기에는 (1) '자발적인 연합 가입'과 (2) '네트워크와 사회적 접촉'을 측정하기 위한 문항을 선택했다. (1)에는 기관이나 공식집단에 소속되어 있는가의 여부를 택했고 (2)에는 두 개의 문항을 택했다. 첫째, 평균적으로 일주일 동안 어느 정도의 사람들을 만나는가와 둘째, 중요한 일을 결정할 때 도와줄 사람이 있는가이다.

다음으로 신뢰에 대한 측정이다. 이를 타인에 대한 신뢰와 제도에 대한 신뢰로 나누어 각각 해당하는 설문항을 찾았다. 먼저 타인에 대한 신뢰를 측정하기 위해 다음 네 개의 대상에 대한 설문을 택했다. 일반적으로 다른 사람을 신뢰하는가에 대한 질문, 나머지는 각각 이웃, 안면이 있는 사람, 그리고 친척을 얼마나 신뢰하는가에 대한 설문항이다. 제도에 대한 신뢰를 측정하기 위해서는 정부의 공식기관인 정부, 지방정부,

정당, 의회, 군대에 대한 신뢰, 그리고 신문과 텔레비전에 대한 신뢰를 묻는 설문항을 택했다.

마지막으로 규범 분야이다. 이를 위해서는 상호성의 규범, 민주적 태도 그리고 공동체의 소속감을 측정하기 위해 국가적 정체성의 항목을 선택했다. 상호성의 규범을 측정하기 위한 설문항으로는 내가 타인을 도와주는 경우 이후에 누군가가 자신을 도와줄 것이라고 생각하는가를 택했고, 민주적 태도를 측정하기 위해서는 어떠한 결점이 드러나더라도 현 정부의 체제 즉 민주적 정부를 가장 최상의 정부형태로 보는가의 문항을 택했다. 마지막으로 국가적 정체성은 소속 국가의 시민으로 사는 것이 얼마나 자랑스러운가의 문항을 택했다.

측정

각 설문항에 대해 대만은 물론 비교적 관점에서 살펴보기 위해 한국의 사례를 함께 분석했다. 이는 동일한 조건에서 참여가 비교적 높은 사례와 대만이 사회적 자본의 측면에서 어떠한 차이를 보이는가를 보기 위함이다. 측정에 대한 결과는 〈표 37〉과 같다. 제도에 대한 신뢰를 제외하고 모두 응답자의 해당 답에 대한 백분율로 표시했다. 제도에 대한 신뢰는 응답안의 평균치로 표시했다. 응답 항목은 ① 전혀 신뢰하지 않는다, ② 그다지 신뢰하지 않는다, ③ 신뢰한다, ④ 상당히 신뢰한다로 구성되어 있다. 따라서 평균이 1에 가까울수록 신뢰도가 떨어지며, 4에 가까울수록 신뢰도가 높다.

분석

대만과 한국의 사회적 자본의 측정에서 가장 중요한 발견은 대만이 사회적 참여가 높은 사회적 자본을 가지고 있다는 점이다. 이는 초기 예상과 상반된 결과이며, 이론대로라면 대만이 한국보다 더 참여적 속성을 가진 사회적 자본을 보유하고 있다는 것을 의미한다. 〈표 37〉의 분석에 의하면 대만과 한국의 주민들은 사회적 자본의 구조적 요소인 네트워크에서는 큰 차이를 보이지 않지만, 문화적 요소인 신뢰에서는 정당, 의회, 군대에 대한 신뢰도에서 차이를 보이며, 특히 규범에서는 상당한 차이를 보이는 것을 볼 수 있다.

먼저 문화적 요소 중 규범 분야에서의 설문항에 대한 응답은 대만과 한국이 상당한 차이를 보여준다. '내가 누군가를 도우면 그 사람이 언젠가 나를 도울 것이다'라고 믿는 사회적 상호성에 대한 질문에 대해 대만은 동의가 53.7%, 다소 동의가 22.9%로 합하면 76.6%의 주민이 긍정적인 답을 했다. 반면 한국은 동의가 9.6%, 다소 동의가 52.9%로 이를 합하면 62.5%이지만 대만과 그 구성에 큰 차이를 보인다. 현행 정치 체제인 민주주의에 대한 태도 또한 큰 차이가 있다. 대만은 비록 결점이 있다 해도 민주주의를 최상의 정부로 여기는 비율이 62.2%에 이르는 반면에 한국은 21.2%밖에 동의하지 않았다.

한편 신뢰 분야에서 제도에 대한 신뢰 역시 두 사례에서 큰 차이를 보인다. 정부와 지방정부에 대한 신뢰도는 대만이 조금 높지만 그다지 큰 차이를 보이지 않는다. 그러나 정당과 의회 그리고 군대에 대한 신뢰도에 있어서는 큰 차이를 보인다. 대만의 정당에 대한 신뢰의 평균

표 37 _ 대만과 한국의 사회적 자본(제도에 대한 신뢰는 1~4구간의 평균치, %)

		문항		대만	한국
구조	네트워크	자발적인 연합 가입	기관이나 공식집단에 소속되어 있습니까?	예(29.4)	예(23.8)
		네트워크와 사회적 접촉	일주일 동안 접촉하는 사람의 수	5~9인 (28.9)	5~9인 (30.1)
				10~19인 (29.0)	10~19인 (27.7)
			당신이 중요한 결정을 내릴 때 도움을 청할 사람이 있습니까?	있다(79.3)	있다(71.1)
				없다(18.1)	없다(36.1)
문화	신뢰	타인에 대한 신뢰	대부분 사람을 신뢰할 수 있다	예(32.9)	예(30.4)
			이웃을 신뢰할 수 있다	예(70.8)	예(72.8)
			아는 사람을 신뢰할 수 있다	예(70.6)	예(44.1)
			친척을 신뢰할 수 있다	예(83.6)	예(87.0)
		제도에 대한 신뢰	중앙정부	2.92	2.15
			지방정부	2.98	2.31
			정당	2.66	1.94
			의회	2.54	1.85
			군대	3.25	2.57
			신문	2.87	2.61
			텔레비전	2.63	2.60
	규범	상호성의 규범	내가 누군가를 도우면 그 사람도 언젠가는 나를 도울 것이다	동의(53.7)	동의(9.6)
				다소 동의 (22.9)	다소 동의 (52.9)
		민주적 태도	결점이 있다 하더라도 현 정부 형태(민주주의)는 가장 최상의 정부 형태이다	동의(62.2)	동의(21.2)
		국가적 정체성	대만(한국)의 시민으로 태어난 것이 자랑스러운가?	예(83.9)	예(72.3)
				아니오(12.9)	아니오(24.8)

은 2.66인 반면, 한국은 1.94이며, 의회에 대한 신뢰의 평균은 대만이 2.54이고 한국은 1.85이다. 군대에 대한 신뢰의 평균도 대만은 3.25인 반면, 한국은 2.57이다. 타인에 대한 신뢰는 하나의 항목에서 차이를 보인다. '아는 사람을 신뢰할 수 있다'라는 문항에 대해 대만은 70.6%가 긍정적인 답을 한 반면, 한국은 44.1%만이 그렇다고 답했다. 결과적으로 신뢰의 항목에서도 대만이 한국보다 긍정적인 사회적 자본을 보유하고 있다고 볼 수 있다.

그렇다면 사회적 참여를 이끄는 사회적 자본을 가지고 있음에도 불구하고 대만의 인터넷을 통한 정치적 참여가 한국보다 낮은 것에 대해 이러한 경험적 분석은 어떠한 설명을 해줄 수 있는가?

첫째, 그 원인을 분석하기 위해 무엇보다도 대만이 한국보다 기존의 정치적 인풋input 기제에 대한 신뢰가 높다는 점을 주목할 필요가 있다. 민주주의 제도에서 중요한 정치적 인풋 기제인 정당에 대한 신뢰도가 대만에서는 한국보다 높게 나타나고 있으며, 의회에 대한 신뢰도 역시 한국보다 높게 나타난다. 앞서 살펴본 바와 같이 대만에서는 정당이 중요한 정치적 의제를 설정하고 이를 동원화로 연결시키는 역할을 주도하고 있다. 천수이볜의 부패 문제, WHO의 가입 문제, 그리고 미국산 소고기 수입 문제에서 대만은 정당이 이를 온라인 이슈화하고 동원했다. 이는 정당과 의회에 대한 신뢰가 높은 문화적 결과이거나 혹은 대만의 정당이 상대적으로 책임성이 있고, 반응적이기 때문이라고도 볼 수 있다.

둘째, 이와 같은 결과를 가져온 데는 정보원으로서 인터넷에 대한 신뢰가 낮은 것도 한 원인이 될 수 있다. 2006년 아시안 바로미터의 설문조사에 의하면 대만의 53.3%의 응답자가 텔레비전을 가장 중요한 정보원으로 선택했으며, 신문은 11.2%가 선택했고, 여기에 인터넷은 4.2%만이 신뢰하고 있었다. 특히 텔레비전에 대한 정보원으로서의 신뢰도가 가장 높은 것은 대만의 독특한 현상이다. 민주화 이후 대만에서 언론의 자유와 텔레비전 채널의 보급은 새로운 정치경쟁을 가능하게 해주었다. 민진당을 중심으로 한 야당세력은 〈자유시보〉를 창간했고, 케이블 매체에서도 야당의 입장을 대변하는 채널이 생겨났다. 새로운 매체는 기존에 다루지 않았던 이슈들을 다루기 시작했고 이것이 정치경쟁에서 어젠다 세팅을 하는 데 중요한 역할을 해오고 있다.[26] 인터넷에 대한 낮은 신뢰도와 텔레비전에 대한 높은 신뢰도는 대만의 특수한 현상이다.

정당의 역할과 시민참여의 한계

본 연구는 인터넷의 보급이 시민적 참여의 확산을 가져오고 그 결과 정당정치의 쇠퇴로 이어지는가에 대한 질문에서 출발했다. 일반적으로 정당 쇠퇴론자들은 인터넷의 보급과 확산이 시민사회의 의제설정과 대중동원을 기술적으로 더욱 용이하게 해주고, 그 결과 민주주의 국가에서

---

26 야당의 입장을 대변하는 미디어 매체의 등장은 중요한 정치적 정보의 공급처가 되었다. 특히 TV의 토크쇼는 정치적·사회적으로 중요한 이슈들을 다루었는데 민진당의 입장을 대표하는 프로인 〈2100전국민말하기2100全民開講〉와 국민당의 입장을 대표하는 프로인 〈대화뉴스大話新聞〉는 상당한 반향을 얻었다. 특히 총통인 마잉주가 제안한 간체자簡體字 도입의 문제, 천수이벤 부패 문제는 격렬한 논쟁을 불러일으켰으며, 2009년 8월 8일 대홍수가 났을 때 아버지의 날이라는 이유로 재해현장을 시찰하지 않고 가족모임을 가졌던 행정원 비서장이었던 쉐샹촨薛香川은 TV 토크쇼에서 자신의 입장을 두둔하다가 결국 악화된 여론에 의해 사임했다.

높은 인터넷의 보급은 정치적 참여를 더욱 확대하고 나아가 정당의 기능을 일부 대체할 것이라 전망한다. 그러나 대만은 높은 인터넷 보급률과 민주적 정치체제를 갖추었음에도 불구하고 정치적 이슈에 대한 의제설정과 대중동원에서 여전히 정당의 역할이 강하게 나타난다.

대만의 이러한 현상은 인터넷이 광범위하게 보급되면서 개인적인 취미와 오락을 위한 인터넷의 활용이 급증하는 데서 일부 원인을 찾아볼 수 있다. 대만은 한국과 비교해볼 때 사회적 관계를 위한 인터넷의 활용보다는 개인적인 선호를 위한 인터넷의 활용도가 높다. 그리고 개인적인 목적에 의한 인터넷의 활용은 온라인과 오프라인 간의 약한 연계성으로 이어지기도 한다. 그러나 무엇보다도 중요한 것은 시민성이라는 지적이다. 참여를 유도하는 사회적 자본이 부족할 때 시민성은 약하게 나타나며 정치적 참여는 이용 가능한 기술을 무용지물로 만든다는 주장이다. 그러나 여기에서 중요한 발견은 대만의 사회적 자본이 측정 결과를 볼 때 참여를 촉진하는 사회적 자본을 지니고 있으며, 따라서 사회적 자본이 기존의 온라인 참여를 저조하게 한다는 설명은 한계가 있음을 보여준다. 실제로 정치적 이슈가 아닌 사회적 이슈에서 대만 주민의 온라인을 통한 참여는 높은 편이다. 따라서 대만이 인터넷을 통한 정치적 참여가 상대적으로 낮은 것은 다른 원인으로 설명되어야 한다.

분석한 범위 내에서 가능한 설명은 기존 정치제도에 대한 신뢰도가 높은 것이 역으로 인터넷을 통한 참여를 저조하게 한다는 것이다. 대만은 한국과 달리 정치적 인풋 기제인 정당과 의회에 대한 신뢰도가 높게 나타난다. 이는 정당의 활동에 대해 시민들이 비교적 긍정적인 평가를 하고 있다는 것을 말한다. 또한 대만은 인터넷에서 제공하는 정보보다는 텔레비전에서 제공하는 정보를 신뢰하고 있다. 대만의 토크쇼는 중요한 정치적 의제를 구체화하고 논점을 제공한다. 그리고 이 논점은 주요 정당의 입장을 대변하고 있다. 이러한 것들을 종합하여 볼 때, 대만의 정당은 정치적 핵심 이슈를 빠르게 감지하고, 이를 구체화하여 논점을 이끌고, 이를 다양한 매체를 통해 대중적 동원에 활용하는 데 뛰어나다고 평가할 수 있다. 물론 이에 대한 분석은 또다시 이루어져야 한다. 중요한 점은 한국에서 시민사회가 담당하는 정치적 의제설정과 동원기능을 대만은 여전히 정당이 담당하고 있다는 것이다.

제 4 장

닮은 듯
다른 한국과
대만의 정치

1

신생 민주주의의 과거청산
: 5·18과 2·28의 성공과 실패[1]

| 국가폭력과 민주주의의 과거청산 |

구체제와 구정권이 새로 교체된 이후에는 과거 정권에서 자행된 국가폭력[2]을 어떻게 청산할 것인가의 문제가 제기된다. 이러한 청산의 문제는 새로운 것이 아니다. 존 엘스터Jon Elster가 지적했듯이 기원전 403년 아테네에서는 30년간의 군주정 이후 민주정이 들어섰을 때 과거청산이 이루어졌다. 신생 민주주의 국가는 구정권의 통치방식의 잘못된 관

---

1   이 장은 지은주·동사제, 〈신생 민주주의 과거청산의 정치적 동학: 한국과 대만의 사례를 중심으로〉라는 제목으로 《국제정치논총》 제49집 5호 (2009)에 게재되었다.

2   국가폭력이란 국가가 자국민을 대상으로 체계적인 방법을 통해 대대적인 물리적 폭력을 가하는 것을 말한다. 정치적 저항을 가져올 수 있는 그 어떤 행위도 국가폭력의 대상이 되며, 대중학살, 살인, 감금 등의 방법을 통해 개인의 시민적·인간적 권리를 침해한다.

행을 바로잡고, 보편적 기준에서 인권을 보호하기 위한 취지로 민주화 이후 대부분 이러한 과정을 경험한다. 1980년대 민주화의 물결 이후 신생 민주주의 국가들이 당면하게 된 처리의 문제를 새뮤얼 헌팅턴Samuel Huntington은 '고문자의 문제the torturer problem'라 했고, 엘스터는 민주화 이후의 '과거를 돌아보는 정의backward-looking justice'라고 표현했다. 본 글에서는 한국사회에서 일반적으로 통용되는 '과거청산historical rectification'이라는 용어를 사용한다.[3]

민주화 이전 한국에서는 박정희 정권과 신군부의 권위주의적 통치하에서 반공논리로 국가폭력이 자행되었다. 대만도 국민당 정권에서 반공논리에 의한 국가폭력이 자행되었다. 이는 공산주의로부터 체제를 수호한다는 '영토보전'을 구실로 오랫동안 그 정당성이 유지되어 왔다. 5·18항쟁과 2·28사건도 반공논리로 그 정당성이 유지되었다. 그러나 두 사례는 두 국가의 다른 국가폭력인 제주 4·3사건이나 백색테러白色恐怖[4]와 달리 민주화 운동 과정에서 재구성되었으며 심지어 민주화 과정에서 투쟁의 원인이 되기도 했으며, 민주화가 달성된 이후에는 이에 대한 본격적인 과거청산이 진행되었다.

---

3   적절한 학술용어인가에 대해서는 여전히 논란이 있는 가운데 '과거청산'을 일반적으로 사용한다. 반면 대만은 '전형정의轉型正義, transitional justice' 혹은 '회소정의回溯正義'를 사용한다. 과거청산을 의미하는 용어는 각 국가마다 다양하다. 영어권에서는 '대면confronting, facing', 스페인에서는 '청산liquidación', 독일에서는 '처리bewältigung', 프랑스에서는 '숙청épuration'을 사용한다.

4   2·28사건 직후 국민당에게 환멸을 느낀 일부 대만인들은 공산당과 연계하여 타이중, 쟈이, 타이베이, 타오위엔 등에서 무장투쟁을 전개했고, 국민당은 이를 대대적으로 진압했다. 천도 직후 장제스 정부는 좌익세력을 타파한다는 구실로 1949년 5월 19일 계엄령을 선포했고, 수천 명의 좌익분자를 포함한 민간인을 투옥하고 3,000여 명을 처형했다.

두 국가의 과거청산 연구는 기존의 신생 민주주의 국가의 과거청산 맥락에서 볼 때 그 과정과 성과에 대한 연구가 필요하다. 남미의 신생 민주주의 국가들의 과거청산이 군의 유보된 영역으로 인해 그 한계를 보인 반면 두 국가의 과거청산은 군의 중립성과 이어진 퇴장으로 군의 영향에서 벗어나 있었다. 그럼에도 불구하고 두 국가의 과거청산은 성과 면에서 볼 때 5·18항쟁이 과거청산을 위한 사죄, 진실규명, 책임자 처벌, 배상의 항목을 대부분 충족하여 성공적인 청산을 이루었다면, 2·28사건은 책임자 규명과 처벌에서 정치적·사회적 합의를 이루지 못한 한계를 보여주고 있다. 여기에서는 군의 유보된 영역에서 자유로웠던 두 국가에서 제기된 과거청산이 왜 이러한 결과적 차이를 가져오게 되었는가를 규명하는 것을 목적으로 한다. 남미의 사례로 비교해보면 두 국가는 모두 가해자였던 군이 정치적 영역에서 그 영향력을 상실함으로써 과거청산에 큰 영향을 미칠 수 없었다. 그렇다면 과거청산의 성과에 차이를 가져온 다른 원인은 무엇인가?

신생 민주주의 과거청산의 정치적 동학

신생 민주주의 과거청산의 유형과 연구경향

민주화 이후 과거청산은 다양하게 나타난다. 진실규명에 중요성을 두는 '진실위원회모델truth commission model'과 국가폭력 가해자의 책임규명과 처벌에 중요성을 두는 '정의모델'이 있다. 1970년대 민주화를 이룬 남미의 신생 민주주의, 1990년대 남아프리카공화국, 과테말라, 엘살바도르 등이 진실위원회모델의 사례이며, 독일의 뉘른베르크 재판Judgement at Nurenberg과 5·18항쟁의 청산은 '정의모델'에 속한다. 한편 과거사의 진상을 밝히고 이에 따라 적절한 조치를 시행하는 '과거규명'과 불행한 과거에 대한 진상규명을 넘어 그에 대한 비판, 반성, 애도와 치유를 추구하는 '과거성찰'로 구별하기도 한다. 그리고 피해자의 원상회복과 손해배상을 보장하고 화해에 둘 것인지, 과거는 역사에 맡기고 미래를 위해 모든 것을 불문율에 붙일 것인지 혹은 철저하게 과거의 모든 불법행위를 형사 소추할 것인지로 구별하여 화해모델, 종료모델, 처벌모델로 구분하기도 한다.

한편 과거청산의 성과에 따라 세 가지로 구분하기도 한다. 첫째, 국가폭력의 책임자를 집단적으로 청산하는 사례이다. 여기에는 제2차 세계대전을 일으킨 독일에 대한 뉘른베르크 재판, 그리고 제2차 세계대전 이후 나치 점령기의 부역자를 처벌한 프랑스의 사례가 있다. 두 사례는 모두 합법적인 절차를 통해 과거사의 진상과 책임을 가리고, 그 과정과 결과에 대해 가해자와 피해자 그리고 일반 국민도 합의했다. 둘째, 과거청산의 시도는 있었으나 정치사회적 조건으로 불가능해지는 경우이다. 그 주된 원인은 전환 이후에도 영향력을 지닌 군부의 존재이다. 오랜 역사 속에서 권위주의가 반복적으로 나타났던 스페인, 칠레, 아르헨티나에서는 군부의 보복이 두려워 과거청산이 제대로 이루어지지 못했다. 스페인은 1936~1939년 내전 기간과 프랑코Franco 집권 초기에 학살, 테러, 고문, 추방 등이 있었다. 그러나 프랑코 사망 이후에는 사면법을 제정하여 과거의 행위에 대해 사면 조치를 단행했다. 한편 칠레나 아르헨티나도 1970년대 군부 통치기에 많은 인권 유린행위가 있었다. 그러나 1980~1990년대에 민간정부가 집권하면서 '진실과 화해를 위한 국가위원회'와 '실종자 진상 조사 국가위원회'를 설치하고 과거청산을 시도했으나 결국에는 처벌보다는 화해를 앞세워 책임자를 집단적으로 사면했다. 셋째, 과거청산이 성공적으로 이루어졌지만 책임자들을 사면함으로써 '역사적 화해'를 추구하는 경우이다. 진상규명을 위해 남아프리카공화국, 칠레와 아르헨티나의 진실규명위원회는 가해자가 과거 악행을 성실하게 고백하는 조건으로 법적 면제를 허용했다. 이는 '되풀이 하지 않기 위해 기억하자Recordar para no repetir'는 의도로 과거를 기억하되 범죄행위에 대한 책임을 사면하는 것이다. 아르헨티나의 알폰신Alfonsín 정부는 군사혁명위원회의 구성원을 기소하는데 그쳤고, 이후 사면이 뒤따랐다.

과거청산에 관한 대부분의 선행연구는 청산 과정에서 한계의 원인을 규명하고자 했다. 그중 주로 지적되는 것은 민주화 이후에도 잔존해 있는 군부의 영향력이다. 민주화 이후 여전히 군의 영향력이 존재하거나 이행 과정이 군부와의 '협약'에 의해 이루어질 경우 후임 정권은 군과 연결된 전임정권을 보호하려는 강한 의지를 가진다. 이는 군부의 재등장을 가져올 위험성을 방지한다는 동기도 있지만 '협약' 과정에서 민주화 이후의 정권은 이미 '유보된 영역reserved domains'으로 이를 수용하고 있기 때문이다. 앞서 지적한 스페인도 그러하지만 동아시아 필리핀의 아키노Aquino 정부도 민주화 이후 인권위원회를 설치하고, 과거청산을 시도했으나 정권의 취약성과 군부의 반발로 과거청산을 중단했다.

과거청산의 한계를 가져온 또 다른 원인은 권위주의 통치 과정에서 형성된 구정권에 동조하는 집단의 존재이다. 이들은 민주화 이후 다른 사회적 균열과 연결되거나 새로운 균열을 형성하기도 한다. 러시아, 스페인, 아르헨티나, 칠레 등이 그 예이다. 이들 국가에서는 과거청산 과정에서 대립적 긴장감이 형성되기도 하고 사회적 분열로 이어지기도 했다. 이러한 갈등은 민주화 이후 정권이 전임 정권과 현저히 다른 특징을 지닌 경우 더욱 심화된다. 후임 정권의 신념체계, 이익의 구조 등이 전임정권과 현저히 다르다면 과거청산이 '정치보복'인지 '정치적 정의'인지 구별하기 어렵게 된다.

마지막으로 과거청산이 정치인의 자기이익 추구 혹은 자신의 신념 추구와 직접적인 관련성을 가질 때 그 한계를 보이기도 한다. 이는 남미의 사례에서 볼 수 있다. 아르헨티나의 메넴Menem은 전 정권인 알폰신과 멀어지려는 의도에서 역으로 군과의 관계 정상화를 추진했다. 그리고 칠레에서는 카톨릭 교회, 인권단체와 강한 연계성을 지녔던 대통령과 여당이 종교적 신념과 인권에 대한 존중을 구실로 국가폭력의 책임자들에 대한 사면을 추진했다.

동아시아의 과거청산 연구는 남미와 동구의 과거청산에 비해 상대적으로 그 성과가 부족하다. 5·18항쟁 과거청산의 국제적 비교연구는 서승과 이내영과 박은홍, 조병선 등이 있으며, 2·28사건과 5·18항쟁의 비교연구는 주리시朱立熙의 저서가 유일하다. 서승은 5·18항쟁과 2·28사건 이외에 제주 4·3사건과 대만의 백색테러의 과거청산을 동시에 비교했다. 그는 성공한 과거청산과 실패한 과거청산의 차이를 반공논리의 적용여부로 보았다. 여기에서 5·18항쟁과 2·28사건은 반공논리에서 비교적 자유로운 성공한 과거청산으로 평가되고 있다. 이내영과 박은홍은 5·18항쟁의 과거청산을 필리핀과 타이와 비교하여 한국이 '발전적 과거청산progressive rectification'을 이루었다고 평가했다. 조병선은 독일 사례와 5·18항쟁의 과거청산을 비교했을 때 '상대적 종료모델relative clean break model'이라고 할 수 있는 5·18항쟁을 미완의 청산이라고 평가했다. 주리시는 두 사례 비교를 통해 5·18항쟁의 과거청산을 성공적인 모델로 2·28사건을 미제의 과거청산으로 평가했다. 그러나 그의 분석은 두 사례의 청산 결과에 대한 비교로서 어떠한 맥락에서 차이를 가지고 왔는가에 대한 이론적·분석적 접근은 이루어지지 않고 있다.

이와 같은 선행연구는 과거청산의 성공적인 결과를 가져오는 것이 무엇인가를 설명하기에는 한계가 있다. 남미와 동유럽의 많은 과거청산의 사례 연구는 물론 한국과 대만의 과거청산에 대한 연구도 과거청산 사례를 병렬적으로 소개할 뿐 일반화를 위한 이론적 작업을 시도하지 않는다. 따라서 과거청산을 성공적으로 이끌기 위해서는 어떠한 조건이 필요한지 그리고 이러한 조건은 어떻게 형성될 수 있는지에 대한 연구가 필요하다. 본 연구는 유사한 경로에 있던 한국과 대만의 두 과거청산 과정을 비교해봄으로써 어떠한 차이가 결과의 차이로 이어졌는지를 규명한다.

과거청산의 경로의존적 접근

경로의존적 접근은 정치적 변화란 하나의 경로가 선택되고 나면 그 이전의 대안들이 사라지고 행위자들이 새로운 패턴을 받아들이는 방식으

로 그 전략을 수정하는 것을 말한다.[5] 경로의존의 과정에서 중요한 개념
은 다음과 같다. 특수한 타이밍과 순서의 중요성, 유사한 조건에서의 출
발, 사회적 결과의 다양성, 상대적으로 작지만 불확실한 사건들이 가져
오는 결과들이다. 여기에서 중요한 것은 주어진 자원과 제약 속에서 합
리적인 행위자들이 최적의 해결책을 설계하고 수행하는 것이다. 합리적
인 행위자는 주어진 제도의 배열에 의존하면서도 한편으로는 다른 행위
자의 전략과 일반적인 도덕적·인지적 요소들에 의해서도 영향을 받는
다. 즉 전자를 행위자에게 주어진 거시구조적인 조건이라고 한다면 후
자는 미시구조적 조건이라고 할 수 있다.

엘스터는 과거청산의 다양한 사례를 분석했을 때 대부분 경로의존적
이라는 것을 발견했다. 신생 민주주의 국가의 과거청산은 권위주의 정
권에서 자행된 국가폭력이 더 이상 재현되지 않도록 책임자를 규명하고
처벌하며 피해자들에게 보상을 해주는 과정이다. 이는 민주화 이후 동
유럽과 남미, 그리고 동아시아에서 중요한 쟁점으로 떠올랐다.

동아시아 신생 민주주의의 과거청산의 거시구조적 조건으로는 첫째,
전 세계적인 민주화의 물결로 인해 민주화가 확산되는 과정에 있었다
는 점이다. 민주화는 인민의 대표성 회복, 민주적인 선거 실시, 법의 지
배와 같은 권위주의 정권에서 제한되었던 민주적 요소들을 부활시켰다.
이 과정에서 정권의 자의적인 국가폭력이 용납되지 않게 되었고, 과거

---

5   경로의존적 접근의 개념 정의를 위해서는 다음을 보라. Paul David, "Clio and the
Economic of QWERTY", American Economic Review 75 (1985); Brian Arthur,
"Competing Technologies, Increasing Returns, and Lock in by Historical Events",
Economic Journal 99 (1989).

에 정당화되었던 국가폭력에 대한 과거청산이 진행되기 시작했다. 둘째, 탈냉전으로 인해 국경이 약화되면서 국가 하부단위의 민족적·인종적·종교적 갈등이 중요한 사회적 갈등으로 등장했다. 민주화는 참여의 폭을 확산시키면서 이러한 사회적 갈등을 더욱 증폭시키는 효과를 가져왔다. 새로운 사회적 갈등은 과거청산을 진행하는 과정에서 새로운 제약조건으로 등장했다. 한국과 대만의 민주화 과정에서 떠오른 사회적 갈등은 각각 지역주의와 국가적 정체성의 문제이다.

정치엘리트가 처한 미시구조적인 조건은 과거청산을 시도하는 엘리트가 처한 정치적 조건을 말한다. 행위자인 민주적 엘리트는 과거청산에 적극적으로 주도하고 참여하는 엘리트(청산엘리트), 중립적인 엘리트(중립엘리트) 그리고 과거청산 반대의 입장에 있는 엘리트(반대엘리트)로 나눌 수 있다. 과거청산은 행정적·입법적·사법적 과정이다. 특히 관련 법안을 입안하고 집행하기 위해서는 기술적으로 청산엘리트의 의회 장악이 필수적이다. 이를 위해서 청산엘리트는 중립엘리트의 지지를 얻어 반대엘리트와의 경쟁에서 승리해야 한다.[6]

그러나 청산엘리트가 과거청산을 개시하고 적극적으로 추진하기 위해서는 이를 위한 동기가 필요하다. 합리적 행위자는 주어진 조건이 변화하여 사회로부터 새로운 요구가 발생할 때 이를 저지할 수도 타협할 수도 있다. 다양한 대안 중 선택의 기준은 새로운 요구를 통해서 자신의 이익을 극대화할 수 있는가이다. 청산엘리트는 민주화 이후 과거청산의

---

6   이러한 경쟁에서 승리하기 위한 유리한 조건으로 권위주의 정권의 실패 정도와 개혁집단의
     특징, 국가폭력을 방지하기 위한 제도적 장치가 제시된다.

요구가 확산될 때[7] 이 요구를 추진하는 것이 자신의 이익에 부합하는가를 먼저 계산하게 된다.

엘스터는 이러한 맥락에서 과거청산을 개시하고 추진하는 정치인의 주관적 정의관에 주목했다. '주관적'이라는 의미는 정치인이 국가폭력에 대한 감성과 이익의 구속을 받는 것을 말하는데 이는 가까운 집단, 즉 자신이 정체성을 가지고 있는 집단에 무게를 두는 것이다. 여기에서는 지지 집단과의 연결성이 주관적인 정의관을 형성하는 데 중요한 역할을 한다. 청산엘리트가 정체성을 공유하는 집단이 과거청산을 강하게 요구한다면 과거청산을 주도하는 강한 동기로 이어질 수 있다. 더욱이 이 집단이 사회의 다수를 형성한다면 더욱 그러하다. 또한 청산엘리트는 정치적 지지를 얻기 위해 이를 역으로 이용할 수도 있다. 즉 잠재되어 있는 소속집단에 대한 국가폭력의 기억을 되살려 이를 정치적 동원수단으로 활용하는 것이다. 한편 반대엘리트는 국가폭력의 가해자인 전임 정권과 연결되어 있거나 과거 권위주의 정권에서 상대적인 이익을 얻은 집단과의 연결성을 가지고 있다. 이들은 과거 국가폭력의 정당성과 상황적인 필연성, 폭력의 과장성을 주장하고 책임자 규명과 처벌에 있어서 소극적인 입장을 취한다. 그러나 군의 재등장이 우려되는 상황에서는 청산엘리트가 반대엘리트를 설득하기 어려우며 중립엘리트의 지지를 얻기 어렵다. 남미의 실패 사례는 이러한 경우이다.

---

[7] 일부 학자들은 대부분의 야당은 독재를 청산하는 데만 관심이 있을 뿐 사회적인 요구가 높지 않으면 군이 과거청산을 하고 싶어 하지 않는다는 공통점을 발견했다. 1985년의 브라질, 1990년의 니카라과도 그러한 사례였다.

신생 민주주의 과거청산의 정치적 동학

1980년대와 1990년대의 한국과 대만은 세계화와 민주화 그리고 국가하부 단위의 갈등이 심화되고 있었다. 민주화는 시민사회로부터 과거청산의 필요성을 제기하도록 했으며, 과거 권위주의 정권의 잘못된 관행을 바로잡는 과정에서 한국의 신한민주당(이하 신민당)과 대만의 민진당은 5·18항쟁과 2·28사건의 국가폭력성을 지적하고 그 청산을 요구했다. 이러한 과거청산은 협약에 의한 민주화, 군이라는 '유보된 영역'의 존재[8]로 인해 초기에는 남미와 같은 한계를 가지고 있었다. 그러나 두 국가의 민주화 이후 군의 중립성, 이어진 군의 성공적인 퇴장은 과거청산의 제약을 제거했다. 그럼에도 불구하고 유사한 조건 속에서 진행된 과거청산은 한국이 성공적으로 이를 마무리한 반면 대만은 아직도 미결의 과제로 남겨두고 있다.[9]

그렇다면 유사한 경로에 있던 두 국가의 과거청산 과정은 어떠한 중요한 결절점에서 이러한 차이를 보이게 되었는지 검토해보아야 한다.

---

8   두 국가의 협약에 의한 민주화에 대해서는 다음을 참조. 임혁백, 〈한국에서의 민주화 과정 분석〉, 《시장·국가·민주주의: 한국 민주화와 정치경제이론》, 나남, 1994, pp.253~298; Tun-jen Cheng, "Democratizing the Quasi-Leninist Regime in Taiwan", World Politics 42, No. 4 (1989), pp. 471~499.

9   1993년 유엔 인권위원회 특별보고관인 테오 반 보벤Theo van Boven은 국가폭력 과거청산의 그 내용적 요소로 인권침해에 대한 진실 규명, 배상, 가해자의 처벌, 사죄, 기념을 제시했다. 5·18항쟁의 해결 과정에서 시민사회와 야당은 진상 규명, 책임자 처벌, 배상, 기념사업, 명예회복을 '광주 문제 해결의 5대 원칙'으로 제시했다. 정근식, 〈청산과 복원으로서의 5월 운동〉, 광주광역시5·18사료편찬위원회 편, 《5·18민중항쟁사》, 광주광역시5·18사료편찬위원회, 2001.

표 38 _ 5·18항쟁과 2·28사건의 과거청산 비교

	한국 (1988~1998)		대만 (1993 이후)	
보상	O	1988(노태우)	O	1993(리덩후이)
보상 → 배상(명칭 변경)	O	1995(김영삼)	O	2007(천수이벤)
진실 규명	O	1988(노태우)	O	2000(천수이벤)
책임자 규명	O	1988(노태우)	X	
사죄	O	1993(김영삼)	O	1995(리덩후이)
책임자 처벌	O	1996(김영삼)	X	
사면	O	1998(김대중)	X	

두 국가의 청산엘리트는 '기억의 정치politics of memory'로 재생된 집단 정
체성과 강한 연관성을 보인다. 민주화 과정을 통해 시민사회에서 강한
과거청산 요구가 제기된 측면도 간과할 수 없으나 두 국가에서는 민주
화 이후 부각된 사회적 균열인 지역주의와 대만인 정체성의 역할이 청
산엘리트의 이해와 부합하면서 과거청산을 촉진했다.[10]

두 사례는 민주화 과정 속에서 재구성된 집단 정체성을 공유한 정당
이 의회의 다수(한국)가 되거나 최고통치자를 배출(대만)했을 때 본격적
인 과거청산이 진행되었다. 1988년의 광주청문회는 김대중의 평민당이
이끌었으며, 대만이 2·28사건에 대한 진상조사를 시작한 것은 리덩후
이가 1990년 재선에 성공하고 난 이후였다. 그러나 과거청산의 완결은
항쟁과 집단 정체성을 공유하는 정당이 의회를 주도할 때 진상 규명과

---

10 민주화 이후 한국의 지역주의적 요소가 과거청산을 촉진한 사례에 대해서는 김준(2007)과
    정대화(2007)를 참조하고, 대만의 대만인 정체성이 정치엘리트의 이해와 부합하면서 과거
    청산의 필요성을 제기한 것에 대해서는 주리시朱立熙(2007), 왕푸창王甫昌(2003)을 참조.

그림 10 ▫ 과거청산의 경로의존성

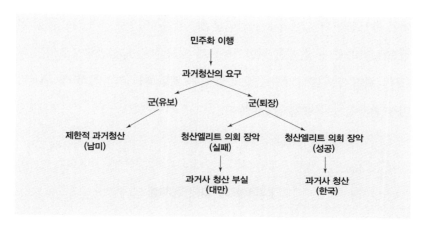

책임자 처벌을 처리함으로써 이루어질 수 있었다. 이를 나타내면 〈그림
10〉과 같다.

따라서 한국과 대만은 군의 중립성 유지와 퇴장이라는 과정을 거치면
서 과거청산이 진행되었다. 또한 다른 신생 민주주의 과거청산의 성패
에 영향을 미친 구정권에 동조하는 집단의 영향력이 상대적으로 적었으
며, 정치인이 다른 개인적인 이익의 추구로 인해 과거청산의 처리방향
을 전환시키지도 않았다. 이와 같은 동일한 조건을 지닌 사례에서 나타
나는 차이의 원인을 찾기 위해 본 연구는 최대유사체제접근법most similar
systems design을 사용한다.[11] 이는 과거청산이 시작되는 시점에서 동일한
조건을 가지고 있었던 두 사례가 어떠한 차이로 인해 결과적 차이를 가

---

11   최대유사체제 접근법은 존 스튜어트 밀이 제시한 차이법과 유사하다. 이 방법론에 대한 자
     세한 논의를 위해서는 다음을 참조. Adam Przeworski and Henry Teune, The Logic of
     Comparative Social Inquiry (New York: Wiley-Interscience, 1972).

져오게 되었는지를 살펴보는 것이다. 한국과 대만의 과거청산 차이는 이를 주도하는 저항엘리트가 의회를 장악할 수 있었는가가 새로운 결절점으로 작용했다. 한국은 청산엘리트가 의회 장악에 성공함으로써 진상규명, 책임자 처벌이 가능했으나 대만은 저항엘리트의 의회 내 우위로 인해 과거청산이 완결되지 못했다.

국가폭력과 집단 정체성

5·18항쟁과 지역 정체성

5·18항쟁은 호남 대 비호남이라는 지역주의적 균열과 연결되어 있다. 과거청산을 최초로 제기한 신민당의 지역적 기반은 호남이었으며, 이후 이를 이끌어간 청산엘리트는 김대중이 속한 정당이었다. 5·18항쟁 이전까지 호남의 지역 정체성은 뚜렷한 것은 아니었다. 초기 호남지역의 차별의식은 영남지역 출신 편중인사로 인한 정치적 차별이 사회적 차별로 확산된 결과였다. 박정희 집권 당시 고위관료의 30.1%가 영남출신 인사였고, 이는 호남출신 인사의 두 배에 달했다. 또한 자원의 배분과 지위에서도 영남출신이 압도적인 우위를 차지하면서 국가주도 경제발전을 선택했던 정권하에서 심각한 부의 불균형을 초래했다. 그러나 이러한 차별의식은 지역주의 정체성을 창출하거나 이를 개선하기 위해 정치적으로 표출되지 않았다.

5·18항쟁은 하나의 전환점이 되었다. 이는 지역 정체성과 관련하여

두 가지 효과를 가져왔다. 하나는 지역주의의 존재에 대해서 호남지역 인사들은 물론 외부에서도 이들의 존재를 알게 된 것이다. 그리고 다른 하나는 이 과정을 통해 지역의식이 구체화되었다는 것이다. 광주에서 국가폭력이 자행될 때 광주 시민들은 영남정권이 계획적으로 전라도민을 죽이기 위해 왔다고 생각했다. 당시 "경상도 군인이 전라도 사람을 다 잡으려 한다"는 말은 일상적인 것이었다. 이후 계엄군은 광주와 외부를 완전히 단절시켰는데 이러한 조치는 지역의식을 더욱 강화시켰다. 계엄군의 무자비한 진압은 호남지역 사람들이 지역 때문에 차별받고 있다고 인식하게 만들었다.

이러한 지역의식의 형성은 신군부가 조성한 측면이 있다. 당시 신군부는 반공주의와 지역주의를 연결시키는 극단적인 편견 논리를 활용했다. 5·18항쟁 직후 1980년 5월 21일 계엄사령관 이희성은 "지난 18일 수백 명의 대학생들에 의해 재개된 평화적 시위가 오늘의 엄청난 사태로 확산된 것은 상당수의 지역 불순인물 및 간첩들이 사태를 극한의 상태로 유도하기 위하여 (…) 계획적으로 지역감정을 자극 선동하고 난동 행위를 선도한 데 기인한 것"[12]이라는 발표문을 제시했다.

이러한 과정을 통해 정치인 김대중과 그가 이끄는 정당은 호남지역의 상징성을 얻게 되었다. 5·18항쟁 발발 직후 신군부는 언론에 '김대중 내란음모사건'을 발표했다. 이는 '광주사태는 간첩 김대중으로부터 사주를 받은 광주지역 불순분자들이 국가 전복을 목적으로 선동하여 일으킨

---

12 〈이희성 담화문〉, 《5·18 광주민주화운동자료총서》 광주광역시5·18사료편찬위원회, 제2권 (1997), p. 29.

내란 폭동이며 김대중으로부터 거사자금을 받은 정동년이 광주에서 폭동을 일으켜 학원 소요사태를 민중봉기로 유도 발전시켰다'[13]를 내용을 하고 있다. 당시 광주에서는 김대중과 관련된 플래카드나 대자보는 거의 눈의 띄지 않았으며 따라서 김대중이 관련되어 있다는 증거는 전혀 볼 수 없었다. 이와 같이 군부정권은 당시 5·18항쟁을 공산주의자들의 소행과 호남출신 정치인이었던 김대중을 공식적으로 연결시켰으며 반공논리를 근거로 국가폭력을 정당화했다. 이는 호남과 비호남을 구분하게 하고, 김대중과 호남지역 사람들의 정서를 서로 연결시키는 효과를 가져왔다.

광주 문제가 수면 위로 드러나면서 김대중의 정치적 위상과 연결되며 발전했고, 김대중이 지도하거나 깊게 관여한 신한민주당, 통일민주당, 평화민주당, 민주당, 새정치국민회의는 호남에서 높은 지지를 얻었다.[14] 광주의 경험은 호남민들의 결집을 가져왔고, 호남지역의 문제는 호남지역 정체성을 대표하는 김대중이 풀어야 한다는 생각을 갖게 했다.[15] 이와 같은 맥락에서 5·18의 피해자로 여겨진 김대중이 1998년 대통령에 당선된 것을 5·18항쟁 과거청산의 결실이 구체적으로 맺어진 것으로

---

13 당시 정황상으로 볼 때 김대중은 5·18항쟁과 전혀 관련이 없었음에도 불구하고 신군부는 이를 조직적으로 연결시켰다. http://www.518.org

14 1987년 대선에서 김대중 후보는 호남에서 90%의 지지를 얻었고, 13대 총선에서 평민당은 호남지역의 모든 선거구에서 당선되었다. 이후 1992년과 1997년 대선에서도 김대중 후보는 호남에서 90%에 이르는 지지를 얻었다.

15 비호남지역이나 민주화 세력은 김대중의 호남 대표성에 대해 이것이 결과적으로 5·18 문제를 광주와 호남의 것으로 주변화시켰다고 비판하기도 한다. 손호철, 〈80년 5·18항쟁: 민중항쟁인가, 시민항쟁인가〉, 손호철, 《현대 한국정치: 이론과 역사》, 사회평론, 1997, pp.473~474.

평가하기도 한다.

2·28사건은 국민정부國民政府가 대만으로 천도하는 시점을 전후하여 본
성인과 외성인 간에 발생한 충돌이다. 2·28사건 발생 전에도 본성인은
대만인 정체성을 가지고 있었지만 정치적·사회적으로 중요한 의미를 지
니지 않았다. 또한 대만은 지속적으로 외세의 식민통치를 받아왔는데
1624년 네덜란드의 침입 이후 스페인, 명明, 청淸의 통치를 받았다. 본성
인은 대부분이 한족이었지만 대륙과 격리된 상황에서 형성된 공동의 기
억은 스스로 한인이라는 생각에서 벗어나, 점차 대만인 정체성을 형성
하게 되었다. 그러나 2·28사건이 발생하기 전까지 대만인들은 대부분
중국인이라는 국가적 정체성을 지니고 있었다.

　일본 식민통치는 많은 논란이 있지만 대만의 근대국가 원형을 구성
하고, 근대적 발전을 가져왔다. 그러나 해방은 식민통치하의 '2등 국민'
에게서 벗어날 수 있다는 기대를 갖게 했다. 당시 대만 민중은 해방군인
국민정부를 적극적으로 환영했다. 일본 항복 이후 국민당 군대가 대만
에 도착하기까지 50여 일의 정치적 공백기 동안 지방 지도자들과 지식
인, 청년 등은 자발적으로 사회질서를 유지하고 민간단체를 조직했다.
'삼민주의청년단三民主義青年團'은 곳곳에서 지부를 창설했으며, 항일운
동을 했던 첸신陳炘, 린셴탕林獻堂, 예룽중葉榮鐘 등은 '국민정부환영준비
위원회國民政府歡迎準備委員會'를 조직하고 국민정부를 기다렸다. 그러나 2·

28사건이 발생하기 전 대만은 물가상승과 사회적 혼란으로 어려운 상황에 처해 있었다. 린마오성林茂生은 〈민보民報〉의 사설에서 다음과 같이 묘사했다.

최근 물가가 급상승하고 경제사회가 혼란을 겪고 있어 생활이 고통스러운 백성들이 하루 일감도 구하지 못하고 있다. 이 상황을 해결할 수 있도록 정부는 해결책을 제시해야 한다. 백성들은 너무 고통스럽다. (…) 이런 사회는 몹시 위험하다. 사회 계층의 분화와 대립은 사회 불안의 근원이다. 이런 추세가 극심해지면 사회동란이 일어날 수 있다.[16]

이와 함께 국민정권의 이식 과정에서 본성인과 대륙에서 건너온 외성인 간의 갈등이 나타나기 시작했다. 관료 등용에서 본성인 차별, 적산 분배의 불공정성, 외성인 관료의 부정부패, 외성인 군인의 기강 문제는 전쟁 이후의 경제위기와 상호작용하면서 갈등을 더욱 심화시켰다. 또한 식민통치 기간 동안 두 집단은 서로 다른 정치적·사회적 환경에 있었기 때문에 생활습관, 언어상에 근본적인 차이가 있었다. 본성인은 황민화 운동으로 중국어보다 일본어가 더 능숙했고 일본 문화에 상당 부분 동화되어 있었다.[17] 따라서 광복 초기 두 집단의 접촉은 서로의 차이점을 확인해준 셈이었다.[18]

---

16 林茂生 "中産層的重要性",《民報》, 1947.2.27
17 王育德 (1999), pp. 147~148.
18 외성인은 본성인이 일본 식민통치로 인해 노예근성이 생겼다고 생각하기도 한다. 鄭梓,《本土菁英與議會政治 : 台灣省參議會史研》作者自刊, (1985), pp. 32~35.

이러한 가운데 1947년 2월 27일 외성인 관리와 본성인 민중 간의 충돌이 발생했고 이것이 2·28사건의 발단이 되었다. 이는 대만 민중의 봉기를 가져왔고, 일부는 무장으로 대응했다. 행정장관 첸이陳儀는 이를 수습하기 위해 대륙에 군대 파병을 요청했고, 3월 8일 대만에 상륙한 헌병사군단의 2개 대대와 21사의 3,000여 명의 군대는 민중에 대해 무차별적인 총격을 가했다. 이로 인해 정확한 집계는 아직도 합의를 보지 못한 가운데 약 1만에서 2만 8천여 명이 실종되거나 살해되었다고 추산하고 있다. 장제스가 파견한 군대로 수많은 본성인이 피해를 입게 되자 본성인은 자신들이 외성인과 확연히 다른 집단이라는 것을 인식하기 시작했다. 즉 외성인을 처음 만났을 때 본성인이 느낀 문화적·정치적 차이, 정치적 불신에 더하여 이후 발생한 2·28사건은 권력의 극단적인 차이를 확인하게 했다.

해외에서는 1950년대 이후 매년 2·28사건 관련 기념행사가 개최되었다. 그러나 국민정부는 이후 민중이 이를 논하는 것 뿐만 아니라 이에 대한 연구도 금지했다. 그러나 이러한 기류에 전환점이 발생했다. 1971년 10월 중화민국이 유엔에서 퇴출된 이후 국가의 정당성 위기가 제기되었고, 민주화와 자유화의 요구도 높아졌다. 이는 1978년의 미국과의 단교 그리고 중미 수교를 거치면서 더욱 가속화되었다. 민주화 운동 과정에서 당외黨外는 2·28사건을 직접 경험한 세대는 아니었지만 이를 대만 민중의 집단적 기억의 가장 중요한 사례로 여겼다.[19]

민주운동가들은 2·28사건의 과거청산 문제를 공개적으로 논의하기

---

19 嗚乃德, '我們共同的二二八',〈中國時報〉, 2006.2.27

시작했다. 1987년의 2월 첸융싱陳永興과 리성승李勝雄 등을 중심으로 한 민주운동가들은 대만기독교장로회와 '2·28평화일촉진회二二八和平日促進會'를 조직하고, 28일 대만 곳곳에서 '2·28진실규명설명회의 설립', '피해자의 명예회복과 보상추진', '2·28사건 기념비 건립', 그리고 '2월 28일 평화기념일 지정'이라는 구호를 외쳤다. 이로 인해 오랫동안 역사 속에 묻혀 있던 2·28사건은 민중의 기억 속에 되살아나게 되었다. 1988년 〈연합보〉의 설문조사에 의하면 약 85% 응답자가 2·28사건에 대해 모른다고 대답했으나 민주화가 진행 중인 1992년 2월의 설문조사에서는 80% 이상의 응답자가 2·28사건을 알고 있다고 대답했다.

5·18항쟁과 2·28사건의 과거청산

민주화 이후 한국과 대만은 오랫동안 군의 '유보된 영역'이 존재했다. 그러나 두 국가의 군은 민주화 과정에서 중립성을 지켰다. 그리고 한국은 1995년 김영삼 정권의 하나회 해체, 대만은 1993년 군부 핵심 인사인 하오보춘의 퇴장으로 군이 정치적 영향력의 대부분을 상실했다. 한국의 과거청산 과정에서 청산엘리트는 김대중과 호남지역을 기반으로 하는 정당이며, 저항엘리트는 군부정권의 연장선에 있는 노태우와 민정당이라고 할 수 있다. 한편 김영삼과 그밖의 정당은 비교적 중립적인 위치에 있었다. 대만의 경우 청산엘리트는 천수이볜과 본성인을 기반으로 하는 민진당이다. 저항엘리트는 가해세력인 국민당이며, 국민당의 총통이었던 리덩후이는 중립적인 위치에서 이후 청산의 위치로 변화했다.

5·18항쟁의 과거청산

저항엘리트의 우위와 제한적 과거청산

전두환 정권은 광주에서 항쟁이 발생했을 때 '북한의 사주를 받은 불순분자들에 의한 폭동'이라고 공식화했다. 강한 언론통제로 인해 이는 광주와 전남지역을 제외하고 한동안 정설처럼 받아들여졌다. 광주 문제가 공식적인 정치적 토의의 장으로 옮겨간 것은 1985년 2·12총선에서 저항엘리트인 김대중을 포함한 구신민당 인사들과 야권 정치인들이 창당한 신민당이 제1야당이 되면서였다. 이어진 유화조치로 인해 시민사회가 다양하게 조직되기 시작했고, 민주화 투쟁 과정에서 광주에 대한 진실 규명의 필요성이 제기되었다. 민주운동가들은 당시까지 칭해온 '광주사태'를 '광주의거', '광주민중항쟁', '광주학살'로 개칭해야 한다고 주장하고, 전두환 정권과 미국의 반민주성을 비판했다.

1987년 대통령 선거에서는 과거청산에 있어 저항엘리트인 노태우가 당선되었다. 노태우는 신군부의 일원이었고 5·18항쟁에도 일부 책임이 있었다. 시민사회의 민주화 요구와 5·18항쟁의 해결에 대한 요구는 더욱 거세졌다. 노태우 정권은 1월 16일 대통령 자문기구인 '민주화합추진위원회(이하 민화위)'를 설치하고 5·18항쟁의 문제에 대한 진상 규명 활동을 전개했다. 당시의 활동은 광주의 명예회복과 보상에 초점을 맞추었고, 그 의미를 가해자와 피해자 상호 책임이 있다는 것을 전제하는 것으로서 처벌이 아닌 화합이 필요함을 강조하는 내용이었다. 이 내용을 바탕으로 노태우 정권은 1988년 4월 1일 '광주사태 치유를 위한 정부 종합대책'을 발표했다.

민화위는 '광주사태'를 '민주화를 위한 노력의 일환'으로 공식 명칭을 변경하고, 계엄군의 과잉진압이 사태 확대의 원인이었음을 인정했다. 또한 희생자와 가족들에게 물질적 보상을 지급할 것을 결정했다. 그러나 시민사회는 민화위의 실체적 성격에 의문을 품었고, 광주 문제는 국가적 차원에서 해결되어야 한다고 주장했다. 김대중 당시 평민당 총재도 1988년 4월 5일 정부 방침에 반발하여 광주 문제의 치유를 위한 '4개항 원칙'을 발표했다. '5월운동협의회'를 중심으로 한 시민단체들은 "진상규명과 책임자 처벌이 선행되지 않은 해결은 허구적이며, 기만적인 해소책"이라고 반발했다.

청산엘리트의 의회 장악과 과거청산의 진전과 타협

시민사회의 과거청산 요구가 여전히 높은 가운데 1988년 13대 총선결과 여소야대 국면이 형성되었다. 이는 청산엘리트가 의회에서 다수를 장악함으로써 본격적으로 과거청산을 진행할 수 있는 계기가 되었다. 평민당, 민주당, 공화당의 3당은 5공 청산과 광주학살 책임자 처벌을 주장했다. 1988년 11월 18일 국정감사제도가 도입되고, 헌정사상 최초의 청문회가 열렸다. 광주특위는 신군부 집권 과정에서의 반란혐의와 광주민주화운동에 대한 강경진압 및 발표책임자 규명 등의 쟁점을 19회에 걸친 청문회를 통해 다루었다.[20]

　그러나 6공 정권은 5공 정권의 연장선에 있는 정권이라는 점에서 과

---

20 〈12·12, 5·18사건 및 재판일지〉, 광주광역시5·18사료편찬위원회(1999), 제18권, pp. 639~644; 〈12·12, 5·18 관련 재판판결문〉, 광주광역시5·18사료편찬위원회(2009), 제49권.

거청산에 근본적인 한계를 지니고 있었다. 광주특위는 청문회 기간 동안 전두환을 비롯한 83명의 증인소환을 신청했으나, 두 전직 대통령과 핵심 관련자 13인은 증인소환 및 동행명령에 불응했고, 출석한 증인들도 불성실한 답변으로 진실 규명을 방해했다. 또한 1980년 광주 진압부대의 작전기록의 자료들이 파기되거나 제출되지 않았다.

가해자의 대국민 사과 역시 제한적이었다. 1988년 11월 3일 광주청문회가 진행되던 시기에 전두환은 대국민사과성명을 발표했다. 그는 "당시 국가적 비상시국하에서 아무런 준비와 경험도 없이 국정의 책임을 맡게 되었고 (…) 사회의 안정과 국가발전을 도모해야 한다는 마음이 앞선 나머지 시행착오를 가져오게 된 것"이라고 최초로 오류를 인정했다. 그러나 1989년 12월 청문회에서 전두환은 "광주사태가 특별한 의도에 의해 촉발됐다는 주장은 전혀 오해에서 비롯됐다. (…) 어느 누구라도 집권을 위해 치밀한 계획을 세웠다면 광주사태 같은 불상사가 일어나지 않기를 오히려 바랐을 것"이라고 하여 자기방어적 발언을 했다. 집권 민정당은 "전두환 전 대통령의 증언으로 (…) 과거는 끝났고 청산의 막은 내렸다"는 성명으로 청문회를 종결했다.

1989년 12월 15일 청문회의 종결을 의미하는 여야 4당의 11개항 타협안이 발표되었다. 여기에는 전두환의 국회증언 및 TV 녹화중계, 정호용, 이희성 의원의 공직사퇴, 이원조 고발처리, 광주보상법의 제정, 5공특위 및 광주특위의 조속한 시일 내의 해체, 일해재단의 재산을 유익한 목적에 사용하는 것 등을 담고 있다. 전두환은 12월 31일 청문회의 증인으로 소환되어 공식 사과를 하고 재산을 국고에 반납했다. 이후 정국은 '보상의 원칙과 범위'를 둘러싸고 여야 간의 공방으로 이어지면서 과거청산의 성격이 변화했다.[21] '광주사태 치유를 위한 정부 종합대책'으로 '광주사태'는 '광주민주화 운동의 일환'으로 공식 명칭이 변경되었고, 희생자와 가족들에게 공식적으로 물질적 보상 지급을 결정했다. 이로 인해 1990년 8월 4일 '광주 민주화 운동 관련자 보상 등에 관한 법률'이 제정되었고, 동년 8월과 9월에 제1차 보상이 이루어졌다.

제한적이나마 이루어졌던 과거청산은 저항엘리트 우위의 여대야소 국면으로 급전환을 맞게 되었다. 1990년 1월 22일 총선을 앞두고 민정당, 민주당, 공화당 3당 합당이 이루어졌고, 이 과정에서 의회의 5공 청산은 성급히 정리되었다. 1990년 7월 4일 민자당은 단독으로 '광주 민주화 운동 관련자 보상 등에 관한 법률'을 통과시켰고, 전두환과 노태우에 대한 고발은 무혐의 처리했다. 3당 합당을 통해 대통령이 된 김영삼은 5·18항쟁이 정당하게 평가되어야 한다고 했으나 책임자 처벌에 대해서는 갈등을 재연한다는 이유로 반대했고, 진상 규명에 유보적이었다.

'5·18광주민주항쟁동지회'는 전두환, 노태우 등 군 고위 지휘관 9명을 광주민주항쟁의 가해자로 고발했다. 그러나 1993년 검찰은 '광주사태는 진압군과 학생 간의 감정적인 충돌과 악성 유언비어가 원인이 되어 발생한 것이지 국헌을 문란할 목적은 아니었다'며 무혐의 처리했다. 한편 김영삼 정권은 1993년 제2차 보상을 추진했다. 기존 보상법과의 차이는 연행, 구금되었던 사람들에게로 보상의 범위를 확장한 것이다.

---

21 5·18항쟁 직후 전두환은 5·18을 '폭도의 사주와 선동에 대한 공권력 행사 과정에서 빚어진 사고'라고 규정했으면서도 위로금 명목으로 즉각적인 보상조치를 했다. 그러나 이 재원은 국가예산이 아닌 재해의연금, 국민성금에서 나온 것이다.

군의 해체와 청산엘리트와 중립엘리트의 연합

저항엘리트의 우위 상황에서 미온적인 과거사 정리에 불만을 품은 시민사회는 1994년 '5·18 진상규명과 광주항쟁정신계승을 위한 국민위원회'를 결성하고 광주 문제의 원칙적이고 적극적인 해결을 요구했다. 1994년 5월 이들은 전두환, 노태우를 포함하여 12·12군사쿠데타와 광주학살의 관련책임자 35명을 법원에 고발했다. 이어서 1980년 김대중 내란음모사건 관련자 및 장기욱 의원의 고소와 고발이 이어졌다. 그러나 김영삼 정부는 여전히 모든 것을 '역사에 맡기자'는 입장이었다. 그러나 이 시기 김영삼은 과거 군부정권의 핵심 뿌리였던 하나회를 성공적으로 해체시켰다.

시민사회는 광주 문제의 해결을 위해 '특별검사제 도입과 특별법 제정'이라는 목표를 제시했고, 1995년 7월에는 검찰의 12·12사태의 군부 책임에 대해 공소권 없음을 선언한 것에 불응하여 반대성명을 발표했다. 이들은 이어서 '5·18 학살자 재판회부를 위한 공동대책위원회'와 '5·18 완전해결과 정의실현, 희망을 위한 과거청산 국민위원회'를 결성하여 특별법, 입법 청원운동과 서명운동을 전개했다. 이에 상응하여 청산엘리트인 민주당과 김대중이 이끄는 새정치국민회의에서도 특별법 시안을 마련하면서 사법처리에 관한 논의가 확대되었다. 1995년 10월 3천억 비자금설이 폭로되면서 노태우는 구속되고, 광주 책임자들에 대한 사법처리의 요구도 높아졌다.

중립엘리트의 입장에 있던 김영삼은 난국을 타개하고자 '역사바로세우기운동'을 시작했다. 1995년 11월 24일 '5·18특별법'이 제정되었다. 이 법에 의해 '광주민주화운동관련자보상' 등에 관한 법률의 규정에 의한 보상은 '배상으로 본다'는 규정을 포함시킴으로써 보상은 배상의 성격으로 전환되었다.[22] 12월 19일에 국회는 이 사건에 대해 공소시효의 제한을 없애는 두 개의 특별법을 통과시켰다. 당시 광주학살과 관련하여 형사 처분을 받을 우려가 있는 저항엘리트인 여당의 민정계 국회의원들은 이러한 움직임에 반대했다. 이들은 정치보복이라는 말로 자신을 정당화했으며 일부는 탈당하여 자민련에 입당했다. 이 과정에서 김영삼은 권위주의 세력과 단절의 의미에서 신한국당으로 개명했다. 11월 30일 결성된 특별수사본부의 수사 과정에서 노태우는 반란중요임무종사, 특정범죄 가중처벌죄 등의 8개의 죄목으로, 전두환은 군형법상 반란수괴, 내란목적수괴 등 9개 죄목으로 기소되었고, 1심에서는 전두환의 사형, 노태우의 22년 6개월형이 선고되었다. 1997년 대법원 판결에서는 전두환은 무기징역, 노태우는 17년형으로 유죄가 확정되었다.[23]

2·28사건의 과거청산

청산엘리트의 과거청산 요구와 저항엘리트의 우위

2·28사건의 과거청산은 본성인이 중심이 된 청산엘리트인 민진당에 의해 본격적으로 제기되었다. 1992년 2월 민진당 주도로 대만에서 최초로

---

22 보상이란 공권력의 적법한 행사에 따라 개인이 입은 특별한 희생을 보전하는 보상을 의미하며, 배상은 위법한 공권력의 행사에 따라 개인이 입은 손해를 전보하는 것을 말한다.

23 〈5·18광주민주화운동 진상조사 특별위원회 회의록〉, 광주광역시5·18사료편찬위원회 (2007), 제3, 4, 5집 참조.

'2·28사건' 희생자 추도회가 개최되었으며, 민진당은 2·28사건을 선거에서 쟁점으로 제시하기 시작했다. 여기에는 총통인 리덩후이도 협력했다. 민진당이 명백히 청산엘리트라고 한다면 리덩후이는 저항엘리트인 국민당에 속해 있지만 개인적으로는 본성인이며, 2·28사건 당시 다른 대만인들과 함께 체포된 경험이 있었다. 1988년 3월 장징궈가 서거하면서 부총통이었던 리덩후이가 헌법에 의해 총통직을 승계했는데 저항엘리트 집단에 속해 있었기 때문에 2·28사건의 처리에 있어서는 중립적인 입장을 취했다.

1990년 총통에 재임되고 난 이후 리덩후이의 입장은 점차 청산엘리트 쪽으로 기울었다. 리덩후이는 재임 이후 2·28사건의 피해자 가족들을 만났으며, 역사적 진실을 밝힐 것을 지시했고, 2·28사건과 관련하여 출입국 통제 명단에 있던 사람들을 축소시켰다. 더 나아가 민주세력의 요구에 따라 행정원에 '2·28사건연구소조'를 설치하고, 1992년 연구결과인 '2·28사건 연구보고서'를 발표했다.[24] 보고서는 2·28사건의 발생 원인을 규명했는데 여기에는 국민당에 대한 불만, 대만인에 대한 불평등, 경제적 문제 등이 포함되었다. 1993년 행정원장 하오보춘이 사임하면서부터 리덩후이의 노선은 전환점을 맞게 되었다. 하오보춘의 퇴장은 외성인이 핵심 요직에서 물러난다는 점에서 중요한 의미를 지닌 사건이었으며 군의 유보된 영역의 청산을 의미했다.

---

24 2·28사건의 최초 연구보고서는 사건 직후인 1947년 3월 8일 양량궁楊亮功이 작성한 〈228事變奉命事變之經過〉와 허한원何漢文이 작성한 〈調查228事件報告〉가 있다.

군의 유보된 영역의 해체와 과거청산의 진전

2·28사건의 과거청산은 소수였지만 적극적으로 문제를 제기하는 민진당과 집단 정체성을 공유하는 리덩후이의 노력으로 급진전되었다. 이로 인해 1993~1995년까지 2·28사건 처리와 보상조례를 위한 논의가 입법원에서 진행되었다. 1994년의 현시장縣市長 선거 과정에서 민진당은 2·28사건의 문제를 집중적으로 제기했다. 그러나 다수의석을 차지하고 있는 저항엘리트 국민당은 조사권을 허용한 배상위원회의 입법 구상을 조사권이 없는 기념기금회로 바꾸고, 국민당이 배상금을 부담해야 하는 법안을 부결시키고, 사과하지 않으며, 책임자를 추적 조사하지 않으며, 2·28기념일을 공휴일로 제정하지 않는다는 내용의 수정안을 제출했다.

1995년의 '2·28사건 처리와 보상조례'에 의해 재단법인 2·28사건기념기금회財團法人二二八事件紀念基金會(이하 '2·28기금회')[25]가 설립되었다. 리덩후이는 국민당 총통이었지만 저항엘리트인 국민당과 입장을 달리하고 있었기 때문에 개인적인 차원에서의 진상 규명과 사과에 무게를 두었다. 리덩후이는 민주화 과정에서 수차례 2·28사건에 대해 사과를 표시했지만 총통으로서 공식적으로 한 사죄는 1995년이었다. 또한 2·28사건이 발생한 지점에 가까운 공원을 '2·28기념공원'으로 개칭하고 기념비를 설치했다.

그러나 의회에서 저항엘리트가 우위를 차지하고 있는 상황에서는 과거청산에 한계가 있었다. 특히 사건 책임자에 대한 규명이 제외되었다.

---

25 재단법인 2·28사건기념기금회는 '2·28기금회', '2·28기념기금회', '2·28사건기금회' 등으로 불린다. http://www.228.org.tw

또한 여야 간의 갈등으로 인해 내용이 없는 기념비가 2년간 세워졌고, 이는 1997년 '2·28기금회'가 '2·28비문집질피소조二二八碑文集執筆小組'를 세우고 난 후에야 적을 수 있었다. 민주화가 진전되고, 본성인이 총통이 되었지만 국민당 집권하에서는 2·28사건에 대한 진전된 조사가 이루어지지 못했다. 제한적이나마 리덩후이의 노력으로 미공개 자료가 개방되고, 이를 위한 입법이 시행되었으며, 2·28사건의 진상을 위해 역사학자들이 생존 피해자들의 구술역사를 기록하기 시작했다.[26]

과거청산에 대해 총통 리덩후이와 집권 국민당 간에는 근본적인 시각의 차이가 있었다. 본성인의 민심은 리덩후이 총통이 원하는 개혁의 기반이 되었지만 이것이 지나칠 경우 스스로가 속해 있는 국민당의 권위를 손상시키고, 여전히 저항엘리트가 주류인 국민당 내에서 자신의 입지가 취약해질 수 있는 위험성이 있었다. 이로 인해 리덩후이의 선택에는 일정한 한계가 있었다. 이러한 정치적인 이유 이외에도 대만에서는 2·28사건을 조사하는 데에 물리적 한계가 있었다. 사건이 발생한 이후 약 50년이라는 시간이 지났기 때문에 사건과 관련된 정확한 역사자료를 수집하기가 어려웠다.

청산엘리트의 집권과 저항엘리트의 의회 장악

2000년 총통에 민진당의 천수이볜이 당선되자 리덩후이 시기에 시작된

---

26 민주세력의 편에 있던 자립완보自立晚報 출판사가 구술역사 사업을 시작했다. 1992년 선슈화沈秀華와 장원이張文義의 인터뷰를 바탕으로 《噶瑪蘭二二八》를 출간했고, 이후 《2·28구술역사총서》를 편찬하기 시작하여 현재 총 10권이 출간되었다. 이후 유사한 총서가 지속적으로 출간되고 있는데 가장 최근에는 陳儀深(2009)의 《濁水溪畔二二八 : 口述歷史訪談錄》이 있다.

과거청산 정책을 더욱 진전시키고, 책임을 규명할 수 있을 것이라는 기대가 있었다. 그러나 천수이벤 정권의 한계는 민진당이 입법원에서 여전히 소수정당이라는 점이었다. 집권 후 민진당은 입법원 제1당이 되었지만 과반수를 차지하지 못했고, 입법원은 여전히 저항엘리트인 국민당과 친민당이 다수를 차지하고 있었다.

2·28사건에 대한 책임자의 규명과 처벌의 문제는 국민당 집권 기간 동안 거론되지 않았지만 천수이벤 정권하에서는 공개적으로 추진되었다. 그러나 저항엘리트가 의회를 장악한 상황에서 민진당이 의회에서 책임자 규명을 위한 시도를 주도할 수 없었다. 그 대안으로 천수이벤은 '2·28기금회'를 통한 책임자 규명을 시도했다. '2·28기금회'는 2003년 9월 '2·28사건의 책임귀속二二八事件的責任歸屬' 연구를 기획했다. 여기에는 당시의 중앙과 지방의 협력과 집행 과정, 역사적·정치적·법적인 책임의 규명, 그리고 관련 인사의 당시 역할 분석을 포함했다.

보고서의 핵심 내용은 2·28사건의 핵심 책임자를 장제스로 지목하는 것이다. 여기에는 몇 가지 근거가 있었다. 첫째, 2·28사건 당시 장제스가 정보망을 통해 대만의 상황을 파악하고 있었고, 대만에 군대를 파견하도록 결정한 점, 둘째, 2·28사건의 직접적인 책임자라고 할 수 있는 첸이를 비롯한 대만 파견 인사들을 처벌하지 않았고 이후 중용한 점이다. 장제스와 더불어 첸이, 커위안펀柯遠芬, 펑멍치에 대한 책임도 지목했다. 그밖에 당시 대만에서 활동하던 정보원, 외성인의 편에서 사건을 도운 본성인의 책임도 언급하고 있다.

2006년 2월 20일 '2·28기금회'가 작성한 '2·28사건책임귀속연구보고二二八事件責任歸屬研究報告'는 장제스가 당시 항쟁을 유혈진압할 것을 직접 지시했다는 증거물을 제시했다. 이를 근거로 2007년 2월 천수이볜은 "모든 역사 자료를 보면 장제스가 이 사건의 원흉이라는 데 의심의 여지가 없다"며, "이는 범죄적 학살행위에 해당한다"고 했다.[27] 그러나 이는 일방적인 주장일 뿐 사법적인 처리로 이어질 수 있는 것은 아니었다.

책임자 규명이 진전을 보지 못하는 상황에서 배상에는 많은 진전이 있었다. 리덩후이 시기 제정된 '2·28사건처리와 보상조례二二八事件處理與補償條例'는 이후 모두 7차례에 걸쳐 수정되었다.[28] 정권교체 이전 국민당은 '보상'이라는 용어를 선호했으나 2007년 3월 8일 입법원에서는 '보상' 대신 '배상'이라는 용어를 택함으로써 국민당의 책임을 강조했다. 배상과 관련하여 2004년 10월 배상 신청 마감일까지 총 2,756건의 신청안이 접수되었다. 신청 안건 중 수용된 것은 총 2,264건이고 거부된 것은 464건이었다. 배상금액은 71억6천9백30만 NT달러(한화 약 2,130억 원)에 이른다.

저항엘리트의 집권과 의회 장악

2008년 총통 선거 결과 저항엘리트인 국민당의 마잉주가 당선되었다. 마잉주는 당선 직후 2·28사건에 대해 "이는 에스닉 충돌이 아니며, 외래정권에 대한 반대 운동도 아니고, 대만 독립운동도 아니다"라고 했다. 그는 2·28사건에 대해 "관료의 압박과 착취가 심하면 민중은 반항하기

---

27 聯合報, 2007.2.27 "陳總統代表政府 向228受難家屬道歉"

28 2·28사건 피해자 신고율은 상당히 낮은 약 2,300명이다. 사건 발생 후 오랜 시간이 지났다는 점, 아직도 국민당 정권에 대한 두려움이 존재한다는 점, 국민의 세금으로 하는 보상에 대한 거부감 등이 그 원인이다.

마련"이라고 주장했다. 그는 2·28사건이 국민당과 관계가 없는 잘못된 관료의 소행일 뿐이라고 주장했다. 저항엘리트인 국민당의 재집권은 완결되지 않은 2·28사건의 책임 규명 분야에서 변화를 가져올 것으로 보인다. 특히 국민당은 2·28사건의 책임자가 장제스라는 민진당의 주장에 대해서 다른 견해를 가지고 있다. '2·28기금회'에 대한 두 정당의 시각도 상이하다. 민진당이 완전한 진상 규명을 위하여 '2·28기금회'를 영구적으로 지원하겠다고 한 반면 국민당은 '2·28사건책임귀속연구보고'가 사회적 갈등을 일으키고, 장제스에 대한 잘못된 인식을 만들어낸다고 보았다.[29]

미완의 과제 2·28사건의 과거청산

본 연구는 유사한 경로에 있던 한국과 대만의 두 과거청산 과정을 비교 분석함으로써 어떠한 정치적 요인의 차이가 과거청산의 결과 차이를 초래했는지를 추적했다. 남미를 비롯한 신생 민주주의에서 민주화 이후 진행된 과거청산의 최대 걸림돌은 앞서 지적했듯이 군의 '유보된 영역', 구정권과 결탁한 세력의 잔존, 그리고 국민의 위임을 받은 정치인의 다른 정치적 이익의 우선성이었다. 그중 군의 영향력이 지속되는 문제는 스페인, 필리핀 등과 같이 과거청산을 완결시키는 것을 어렵게 한다. 그러나 한국과 대만에서는 민주화 이후 군의 중립성 유지와 곧이은 군의

---

29 〈자유시보〉, 2009.2.23 "228家屬批馬大玩兩手策略"

퇴장으로 인해 군의 존재가 과거청산에 중요한 걸림돌로 작용하지 않았다. 이러한 동일한 조건하에서 두 국가의 과거청산 진행에서 중요한 결절점으로 작용한 것은 청산엘리트가 의회를 장악했는지의 여부에서 발생했다. 이는 두 가지에서 논의되어야 한다.

첫째, 두 국가의 청산엘리트는 권위주의 정권에서 오랫동안 '타자화'되었고, 국가폭력의 대상이 되었던 집단과 정체성을 공유했다. 한국의 권위주의 정권에서 '타자화'되었던 호남지역은 5·18항쟁 당시 국가폭력의 대상이었다. 5·18항쟁 이후 신군부는 항쟁의 참여자들을 공산세력과 연결시킴으로써 이 지역을 더욱 '타자화'시키는 결과를 가져왔다. 대만의 청산엘리트는 국민당의 대만 이주 이후 사회적·정치적으로 약자였던 본성인과 동일한 정체성을 공유하고 있었다. 청산엘리트는 본성인으로 구성되었으며 민진당을 창당한 이후에는 2·28사건의 기억을 적극적으로 되살리면서 그동안 국민당 통치하에서 '타자화'되었던 본성인들의 대표성을 지닌 집단으로 성장했다. 민주화 과정에서 과거청산의 요구가 사회적으로 제기되었을 때 청산엘리트 중 호남지역과 집단 정체성을 공유하는 정당의 정치인 그리고 본성인과 집단 정체성을 공유하는 정치인은 더욱 적극적으로 과거청산의 중요성과 필요성을 역설했고, 이를 실질적으로 이끌어나갔다.

둘째, 그러나 한국의 과거청산이 청산엘리트 정당의 의회 장악을 통해 완결된 반면 대만은 청산엘리트 정당이 의회 장악에 실패함으로써 책임자 규명의 문제, 즉 진상 규명에 있어서 해결을 보지 못했다. 의회를 장악하지 못했다는 것은 청산엘리트 정당이 광범위한 사회적 지지를 얻지 못했다는 것을 의미한다. 5·18항쟁의 과거청산에서 중요한 전기가 되었던 한국의 1988년은 6·29선언 직후 민주적 요구가 폭발적으로 확산되던 시기였다. 또한 책임자 처벌이 전격적으로 이루어졌던 1996년은 군의 퇴장이 분명해지면서 과거 군부정권의 부패와 부정의가 드러나던 시점이었다. 따라서 5·18 과거청산은 광범위한 사회적 지지 속에서 진행될 수 있었다. 한편 대만은 1993년 군의 퇴장이 확보되면서 본성인 정체성을 공유한 리덩후이 총통에 의해 과거청산이 보상과 사죄를 중심으로 제시되었다. 그러나 리덩후이가 속한 국민당은 저항엘리트 집단으로서 과거청산을 반대하고 있었다. 또한 민진당 창당 직후 민주적 요구가 확산되었던 1980년대 말과 1990년대 중반까지는 국민당의 적극적인 민주적 개혁 작업으로 인해 사회적 요구를 단계적으로 수용하고 있었다. 이 과정에서 2·28사건의 과거청산 문제가 제기되었으나 밑으로부터의 요구라기보다는 민진당의 선거 전략으로 보이는 한계를 지니고 있었다. 2000년 민진당의 천수이볜이 집권하면서 진실 규명을 추진했으나 의회에서 관련 법안을 상정하고 처리할 수 있는 충분한 의석을 보유하지 않았기 때문에 더 이상의 진전을 보지 못했다.

위의 논의를 종합해보면 다음과 같다. 한국과 대만의 과거청산의 출발은 유사한 조건에 있었다. 두 국가는 남미의 사례와 달리 국가폭력이 특정 다수국민을 대상으로 한 것이 아니라 특정의 한 집단을 대상으로 했다. 그리고 이 집단의 정체성과 공유한 정당이 존재하고, 이 정당이 과거청산의 문제를 구체화하고 적극적으로 추진했을 때 과거청산이 진전되었다. 그러나 이러한 시도가 충분히 충족되기 위해서는 정당이 의회를 장악하는 것, 즉 과반 이상의 유권자 지지를 필요로 한다는 것이 또 다른 조건으로 작용한다. 과거청산의 이슈가 사회적으로도 현저화되고, 이를 유권자들이 적극적으로 지지할 때 과거청산이 성공적으로 이루어질 수 있다. 한국의 사례는 이를 충족시켰으나 대만은 그렇지 못했다. 여기에서 두 국가 사례의 중요한 결절점이 존재하게 되면서 과거청산의 결과적 차이를 가져오게 되었다. 이러한 조건은 민주화 이후 군이 퇴장하더라도 피해 집단이 정치적 세력을 확보하지 못하고 또한 과거청산에 대한 광범위한 사회적 지지를 얻지 못한다면 과거청산이 진전되기 어렵다는 것을 말해준다. 남미의 사례는 과거청산이 제한적으로 이루어진 상태로 지속되고 있는데 이 경우에는 군이 완전히 퇴장하고 난 이후 새로운 과거청산의 필요성이 제기될 가능성도 있다. 그러나 이것이 개시될 경우에도 본 글에서 제시한 두 조건이 부합될 때에 완전한 과거청산이 진행될 것이다. 또한 현재 권위주의 통치 국가들이 향후 민주화를 이룬 이후 과거청산이 진행될 경우에도 군의 퇴장 이후에는 역시 이러한 조건들이 필요할 것이다. 이 점에서 한편으로 국가폭력 피해 집단과 집단 정체성을 갖는 정당 및 청산엘리트의 존재와 다른 한편으로 그러한 정당 및 청산엘리트의 의회 내 다수 장악이라는 두 가지 정치적 조건이 신생 민주주의 국가의 과거청산에 중요한 차이를 가져온다는 발견은 신생 민주주의 국가사례에 일반화되어 적용 가능한 것으로 보인다.

2

대만 노동정당의 좌절[30]

민주화와 노동정당의 제도권 진입

민주화 이후 한국은 계급정당인 민주노동당이 의회에 진입한 반면 왜 대만은 실패했는가? 본 글은 정치적 발전경로가 유사한 두 국가의 계급정당의 성공과 실패를 가져온 원인이 무엇인가를 찾고자 한다. 새로운 정당의 출현은 새로운 이슈가 등장하고 정당경쟁에서 현저성을 띄기 시작할 때 가능하다. 새로운 이슈가 정당의 경쟁이슈로 전환되고, 이 과정에서 유권자의 지지가 표로 연결될 때 새로운 정당은 의회에 진입한다. 한국은 2004년 제17대 총선에서 민주노동당이 지역구에서 2석, 비례대

---

30 이 장은 〈동아시아 계급정당의 성공과 실패: 정당경쟁이론을 통해서 본 한국과 대만의 노동정당〉이라는 제목으로 《한국정치학회보》 제47집 2호 (2013)에 게재되었다.

표에서 8석을 차지하여 노동계급을 대표하는 정당으로 의회에 진입했다. 반면 대만은 민주화 직후에 노동세력이 공당과 노동당을 창당했으나 두 정당은 의회에 진입하지 못했고 소멸했다. 한국의 민주노동당이 주류정당과 동등한 역량을 가지고 경쟁하고 있다고 볼 수는 없으나 이후 총선과 대선에서 꾸준히 득표에 성공함으로써 노동자계급을 대표하는 정당으로 자리매김하고 있는 반면, 대만은 현재까지 이에 상응하는 계급정당이 존재하지 않는다.

서구에서는 정당이 발전하는 과정에서 계급갈등이 정당의 경쟁균열에 중요한 역할을 해왔으나, 한국과 대만은 분단과 전쟁, 그리고 이후 반공을 내세운 강한 권위주의 정권의 출현으로 인해 노동계급 정당이 활동하기 어려웠다. 권위주의 정권에서는 정당 활동이 제한되거나 금지되었고, 공산주의와 체제경쟁으로 인해 노동의 이익과 권리를 주장하는 것 또한 제한되었다. 그러나 민주화는 노동의 이익을 포함한 모든 정당의 결성과 정치적 대표를 허용했으며 이를 계기로 두 국가에서는 정당 활동이 활발해지기 시작했다. 한국은 권위주의 통치에서도 정당 활동이 허용되었기 때문에 정당의 수가 급격히 증가하지는 않았지만, 대만은 계엄령하에서 정당 활동이 금지되어 있었기 때문에 '당금黨禁'이 해제되면서 노동정당을 포함한 백여 개의 새로운 정당이 등록했다. 한편 1980년대는 세계화라는 새로운 변화가 시작되는 시점이었다. 신자유주의의 세계적 확산은 자본의 자유로운 이동과 경쟁을 심화시켰으며, 많은 국가들이 이에 적응하기 위한 방안으로 해외자본의 유입을 확대하고 노동시장의 탈규제화를 진행했다. 그 결과 노동시장은 탈규제화되고, 완전고용이 붕괴되면서 노동자들은 불리한 위치에 처하게 된다. 한국과 대만도 예외는 아니었다. 1980년대 이후 세계경제의 변화는 대외의존성이 높은 수출지향 산업을 추구해온 두 국가에 경제 전반에 걸친 변화를 가져왔고, 노동자 계급을 다시 불리한 위치에 처하도록 했다.

이러한 구조적인 변화 속에서 한국에서는 노동계급 정당이 성장했고 의회에 진출하는 데 성공했다. 반면 민주화 과정에서 노동계급 정당을 탄생시켰던 대만에서는 정당이 유지되지 못하고 사라졌다. 이 두 국가의 차이에 대한 기존의 설명은 크게 두 가지이다. 첫째, 제도주의적 설명으로 한국의 민주노동당이 성공할 수 있었던 것을 새롭게 도입한 선거제도의 효과로 보는 것이다. 2004년 총선부터 적용된 1인 2표 병립식 혼합선거제는 소선거구 단순다수제에 정당명부식 비례대표제를 도입함으로써 민주노동당이 득표하는 데 기여했다. 한국의 정당경쟁에서는 지역균열로 인하여 계급이익에 기반한 노동정당이 단순다수제 선거구에서 득표하기 어려웠다. 그러나 정당명부식 비례대표제는 이러한 한계를 넘어 노동계급 정당을 제3당으로 만들었다. 둘째, 대만의 노동정당의 실패는 노동세력의 미발달과 노동운동의 한계로 설명된다. 대만은 한국에 비해 상대적으로 노동운동이 취약했는데, 그 이유로 권위주의 정권에서 국가의 노동세력에 대한 개입방식에서의 차이, 국가의 소득분배에 대한 정책의 차이, 노동시장 구조에서의 차이, 산업구조에서의 차이 그리고 두 국가의 기업 내 문화의 차이 등이 지적되었다. 황창링Huang, Chang-Ling 은 민주화 이후에도 대만의 노동운동의 조직적 역량이 여전히 취약하다 지적하고 있는데, 대부분의 학자들은 이러한 취약한 노동세력이 노동정당의 미발달로 이어진다고 보고 있다.

그러나 이러한 설명은 다음과 같은 한계를 갖는다. 첫째, 선거제도의 변화가 계급정당의 성공을 가져왔다는 설명은 대만의 사례에는 적용되지 않는다. 대만도 2005년 한국과 동일한 1인 2표 병립식 혼합선거제를 적용했다. 그러나 노동정당이 의회에 진입하지 못했을 뿐만 아니라 양당제가 더욱 강화되었다. 따라서 1인 2표 병립식 혼합선거제가 소수정당의 생존에 유리하다는 설명은 한국 사례만을 설명할 뿐 대만에는 적용되지 않는다. 둘째, 노동세력의 미발달이 정당의 미발달로 이어진다는 설명은 사실상 동어반복의 오류를 내포하고 있다. 더욱이 대만의 노동세력이 한국보다 상대적으로 미발달했다고 평가하지만 대만 역시 권위주의 정권에서도 노동쟁의가 있었으며, 민주화 과정에서 노동조합의 가입과 쟁의의 수가 급격히 증가했다. 또한 노동조합의 구조적·조직적 면이 한국과 상당히 유사하다. 따라서 노동세력의 미발달이 이후 노동정당의 실패를 설명한다는 것은 더욱 검증을 필요로 한다.

본 글은 기존 분석이 지닌 이러한 한계를 극복하고 보다 일반화된 설명을 위해 정당경쟁이론을 적용한다. 정당경쟁이론은 정당의 경쟁구도를 형성하는 것이 이슈에 대한 정당의 전략적 선택에 달려 있다고 본다. 정당은 사회의 현저한 이슈가 존재할 때 이를 바탕으로 경쟁하며, 이슈 스펙트럼상에 정당의 위치를 정함으로써 득표를 최대화한다. 새로운 정당의 등장은 새로운 이슈를 수반하는 것이 대부분이다. 이러한 새로운 이슈의 소유권을 새 정당이 어느 정도로 공고히하는가 그리고 새로운 이슈에 대해 기존 정당이 어떠한 위치 선정을 하는가가 새로운 정당의 생존을 결정한다. 이러한 정당경쟁이론을 바탕으로 한국과 대만의 노동계급 정당의 생존과 소멸의 원인을 분석하려 한다.

정당경쟁과 틈새정당의 생존

1960년대 이래 서구에서는 새로운 정당이 갑자기 증가했는데 이는 주로 계급균열이 취약해지거나, 유권자의 충성심이 쇠퇴하는 과정에서 기존 정당에 대한 정당일체감이 낮아지면서 발생했다. 새롭게 출현한 소규모 정당을 틈새정당이라고 부르는데 이는 기존의 주류정당mainstream parties과는 다른 다음과 같은 특징을 지닌다. 첫째, 틈새정당은 기존의 정당경쟁의 밖에 있던 이슈를 중요시한다. 서구의 틈새정당은 서구 정당경쟁에서 중요시했던 계급기반의 지향성에서 탈피한 공산주의, 환경, 극우, 인종주의 등과 관련된 이슈를 주장한다. 둘째, 틈새정당이 주장하는 이슈는 기존의 경쟁균열과 상호 교차한다. 셋째, 틈새정당은 주로 하나의 이슈, 즉 단일 이슈에 집중한다. 틈새정당의 정의와 관련하여 마르쿠스 바그너Markus Wagner는 최근 틈새정당을 비경제적인 이슈를 주장하는 정당으로 그 정의를 축소했지만, 제임스 애덤스James Adames나 보니 메기드Bonnie Meguid는 주류정당의 경쟁균열을 넘어 새로운 이슈로 경쟁하는 정당을 틈새정당이라고 정의했다. 틈새정당이 신생 정당이나 제3정당과 구별되는 점은 이러한 다른 차원의 이슈경쟁에 있다. 틈새정당이 제시하는 이슈는 주류정당이 경쟁해온 이슈와 다르다. 그러나 신생정당이나 제3정당은 주류정당이 대표하는 이슈 스펙트럼 위에서 경쟁하기도 한다. 본 글은 애덤스와 메기드의 정의를 따르고자 한다.

틈새정당의 성공과 실패를 설명하기 위해서는 일반적으로 제도적인 접근과 사회적인 접근이 있다. 제도적인 접근법은 선거제도, 헌정구조, 정부형태 등과 같은 제도가 틈새정당의 성공과 실패를 결정한다고 본다. 선거제도의 경우 양당제를 이끄는 단순다수결이 틈새정당의 생존에 불리하며, 다당제를 이끄는 비례대표제가 틈새정당의 생존과 성장에 유리하다. 헌정제도의 경우는 권력의 분산도가 높은 연방제가 권력의 집중도가 높은 대통령제보다 틈새정당의 성장에 유리하다. 반면 사회적 접근법은 사회적 환경의 변화와 정당이 주장하는 이슈의 현저성이 틈새정당의 성장을 결정한다고 본다. 경제적 번영, 가치정향의 변화, 이민의 증가와 같은 사회적 변화는 이러한 변화들과 관련된 이슈의 현저성을 높이고, 이로 인해 현저해진 이슈를 주장하는 틈새정당이 성장할 수 있는 기회를 얻게 된다. 이러한 제도주의적 접근과 사회적 접근은 일정한 설명력을 가지고 있으나 서구 정당의 실질적인 사례를 검토해볼 때 인과성이 불안정하다는 한계를 갖는다. 즉 제도주의적 접근의 가설과 사회적 접근의 가설에 부합하는 사례도 존재하지만 부합하지 않는 사례가 상당히 존재하기 때문이다. 한국과 대만의 경우에도 동일한 선거제도인 1인 2표 병립식 혼합선거제를 도입했음에도 불구하고 한국은 노동계급 정당이 제3당으로 진입한 반면, 대만은 오히려 주류정당의 득표율이 높아졌다. 또한 한국과 대만은 발전경로가 상당히 유사함에도 불구하고 노동세력의 발전과 계급정당의 활동에서 차이를 보인다.

　이러한 한계를 극복하고 보다 일반적인 이론을 구축하기 위해 메기드는 서구의 틈새정당 연구에 정당경쟁이론을 적용했다. 그녀는 틈새정당이 생존하고 경쟁에 참여하기 위해서는 제도적인 조건이나 사회적인 환경보다 주류정당의 역할이 중요하다는 것을 발견했다. 즉 틈새정당이 등장할 때 주류정당이 어떠한 대응을 하는가가 틈새정당의 운명을 결정한다. 주류정당은 새로운 정당이 정당경쟁에 참여하지 못하도록 초기부터 이를 배제하거나 혹은 새로운 정당이 제기하는 이슈에 대해 반응함으로써 틈새정당의 운명을 결정할 수 있다.

주류정당은 새로운 정당의 출현을 반기지 않는다. 따라서 틈새정당의 성장을 초기에 배제하고자 하는데 여기에는 두 가지 방법이 있다. 하나는 제도적 전략institutional tactics이고 다른 하나는 조직적 전략organizational tactics이다. 제도적 전략은 주류정당이 틈새정당에 진입할 수 없도록 제도적 장벽을 높이는 것이다. 주류정당은 의회 진입장벽 높이기, 선거운동 비용에 대한 조항 엄격화, 틈새정당의 미디어 접근 제한 등으로 틈새정당의 성장을 사전에 차단한다. 한편 조직적 전략이란 새로운 정당의 지도자나 핵심인물을 주요 정당으로 끌어들이는 것이다. 집권정당인 경우에는 관직을 제공하거나, 정당의 주요 직책을 부여함으로써 틈새정당의 지도자를 기존 정당에 흡수한다. 이 경우 틈새정당은 주류정당을 통해 정책을 실현할 수 있으나, 틈새정당이 제시한 이슈는 기존 정당에 흡수된다. 그리고 틈새정당은 핵심 지지자들을 주류정당에 빼앗기게 되면서 정당의 생존이 위협받는다.

그러나 이러한 장벽에도 불구하고 틈새정당은 새로운 이슈를 가지고 정당경쟁에 참여하는 데 성공하기도 한다. 틈새정당이 제시하는 이슈가 높은 사회적 호응을 얻을 경우 기존 주류정당은 이 이슈에 대한 자당의 위치를 정한다. 이때 주류정당은 이슈에 대해 중도로 수렴하거나 혹은 분극화할 것으로 알려져 있으나 메기드는 주류정당의 선택이 반드시 이 두 가지만 있는 것이 아니며, 다음과 같은 세 가지의 선택이 있다고 보았다. 첫째, 새로운 이슈를 무시하는 무시 전략이다. 둘째, 새로운 이슈에 대해 긍정적으로 반응하는 순응 전략이다. 그리고 마지막으로 새로

표 39 _ 주류정당의 전략적 선택이 틈새정당의 득표에 미치는 효과

	동학			결과
전략	이슈 현저성	이슈 위치	이슈 소유	틈새정당에 대한 유권자의 지지
무시	감소	변동 없음	영향 없음	감소
순응	증가	수렴	주류정당으로 이동	감소
적대	증가	분화	틈새정당의 이슈 소유 강화	상승

* 출처: (Meguid 2007, 30) table 2.1. Predicted Effects of the PSO Theory's Issue—based Strategies (in Isolation)

운 이슈에 대해 반대의 입장을 취하는 적대 전략이다. 주류정당이 이 세 가지 전략 중 어떠한 것을 택하는가에 따라 틈새정당의 득표는 영향을 받는다.

메기드는 이를 증명하기 위해 1970년부터 1998년까지 17개 국가의 149개 정당경쟁 사례를 실증적으로 검토했다. 그리고 그 결과로 〈표 39〉가 제시하는 일반화된 패턴을 발견했다. 〈표 39〉는 주류정당이 서로 유사한 입장을 택하는 경우이다. 핵심적인 두 정당이 무시 전략을 선택하는 경우 이슈 현저성은 감소하고 결국 틈새정당에 대한 유권자의 지지는 하락한다. 반면 두 정당이 순응 전략을 선택할 때 이슈 현저성은 증가하지만 주류정당이 이슈를 소유하게 됨으로써 틈새정당에 대한 유권자의 지지는 하락한다. 그러나 두 정당이 모두 적대 전략을 선택한다면 오히려 이슈 현저성은 증가하고, 틈새정당의 이슈 소유가 강화되어 결과적으로 틈새정당에 대한 유권자의 지지는 상승한다.

한편 주류정당이 서로 다른 입장을 선택하는 경우도 존재한다. 주류

정당은 무시, 순응, 적대 전략 중에서 정당별로 한 가지를 선택할 수 있고, 이는 여섯 가지의 경우를 만들어낸다. 그중 틈새정당의 득표를 높일 수 있는 경우는 두 정당이 모두 적대 전략을 선택하는 경우와 두 정당이 각기 적대와 순응을 선택했을 때 적대의 강도가 순응보다 클 경우, 그리고 한 정당이 적대적이고 다른 정당이 무시 전략을 택하는 경우이다. 즉 어느 한 정당이라도 적대 전략을 선택하는 경우, 그리고 그 적대의 강도가 큰 경우에 틈새정당에 대한 지지가 상승한다.

메기드의 발견을 요약하면 정당경쟁에 있어서 틈새정당의 선택보다는 주류정당이, 틈새정당이 제시하는 이슈에 대해 어떠한 입장을 선택하는가가 더욱 중요하다. 즉 주류정당 중 하나 이상의 정당이 적대 전략을 선택할 때 그리고 적대적인 전략을 택하는 정당이 상대적으로 더 강할 때 틈새정당은 이슈의 소유권을 유지하고 득표와 생존이 가능해진다. 따라서 이러한 경쟁구도에서 틈새정당이 생존하기 위해 할 수 있는 것은 이슈의 소유를 강화하는 것이다. 틈새정당이 지지자층을 결집하고 득표를 증가시키고자 한다면 주류정당의 조직적 대응에 응하지 말아야 하며 집권당이 제시하는 관직에 진출하거나 주류정당의 당직으로 편입되지 말아야 한다. 그럴 경우 틈새정당은 이슈 소유권과 핵심 지지층을 상실하게 된다. 애덤스는 중도의 유권자들에게 다가가기 위해 틈새정당이 기존의 이슈 영역을 벗어나는 것은 오히려 스스로의 생존을 위협하는 길이라고 경고했다.

이러한 메기드의 발견을 바탕으로 한국과 대만의 노동정당을 틈새정당으로 분류하고 노동계급 정당의 생존과 소멸을 메기드의 틈새정당이론으로 설명하고자 한다. 한국과 대만에서 노동계급의 이익은 오랫동안

정당경쟁에서 배제되었던 이슈이다. 그러나 민주화로 인해 자유로운 정당 활동이 가능하게 되었고, 노동세력은 노동 이슈를 소유하고, 현저화할 수 있었다. 민주화 이후 주류정당은 지역주의, 국가적 정체성의 균열상에서 경쟁했고 따라서 두 국가에서 노동이슈는 서구와 달리 기존 경쟁균열과 상호 교차한다.[31] 그렇다면 이에 대한 한국과 대만 주류정당의 대응은 어떠했는가? 이것이 두 국가 계급정당의 생존과 소멸의 차이를 가져왔는가? 이를 위해 한국과 대만 주류정당의 조직적·제도적 전략과 노동이슈에 대한 주류정당의 대응을 검토해보고, 주류정당의 대응의 차이가 틈새정당의 생존과 실패의 차이로 이어졌는가를 살펴본다.

노동세력의 성장과 주류정당의 대응 전략

서구의 틈새정당은 사회적 격변기에 등장했다. 1970년대의 탈물질적 가치의 성장이 계급균열을 취약하게 만들었고, 기존 이슈균열 위에서 경쟁하는 유권자의 정당일체감을 감소시켰다. 서구에서 등장한 틈새정당은 공산주의 이데올로기, 환경보호, 소수 종족의 권익 보호 등을 강조하면서 서구의 정당경쟁에서 중요한 경제적 균열과 상호 교차하는 경쟁구

---

31 한국과 대만에서 소수정당이 노동계급 정당만 있었던 것은 아니다. 환경, 인권 문제를 제기한 소수정당도 등장했으나 대부분 곧 소멸했다. 한편 당내 파벌갈등으로 인해 기존 정당에서 분리되어 성립된 소수정당도 있었다. 한국의 자민련, 자유민주연합 그리고 대만의 신당, 친민당 등이 그 사례이다. 이러한 경우는 주류정당과 동일한 이슈 스펙트럼상에서 거리의 차이를 보일 뿐 새로운 이슈균열 위에서 경쟁한다고 보기는 어렵다.

도를 만들어냈다. 반면 한국과 대만의 사회적 격변기는 1980년대 이후 민주주의로의 전환과 세계화의 도래라고 할 수 있다. 민주화가 노동세력이 정당 활동을 할 수 있도록 제도적 장벽을 제거했다면, 세계화는 신자유주의가 초래하는 노동세력의 불리한 위치로 인해 노동세력이 스스로의 권익을 구체화 및 현저화할 수 있도록 했다.

민주화와 세계화 과정에서 성장하기 시작한 노동세력에 대해 주류정당은 정당경쟁에서 우위를 지키기 위해 틈새정당의 제도권 진입을 차단하고자 한다. 주류정당은 메기드가 지적했듯이 선거제도를 활용하여 틈새정당이 정당경쟁에 진입하지 못하게 하는 제도적 전략을 구사하기도 하고, 유력한 틈새정당의 지도자를 자당으로 포섭하여 자당의 지지를 높이고 틈새정당을 소멸시키는 조직적 포섭을 진행한다. 그러나 이러한 제도적·조직적 전략에도 불구하고 틈새정당이 이슈를 소유하고 이로 인해 유권자의 지지를 획득할 때 주류정당은 순응, 무시, 적대 전략을 적용하여 이에 대응한다. 그렇다면 한국과 대만의 노동세력에 대한 주류정당의 대응은 어떠했는가? 이를 먼저 제도적·조직적 전략의 측면에서 검토하고 이어서 노동세력이 제시하는 이슈에 대한 주류정당의 대응 전략을 비교해본다.

노동세력의 성장과 주류정당의 전략

민주화 이전까지 한국과 대만의 정부는 제도적으로 노동세력의 활동을 금지했다. 당시 제도적 전략은 국가가 적용했는데 분단이라는 특수한 조건으로 인해 정당화될 수 있었다. 한국은 복수노조금지, 노조의 정치활동 및 정치자금 제공금지 등으로 노동계급의 정치활동을 제약했고, 더 나아가 정부주도하에 노동조합을 결성하여 노동세력을 통제했다. 국가의 주도로 결성된 한국노총은 노동계급의 이익을 대변하기보다는 반공투쟁에 앞장섰고 정권의 하부구조 역할을 했다. 대만 역시 마찬가지였다. 대륙에서 이주한 국민당 정부는 '2·28사건'과 '백색테러'를 통해 사회적 소요를 진압하고 계엄령을 선포하면서 정당의 결성을 금지했다. 그러나 중화민국 노동법은 사회주의적 요소를 포함했고 따라서 노동조합의 결성은 법으로 보장되어 있었다. 이로 인해 국민당 정부는 공기업과 대기업을 중심으로 산업공회産業工會를 결성하도록 했고, 이를 통제하기 위해 전국적인 산업공회연맹産業工會聯盟으로 통합했다.

　민주화는 노동세력의 활동을 제약하는 제도적 장벽을 제거하는 계기가 되었다. 한국은 노동세력의 활동에 대한 정부의 억압과 규제가 완화되었고, 대만은 계엄령이 해제되면서 정당결성이 자유로워졌다. 정당법이 새롭게 개정되면서 두 국가의 노동세력도 정당을 수립할 수 있도록 제도적 장벽이 제거되었다. 선거제도도 개편되어 두 국가 모두 1인 2표 병립식 혼합제를 도입했다. 한국의 헌법재판소는 기존의 선거제도가 국민의 기본권을 침해한다는 이유로 위헌임을 결정했고, 뒤이은 시민사회의 요구로 2004년 선거법 개정을 통해 기존의 소선거구 단순다수제를 1인 2표 병립식 혼합선거제로 바꾸었다. 한편 대만은 주류정당인 국민당과 민진당이 선거제도 개혁을 주도했는데 이들은 기존의 중선거구제보다는 1인 2표 병립식 혼합선거제가 자당의 득표에 더 유리할 것이라는 계산에 의해 제도 개혁을 진행했다.

　당시 한국의 주류정당은 이러한 변화를 환영하지 않았으나 헌법재판

소의 결정을 무시할 수 없었다. 기본적으로 주류정당은 새로운 정당이 진입하도록 제도적 장벽을 제거하는 것에는 반대한다. 따라서 새로 적용되는 선거제도 중 비례대표가 새로운 정당의 진입을 용이하게 할 것이라는 우려에 두 국가의 주류정당은 비례대표의 비율을 최대한 줄임으로써 새로운 정당이 진입하는 것을 가능한 범위에서 어렵게 만들었다.[32]

한국과 대만의 제도적 전략이 민주화의 진전으로 인해서 이와 같이 비슷한 방향으로 전개된 반면 노동세력에 대한 조직적 전략은 두 국가 간에 차이를 보인다. 한국의 주류정당은 노동세력을 적극적으로 흡수하거나 포섭하려고 하지 않았다. 주류정당과 노동세력 간의 교류는 주로 집권여당과 한국노총 간의 지도자 수준에서의 연결이었고, 한국노총의 지도자들이 정치권에 진입하는 경우는 매우 드물었으며, 주로 정부나 집권여당의 국회의원 비례대표를 역임하는 정도였다. 실질적으로 노동운동을 주도한 세력은 주류정당으로부터 배제되어 있었고, 이는 민주화 이후 지속되는 현상이었다.

반면 대만의 주류정당은 '노동포섭적labor inclusive'인 조직적 전략을 적용했는데 이는 권위주의 정권기로 올라간다. 당시 국민당은 노동세력의 지도자를 당으로 영입하거나 관직을 제공했고, 노동조합 간부를 국민대표기관에 의원이나 지방의회 의원으로 공천하면서 제도권으로 포섭했

---

32 베냐민 라일리Benjamin Reilly는 한국과 대만의 1인 2표 병립식 혼합선거제는 서구의 동일제도와 비교할 때 비례대표 비율이 낮다는 것을 발견했다. 한국은 소선거구 단순다수제로 299인의 국회의원을 선출하고, 54석의 비례대표 의석은 유효투표 3% 이상을 얻거나 지역구에서 5석 이상을 차지한 정당에게 정당득표율에 따라 배분한다. 한편 대만은 소선거구 단순다수제로 79명의 입법위원을 선출하고, 나머지 34석은 전체 득표의 5% 이상을 차지한 정당에게 정당득표율에 따라 배분한다.

다. 민주화 이후 국민당의 이러한 관행은 지속되었고, 새로운 주류정당인 민진당 역시 동일한 전략을 적용했다. 국민당은 보수적인 중화민국 전국총공회中華民國全國總工會와 지속적으로 협력의 관계를 유지했고, 민진당은 대만노공진선臺灣勞工陣線과 협력했다. 민진당은 대만노공진선이 조직적으로 성장하는 데 지원했고, 일부 급진세력은 1989년 노동당의 창당에 참여하기도 했다. 1999년 타이베이와 가오슝 시장은 노동운동가들이 시의 노동부를 관할하도록 했다. 타이베이의 경우 국민당 시장이, 가오슝의 경우 민진당 시장임을 고려할 때 주류정당 모두 노동계의 인사들을 조직적으로 포섭하고자 했다는 것을 알 수 있다.

민주화는 한국과 대만의 노동계급이 정치세력으로 성장할 수 있는 새로운 기회구조였다. 정치적 해빙기인 1980년대 중반 이후 자주적인 노조운동의 흐름이 생겨나기 시작했다. 한국의 1980년대 '민주노조' 운동은 1987년 조직을 전국으로 확대하면서 어용노조의 퇴진과 노조 민주화의 문제를 제기했다. 1990년 1월 노동계는 전국노동자협의회(전노협)를 결성하여 대규모 노사분규를 주도했고, 전노협은 1990년 6월 재야의 제도권 참여파 인사들이 결성한 민중당에 참여하는 등 노동자계급의 정치세력화를 통해서 정치투쟁도 병행했다. 이후 전노협은 민주노동당의 전신인 국민승리21을 창당하고 제도권 정치에 도전하기 시작했다.

한편 대만에서도 자주적인 노조세력이 조직화되기 시작했다. 1990년 행정원장은 지나친 노동운동이 사회적 불안정으로 이어질 경우 좌시하지 않겠다고 경고했으나 이 시기에 노동운동을 주도하는 핵심 조직이 설립되었다. 1987년 대만노공진선이 설립되었고, 1988년에는 자주공연自主工聯이, 1989년에는 노동인권협회勞動人權協會가 결성되었다. 민주적 전환으로 계엄령이 해제되자 정당결성도 자유화되었다. 노동세력은 1987년 공당을 창당했으나 자금 문제로 곧 해체되었고, 1989년 노동당을 창당했다. 그러나 노동당은 1995년 입법원 선거에서 두 명의 후보를 공천했지만 득표에 실패했고, 이후 선거에도 후보자를 공천하지 않았다.

따라서 민주화 이후 주류정당의 제도적·조직적 전략은 두 국가에서 차이를 보인다. 민주적 진전이 새로운 정당이 제도권으로 진입할 수 있도록 제도개선을 요구하는 가운데 두 국가의 주류정당은 이를 수용하는 한편 최대한 저지하고자 하는 것을 볼 수 있다. 그러나 제도의 경로의존성으로 인해 선거제도의 측면에서는 한국의 개방성이 대만보다는 높아진 셈이었다. 반면 조직적 전략은 대만이 더욱 적극적으로 적용해오고 있는 것을 볼 수 있다. 한국은 노동세력의 인사들은 정당으로 포섭하거나 관직을 제공하지 않은 반면 대만은 권위주의 통치기의 국민당은 물론이고 민주화 이후의 민진당 역시 노동지도자들을 자당으로 끌어들이고, 노동조직과 적극적으로 연대하는 모습을 보이고 있다. 메기드는 이러한 포용적인 조직적 전략이 노동정당이 틈새정당으로 생존하는 데 불리한 조건이라고 지적했다.

노동이슈에 대한 주류정당의 대응 전략

민주화와 세계화 그리고 노동이슈의 진화

그렇다면 두 국가의 노동세력이 주장한 이슈는 어떠한 것이었으며, 이는 민주화와 세계화 과정에서 어떻게 변화해왔는가? 권위주의 통치기에 한국의 노동이슈는 근로조건의 개선과 임금의 상승과 같은 경제적 요구였다. 국가의 강경한 노동운동 진압에도 불구하고 1970년 전태일의 분신자살을 계기로 노동소요가 급격히 증가했는데 이들은 근로자의 임금인상, 근로조건 개선을 요구했다. 이는 유신기에도 이어졌다. 1970년대 말에 접어들면서 정부가 주도한 중화학공업화의 한계가 드러나기 시작하고, 경제성장이 둔화되면서 실질 노동임금이 하락하자 임금인상과 근로조건 개선을 요구하는 노동소요가 다시 증가하기 시작했다.

반면 대만의 경우 임금은 주로 기업 내 노사 간 타협에 의해 결정되었다. 중소기업의 비중이 높은 대만은 상대적으로 높은 노동유연성을 가지고 있었기 때문에 임금상승은 중요한 노동이슈가 되지 못했다.[33] 이보다는 근로조건의 개선이 더 중요했는데 노동세력은 주로 공식적인 노동조합의 활동을 통해 정부에 요구하는 방식을 택했다. 대만의 노동조합은 한국과 마찬가지로 정부의 노동자계급에 대한 정치적 동원의 기제로 활용되었으나 다른 한편으로는 기업 내의 복지시설을 운영하면서 노동자들의 개인적·집단적 고충 처리기관으로서의 기능도 수행했다.

민주화가 진행되기 전의 1980년대 초반, 한국과 대만은 세계화에 진입했다. 세계화는 노동이슈에도 변화를 가져왔다. 세계화에 직면하는 국가는 일반적으로 자국의 기업이 국제시장의 경쟁에서 우위를 점하도록 하기 위해 노동시장을 유연화함으로써 경제적 효율성을 극대화하는 전략을 택한다. 그 결과 세계화가 진행될수록 노동세력은 불리해지며, 이러한 위치를 개선하기 위해 노동세력은 더욱 단결하고, 좌파정당은 사회복지정책을 보다 강하게 추구한다. 이러한 과정 속에서 노동세력은

---

33 많은 학자들은 대만의 노동유연성이 경제기적을 가져오는 중요한 역할을 했다고 평가한다.

노동유연화와 민영화로 인한 대규모의 실업사태를 맞게 된다.

그러나 세계화에 대응하는 국가의 전략은 한국과 대만에서 차이를 보인다. 김영삼 정부는 세계화에 진입하는 과정에서 규제를 완화하고 노동시장의 유연화를 강행했으며, 이를 위해 1998년 여당 주도로 노동법을 개정했다. 이후 외환위기의 극복 과정에서 정부와 주류정당의 요구로 노동유연성은 더욱 심화되었다. 반면 대만은 세계화 이전에 노동유연성이 이미 상당히 높은 편이었다. 오히려 민주화 이후 노동자의 권익과 복지를 확대하고 노동법을 세계 표준규범에 부합하도록 개정하는 과정에서 노동유연성이 낮아졌다. 대만에서 노동유연성이 낮아진 것은 자본에 불리한 결과였다. 그러자 많은 중소기업들이 생산기지를 임금이 낮은 곳으로 이전하기 시작했고 그 결과 실업이 증가하기 시작했다. 그 원인은 달랐지만 한국과 대만은 세계화 과정 속에서 한국은 노동유연성 증가로 실업이 상승했고, 대만은 노동유연성이 감소함으로 인해 실업이 증가하는 동일한 결과를 가져왔다.

결과적으로 두 국가의 세계화 진전은 실업의 증가와 소득불평등의 확대로 이어졌다. 〈표 40〉은 세계화가 본격화되기 시작한 1990년부터 2010년까지 한국과 대만의 실업률과 소득불평등을 보여준다. 실업률은 한국이 외환위기 직후인 1998년과 2000년을 제외하고 2~3%를 중심으로 비교적 완만한 증가를 보이는 반면, 대만은 1990년의 1%대에서 20년 뒤인 2010년에는 5%대로 급격히 증가했다. 실업과 더불어 소득불평등지수는 대만이 좀 더 열악하다. 지니계수나 5분위비율에서 볼 때 대만이 한국보다 소득불평등이 점점 심화되고 있다.

외환위기를 경험한 한국은 위기관리를 위해 노동유연성을 도입할 것

표 40 _ 한국과 대만의 실업률(1990~2010)

	실업률		소득불평등			
			지니계수		5분위비율	
	한국	대만	한국	대만	한국	대만
1990	2.4	1.7	0.256	0.312	3.72	5.18
1992	2.5	1.5	0.245	0.312	3.52	5.24
1994	2.5	1.6	0.248	0.318	3.61	5.38
1996	2.0	2.6	0.257	0.317	3.79	5.38
1998	7.0	2.7	0.285	0.324	4.55	5.51
2000	4.4	3.0	0.266	0.326	4.05	5.55
2002	3.3	5.2	0.279	0.345	4.34	6.16
2004	3.7	4.4	0.277	0.338	4.41	6.03
2006	3.5	3.9	0.285	0.339	4.62	6.01
2008	3.2	4.1	0.294	0.341	5.75	6.05
2010	3.0	5.2	0.289	0.342	4.82	6.19

• 경제성장률: 기준년 GDP 기준. 지니계수와 5분위비율은 가처분소득을 대상으로 했다.
• 출처: 통계청. http://kostat.go.kr/行政院經濟建設委員會. "Taiwan Statistical Data Book (2011)", http://www.cepd.gov.tw

을 정부와 주류정당이 강력히 주장했고, 그 결과 한국의 노동세력은 노동유연성의 도입을 최대한 저지하고, 불리한 위치에 처할 노동자들에게 사회적 안전망을 제공하고 복지혜택을 확대해줄 것을 요구했다. 반면 노동유연성이 낮아지고 있는 대만은 실업률이 전진적으로 증가하고 있고, 소득불평등이 상대적으로 악화되고 있다. 따라서 세계화가 진전되면서 대만의 노동세력은 한국과 달리 노동유연성의 문제가 아니라 제한된 복지서비스의 확대와 노동시간 단축을 도입할 것을 주요 쟁점으로 제시했다.

새로운 노동이슈에 대한 주류정당의 대응 전략

● **한국: 순응 전략에서 적대 전략으로의 변화**　과거 민주화 운동 과정에서 한국의 노동세력은 억압적인 노동정책과 부당한 임금을 개선해 줄 것을 요구했다. 이는 1987년 6월 항쟁 과정에서 노동자 대투쟁으로 나타났고, 노동세력은 노동법 개정의 필요성을 제기했다. 이러한 노동세력의 주장에 대해 당시 정부는 순응 전략으로 대응했다. 6월 항쟁 직후 1987년 11월 개정된 노동법은 자주적인 노조운동을 인정하고 노사분규 개입을 자제하는 것을 골자로 했다. 정부는 노조 설립절차를 간소화했고, 유니언숍을 제한 승인했으며, 정부의 노조 운영에 대한 개입권과 해산권을 없앴고, 분쟁 시 필요한 노사 간의 냉각 기간을 단축했으며, 쟁의 심사제도를 폐지했다. 또한 국가는 3자 개입금지 등을 통해 급진세력의 무력화를 억압하기 위한 것이 아니면 직접 개입을 피하고, 되도록 노사 간의 타협을 통해 문제를 해결하도록 했다. 한편 노동세력이 요구한 근로시간의 단축에 대해 일부 주류정당이 순응 전략을, 일부는 적대 전략을 취하는 가운데 노동세력의 요구가 관철되었다. 근로시간의 단축에 대해 당시 여당인 민정당이 반대하는 가운데 1988년 국회를 장악한 야당은 근로시간을 주당 48시간에서 44시간으로 단축하는 법안을 통과시켰다. 민주화 직후 주류정당은 노동세력의 요구에 대해 비교적 순응적이었다.

　노동운동을 위한 조건이 완화되는 가운데 노동운동은 급격히 증가했다. 노동운동이 주장한 것은 주로 노동임금의 상승이었다. 1990년대 초 집권한 김영삼 정부는 초기에 전향적인 노사정책으로 노사관계의 중립성을 보장하고 합법적인 노사활동을 보장했다. 그러나 임금상승이 수출

주도 성장모델에 중요한 위협으로 떠오르자 김영삼 정부는 노동과 자본의 대표가 협약을 통해 임금을 결정하도록 태도를 바꾸었다. 1993년 한국노총과 경총이 체결한 '4·1임금협약'이 이행되지 않고, 1993년 현대파업사태가 장기화되자 정부는 친자본적인 정책으로 전환했다. 당시의 주류야당 역시 노동의 입장을 대변하지 않았다. 주류정당은 모두 국가경쟁력을 위해서 노사관계가 안정되어야 한다고 주장했고, 임금이나 노동자 복지에 대해 우호적인 언급을 하는 정당은 없었다. 이러한 정부와 주류정당의 노동이슈에 대한 적대적인 태도로의 변화에 대해 노동세력은 정당을 통한 제도권에서의 노동이슈 관철이 어렵다고 판단하고 1995년 11월 민주노동당의 전신인 민주노총을 결성하여 거리에서의 투쟁을 전개했다.

이러한 가운데 김영삼 정부는 세계화의 충격에 대응하고 OECD에 가입하기 위해 OECD와 ILO가 요구하는 노동 글로벌 기준을 충족하고자 했다. 이를 위해 노사관계개혁위원회를 설립하고 노동과 자본, 공익대표들 간의 협의를 통해 노동개혁안을 마련하고자 했다. 1996년 5월에 발족한 노사관계개혁위원회에는 민주노총, 한국노총, 경총 그리고 공익대표가 참석했다. 그러나 복수노조, 노조의 정치활동, 3자 개입, 노동시장의 유연화에서 의견이 대립했고, 이 과정에서 실질적인 노동의 대표라고 할 수 있는 민주노총이 탈퇴했다. 노동개혁안에 대한 당시 주류정당의 입장은 노사관계의 민주화라는 노동계의 논리와 경쟁력 강화라는 재계의 논리 중에서 재계의 논리를 반영하면서 노동에게 적대적인 입장이었다.

민주노총이 참여하지 않은 노사관계개혁위원회는 기초안을 바탕으로 1996년 11월 노동법을 법제화했다. 새로운 노동법은 자본이 요구하는 정리해고제, 변형근로제 그리고 무노동, 무임금과 같은 노동시장 유연성의 심화를 승인한 반면에 노동이 요구해온 복수노조, 정치활동, 3자 개입의 폐지는 포함시키지 않았다. 1996년 12월 국회가 노동법을 날치기로 통과시키자 민주노총은 총파업을 주도했고, 다음해까지 이어진 총파업은 전국에 걸쳐 수백만이 참여한 대규모의 시위로 확산되었다. 여기에는 한국노총과 야당 및 시민단체도 합류했다. 결국 김영삼 정부는 새로운 노동법안을 마련하고 1997년 3월에 이를 통과시켰다. 새로운 노동법은 노동이 요구해왔던 정리해고제를 폐지하고, 3자 개입 금지조항을 삭제하면서 노동의 요구를 반영했다.

그러나 정부의 입장은 외환위기를 고비로 다시 적대적으로 전환했다. 1997년 외환위기로 인해 한국은 IMF의 구제금융을 받는 대가로 IMF가 요구하는 기업의 구조조정과 노동유연성을 확보해야 했다. 이를 위해서 김대중 정부는 한국노총, 민주노총, 경총, 전경련, 재경부장관, 노동부장관, 4인의 정당대표가 참석하는 노사정위원회를 조직했다. 민주노총은 합의 과정에서 노동의 불리한 위치가 개선되기 어렵다고 판단하고, 노사정위원회에 참여와 탈퇴를 반복했다. 1998년 2월 노사정위원회는 '2·6사회협약'을 도출하여 기업과 금융의 구조조정을 위한 해고와 대체인력 투입 등 노동유연성을 위한 제도적 장치를 마련했다. 한편 노동자들을 위해서는 노동기본권과 관련된 노조의 정치활동의 보장, 교원노조 허용, 공무원 직장협의회 허용을 보장했다. 이 과정에서 주류정당은 모두 노동에 대해 적대적인 입장이었다.

1998년 정기국회에서 행해진 교섭단체의 연설에서 여당인 국민회의는 노동의 협력을 강조하고 그 고통과 희생이 보상이 되어 돌아올 것이라고 강조하며 노동자들에게 노동유연성을 수용할 것을 요구했다. 야당인 한나라당은 이에 대한 언급도 하지 않았다. 결과적으로 양대 노총은 고용안정투쟁으로 맞서기 시작했고, 구조조정과 정리해고 반대투쟁을 이끌었다. 외환위기를 처리하는 과정에서 근로시간의 단축 문제가 다시 제기되었다. 이때의 근로시간 단축은 근로시간을 기존의 44시간에서 40시간으로 단축함으로써 새로운 일자리를 만들어낼 수 있을 것이라는 취지에서였다. 노사정위원회는 이를 3년간 논의했으나 합의를 만들어내지 못했고, 노동세력은 이러한 개정이 소규모 기업에 종사하는 노동자들에게 불리하게 작용할 것이라고 반대했다. 이러한 가운데 2002년 김대중 정부는 노사정위원회의 협의 사항을 고려하지 않은 채 정부발의로 이 법안을 통과시켰고, 2004년부터 발효되었다.

IMF 금융위기로 인해 노동의 위치가 불안해지고, 주류정당이 적대적인 노동 전략으로 일관하는 가운데 민주노총은 1997년 국민승리21을 창당했다. 그러나 2000년 총선에서는 한 석도 차지하지 못하고 해산했다. 16대 국회에서 주류정당은 여전히 노동이슈에 적대적이었다. 여당인 새천년민주당은 구조조정과 노동유연성 확대가 불가피한 선택이었음을 강조했고, 야당인 한나라당은 구조조정을 기업의 자율에 맡겨야 한다고 주장함으로써 친자본적인 입장을 대변했다. 이러한 가운데 민주노동당으로 새로 창당한 노동계급 정당은 지속적으로 선거에 도전했고, 그 결과 2004년 선거에서는 총 10석을 얻음으로써 성공적으로 의회에 진출할 수 있었다. 17대 국회에 진출한 민주노동당이 추진한 대표적인 정책은 비정규직 법안 반대, 무상교육과 무상의료 주장 및 복지예산

삭감 반대, 부유세 신설 등이었다. 민주노동당은 주류정당인 한나라당이나 민주당과 달리 노동의 보호, 시장규제 및 보호주의를 강조했다. 특히 보호주의의 이슈와 관련해서는 주류정당이 보수적 자유주의의 입장을 취한 반면 민주노동당만이 친노동 정책을 주장했다. 이로써 17대 국회에서 민주노동당은 노동계급의 이익을 대표하는 정당으로 자리매김했다.

● **대만: 주류정당의 순응 전략**　　세계화와 민주화는 대만에서도 노동법을 개정하는 계기가 되었다. 1980년대 대만은 적극적인 개방정책으로 전환하기 시작했고, 1984년 관세와 비관세 장벽을 현격하게 낮추며 본격적으로 신자유주의에 합류했다. 대만의 노동법은 1920년대 국민당 정권이 중국 대륙에 있을 때 제정된 것으로서 현실의 노사관계를 반영하지 못했다. 정부는 세계화의 기준에 부합하고 현실의 노사관계를 반영할 수 있는 노동법이 필요했다. 국민당 정부는 1984년 새로운 노동기준법을 통과시켰다. 그리고 같은 해에 노동 문제를 총괄적으로 관장할 기관으로 행정원 산하 노공위원회CLA를 설립했다.

　　민주화 직후 대만에서는 한국과 마찬가지로 노동쟁의가 급증했다.[34] 그러나 국민당 정부가 노동법 개정을 추진한 것은 이러한 노동운동에 대한 반응이라고 보기 어렵다. 당시 노동쟁의는 쟁의 1건당 평균 참

34　대만의 노동조합 조직률은 민주화 직전인 1986년 22.3%에 이를 정도로 한국보다 높은 편이었다. 또한 제조업의 성장으로 수가 급격히 증가한 노동자들은 쟁의, 파업 등을 통해 임금 상승과 노동환경 개선을 주장했다. 노동세력은 1981년에서 1986년의 기간 동안 평균 매년 1,258회의 노동쟁의를 주도했다.

여 인원수가 10~30여 명에 불과했고, 대부분은 청원의 형태였기 때문에 정권에 위협적인 정도는 아니었다. 오히려 세계화의 필요성과 단순한 임금의 상승만으로는 노동자들을 더 이상 만족시킬 수 없다고 판단한 국민당의 선택이 노동법 개정의 중요한 원인이었다. 민주화 직후 노동쟁의는 더욱 급증했다. 1987년에서 1991년의 기간 동안 매년 평균 1,707회의 쟁의가 발생했고 파업 또한 증가했다. 그러나 쟁의는 물론이고 민주화 이후의 파업은 해고, 부당해직, 임금체불, 재해보상 등과 같은 개별적인 노사관계와 관련된 법적분쟁과 관련된 이슈였으며 정부의 대응은 여전히 강압적이었다.

민주화 과정에서 야당인 민진당이 창당되었다. 민진당은 친노동정당을 표방했다. 이로 인해 대만노공진선과 자주공연은 선거에서 민진당을 지원했다. 노동계급 정당의 활동이 미약한 가운데 노동계급 단체인 대만노공진선이 주요 파업을 주도했고, 1992년 공장폐쇄, 1995년 국민건강보험 법안 수립, 1996년 산업 민주화의 이슈를 주장했다. 노동세력은 노동계급 정당이 기능하지 못하자 현실적인 방안으로 주류정당을 통해 정책을 실현시키는 방안을 택했다. 1996년 입법원 선거에서 노동계 지도자 2명이 민진당 입법위원으로 진출했고, 노동기준법의 확장 적용을 위한 법안 개정에 적극적으로 참여했다. 특히 2000년 대만노공진선이 발행한 노동 관련 정책안은 민진당의 천수이볜이 선거에 활용했다.

노동계급이 주류정당을 통해 이익을 실현할 수 있었던 것은 주류정당이 노동계급 이슈에 순응적이었기 때문이다. 야당인 민진당과 더불어 국민당도 친노동적인 입장으로 변화했다. 권위주의 정권기에도 대만의 노동세력은 불법적인 시위나 파업을 주도하기보다는 노동조합에 참여하거나 노동 지도자들이 국민당에 참여함으로써 노동복지를 확대하고 자 했는데 민주화 이후에도 이러한 경향은 지속되었다. 차이점이 있다 면 과거에는 노동세력을 통제하기 위해 정부가 노동계 지도자들을 정당 이나 관직으로 포섭했다면, 민주화 이후에는 노동세력이 이들을 통해서 정부와 정당의 정책에 영향을 미치고자 했다는 점이다. 1990년대 말 임 금상승을 주장하는 파업에 대해 정부는 강경하게 대응했지만 노동계는 정치적이고 비공식적인 과정을 통해 임금의 상승을 이끌어냈다. 즉 노 동 인사들은 집단협상보다는 정치인이나 관료들과의 사적인 통로를 통 해 이를 실현시켰다. 이러한 경향은 1996년과 2000년 노동법 개정 과정 에서도 나타난다.

1996년 노동법 개정은 사회적으로 많은 논란이 되었다. 정부가 제시 한 민영화 계획이 정부 소유의 은행에 속한 노동자의 복지를 악화시킬 것이라는 우려가 금융노동자들을 자극한 가운데 이들은 적극적으로 정 부에게 노동기준법이 보호하는 범위를 금융 분야까지 확산시켜줄 것 을 요구했다. 정부는 지나친 비용지출과 사용자의 반발을 우려하여 이 를 수용하지 않았다. 행정부에 대한 압력이 성과를 거두지 못하자 노동 계는 입법원에서 뜻을 관철시키고자 의회 로비를 시작했다. 금융노조는 민진당과 협력관계를 구축하고 대만노공진선에 가입했다. 1996년 초 금 융노조는 오랜 노력 끝에 노동계 지도자 출신인 국민당 의원과 노공위 원회 의장으로부터 노동기준법을 개정할 것을 약속받았다. 노동계 지도 자 출신 국민당 의원은 개정안이 받아들여지지 않는다면 의원직을 사임 할 것을 약속했지만 이루어지지 않았다. 한편 1996년 초 노동계 출신으 로 민진당 의원선거에 참여한 두 명이 민진당 입법위원으로 선출되면서 국민당과 민진당의 협상 과정을 거쳐 개정안이 만들어졌고, 이는 금융계뿐만 아니라 모든 산업 분야로 확산되었다.

이와 유사한 사례는 노동시간 단축 문제와 관련해서도 나타난다. 이 문제는 민진당이 1989년 현시장 선거에서 처음 제시했다. 당시 민진당 의원들은 토요휴무제와 48시간에서 40시간으로의 노동시간 단축을 선거공약으로 제시했다. 1990년대 중반 국민당 집권하에서 노공위원회가 노동시간 단축을 고려했으나 법제화하지 못했다. 지지부진하던 개혁안이 다시 수면 위로 드러나게 된 것은 2000년 민진당이 집권하면서부터였다. 민진당은 2000년 총통 선거 과정에서 노동시간 단축과 토요휴무제를 당의 노동정책에 포함시켰고, 이는 선거에서 핵심의제로 부상했다. 이러한 정당 간의 경쟁은 노동세력에게 유리한 협상 조건을 만들어냈다. 2000년 집권한 민진당은 토요휴무제와 노동시간 단축의 법제화 단계를 밟기 시작했다. 노조 지도자는 노공위원회 의장으로부터 노동시간을 주당 44시간으로 단축할 것을 약속받았다. 그러자 여기에 대해 국민당은 이제까지의 자세와 다르게 주당 42시간으로의 단축을 주장하며 더욱 급진적인 입장을 취했다. 국민당의 입장변화로 인해 이슈 주도권을 빼앗길 것을 우려한 민진당 정부는 전국총공회 등 노동조직의 지도자에게 정부의 안을 지지해 줄 것을 요청했고, 노동계는 이를 수용했다. 그러나 노동시간 단축안이 표결에 들어갔을 때 42시간을 주장한 국민당이 44시간을 주장한 민진당보다 더 많은 표를 얻었다.

1996년과 2000년의 노동법 개정은 주류정당이 노동세력이 주장하는 이슈에 대해 순응했던 사례이다. 한편 대만에서는 1990년대 많은 중소기업들이 생산기지를 임금이 낮은 곳으로 이전하자 실업이 증가하기 시작했다. 특히 중소기업들이 생산기지를 중국을 비롯한 임금이 저렴한 곳으로 이전하면서 대량해고가 노동자들을 위협하기 시작했다. 해고된 노동자들과 일부 노동운동가들을 중심으로 공장폐쇄에 항의하는 집단적 저항이 있었지만 소규모로 이루어졌다. 1998년 노동운동가와 민진당은 국민당 정부에 대해 대량해고의 문제를 해결해줄 것을 요청했고, 정부는 이에 대해 1999년 6개월 이내에 노동자 3분의 1을 해고하는 기업은 처벌하겠다고 약속했다.

메기드가 앞에서 제시한 바와 같이 주류정당이 모두 순응 전략을 선택할 경우 이슈 현저성은 증가하고, 이슈는 수렴하게 된다. 그리고 이슈는 주류정당으로 소유권을 빼앗기게 된다. 그 결과 노동세력은 원하는 정책적 결과는 얻게 되지만 틈새정당에 대한 유권자의 지지가 급격히 감소하면서 정당으로서 존립기반은 위협받는다. 대만의 국민당과 민진당은 노동세력의 요구를 적극적으로 수용했고, 이를 득표 전략에 활용했다. 결국 주류정당에게 이슈 소유권을 빼앗긴 대만의 노동세력은 틈새정당으로 생존할 수 있는 기회를 놓치게 되었다.

노동계급 정당의 성공과 실패

메기드가 유럽의 사례에서 발견한 것과 같이 주류정당의 제도적·조직적 전략과 이슈에 대한 주류정당의 대응에 따라 한국과 대만 틈새정당의 성패가 달라진다. 먼저 한국과 대만 주류정당의 제도적·조직적 차이가 있다. 특히 조직적 전략의 면에서 한국은 대만과 같이 노동 지도자를 주류정당으로 흡수하지 않았다. 정부는 노동세력을 통제하고 정부 지지집단으로 활용했지만 집권정당이나 정부로 포섭하지 않았다. 민주화 운동 과정에서 주류야당 또한 마찬가지였다. 한국의 주류야당은 노동세력과 연대하여 투쟁하고, 민주화 이후에도 정책과 투쟁에서 공조했으나 조직적 포섭은 진행하지 않았다. 반면 대만의 주류정당은 권위주의 정권기에도 적극적으로 노동세력의 지도부를 포섭했고, 민주화 이후에는 야당인 민진당도 국민당과 같은 조직적 전략을 적용함으로써 자당이 노동자의 이익을 대변한다는 것을 보이고자 했다.

한편 한국의 주류정당은 노동계급 정당이 제시하는 이슈에 대해 초기에는 순응 전략을 택했으나 곧 적대적인 전략으로 전환했고, 그 결과로 민주노동당이 틈새정당으로 성장할 수 있었다. 반면 대만의 주류정당은 노동세력이 제시하는 이슈에 대해 순응 전략을 택했고, 그 과정에서 노동계급 정당은 성장할 수 있는 기회를 얻지 못했다. 한국의 노동정당의 발전과 창당 과정을 살펴보면 주류정당의 적대 전략으로 노동의 요구가 관철되지 못한다고 판단할 때 새로운 전기를 맞았다. 김영삼 정권이 반노동적 태도로 전환하고 임금을 노동과 자본의 대표가 협약을 통해서 결정하도록 한 1995년 11월에 민주노동당의 전신인 민주노총이 결성되었고, 외환위기 극복 과정에서 정부와 주류정당이 노동자들에게 노동유연성을 수용할 것을 요구하며 자본의 입장을 대변했던 1997년에 민주노총은 민주노동당의 전신인 국민승리21을 창당했다. 이러한 가운데 2003년 민주노동당은 2004년 선거에서 의회에 진출하는 데 성공했다. 창당 이후 민주노동당(이후 통합진보당)은 노동이슈를 주도했으며, 이후 선거에도 적극적으로 참여하여 대선과 총선에서 후보자를 배출했다.

표 41 한국 노동정당의 국회 의석 현황 (2004~2012)

	제17대	제18대	제19대
	2004	2008	2012
정당명	민주노동당	민주노동당	통합진보당
의석수	10	7	13
지역	2	2	7
정당	8	5	6
득표율	13	5.7	10.3
정당 순위	제3당	제5당	제3당
당선 지역구	울산, 경남	경남	서울, 경기, 광주, 전남, 전북

반면 대만은 주류정당인 국민당과 민진당이 노동세력이 제시하는 이슈에 대해 순응적이었을 뿐만 아니라 때로는 이슈를 주도하고 더욱 노동친화적인 정책을 제공하기도 했다. 노동세력 역시 국민당과 민진당을 통해서 요구를 관철시키고자 했다. 그 과정에서 1980년대 등장했던 노동계급 정당인 공당과 노동당은 의회에 진출하는 데 실패했다. 노동당은 1995년 두 명의 입법원 후보를 공천했으나 득표에는 실패했다. 결국 대만은 노동이슈의 소유권을 주류정당에게 빼앗겼으며, 노동정당으로서 존립의 이유를 찾을 수 없었다.

따라서 한국과 대만에서 틈새정당에 대한 주류정당의 대응은 큰 차이를 보인다. 조직적인 전략의 면에 있어서 한국보다 대만이 틈새정당의 생존에 불리했으며, 틈새정당이 제시하는 이슈에 대해서도 대만은 순응전략을 적용함으로써 틈새정당의 발전을 오히려 막는 결과를 가져왔다. 노동정당이 제시하는 이슈에 대해 한국의 주류정당은 노동과 상반된 위치 선정을 함으로써 적대 전략을 선택했다. 특히 1990년대 후반 외환위기 이후 이러한 입장은 더욱 뚜렷해졌다. 반면 대만은 주류정당이 노동세력이 제시하는 이슈를 적극적으로 수용하고 때로는 이슈를 주도해가면서 순응 전략을 적용했다. 그 결과 대만 노동계급세력은 노동이슈를 주류정당이 흡수함으로써 틈새정당으로 성장할 수 있는 기반이 와해되었다. 이러한 결과는 서구 틈새정당의 생존을 설명하는 메기드의 정당경쟁이론이 한국과 대만의 노동계급 정당의 성패를 설명하는 데도 적절하다는 것을 말해준다.

참고문헌

- 강귀영, 〈대만의 정치리더십과 국가정체성 변화의 상관성 연구〉, 한양대학교 국제학 대학원 박사학위논문, 2010.

- 강원택, 〈2004년 국회의원 선거에서 민주노동당 지지에 대한 분석〉, 《한국선거정치의 변화와 지속: 이념, 이슈, 캠페인과 투표참여》, 나남, 2010, pp. 145~168.

- 강원택, 〈인터넷 시대의 정당 정치와 선거운동의 변화〉, 2007년도 한국정치학회 춘계 학술대회 발표논문, 2007.

- 광주광역시5·18사료편찬위원회, 《5·18광주민주화운동자료총서》 제18권, 광주광역 시5·18사료편찬위원회, 1999.

- 광주광역시5·18사료편찬위원회, 《5·18광주민주화운동자료총서》 제2권, 광주광역시 5·18사료편찬위원회, 1997.

- 광주광역시5·18사료편찬위원회, 《5·18광주민주화운동자료총서》 제3~5권, 광주광 역시5·18사료편찬위원회, 2007.

- 광주광역시5·18사료편찬위원회, 《5·18광주민주화운동자료총서》 제49권, 광주광역 시5·18사료편찬위원회, 2009.

- 김동춘, 〈과거청산작업과 한국의 민주주의〉, 5·18기념재단 편, 《5·18민중항쟁과 정 치, 역사, 사회 5: 5·18과 민주화 / 5·18민중항쟁의 기억과 과거청산》, 심미안, 2007.

- 김민환·정현욱, 〈'양안서비스무역협정'의 쟁점과 대만 사회 갈등구조 변화〉, 《아태연 구》 제21권 3호, 2014.

- 김범석, 〈대만 민주화와 양안관계의 변화: 민주 평화론을 적용하여〉, 《국제정치논총》 제45집 2호, 2005, pp. 57~80.

- 김병국, 《국가, 지역, 국제체계: 변화와 연속성》, 나남, 1995.

- 김성태·김여진·최홍규·김형지, 〈뉴미디어를 통한 소통 채널의 확장과 정치참여 변 화 연구: 인터넷과 소셜미디어를 주목하며〉, 《평화연구》 제19권 1호, 2011, pp. 5~38.

- 김애경, 〈중국의 부상과 대만의 대응〉, 《한국과 국제정치》 22(2), 2006.

- 김영명,《대한민국정치사: 민주주의의 도입, 좌절, 부활》, 일조각, 2013.
- 김예경·김민지, 〈마잉주 정권 출범이후 양안관계의 개선과 내재적 요인: 중국의 제한적 수용과 대만의 인식〉,《중국연구》제50권, 2010.
- 김준, 〈1980년의 정세발전과 대립구도〉, 5·18기념재단 편,《5·18민중항쟁과 정치, 역사, 사회 3: 5·18민중항쟁의 전개과정》, 심미안, 2007, pp. 13~64.
- 김준, 〈대만에 있어서 노동자계급의 형성과 노동운동(1945~1987)〉,《경제와 사회》10, 1991, pp. 126~170.
- 란보조우, 〈대만 – 2·28에서 50년대로 이어지는 백색테러〉,《역사비평》통권 42호, 1998.
- 로버트 퍼트넘,《사회적 자본과 민주주의》, 안청시 외 역, 박영사, 2006.
- 리덩후이,《최고 지도자의 조건》, 이금희 역, 까치, 2008.
- 문흥호, 〈2012 대만 대선과 마잉주정부의 대내외정책 전망〉,《국방연구》제55권 1호, 2012.
- 문흥호, 〈국민당의 재집권과 대만의 대내외정책 변화 전망〉,《신아세아》제15권 2호, 2008.
- 문흥호, 〈국민당의 재집권과 대만의 대내외정책 변화 전망〉,《신아세아》제15권 2호, 2008. pp. 103~125.
- 문흥호,《대만문제와 양안관계》, 폴리테리아, 2007.
- 박병석, 〈탈식민주의 관점에서 본 대만의 탈중국화운동: 본토화운동과 정명운동〉,《동양정치사상사》제9권 1호, 2010.
- 박원순, 〈배상의 측면에서 본 광주항쟁〉, 박은정·한인섭 편,《5·18. 법적 책임과 역사적 책임》, 이화여자대학교 출판부, 1995.
- 박찬표, 〈노동정당 부재 의회의 노동이익 대표기능〉,《아세아연구》48:2, 2005, pp. 209~251.
- 박찬표, 〈제17대 국회의 정당 경쟁 구도 분석〉,《한국정당학회보》7:2, 2008, pp. 5~40.
- 브루스 빔버,《인터넷 시대 정치권력의 변동》, 이원태 역, 삼인, 2007.
- 서승, 〈동아시아에 있어서 국가 테러리즘 희생자들의 명예회복, 배상에 관한 연구: 한국과 대만의 경우를 중심으로〉, 서울대학교 사회학과 석사학위논문, 2000.
- 손병권, 〈대통령 선거의 정당후보 선발제도: 미국, 대만, 멕시코 예비선거 도입과정과 비교〉,《한국정당학회보》제8권 1호, 2009.

- 손호철,《현대 한국정치: 이론과 역사 1945~2003》, 사회평론, 2003.

- 송경재, 〈e-party, 정당위기의 대안인가?〉,《21세기정치학회보》제17권 1호, 2007. pp. 21~44.

- 송경재, 〈웹 2.0 정치 UCC와 전자민주주의〉,《담론201》제11권 4호, 2009, pp. 63~92.

- 송경재, 〈이슈형 사이버 커뮤니티 네트워크의 시민참여: 2008년 촛불시위를 중심으로〉,《국가전략》제17권 2호, 2011, pp. 91~121.

- 송호근, 〈노동시장구조의 비교분석: 한국과 대만〉,《한국사회학》34, 2000, pp. 951~979.

- 송호근,《한국의 노동정치와 시장》, 나남, 1991.

- 심지연·김민전,《한국 정치제도의 진화경로: 선거, 정당, 정치자금제도》, 백산서당, 2006.

- 안병직,《세계의 과거사 청산》, 푸른역사, 2005.

- 안순철·가상준, 〈17대 국회의원선거의 민주노동당 투표자에 대한 분석〉,《한국정당학회보》5:2, 2006, pp. 37~55.

- 양동훈, 〈민주화와 권위주의 체제 유산의 청산문제: 개념적 분석〉,《한국정치학회보》제30집 1호, 1996.

- 양동훈, 〈신민주체제의 인권유산 정리와 민주주의: 비교분석〉,《한국정치학회보》, 제42집 2호, 2008.

- 왕능군, 〈대만에 있어서의 노동분쟁처리 시스템의 개혁동향〉,《강원법학》30, 2010, pp. 27~51.

- 왕푸창,《갈등의 정체성: 현대 대만 사회의 에스닉 상상》, 나남, 2008.

- 왕푸창,《갈등의 정체성》, 지은주 역, 나남, 2008.

- 윤상우, 〈동아시아 지역경제통합에서의 대만의 대응과 딜레마〉,《한국과 국제정치》26(2), 2010.

- 이내영·박은홍,《동아시아의 민주화와 과거청산: 한국, 필리핀, 태국의 비교연구》, 아연출판부, 2004.

- 이영재, 〈과거청산과 민주주의〉,《민주주의와 인권》제4권 제2호, 2004.

- 이정진, 〈한국정당체계의 변화와 계급정당의 가능성〉,《정치비평》하반기, 2006, pp. 85~114.

- 이현우, 〈미국의 개인적 경제투표에 관한 재검토: 잠재변수를 이용한 구조분석〉,《한

국정치학회보》제33집 2호, 1999, pp. 241~257.

- 임석준·임성학, 〈정당성의 변화와 대만의 민주주의 발전〉, 1999년도 한국 정치학회 춘계학술회의 발표논문, 1999.

- 임성학, 〈대만 정보화와 정치발전 정당과 입법위원의 홈페이지 분석〉, 《사이버커뮤니케이션 학보》 제13권, 2004. pp. 75~102.

- 임혁백, 〈민주주의의 기본원리와 신생 민주주의의 공고화〉, 《세계화시대의 민주주의: 현상, 이론, 성찰》, 나남, 2000.

- 임혁백, 〈한국에서의 민주화 과정 분석〉, 《시장·국가·민주주의: 한국 민주화와 정치경제이론》, 나남, 1994.

- 임혁백, 《1987년 이후의 한국의 민주주의》, 고려대학교 출판부, 2011.

- 임혁백, 《신유목적민주주의》, 나남, 2009.

- 임혜란, 〈대만 정보화와 정치과정의 변화〉, 《국제·지역연구》 제15권 3호, 2006. pp. 1~29.

- 임혜란, 〈대만의 정보화 추진과정과 국가역할〉, 《21세기정치학회보》 제15권 2호, 2005. pp. 191~217.

- 장공자, 〈21세기 양안관계: 중국의 통일정책과 대만의 반응〉, 《국제지역연구》 10(3), 2006.

- 장성구, 《대만현대정치사》(上, 下), 한인희 역, 지영사, 1992.

- 장훈, 〈혼합형 선거제도의 정치적 효과〉, 《한국정치학회보》 제40권 5호, 2006.

- 정근식, 〈청산과 복원으로서의 5월 운동〉, 광주광역시5·18사료편찬위원회 편, 《5·18민중항쟁사》, 광주광역시5·18사료편찬위원회, 2001.

- 정대화, 〈광주항쟁과 1980년대 민주화 운동〉, 5·18기념재단 편, 《5·18민중항쟁과 정치, 역사, 사회 5: 5·18과 민주화 / 5·18민중항쟁의 기억과 과거청산》, 심미안, 2007.

- 정연정, 〈영리한 군중의 등장과 디지털 정치참여〉, 《국제정치논총》 제44집 2호, 2004. pp. 237~258.

- 정이환·김준, 〈대만의 기업내 노사관계에 관한 연구〉, 《지역연구》 6(1), 1997, pp. 49~79.

- 정이환·김준, 〈한국과 대만 노동체제의 비교〉, 《경제와 사회》 32, 1996. pp. 161~184.

- 조병선, 〈한국의 5·18 과거청산모델의 국제비교〉, 《민주주의와 인권》 제1권 2호, 2003.

- 조연현, 〈5·18 진상규명 투쟁과 광주청문회〉, 《5·18민중항쟁과 정치, 역사, 사회5: 5·

18과 민주화 / 5·18민중항쟁의 기억과 과거청산》, 심미안, 2007.

- 지만수 외, 〈중국·대만 ECFA의 주요 내용과 시사점〉, 《오늘의 세계경제》 10(23), 2010.

- 지은주, 〈2012년 대만의 대선과 총선〉, 《선거연구》 제3권 1호, 2012a.

- 지은주, 〈대만정당체제의 분극적 경쟁과 정당의 이데올로기적 특징〉, 《국제정치논총》 제48집 4호, 2008.

- 지은주, 〈민주화 이후 대만의 독립문제와 정당체제의 재편성〉, 《한국정치학회보》 제 43권 1호, 2009, pp. 203~228.

- 지은주, 〈정체성과 경제적 이익의 동학: 2008년 대만 총통선거에서 유권자의 선택〉, 《한국정치학회보》 제46집 1호, 2012b.

- 지은주, 《대만의 독립문제와 정당정치》, 나남, 2009.

- 최영진, 〈정체성의 정치학: 5·18과 호남지역주의〉, 《민주주의와 인권》 제1권 2호, 2003.

- 추리시, 〈특별대담: 추리시 교수와의 대화〉, 《아시아저널》, 창간준비호, 2009.

- 트랜드모니터, 〈인터넷 카페/커뮤니티 관련 조사: 한·중·일·대만 4개국 공동조사〉, 2010, http://www.trendmonotor.co.kr.

- 피파 노리스, 《디지털 시대의 민주주의》, 이원태 역, 후마니타스, 2007.

- 하세봉, 〈대만의 정체성과 역사 찾기〉, 《역사비평》 통권53호, 2000, pp. 243~266.

- 한인섭, 《5·18 재판과 사회정의》, 경인문화사, 2006.

- 2·28紀念基金會, 《二二八60年台灣新紀元 : 二二八基金會12年紀念專輯》 228基金會, 2007.

- Palalavi, Haisul, 〈原住民參選立法委員之研〉, 國立政治大學 博士學位論文, 2007.

- 邱榮舉, 〈二二八事件與台灣政治發展〉, 財團法人二二八事件紀念基金會研究報告書, 2003.

- 臺灣經濟研究院, 《新南向政策下投資資區位與策略之研究》, 行政院經濟建設委員會, 2003.

- 李筱峰, 《台灣史一百件大事 (下): 戰後篇》, 玉山社, 1999.

- 林茂生, 〈中產層的重要性〉, 《民報》, 1947.02.27.

- 馬若孟·魏萼·羅珞珈, 《悲劇性的開端 : 台灣二二八事變》, 時報文化, 1993.

- 蒙志成, 〈'92共'對2012年台灣總統大選的議題效果〉, 〈'傾向分數配對'的應用與實證估算〉,《選舉研究》第二十一卷制一期, 2014.

- 徐火炎,〈'李登輝情結' 與省市長選舉的投票行爲: 一項政治心理學的分析〉,《選舉研究》第二卷 制二期, 1995, pp. 1~36.

- 徐火炎,〈李登輝情結的政治心理與選民的投票行爲〉,《選舉研究》第五卷 制二期, 1999. pp. 35~71.

- 盛杏援·陳義彥,〈政治分枝與政黨競爭: 2001年立法委員選舉的分析〉,《選舉研究》第十卷 制一期, 2003, pp. 7~40.

- 蘇起·鄭安國 編,《'一個中國 各自表述'共識的史實》, 國家政策研究基金會, 2005.

- 若林正丈,《台灣:分裂國家的民主化》, 月旦出版, 1994.

- 吳乃德,〈我們共同的二二八〉,《中國時報》, 2006.02.27.

- 吳乃德,〈轉型正義和歷史記憶:臺灣民主化的未竟之業〉,《思想季刊》第2期, 2006.

- 吳乃德,〈國家認同和政黨支持: 臺灣政黨競爭的社會基礎〉,《中央研究院民族學研究所集刊》74, 1993, pp. 33~61.

- 吳乃德,《社會分枝和政黨競爭: 理解國民黨爲何繼續執政》, 中央研究員民族學研究所集刊 第78期, 1994, pp. 101~130.

- 吳新榮,《雷震回憶錄》, 作者自刊, 1997.

- 吳親恩·林奕孜,《兩岸經貿開放, 認同與投票選擇: 2008年與2012年總統選舉的分析》,《選舉研究》第二十卷制二期, 2013.

- 吳濁流,《台灣連翹》, 草根, 2000.

- 王金壽,〈瓦解中的地方派系:以屏東爲例〉, 臺灣社會學 第七期, 2004, pp. 177~207.

- 王甫昌,〈台灣族群政治的形成及其表現〉,《民主轉型?台灣現象》, 桂冠, 1998.

- 王甫昌,〈族群同化與動員: 臺灣民衆政黨支持之分析〉《中央研究院民族學研究所集刊》77, 1994, pp. 1~34.

- 王育德,《台灣:苦悶的歷史》, 前衛, 1999.

- 游盈隆,《民意與臺灣政治變遷: 1990年代臺灣民意與選舉政治的解釋》, 月旦, 1993.

- 二二八真相研究小組,《二二八事件責任歸屬研究報告》, 二二八基金會, 2006.

- 林濁水,《歷史劇場: 痛苦谷執政八年》, 印刻文學生活雜誌出版有限公司, 2009.

- 鄭夙芬,〈族群'認同與總統選舉投票抉擇〉,《選舉研究》16(2), 2009. pp. 23~49.

- 鄭梓,《本土菁英與議會政治:台灣省參議會史研》, 作者自刊, 1985.

- 朱立熙,《國家暴力與過去清算－從韓國518到臺灣228》, 允晨文化, 2007.

- 朱立熙,《兄弟的鏡子: 臺灣與韓國轉型定義案例的剖析》, 財團法人二二八事件紀念基金會, 2008.

- 陳其南,〈新社會群體意識的產〉,《台灣的傳統中國社會》, 允晨, 1987.

- 陳敦源·黃東益·蕭乃沂,〈電子化參與: 公共政策過程中的網路公民參與〉,《研考雙月刊》28(4), 2004, pp. 36~51.

- 陳陸輝·耿曙·王德育,〈兩岸關係與 2008年台灣總統大選:認同, 利益, 威脅與選民投票取向〉,《選舉研究》16(2), 2009, pp. 1~22.

- 陳陸輝·耿曙·王德育,〈兩岸關係與2008年台灣總統大選:認同, 利益, 威脅與選民投票取向〉,《選舉研究》第十六卷制二期, 2009.

- 陳陸輝,〈臺灣選民政黨認同的特續與變遷〉,《選舉研究》7(2), 2000, pp. 109~141.

- 陳文俊,〈藍與綠－臺灣選舉民的政治意識型態初探〉,《選舉研究》第十卷制一期, 2003.

- 陳少廷,〈台灣近代的國家(1)〉, 吳密察等著,《建構台灣的民族國家》, 前衛, 1993.

- 陳水扁,《相信臺灣: 阿扁總統向人民報告》, 圓神出版, 2009.

- 陳順孝,〈台灣公民媒體從邊陲走向主流〉, 2011. http://www.iedit.tw/2011/04/blog-post_15.html

- 陳儀深 외,《濁水溪畔二二八: 口述歷史訪談錄》, 草根, 2009.

- 陳翠蓮,〈歷史正義在台灣:兼論國民黨的二二八論述〉,《二二八事件60週年國際學術研討會》, 國家圖書館國際會議廳, 2007.02.26.

- 沈秀華·張文義,《噶瑪蘭二二八》, 自立晚報, 1992.

- 彭懷恩,《臺灣政黨論》, 米羅文化, 2005.

- 行政院二二八事件小組,《二二八事件研究報告》, 時報文化, 1994.

- 黃紀,〈2008年總統選舉電訪〉. https://srda.sinica.edu.tw

- 黃德福·廖益興,〈我國立法委員為何選擇並立式混合選舉制度? 2004年選舉制度改革之觀察〉,《政治學報》第四十七期, 2009, pp. 1~27.

- 黃秀端,〈政治權力與集體記憶的競逐－從報紙之報導來看對二二八的詮釋〉,《臺灣民主季刊》第5 卷 4期, 2008.

- Adam Przeworski, 《Sustainable Democracy》, Cambridge: Cambridge University Press, 1995.

- Adam Przeworski·Henry Teune, 《The Logic of Comparative Social Inquiry》, New York: Wiley-Interscience, 1972.

- Alan D. Romberg, 〈Cross-Strait Relations: In Search of Peace〉, China Leadership Monitor, No. 23, Hoover Institution, Stanford University, 2008. http://media.hoover.org/sites/default/files/documents/CLM23AR.pdf

- Alan D. Romberg, 〈Election 2008 and the Future of Cross-Strait Relations〉, 《China Leadership Monitor》, No. 21, 2007. http://media.hoover.org/sites/default/files/documents/CLM21AR.pdf

- Alex Chuan-hsien Chang, ·Yu-Tzung Chang, 〈Rational Choices and Irrational Results: The DPP's Institutional Choice in Taiwan's Electoral Reform〉, Issues & Studies 45(2), 2009.

- Alexander A. Schuessler, 〈Expressive Voting〉, 《Rationality and Society》 12: 2000, pp. 87~119.

- Alvin Rabushka·Kenneth Shepsle, 《Politics in Plural Societies: A Theory of Democratic Instability》, Columbus, Ohio: Merrill, 1972.

- André Blaies·Kenneth Carty, 〈The Effectiveness of the Plurality Rule〉, British Journal of Political Science 18:4, 1988.

- Angus Campbell·Philip E. Converse·Warren E. Miller·Donald E. Stokes, 《The American Voter》, Chicago: University of Chicago Press, 1976.

- Anthony Downs, 《An Economic of Democracy》, New York: Harper & Row, 1957.

- Arend Lijhpart, 《Electral Systems and Party Systems: A Study of Twenty-Seven Democracies, 1945~1990》, Oxford: Oxford University Press, 1994.

- Arend Lijphart, 〈The Political Consequences of Electoral Laws, 1945~1986〉, American Political Science Review, 84:2, 1990.

- Asafa Jalata, 〈State Terrorism and Globalization: The Cases of Ethiopia and Sudan〉, 《International Journal of Comparative Sociology》 Vol. 46(1-2), 2005.

- Aurel Croissant·Philip Volkel, 〈Party System Types and Party System Institutionalization: Comparing New Democracies in East and Southeast Asia〉, Party Politics 18(2), 2012.

- Barry Nauthton, 〈Economic Policy Reform in the PRC and Taiwan〉, in Barry Naughton, ed., 《The China Circle: Economic and Electronics in the PRC, Taiwan, and Hong Kong》, Washington, DC: Brookings Institution Press, 1997.

- Benjamin I. Page·Robert Y. Shapiro, 〈Effects of Public Opinion on Policy〉, American Political Science Review 77, No. 1 (March), 1983.

- Benjamin Reilly, 〈Electoral Systems and Party Systems in East Asia〉, 《Journal of East Asian Studies》7, 2007, pp. 192~194.

- Benjamin Reilly, 〈Electoral systems and Party Systems in East Asia〉, Journal of East Asian Studies 7, 2007.

- Bingham G. Powell, 《Comparative Democracies: Participation, Stability and Violence》, Cambridge, MA: Harvard University Press, 1982.

- Bonnie M. Meguid, 《Party Competition between Unequals》, Cambridge: Cambridge University Press, 2007.

- Brian Arthur, 〈Competing Technologies, Increasing Returns, and Lock in by Historical Events〉, 《Economic Journal》99, 1989.

- Bruce J. Dickson, 〈The Kuomintang before Democratization: Organizational Change and the Role of Elections〉, Hung-mao Tien ed., 《Taiwan's Electoral Politics and Democratic Transition: Riding the Third Wave》, Armonk: M. E. Sharpe. Inc., 1996, pp. 42~78.

- Bruce J. Dickson·Chien-min Chao eds, 《Assessing the Lee Teng-hui Legacy in Taiwan's Politics: Democratic Consolidation and External Relations》, New York: M. E. Sharpe, 2002.

- Byung-Kook Kim·Anthony Jones, 〈Introduction: the Question of Power and Order in Northeast Asia〉, 《Power and Security in Northeast Asia: Shifting Strategies》, Boulder: Lynn Rienner Publishers, 2007, pp. 1~22.

- Cal Clark, 〈Lee Teng-Hui and the Emergence of a Competitive Party System in Taiwan〉, 《American Asian Review》Vol. 10, No. 2, 2002, pp. 1~27.

- Carles Boix, 〈Setting the Rules of the Game: The Choice of Electoral Systems in Advanced Democracies〉, American Political Science Review 93(3), 1999.

- Carles Boix, 《Political Parties, Growth and Equality: Conservative and Social Democratic Economic Strategies in the World Economy》, Cambridge, MA: Cambridge University Press. 1998.

- Catherine Jones, ⟨Hong Kong, Singapore, South Korea and Taiwan: Oikonomic Welfare States⟩, 《Government and Opposition》25(3), 1990.

- Chang-ling Huang, ⟨The Politics of Regulation: Globalization, Democratization, and the Taiwanese Labor Movement⟩, 《The Developing Economies》XL-3, 2002, pp. 305~326.

- Chao-Chi Lin, ⟨Public Awareness of Inequality and Redistribution: the Case of Japan and Taiwan⟩, Paper presented at Workshop on Inequality and Democracy, National Chengchi University, Taipei, Taiwan, 2012.

- Cheng-Tian Kuo, ⟨The Political Economy of Taiwan's Investment in China.⟩, in Tun-jen Cheng·Chi Huang·Samuel S. G. Wu ed., 《Inherited Rivalry: Conflict Across the Taiwan Straits⟩, Boulder, Colo.: Lynne Rienner, 1995.

- Chi Su, 《Taiwan's Relations with Mainland China: A Tail Wagging Two Dogs⟩, New York: Routledge Contemporary Asian Series, 2009.

- Chia-lung Lin, ⟨the Political Formation of Taiwanese Nationalism⟩, in Stephane Corcuff ed., 《Memories of the Future》Armonk: M. E. Sharpe, 2002.

- Chia-lung Lin, 《Paths to Democracy: Taiwan in Comparative Perspective⟩, Ph. D. Dissertation. Department of Political Science. Yale University, 1998.

- Chia-lung Lin·Bo Tedards, ⟨Lee Teng-Hui: Transitional Leadership in Taiwan's Transition⟩, 《American Asian Review》Vol. XX, No. 2, Summer, 2002, pp. 75~122.

- Chien-min Chao·Bruce Dickson, ⟨Assessing the Lee Teng-hui Legacy⟩, in Bruce Dickson·Chien-min Chao eds., 《Assessing the Lee Teng-hui Legacy in Taiwan's Politics⟩, 2002, pp. 3~26.

- Chin-Hao Huang, ⟨China's Soft Power in East Asia: A Quest for Status and Influence?⟩, The National Bureau of Asian Research Special Report, No. 42, 2013.

- Christian Aspalter, ⟨The East Asian Welfare Model⟩, 《International Journal of Social Welfare》15, 2006.

- Christian Aspalter, 《Democratization and Welfare State Development in Taiwan⟩, Aldershot: Ashgate, 2002.

- Christopher Arterton, 《Teledemocracy: Can Technology Protect Democracy?⟩, Newbury Park CA: Sage, 1987.

- Christopher M. Dent, 〈Being Pulled into China's Orbit? Navigating Taiwan's Foreign Economic Policy〉, 《Issues & Studies》37, No. 5, 2001.

- Christopher M. Dent, 〈Being Pulled into China's Orbit? Navigating Taiwan's Foreign Economic Policy〉, Issues & Studies 37, No. 5, 2001.

- Colin F. Smith, 〈Political Parties in the Information Age?〉, in I. Snellen and W. van de Donk eds., 《Public Administration in an Information Age》, Amsterdam: IOS Press, 1998, pp. 175~190.

- Council for Economic Planning and Development, 《Taiwan Statistical Data Book》, Executive Yuan, R.O.C.(Taiwan), 2009.

- Crane Brinton, 《The Anatomy of Revolution》, New York: Vintage, 3ed. ed, 1959.

- D. M. Farrell, 〈Campaign Strategies and Tactics〉, in Lawrence Le Duc, Richard G. Niemi, Pippa Norris eds., 《Comparing Democracies: Elections and Voting in Global Perspective》, Thousand Oaks: Sage Publications, 1996.

- Dafydd Fell, 〈Inter-Party Competition in Taiwan: Toward a New Party System〉, in Goldstein, Steven M. and Julian Chang eds., 《Presidential Politics in Taiwan: the Administration of Chen Shui-bian》, Norwalk, EastBridge, 2008, pp. 49~84.

- Dafydd Fell, 〈Measurement of Party Position and Party Competition in Taiwan〉, 《Issues and Studies》40(3/4), 2004, pp. 101~136.

- Dafydd Fell, 〈Party Platform Change in Taiwan's 1990s Election〉, 《Issues and Studies》, 38(2), 2002, pp. 31~60.

- Dafydd Fell, 〈Taiwan's Party System in the Ma Ying-jeou Era〉, in Jean-Pierre Cabestan and Jacques deLisle eds., 《Political Changes in Taiwan under Ma Ying-jeou》, New York: Routledge, 2014.

- Dafydd Fell, 《Party Politics in Taiwan: Party Change and the Democratic Evolution of Taiwan》, London: Routledge, 2005.

- Dafydd Fell, 《Party Politics in Taiwan》, New York: Routledge, 2005.

- Dani Rodrik, 〈Why Do More Open Economies Have Bigger Governments?〉, 《Journal of Political Economy》106(5), 1998.

- Daniel Katz, 〈Patterns of Leadership〉, in Jeanne N. Knutson ed., 《Handbook of Political Psychology》, San Francisco: Jossey-Bass Publishers, 1973, pp.

203~233.

- David Brady·Jongryn Mo, 〈Electoral Systems and Institutional Choice: A Case Study of the 1988 Korean Elections〉, Comparative Political Studies 24(4), 1992.

- David Butler·Donald Stokes, 《Political Change in Britain》, New York: St. Martin's, 1969.

- David Cameron, 〈The Expansion of the Public Economy: A Comparative Analysis〉, 《American Political Science Review》, 72(4), 1978.

- David Mitrany, 〈The Functional Approach to World Organization〉, 《International Affairs》, Vol. 24, No. 3, 1948.

- David Mitrany, 《Progress of International Government》, New Haven: Yale University Press, 1933.

- De Brito·Alexandra Barahona·Carmen Gonzalez Enriques·Paloma Aguilar eds., 《The Politics of Memory: Transitional Justice in Democratizing Societies》, New York: Oxford Univ. Press, 2002.

- Denny Roy, 《Taiwan: a Political History》, Ithaca: Cornell University Press, 2003.

- Dick Morris, 《Vote. Com》, Los Angeles: Renaissance Book, 1999.

- Donald E. Stokes·Gudmund Iversen, 〈On the Existence of Force Restoring Party Competition〉, in Angus Campbell·Philip E. Converse·Warren E. Miller· Donald E. Stokes eds., 《Elections and the Political Order》, New York: Wiley, 1966.

- Edward E. Leamer, 〈Factor-Supply Differences as a Source of Comparative Advantage〉, 《American Economic review》 83(2), 1993.

- Edward G. Carmines·James A. Stimson, 〈The Dynamic of Issue Evolution: The United States〉, in Russell Dalton·Paul Beck,·Scott Flanagan eds., Electoral Change in Advanced Industrial Societies. Princeton: Princeton University Press, 1984.

- Edward G. Carmines·James A. Stimson, 《Issue Evolution: Race and the Transformation of American Politics. Princeton. J.J.》, Princeton University Press, 1989.

- Edward I-Hsin Chen, 〈Strategic Implications of Cross-Strait Economic

Cooperation〉, paper presented at 2009 Asiatic Research Institute International Conference, 《Major Issues in Modern Taiwan and Comparison with South Korea: History, Politics, and Economics》, Sep 12, 2009, pp. 123~134.

- Emerson M. S. Niou, 〈Understanding Taiwan Independence and Its Policy Implication〉, 《Asian Survey》Vol 44, No. 4, 2004, pp. 555~567.

- Emerson Niou, 〈The China Factor in Taiwan's Electoral Politics〉, in Jim Meernik·Philip Paolino eds.. Democratization in Taiwan: Challenges in Transformation. Ashgate Publishing, 2008.

- Eric E. Schattschneider, 《The Semisoverign People: A Realist's View of Democracy in America》, Wadsworth Publishing, 1975.

- Ernst B. Haas, 《Beyond the Nation State: Functionalism and International Organization》, Stanford: Standford University Press, 1964.

- Ernst B. Haas, 《The Uniting of Europe: Political, Social and Economic Forces, 1950~1957》, Stanford: Stanford Univ. Press, 1968.

- Ethan Scheiner, 〈Does Electoral system Reform Work? Electoral system Lessons from Reforms of the 1990s〉, Annual Review of Political Science 11, 2008.

- Eunju Chi·Hyeok Yong Kwon, 〈Unequal New Democracies in East Asia: Rising Inequality and Government Responses in South Korea and Taiwan〉, 《Asian Survey》, 52(5), 2012.

- Fei-lung Liu, 〈The Election System and Voting Behavior in Taiwan〉, In Tun-jen Cheng and Stephan Haggard, Political Change in Taiwan. Boulder: Lynne Rienner, 1992.

- Foreseeing Innovative New Digiservices. http://www.find.org.tw/find/home. aspx?page=many&id=224

- Frederic C. Deyo, 《Beneath the Miracle: Labor Subordination in the New Asian Industrialism》, Berkeley: University of California Press, 1989.

- Gabriel A. Almond, 〈A Comparative Study of Interest Groups and the Political Process〉, in H. Eckstein and D. E. Apter. eds, 《Comparative Politics》, New York: Free Press, 1963.

- Gary Cox·Emerson Niou, 〈Seat Bonuses under the Single Nontransferable

System: Evidence from Japan and Taiwan〉, Comparative Politics 26, 1994.

- Gary Rawnsley, 〈Sean Connery Has Left the Building?: Thoughts on the 2004 Presidential Election in Taiwan〉, 2004. 제27차 동아시아 콜로키움 발표논문, 고려대학교 동아시아 뉴거버넌스 교육연구팀.

- Gary S. Fields, 〈Living Standards, Labour Markets and Human Resources in Taiwan〉, in 《Taiwan: From Developing to Mature Economy》, ed. Gustav Ranis. Boulder, CO: Westview Press, 1992, pp. 395~434.

- Geoffrey Garrett, 《Partisan Politics in the Global Economy》, Cambridge: Cambridge University Press, 1998.

- Georg H. Kerr, 《Formosa Betrayed》, Houghton Mifflin Company, 1965.

- George Tsebelis, 《Nested Games: Rational choice and Comparative Politics》, Berkeley: University of California Press, 1990.

- George Woei Tsai·Peter Kien-hong Yu, 《Taiwanisation: Its Origin and Politics》, East Asian Institute Contemporary China Series, No. 31, Singapore: Singapore University Press, 2001.

- Gerald M. Pomper, 〈Elections in America: Control and Influence in Democratic Politics〉, New York: Dodd, Mead, 1968.

- Giovanni Sartori, 〈The Sociology of Parties: A Critical Review〉, in Peter Mair eds., 《The West European Party System》, Oxford: Oxford University Press, 1990.

- Giovanni Sartori, 《Parties and Party Systems: A Framework for Analysis》, Cambridge: Cambridge University Press, 1976.

- Hagen Koo, 〈The State, Industrial Structure, and Labor Politics: Comparison of Taiwan and South Korea〉, 《Taiwan: A Newly Industrialized State》, ed. Hsin-Huang Michael Hsiao and Wei-Yuan Cheng. Taipei: ational Taiwan University, 1989.

- Helen Margetts, 〈Cyber Parties〉, in Richard S. Katz and William Crotty eds., 《Handbook of Party Politics》, London: SAGE publication, 2006, pp. 528~535.

- Herbert Kitschelt, 〈Left-Libertarian Parties: Explaining Innovation in Competitive Party Systems〉, 《World Politics》 40:2, 1988, pp. 194~234.

- Horng-luen Wang, 〈How Are Taiwanese Shanghaied?〉, Position 17, No. 2, 2009.

- Howard Rheingold, 《Virtual Community: Finding Connection in a Computerized World》, Boston: Addison-Wesley Longman Publishing Co. Inc, 1993.

- Ian Budge, 〈Parties, Programs and Policies: A Comparative and Theoretical Perspective〉, The American Review of Politics 14 Winter, pp. 695~716.

- Jacques DeLisle, 〈Soft Power in a Hard Place: Chana, Taiwan, Cross-Strait Relations and U.S. Policy〉, Oris (Fall), 2010.

- James A. McAdams ed., 《Transitional Justice and the Rule of law in New Democracies》, Notre Dames: Univ. of Notre Dame Press, 1997.

- James Adames ·Michael Clark ·Lawrence Ezrow ·Garrett Glasgow, 〈Are Niche Parties Fundamentally Different from Mainstream Parties? The Causes and the Electoral Consequences of Western European Parties' Policy Shifts, 1976~1998〉, American Journal of Political Science 50(3), 2006. pp. 513~529.

- James L. Sundquist, 《Dynamic of the Party System: Alignment and Realignment of Political Parties in the United States》, Washington, D.C.: Brookings Institution, 1983.

- James MacGregor Burns, 《Leadership》, New York: Harper & Row Publishers, 1979.

- James S. Coleman, 《Foundations of Social Theory》, Cambridge: The Belknap Press of Harvard University Press, 1990.

- Jan W. van Deth, 〈Measuring social capital〉, in Dario Castiglione, Jan W. van Deth, and Guglielmo Wolleb eds., 《The Handbook of Social Capital》, Oxford: Oxford University Press, 2008, pp. 150~176.

- Jay Taylor, 《The Generalissimo's Son: Chiang Ching-Kuo and the Revolutions in China and Taiwan》. Cambridge: Harvard University Press, 2000.

- Jean-Pierre Cabestan, 〈The Cross-Strait Relationship in the Post-Cold War Era: Neither Reunification nor 'Win-Win' Game〉, 《Issues & Studies》 31, No. 1, 1995.

- Jen-der Lue, 〈Globalization and the Internal Segregation of Labor/Welfare Regimes: The Analysis of Taiwan and China's Experience〉, Paper presented at the International Conference on 'Inequality', Korea University, Seoul, Korea. May 28~29, 2010.

- Jih-wen Lin, 〈Electoral System, Voter Preferences, and the Fragmentation of Party System: The East Asian Cases〉, Journal of Electoral Studies 9(1), 2001.

- Jih-wen Lin, 〈The Endogenous Change in Electoral System: The case of SNTV〉, Party Politics 17(3), 2011.

- Jih-wen Lin, 〈The Politics of Reform in Japan〉, 《Journal of Democracy》 17(2), 2006, pp. 118~131.

- Joel Wuthnow, 〈The Integration of Cooptation and Coercion: China's Taiwan Strategy since 2001〉, East Asia 23, No. 3 (Fall), 2006.

- John F. Copper, 《Historical Dictionary of Taiwan》, 2nd edition. Lanham: Scarecrow Press, Inc, 2000.

- John Fuh-sheng Hsieh, 〈The Origins and Consequences of Electoral Reforms in Taiwan〉, 《Issues & Studies》 45:2, 2009, pp. 1~22.

- John Fuh-sheng Hsieh·Dean Lacy·Emerson M.S. Niou, 〈Retrospective and Prospective Voting in a One-Party-Dominant Democracy: Taiwan's 1996 Presidential Election〉, 《Public Choice》 97(3), 1998, pp. 383~399.

- John H. Aldrich, 《Why Parties?: The Origin and Transformation of Political Parties in America.》, Chicago: the University of Chicago Press, 1995.

- Jon Elster, 〈Coming to Terms with the Past: a Framework for the Study of Justice in the Transition to Democracy〉, 《European Journal of Sociology》 39(1), 1998.

- Jon Elster, 〈On Doing What One Can: An Argument against Restitution and Retribution as a means of Overcoming the Communist Legacy〉, 《East European Constitutional Review Summer》1(2), 1992.

- Jon Elster, 《Closing the Books: Transitional Justice in Historical Perspective》, New York: Cambridge Univ. Press, 2004.

- Josep M. Colomer, 〈It's Parties that Choose Electoral Systems (or, Duverger's Law's Upside Down)〉, Political Studies, 53, 2005.

- Josep M. Colomer, 〈The Strategy and History of Electoral System Choice〉, in Josep M. Colomer (ed), 《Handbook of Electoral System Choice》, New York: Palgrave Macmillan, 2004.

- Joseph S. Lee, 〈Labor Market Flexibility and Employment: An Overview〉, 《The Labor Market and Economic Development of Taiwan》, ed. Joseph S. Lee,

Massachusetts: Edward Elgar, 2007.

- Joseph S. Nye, 《Soft Power: The Means to Success in World Politics》, New York: Public Affairs, 2004.

- Joseph S. Nye·Wang Jisi. 2009, 〈Hard Decisions on Soft Power: Opportunities and Difficulties for Chinese Soft Power〉, Harvard International Review 31, No. 2 (October), 2009. http://hir.harvard.edu/index. php?page=article&id=1905&p=1

- Joshua Cooper Ramo, 〈The Beijing Consensus〉, London: Foreign Policy Centre, 2004.

- Joshua Kurlantzick, 《Charm Offensive: How China's Soft Power Is Transforming the World》, New York: Yale University Press, 2007.

- Juan Linz·Alfred Stepan, 《Problems of Democratic Transition and Consolidation》, Baltimore: the Johns Hopkins University Press, 1996.

- Jung-Kwan Cho, 〈'Trials of the Century' in Korea(1995~1997)〉, 《Korea Observer》, Vol. 37, No. 4, Winter 2006.

- Jung-nam Lee, 〈China's soft power in East Asia: an Estimation based on the Outcome of Surveys of Six Countries〉, Korean Journal of Defense Analysis 21, Issue 2, 2009.

- Karen M. Sutter, 〈Business Dynamism Across the Taiwan Strait〉, 《Asian Survey》Vol. 42, No. 3, 2002.

- Kathleen Bawn, 〈The Logic of Institutional Preference: German Electoral Law as a Social Choice Outcome〉, 《American Journal of Political Science》 37:4, 1993.

- Kathleen Thelen·Sven Steinmo, 〈Historical Institutionalism in Comparative Politics〉, in eds. Sven Steinmo, Kathleen Thelen and Frank Longstreth, 《Structuring Politics》, New York: Cambridge University Press, 1992.

- Kenneth Benoit, 〈Electoral Laws as Political Consequence: Explaining the Origins and Change of Electoral Institutions〉, Annual Review of Political Science, 2007.10.

- Kenneth Benoit, 〈Models of Electoral System Change〉, Electoral Studies 23:3, 2004.

- Kenneth Benoit·John W. Schiemann, 〈Institutional Choice in New

Democracies: Bargaining over Hungary's 1989 Electoral Law〉, 《Journal of Theoretical Politics》 13:2, 2001.

- Kevin G. Cai, 〈The China-ASEAN Free Trade Agreement and Taiwan〉, 《Journal of Contemporary China》, 14(45), 2005.

- Kevin Tze Wai Wong, 〈The Emergence of Class Cleavage in Taiwan in the Twenty-First Century: The Impact of Cross-Strait Economic Integration〉, 《Issues & Studies》 46(2), 2010.

- Ko-lin Chin, 《Heijin: Organized Crime, Business and Politics in Taiwan》, New York: M.E. Sharpe. 2003.

- Larry Diamond·Juan Linz·Seymour Lipset, 〈Introduction: What Makes for Democracy?〉, in Larry Diamond, Juan Linz, and Seymour Lipset eds., 《Politics in Developing Countries: Comparing Experiences with Democracies》, Boulder, CO: Lynne Rienner, 1995.

- Lawrence K. Grossman, 《The Electronic Public: Reshaping Democracy in the Information Age》, New York: Viking, 1995.

- Linda Chao·Ramon H. Myers, 〈How Elections Promoted Democracy in Taiwan under Martial Law〉, 《The China Quarterly》, 162, 2000.

- Linjun Wu, 〈Taiwan and the ASEAN Economic Community: A Context for Economic Statecraft in an Asian Regional Free Trade Area〉, 《Issues & Studies》 44, No. 4, 2008.

- Margatet G. Hermann, 〈Ingredients of Leadership〉, 《Political Psychology》, San Francisco: Jossey Bass Publisher, 1986.

- Mark N. Franklin·Thomas T. Mackie·Henry Balen et al., 《Electoral Change: Responses to Evolving Social and Attitudinal Structures in Western Countries》, Cambridge: Cambridge University Press, 1992.

- Markus Wagner, 〈Defining and Measuring Niche Parties〉, 《Party Politics》 18(6), 2011, pp. 845~864.

- Martin S. Lipset·Stein Rokkan, 《Party Systems and Voter Alignments: Cross-National Perspectives》, New York: Free Press, 1967.

- Matthew S. Shugart, ·Martin P. Wattenberg, 《Mixed-Member Electoral Systems: The Best of Both Worlds?》, Oxford: Oxford University Press, 2001.

- Matthew Shugart, 〈Comparative Electoral Systems Research: The Maturation of a Field and New Challenges Ahead〉, in Michael Gallagher and Paul Mitchell (eds).,《The Politics of Electoral System》, Oxford, UK: Oxford University Press, 2005.

• Maurice Duverger,《Political Parties: Their Organization and Activity in the Modern State》. Trans. by Barbara North and Robert North. London: Methuen, 1954.

• Michael B. Stein,《The Dynamics of Right-Wing Protest: A political Analysis of Social Credit in Quebec》, Toronto: University of Toronto Press, 1973.

• Michael Laver, 〈Strategic Campaign Behavior for Electors and Parties: the Northern Ireland Assembly Election of 1973〉,《European Journal of Political Research》Vol. 3, Issue 1, 1975, pp. 21~45.

• Michael S. Chase·Kevin L. Pollpeter·James C. Mulvenon, 〈Shanghaied? The Economic and Political Implications of the Flow of Information Technology and Investment Across the Taiwan Strait. Santa Monica〉, CA: RAND Corporation, 2004.

• Miles Kahler·Scott L. Kastner, 〈Strategic Uses of Economic Interdependence: Engagement Politics on the Korean Peninsula and Across the Taiwan Strait〉, 《Journal of Peace Research》Vol. 43, No. 5, 2006.

• Morris Duverger,《Political Parties: Their Organization and Activity in the Modern State》, New York: Wiley, 1951.

• Morris P. Fiorina,《Retrospective Voting in American National Elections》, Yale University Press, 1981.

• Nathan Batto, 〈Continuity in the 2012 Presidential and Legislative Elections〉, in Jean-Pierre Cabestan and Jacques deLisle eds.. Political Changes in Taiwan under Ma Ying-jeou. New York, 2014.

• Nelson Chow, 〈Western and Chinese Ideas of Social Welfare〉,《International Social Work》30(1), 1987.

• Nita Rudra, 〈Globalization and the Decline of the Welfare State in Less-Developed Countries〉,《International Organization》56(2), 2002.

• Pan-Long Tsai·Chao-Hsi Huang, 〈Openness, Growth and Poverty: The Case of Taiwan〉,《World Development》35(11), 2007.

• Paul David, 〈Clio and the Economic of QWERTY〉,《American Economic

Review》75, 1985.

- Paul J. Bolt, 〈Economic Ties across the Taiwan Strait: Buying Time for Compromise〉, Issues & Studies 37, No. 2, 2001.

- Paul Mozur ·Jenny W. Hsu, 〈Taiwan Vote Shows Doubt About China〉,《The Wall Street Journal》(January 16), 2012. http://online.wsj.com/article/SB100014 24052970204555904577162143105033610.html

- Paul R. Brass,《Ethnicity and Nationalism: Theory and Comparison.》, New bury Park, CA: Sage, 1991.

- Paul, Depla ·Pieter Tops, 〈Political Parties in the Digital Era: the Technological Challenge?〉, in van de Donk, M. Snellen and Tops. ed.,《Orwell in Athens: A Perspective on Information and Democracy》, Amsterdam: IOS Press, 1995.

- Peter A. Hall, 〈Political Science and the Three New Institutionalism〉,《Political Studies》XLIV, 1996.

- Peter B. Evas, 〈The Eclipse of the State? Reflections on Stateness in an Era of Globalization〉,《World Politics》50(1). 1997.

- Peter J. Katzenstein,《Small States in World Markets: Industrial Policy in Europe》, Ithaca, N.Y.: Cornell University Press, 1985.

- Pierre Bourdieu, 〈The Forms of Capital〉, in J. G. Richardson ed,《Handbook of Theory and Research for the Sociology of Education》, New York: Greenwood Press, 1986, pp. 241~258.

- Pippa Norris, 〈Cultural Explanations of Electoral Reform: A Policy Cycle Model〉, West European Politics 34:3, 2011.

- Rachel Gibson ·Paul Nixon ·Stephen Ward eds.,《Political Parties and the Internet: Net Gain?》. London: Routledge, 2003.

- Rafael Reuveny ·Quan Li, 〈Economic Openness, Democracy and Income Inequality: An Empirical Analysis〉,《Comparative Political Studies》, 36(5), 2003.

- Ravallion Martin, 〈Growth, Inequality and Poverty: Looking beyond Averages〉,《World Development》29(11), 2001.

- Rein Taagepera ·Matthew Shugart, 〈Seats and Votes: The Effects and Determinants of Electoral Systems New haven〉, Yale University Press, 1989.

- Richard C. Bush, 《Untying the Knot: Making Peace in the Taiwan Strait》, Wachington D.C.: Brookings Institute Press, 2005.

- Richard G. Niemi·Herbert F. Weisberg, 〈What Determines the Vote?〉, in Richard G. Niemi and Herbert F. Weisberg eds., 《Classics in Voting Behavior》, Washington D. C.: Congressional Quarterly Press, 1993, pp. 93~106.

- Richard Gunther et al., 《Spain after France: the Making of a Competitive Party System》, Berkeley: University of California Press, 1986.

- Richard Katz, 〈Why are There so Many (or so Few) Electoral Reforms?〉, in Michael Gallagher and Paul Mitchell (eds)., 《The Politics of Electoral System》, Oxford, UK: Oxford University Press, 2005.

- Richard S. Katz·Peter Mair, 《How Parties Organize: Change and Adaptation in Party Organisation in Western Democracies》, London: Sage, 1994.

- Richard W. Wilson, 《Learning to Be Chinese: the Political Socialization of Children in Taiwan》, Cambridge: MIT Press, 1973.

- Robert A. Scalapino, 〈Cross-Strait Relations and the United State〉, in Donard S. Zagoria, 《Breaking the China-Taiwan Impasse》, Connecticut: Prasers Publishers, 2003.

- Robert Harmel·John Robertson, 〈Formation and Success of New Parties: A Cross-National Analysis〉, 《International Political Science Review》 6:4, 1985, pp. 501~523.

- Robert Harmel·Lars Svåsand, 〈Party Leadership and Party Institutionali- sation: Three Phases of Development〉, 《West European Politics》, Vol. 16 No. 2, 1993, pp. 67~88.

- Robert Jervis, 〈Cooperation Under the Security Dilemma〉, 《World Politics》 Vol. 30, No. 2, 1978.

- Robinson Stryker, 〈Globalization and the Welfare State〉, 《International Journal of Sociology and Social Policy》 18(2-4), 1998.

- Roderick D. Kiewit·Donald R. Kinder, 〈Sociotropic Politics〉, 《British Journal of Political Science》11, 1981. pp. 129~161.

- Ronald Inglehart, 《Modernization and Postmodernization》, Princeton, NJ: Princeton University Press, 1997.

- Ronald Inglehart·Christian Welzel, 《Modernization, Cultural Change, and

Democracy》, New York: Cambridge University Press, 2005.

- Russell J. Dalton, 〈The Decline of Party Identifications〉, 《Parties without Partisans: Political Change in Advanced Industrial Democracies》, eds. Russell J. Dalton·Martin P. Wattenberg. Oxford: Oxford University Press, 2000, pp. 37~63.

- Russell J. Dalton·Martin P. Wattenburg, 《Parties Without Partisans: Political Change in Advanced Industrial Democracies》, Oxford: Oxford University Press, 2000.

- Russell J. Dalton·Scott C. Flanagan·Paul Allen Beck eds., 〈Electoral Change in Advanced Industrial Democracies: Realignment or Dealignment?〉, Princeton, N.J.: Princeton University Press, 1984.

- Ruth Berins Collier·David Collier, 《Shaping the Political Arena: Critical Juncture, the Labor Movement, and Regime Dynamics in Latin America》, Princeton, NJ: Princeton University Press, 1991.

- Samuel Huntington, 《The Third Wave: Democratization in the Late Twentieth Century》, Norman: the Univ. of Oklahoma Press, 1991.

- Sara Bentivegna, 〈E-campaigning in the 2001 Italy's Election〉, 《Paper prepared for the annual conference of the APSA》, Boston, August 29-September 1, 2002.

- Sara Birch·Frances Millard·Marina Popescu·Kieran Williams, 《Embodying Democracy: Electoral System Design in Post-Communist Europe Basingstoke》, UK: Palgrave Macmillan. 2002.

- Scott L. Kastner, 《Political Conflict and Economic Interdependence Across the Taiwan Strait and Beyond》, Stanford: Stanford University Press, 2009.

- Shaun Bowler, 〈Electoral Systems〉, in R. A. W. Rhodes, Sarah A. Binder and Bert A. Rockman (eds), 《The Oxford Handbook of Political Institutions》, New York: Oxford University Press, 2008.

- Shelley Rigger, 〈Free Trade Agreements and the Prospects for Regional Integration in East Asia〉, 《Asian Economic Policy Review》Vol. 1, No. 2, 2006, pp. 306~321.

- Shelley Rigger, 《From Opposition to Power》, Boulder, Colorado: Lynne Rienner Publishers, Inc, 2001.

- Shelley Rigger, 《Politics in Taiwan: Voting for Democracy》, London: Routledge, 1999.

- Shelley Rigger, 《Taiwan's Rising Rationalism: Generations, Politics, and "Taiwanese Nationalism》, Washington, D.C.: East-West Center Washington, 2006.

- Shiang-nung Ling, 〈The Impact of ECFA on Taiwan's Agricultural Development〉, 《Taiwan Development Perspectives 2011》, Taipei: National Policy Foundation, 2011.

- Shiau-chi Shen, 〈Explaining Dual Identity in Taiwan: A Two-Dimensional Perspective on National Identity〉, 《APSA Annual Meeting》 Washington, D.C. U.S.A. September, 2005.

- Spencer E. Wellhofer·Timothy M. Hennessey, 〈Political Party Development: Institutionalization, Leadership Recruitment, and Behavior〉, 《American Journal of Political Science》 Vol. 18, No. 1, 1974, pp. 135~165.

- Stanley Hoffmann, 《Gulliver's Troubles or the Setting of American Foreign Policy》, New York: McGraw-Hill Books, 1968.

- Stephane Corcuf ed., 《Memories of the Future: National Identity Issues and the Search for a New Taiwan》, New York: M.E. Sharpe, 2002.

- Stephen Haggard, 《Pathways from the Periphery: The Politics of Growth in the Newly Industrializing Countries》, Ithaca: Cornell University Press, 1990.

- Steven M. Goldstein, 〈Chen Shui-bian and the Political Transition in Taiwan〉, in Goldstein, Steven M. and Julian Chang eds., 《Presidential Politics in Taiwan: the Administration of Chen Shui-bian》, Norwalk: EastBridge, 2008, pp. 289~310.

- Steven R. Reed, 〈Japan: Halting toward a Two-Party System〉, in Michael Gallagher and Paul Mitchell (eds)., 《The Politics of Electoral System》, Oxford, UK: Oxford University Press, 2005.

- Suisheng Zhao, 〈Economic Interdependence and Political Divergence〉, In Shisheng Zhao (ed). Across the Taiwan Strait. London: Routledge, 1999.

- Susan Strange, 〈Erosion of the State〉, 《Current History》 96, 1997.

- Takeyaki Sakemoto, 〈Explaining Electoral Reform: Japan versus Italy and New Zealand〉, Party Politics 5:4, 1999.

- Thomas B. Gold, 〈Taiwan in 2008: My Kingdom for a Horse〉, Asian Survey 49, No. 1 (January/February), 2009.

- Thomas B. Gold, 《State and Society in the Taiwan Miracle》, Armonk, New York: M. E. Sharpe, 1986.

- Thomas Ertman, 《Birth of the Leviathan: Building States and Regimes in Medieval and Early Modern Europe》, Cambridge: Cambridge University Press, 1996.

- Tse-Kang Leng, 〈A Political Analysis of Taiwan's Economic Dependence on Mainland China〉, 《Issues & Studies》 34, No. 8, 1998.

- Tse-min Lin·Yun-han Chu·Melvin J. Hinich, 〈Conflict, Displacement and Regime Transition in Taiwan: A Spatial Analysis〉, 《World Politics》 48(4), 1996.

- Tun-jen Cheng , 〈Democratizing the Quasi-Leninist Regime in Taiwan〉, 《World Politics》, 42, No. 4, 1989.

- Tun-jen Cheng·Yung-ming Hsu, 〈Issue Structure, the DPP's Factionalism, and Party Realignment〉, in Tien Hung-mao ed., 《Taiwan's Electoral Politics and Democratic Transition. Armonk》, New York: M.E. Sharpe, 1996.

- Tun-jen Cheng·Yung-ming Hsu, 〈The March 2000 Election in Historical and Comparative Perspectives: Strategic Voting, the Third Party, and the Non-Duvergerian Outcome〉, in Bruce Dickson and Chien-min Chao eds., Assessing the Lee Deng-hui Legacy in Taiwan's Politics, Armonk, New York: M. E. Sharpe, 2002.

- TVBS 民意調查中心, 2011. 總統大選與統獨國族認同民調. http://www1.tvbs. com.tw/FILE_DB/PCH/201108/mcq69ajqc7.pdf

- V. O. Key Jr., 〈A Theory of Critical Elections〉, 《Journal of Politics》 17-1, 1955.

- V. O. Key Jr., 〈Secular Realignment and the Party System〉, 《Journal of Politics》 21-2, 1959.

- V. O. Key Jr., 《Public Opinion and American Democracy》, New York: Alfred A. Knof, 1961.

- V. O. Key, 〈A Theory of Critical Elections〉, 《The Journal of Politics》 17:1, 1955, pp. 3~18.

- V. O. Key, 〈Secular Realignment and the Party System〉, 《The Journal of Politics》 21:2, 1959. pp. 198~210.

- V. O. Key, 《Responsible Electorate: Rationality in Presidential Voting, 1936~1960》, Cambridge: Belknap Press, 1966.
- Walter Dean Burnham, 《Critical Elections and the Mainsprings of American Politics》, New York: W.W.Norton, 1970.
- Walter Galenson, 〈Conclusion〉, in Michael Gallagher and Paul Mitchell (eds)., 《The Politics of Electoral System》, Oxford, UK: Oxford University Press, 2005.
- Walter Galenson, 〈The Labor Force, Wages and Living Standards〉, 《Economic Growth and Structural Change in Taiwan: The Post-war Experience of the Republic of China》, ed. Walter Galenson. Ithaca, NY: Cornell University, 1979.
- Wei-chin Lee, 〈Mediated Politics in Taiwan: Talk Shows and Democracy〉, 《Paper prepared for the annual conference of the MPSA》, Chicago, March 31~April 3, 2011.
- Wei-chin Lee·T. Y. Wang, 《Sayonara to the Lee Teng-Hui Era: Politics in Taiwan, 1988~2000》, Lanham, Maryland: University Press of America, 2003.
- Wei-chin. Lee, 〈The Buck Starts Here: Cross-Strait Economic Transactions and Taiwan's Domestic Politics〉, 《American Asian Review》 21(3), 2003.
- William H. Riker·Peter C. Ordeshook, 〈A Theory of the Calculus of Voting〉, 《American Political Science Review》 62, 1968, pp. 25~42.
- Wolfgang Stolper·Paul A. Samuelson, 〈Protection and Real Wages〉, 《Review of Economic Studies》 9, 1941.
- Yin-wah Chu, 〈Democracy and Organized Labor in Taiwan〉, 《Asian Survey》 36(5), 1996.
- Yong Nam Cho·Jong Ho Jeung, 〈China's Soft Power〉, Asian Survey 48, No. 3, 2008.
- Yoon-kyung Lee, 《Militants or Partisans: Labor Unions and Democratic Politics in Korea and Taiwan》, Stanford, CA: Stanford University Press, 2011.
- Yung Wei Wei, 〈From 'Multi-System Nations' to 'Linkage Communities': A New Conceptual Scheme for the Integration of Divided Nations〉, 《Issues & Studies》 33, No. 10, 1997.
- Yun-han Chu, 〈Electoral Reform: Taiwan's Unfinished Democratization Process〉, NIRA Review (autumn). 1999. http://www.nira.or.jp/past/publ/review/99autumn/chu.html

- Yun-han Chu, 〈Taiwan in 2007: The Waiting Game〉, 《Asian Survey》 48(1), 2008, pp. 124~132.

- Yun-han Chu, 〈Taiwan's National Identity Politics and The Prospect of Cross-Strait Relations〉, 《Asian Survey》 44(4), 2004, pp. 484~512.

- Yun-han Chu, 〈the Legacy of One-Party Hegemony in Taiwan〉, in Larry Diamond and Richard Gunther (eds), 《Political Parties and Democracy》, Baltimore: Johns Hopkins University Press, 2001.

- Yun-han Chu, 〈The Political Economy of Taiwan's Mainland Policy〉, in Sui-sheng Zhao ed., 《Across the Taiwan Strait》, New York: Routledge, 1999.

- Yun-han Chu, 〈The Realignment of Business-Government Relations and Regime Transition in Taiwan〉, In Andrew MacIntyre eds., 《Business and Government in Industrializing Asia》, Ithaca: Cornell University Press, 1994.

- Yun-han Chu·Larry Diamond, 〈Sizing Up Taiwan's Political Earthquake〉, 《Journal of East Asian Studies》 Vol. 1, issue 1, 2001, pp. 211~235.

- Yu-Shan Wu, 〈Economic Reform, Cross-Straits Relations, and the Politics of Issue Linkage〉, in Tun-jen Cheng·Chi Huang·Samuel S. G. Wu eds., 《Inherited Rivalry: Conflict Across the Taiwan Straits》, Boulder, Colo.: Lynne Rienner, 1995.

- Yu-Shan Wu, 〈From Identity to Distribution: Paradigm Shift in Taiwan Politics〉, Paper presented at 55th Annual Conference of the American Association for Chinese Studies. the State University of New Jersey at Rutgers, New Jersey, October 11~13, 2013.

- Yu-Shan Wu, 〈Mainland China's Economic Policy toward Taiwan: Economic Needs or Unification Scheme〉, 《Issues & Studies》 30, No. 9 (September), 1994.

- Yu-Shan Wu, 〈Moving toward the Center: Taiwan〉, 1999. www.taiwansecurity.org/TS-Wu.htm

- Yu-Shan Wu, 〈Taiwanese Nationalism and Its Implications: Testing the Worst-Case Scenario〉, Asian Survey 44(4), 2004.

참고 사이트

- http://www.518.org
- http://www.228.org.tw
- 민진당 http://www.dpp.org.tw
- 입법원 http://www.ly.gov.tw
- 중앙선거위원회 http://www.cec.gov.tw
- TVBS民意調查中心 http://home.tvbs.com.tw/poll_center
- Taipei Time 2004.01.01~2012.12.31.
- 中國時報 2004.01.01~2012.12.31.
- 친민당 http://www.pfp.org.tw
- 행정원대륙위원회 http://www.mac.gov.tw.
- TBVS民意調查中心. "ECFA公民投票 (2010.5.31)". http://www1.tvbs.com.tw
- 內政部入出國及移民署編. "內政部入出國及移民署99年年報 (2011)". http://www.immigration.gov.tw 中央選擧委員會, "總統選擧." http://www.cec.gov.tw
- 行政院經濟建設委員會, "Economic Development R.O.C (Tawian)". http://www.cepd.gov.tw
- 行政院經濟建設委員會. "Taiwan Statistical Data Book (2011)". http://www.cepd.gov.tw
- 行政院農業委員會, "農業統計年報 (2010)". http://www.coa.gov.tw
- 行政院大陸委員會, "Estimated Total Trade between Taiwan and Mainland China." http://www.mac.gov.tw
- 行政院大陸委員會, "The Pace of Cross-Strait Exchanges". http://www.mac.

gov.tw

- 行政院主計總處, "Statistical Yearbook of the Republic of China 2010". http:// www.dgbas.gov.tw
- 국민당 http://www.kmt.org.tw
- 대연 http://www.tsu.org.tw
- 신당 http://www.np.org.tw
- 중앙선거위원회 http://www.cec.gov.tw
- 친민당 http://www.pfp.org.tw
- 政治體系變遷與選舉行為 : 民國八十七年第四屆立法委員選舉之分析, 1998.
- 選舉行為與台灣地區的政治民主化從第二屆立法委員選舉探討, 1992.
- 聯合報, "陳總統代表政府 向228受難家屬道歉", 2007.02.27.
- 自由時報, "228家屬批馬大玩兩手策略", 2009.02.23.
- 中國時報, "我們共同的二二八", 2006.02.27.

찾아보기

ㄱ

감정적 정향 77

강진회담 274

개리멘더링 215

객가인 86, 238

경제협력기본협정(ECFA) 16, 32, 33, 34,
38, 51, 55~57, 59, 61, 62, 66, 67, 71,
108, 111, 137, 138, 141, 142, 144,
149, 151~153, 156, 159, 160, 161,
164, 167~171, 181

계급용인 129

고문자의 문제 288

공격수비의 균형 113

공당 21, 323, 336, 350

공평정의 30, 35, 57

과거청산 20, 60, 61, 63~66, 287~300,
302, 303, 305~312, 314~316, 318~
321

구동존이 9, 10

구분가능성 113

92공식 31, 32, 57, 58, 64, 66, 92, 125,
132, 135

국가안전보장회의 245

국가정보통신 추진계획 268

국가정보통신 추진위원회(NICI) 268

국가통일강령 125, 139

국민당 8, 11, 12, 14~19, 25~28,
30~40, 46~49, 52~62, 64~71, 74,
75, 78~81, 83~85, 87, 89~94, 96,
98~100, 103, 119, 122, 123, 125,
126, 129, 130, 132, 134~136, 139,
140, 151, 163~165, 167, 171, 173,
175, 179, 181, 186, 188~191, 194,
196, 200, 201, 205~216, 219~223,
225~229, 235~237, 239~251, 253~
258, 270, 275, 276, 282, 288, 303,
306, 313~320, 333~336, 344~350

국민정부 238, 303~305

국민정부환영준비위원회 303

국부 246

군사혁명위원회 291

귀타이밍 34

기억의 장치 298

기업가적 정당 227

김대중 298, 300~302, 306~308, 311,
342

김대중 내란음모사건 301, 311

김영삼 298, 306, 310~312, 338, 340~
342, 349

ㄴ

노동당 21, 323, 335, 336, 350
노동인권협회 335
노동포섭적 334
노태우 298, 306, 307, 310~312
뉘른베르크 재판 290

ㄷ

단기비이양식 18, 47, 200, 205, 206, 208~211, 217, 219, 221
단순다수제 27, 28, 47, 199, 215, 324, 333, 334
당국가체제 17
당금 323
대륙회복 240
대만 민족주의 19, 241~243, 249, 256
대만공식 31, 35, 58
대만관계법(TRA) 118, 121, 127, 174
대만노공진선 335, 345, 346
대만독립조항 48, 60, 63
대만명의 유엔가입 52, 53, 55, 67, 90, 92
대삼통 33, 136, 138, 141, 151
대연 11, 26, 27, 47~49, 96, 191, 209, 213~215, 219, 220, 242, 255, 256, 257, 270
대외직접투자 145, 153, 157
동원감란시기 246
동원화 이론 260, 261

ㄹ

락생요양원 274
랴오즈더 32

랴오진상 32
렌잔 48, 84, 100, 164, 213, 236, 253, 254, 257
로지스틱 회귀분석 94, 97
뤼슈렌 214
리덩후이 19, 26, 31, 34, 49, 77, 90, 114~116, 124~129, 131~133, 135, 137~139, 141, 179, 180, 182, 193, 215, 227~229, 235~238, 240~258, 298, 306, 313~315, 317, 320
리성숭 306
리칭안 215
린마오성 304
린샤오신 32
린셴탕 303
린이슝 212, 213, 216

ㅁ

마잉주 9, 10, 15, 16, 26~35, 48, 53~57, 59, 62, 64, 66, 69, 74, 75, 79, 80, 81, 89~96, 98~100, 102, 103, 108, 115, 135~141, 151, 164, 171, 175, 181, 185, 186, 188, 194, 196, 249, 274, 282, 317
민남인 86, 230, 238
민진당 42, 124, 211, 224, 230, 302, 308, 310, 311, 344

ㅂ

반대엘리트 295, 296
반분열국가법 109, 134, 140
백색테러 63, 288, 292, 333
범남진영 26, 31, 49, 83, 84

범녹진영 26, 49, 84
법통 254
베이징 컨센서스 177
본성인 230, 237~239, 241, 243, 245,
　252, 253, 303~306, 312, 313, 315,
　316, 319, 320
비례대표제 199, 324, 327

ㅅ

사회적 자본 18, 19, 259, 262, 266, 267,
　276, 277~281, 283
4불1무 83, 129, 130
4·1임금협약 341
4·3사건 288, 292
산업공회 333
산업공회연맹 333
삼개범시 183
삼민주의청년단 303
삼불정책 114, 121, 122, 123, 127
샤오완창 54, 75, 89, 93, 130, 135, 236
서진 60
석탄철강공동체(ECSC) 111
선경후정 59
설교자 231~233, 236, 243
세계무역기구(WTO) 16, 144, 150, 168,
　169
세계보건기구(WHO) 135, 136, 275
셰창팅 48, 54, 55, 89, 90, 92, 93~96,
　100, 103, 164, 236
소삼통 108, 131
소우차이 32
소프트 파워 17, 173, 175, 177, 178,
쉬쉬동 32
쉬원롱 32

시정펑 53
신3불정책 33
신국민당연선 250
신당 11, 26, 27, 47~49, 84, 96, 191,
　209, 210, 214, 220, 242~245, 250,
　251, 257, 258, 270, 331
신대만인 91, 243, 249, 255
쑹추위 27, 30, 31, 48, 84, 87, 100, 130,
　164, 245, 251, 253, 257

ㅇ

아기 돼지 나와라 운동 32
아시안 바로미터 277, 281
야생딸기운동 275
양국론 114, 128~130, 243, 246, 249,
　254
양당제 47, 199, 206, 216, 223, 224, 327
양안갈등 107, 114, 140, 237
엘리트의 순환 234
5·18항쟁 20, 289, 290, 292, 293, 297,
　298, 300~303, 306, 307, 310, 319
OLS 회귀분석 175, 190, 191, 194
왕쉐훙 34
왕싱난 207
외국인직접투자 145, 153, 155
우루이궈 53
우산혁명 71
우포슝 84, 130
유보된 영역 289, 291, 297, 306, 313,
　314, 318
의석극대화 18, 200
이민위본 183
이상촉정 176
이슈 포지션 14, 46, 49

이슈 현저성 75, 229, 329, 348
이슈의 진화 43
2·28사건 20, 60, 63, 256, 288, 289, 292, 293, 297, 298, 303~306, 308, 312~320, 333
2·28평화일촉진회 306
인권위원회 291, 297
일국양제 71, 109, 122, 128, 133, 179, 180
일변일국론 83, 86, 132, 139

ㅈ

자유무역협정(FTA) 13, 16, 38, 56, 108, 133, 134, 136, 137, 144, 150, 151, 169, 172, 181
자주공연 335, 345
장룽파 31
장수에순 212
장쩐슝 212
장징궈 15, 30, 114, 115, 121~125, 139, 141, 174, 179, 237, 240, 241, 243, 245, 313
장쩌민 31
저항엘리트 300, 306, 307, 310~318, 320
전국총공회 335, 347
전자정부 261, 268
정당성 109, 165, 201, 205, 222, 232, 288, 305
정당엘리트 234, 245, 253, 254,
정당재편성 14, 36, 38~46, 53, 58, 66~68, 70~72
정명운동 52, 87, 91, 255
정보격차 265, 269
정상화 이론 260~262

정의모델 289, 290
정치엘리트 14, 40, 42~45, 245, 246, 295, 298
조우시웨이 215
조우은라이 174
조직형성자 232
종료모델 290, 293
주리시 292
중국요소 36, 39, 70, 71
중대선거 38, 39
중립엘리트 295, 296, 311
중화민국 유엔복귀 53, 55, 90, 92
중화민국전국총공회 335
중화주의 37
진실위원회모델 289, 290

ㅊ

차이잉원 27, 29~32, 35, 48, 55~57, 171
창조자 231, 232, 236, 243, 257
천수이벤 15, 26, 29, 34, 48, 49, 52, 54, 69, 74, 75, 78, 81~91, 96, 97, 99, 100, 103, 108, 114~116, 129~133, 135~141, 164, 180, 181, 183, 185, 187, 193, 207, 209, 211, 213, 214, 216, 217, 236, 252, 253, 256~258, 275, 281, 282, 298, 306, 315~317, 320, 345
천시중 29
청산엘리트 295, 296, 298~300, 306, 308, 311~313, 315, 319, 321
첸신 303
첸융싱 306
첸이 305, 316
첸지천 84, 130

최대유사체제접근법 299
친민당 11, 26, 27, 30, 47, 48, 49, 84,
    96, 100, 130, 132, 164, 191, 209, 210,
    211, 213~215, 219, 220, 242~245,
    250, 257, 258, 270, 316, 331

ㅋ

코호트 효과 101
쿠왕회담 114, 127, 128, 139, 249

ㅌ

틈새정당 21, 326~332, 336, 348~351

ㅍ

포괄적경제동반자협정(CEPA) 136, 137
포크배럴 206
플럭크 270

ㅎ

하나의 중국시장 54, 90, 93
하드 파워 173, 174, 176, 177,
하오보춘 126, 245, 247, 250, 306, 313
해기회 56
해바라기 운동 71
해외직접투자 155, 161
해협회 56, 128
헤징-개입 118, 119
화합추진위원회(민화위) 307, 308
환태평양경제동반자협정(TPP) 32, 57
황금의 10년 32, 56
황저빈 274
황주원 255, 256
후진타오 84, 109, 132, 136, 183